中国外语教育研究丛书

刘道义　主编

崔　刚　著

外语学习的心理与神经理论

WAIYU XUEXI DE XINLI YU SHENJING LILUN

广西教育出版社
南宁

图书在版编目（CIP）数据

外语学习的心理与神经理论 / 崔刚著. -- 南宁 : 广西教育出版社，2021.5
（中国外语教育研究丛书 / 刘道义主编）
ISBN 978-7-5435-8844-8

Ⅰ．①外… Ⅱ．①崔… Ⅲ．①外语教学-学习心理学-研究②外语教学-神经语言学-研究 Ⅳ．①H09

中国版本图书馆 CIP 数据核字(2020)第 221822 号

策　　划：黄力平
组稿编辑：陶春艳　黄力平
责任编辑：陶春艳
助理编辑：农　郁
装帧设计：刘相文
责任校对：叶　冰　石　刚　钟秋兰
责任技编：蒋　媛
封面题字：李　雁

出　版　人：石立民
出版发行：广西教育出版社
地　　　址：广西南宁市鲤湾路 8 号　邮政编码：530022
电　　话：0771-5865797
本社网址：http://www.gxeph.com
电子信箱：gxeph@vip.163.com
印　　刷：广西民族印刷包装集团有限公司
开　　本：787 mm×1092 mm　1/16
印　　张：25.75
字　　数：383 千字
版　　次：2021 年 5 月第 1 版
印　　次：2021 年 5 月第 1 次印刷
书　　号：ISBN 978-7-5435-8844-8
定　　价：61.00 元

序 一

由广西教育出版社策划、刘道义研究员主编的"中国外语教育研究丛书"是出版界和外语教学界紧密合作的一个重大项目。广西教育出版社归纳了本丛书的几个特色：基于中国特色的比较研究，原创性、研究性和可操作性，理论与实践相结合，学科和语种相融合，可读性较强。道义研究员则谈到五点，即理论性、实践性、创新性、研究性、可读性。我非常赞同来自出版社和主编的归纳和总结，尽可能不再重复。在这里，只是从时代性方面汇报一下自己的感受。第一，本丛书上述各个特色具有新时期所散发的时代气息。众所周知，我国的外语教育在20世纪50年代以俄语及其听、说、读、写四项技能的教学为主，改革开放后强调的是英语交际教学法。进入新时期后，我国外语教育的指导思想着眼于如何更好地为"一带一路"倡议和"教书育人"素质教育服务。应该说，外语教材和有关外语教学理念的专著在我国不同时期均有出版，但本丛书更能适应和满足新时期的要求。如果说过去出版社关注的是如何让外语教材在市场上占有一定的份额，那么，本丛书更关注的是如何指导外语教师做好本职工作，完成国家和学校所交给的任务，让学生收到更好的学习效果，让家长和社会提高对外语教学重要性的认识。当然，这套丛书也帮助外语教师实现从"教书匠"转变为真正的外语教学工作者，使他们既是教师，又是研究者。第二，本丛书的内容不仅适用于英、俄、日、法、德等传统外语语种，也适用于其他非通用语种。第三,就本丛书的选题而言,除传统的技能教学和教育学外,还有社会学、心理学、哲学、美学、神经学等内容。这体现了当代多种学科相互融合的先进思想。随着信息技术的发展,多模态的课堂教学和网络教学已成为本丛书关注的选题内容。

我和本丛书的主编刘道义研究员相识多年。由于她从不张扬,因此我有必要以老大哥的身份来介绍一下她。第一,道义自 1960 年从北京外国语学院(今北京外国语大学)毕业后,从事大、中、小学英语教学工作 17 年,对不同层次的外语教学均有亲身体验。第二,从 1977 年 8 月起,道义参加了历次的全国中小学英语教学大纲编制工作,编写和修订了 12 套中小学英语教材,并承担其中 9 套教材的主编工作;编著教师理论丛书 4 套、中学生英语读物 2 套、英语教学辅助丛书 3 套;发表有关英语教学改革的文章百余篇。由此可见,除参与教学实践外,她还长期从事外语教学理论的研究。最近在许多学校内时有争论,那就是教师只要教书即可,不必费神搞研究。我想道义以自己的行动回答了这个问题。第三,道义曾任教育部中小学教材审定委员会英语专家组组长、中国教育学会外语教学专业委员会理事长、课程教材研究所副所长、人民教育出版社副总编辑。这表明道义具有很强的领导和组织能力。第四,道义曾任党的十四大代表,我认为这说明了道义本人的政治品质好。党员既要把握正确的政治方向,又要在业务工作中起表率作用。所有这些归纳成一句话,本丛书主编非道义莫属。

除道义外,本丛书汇聚了我国从事外语教育研究的专家和名师。以道义所在的人民教育出版社为例,就有吴欣、李静纯、唐磊三位研究员参与编写工作。我退休后曾经在北京师范大学兼课 10 年,见到丛书各分册的作者名单上有王蔷、程晓堂、罗少茜等大名,顿时兴奋起来。这些当年的同事和年轻学者承担了本丛书 15 卷编写任务中的 4 卷,实力雄厚,敢挑重担,我为之感到骄傲。作者名单上国内其他师范院校从事外语教育的领导和专家有华东师范大学的邹为诚、华南师范大学的何安平、东北师范大学的高凤兰、浙江师范大学的付安权、福建师范大学的黄远振、天津师范大学的陈自鹏,来自综合性大学的则有清华大学的崔刚、范文芳和中国人民大学的庞建荣。在这个意义上，本丛书是对我国外语教育研究力量的一次大检阅。难怪本丛书的一个特色是中外外语教育思想和理论的比较研究，而且重点是中国外语教育的实践和理论。上述作者中不少是我的老相识。虽然有的多年未见，如今见到他们仍活跃在第一线，为我国的外语教育事业而奋斗，令我肃然起敬。祝他们身体健康，在事业上更上一层楼。上述作者中有两位（范文芳教授和程晓堂教授）是我在北京大学和北京师范大学指导过的博士生。目睹当年勤奋学习的年轻学子，现已成为各自学校的教学科研骨干，内心一方面感到欣慰，一方面感到自己落在后面了。

本丛书的策划者广西教育出版社成立于1986年12月。就出版界来说，时间不算太早，但本丛书的成功出版在于该社英明的办社方针。据了解，该社主要出版教育类图书。其中教师用书和学术精品板块是该社最为器重的。本丛书的良好质量和顺利出版还得益于该社两个方面的经验。首先，早在20世纪90年代，该社已出版了一套外语学科教育理论丛书（胡春洞、王才仁主编）。该丛书总结了改革开放后外语学科教育研究的成果，展示了其发展的前景，给年轻一代学者的成长提供了帮助，在外语教学界产生了很好的影响，为本丛书的组织和编写提供了宝贵的经验。其次，新时期以来，该社相继出版了数学、化学、物理、语文等学科教育研究丛书，积累了较多经验，如今策划、组织和出版"中国外语教育研究丛书"更是驾轻就熟。

天时、地利、人和，在此背景下诞生的"中国外语教育研究丛书"必然会受到国内外外语教学界和出版界的欢迎和重视。我很荣幸，成了第一批点赞人。

北京大学外国语学院
2016 年 12 月 1 日

胡壮麟简介：教育部基础教育课程教材专家咨询委员会委员，北京大学资深教授、博士生导师。曾任教育部高等学校外语专业教学指导委员会委员、英语组副组长，中国英语教学研究会副会长，中国语言与符号学研究会会长，中国高校功能语法教学研究会会长。

序 二

一年多以前，当我接到广西教育出版社的邀请，让我主编一套外语教育理论研究丛书时，我欣然接受了。我担此重任的这份自信并非源于自己的学术水平，而是出自我对外语教育事业的责任和未竟的情结。

我这辈子从事外语教育，无非是跟书打交道：读书、教书、编书、写书。虽然教书认真，有良好的英语基础，但成绩平平。因为缺乏师范教育，并不懂得有效的教学方法。然而，17年的大、中、小学教学为我后来的编书和写书提供了宝贵的实践经验。改革开放后，我有幸参加了国家英语课程和教材的研制工作，零距离地与教育专家前辈共事，耳濡目染，有了长进；又有幸出国进修、考察，与海外同行交流切磋，合作编写教材、研究教法、培训师资，拓宽了视野。由于工作需要，我撰写了不少有关英语教育、教学的文章。文章虽多，但好的不多。为了提升自己的理论水平，我对语言教学理论书籍产生了浓厚的兴趣。退休后有了闲空，我反倒读了许多书，而这些书很给力，帮助我不断写文章、写书。2015年，我实现了一个心愿，就是利用我的亲身经历为我国的英语教育做些总结性的工作。我与同行好友合作，用英文撰写了《英语教育在中国：历史与现状》一书，又用中文写了《百年沧桑与辉煌——简述中国基础英语教育史》和《启智性英语教学之研究》等文章。

我已近耄耋之年，仍能头脑清楚，继续笔耕不辍，实感欣慰。

当我正想动笔写一本书来总结有关英语教材建设的经验时，我收到了广西教育出版社的邀请信。这正中我的下怀，不仅使我出书有门，还能乘此机会与外语界的学者们一起全面梳理改革开放以来，特别是这十几年的外语教育教学的研究成果。我计划在20世纪90年代出版的，由胡春洞、王才仁先生主编的外语学科教育理论丛书的基础上进行更新和补充。发出征稿信后，迅速得到了反馈，10所大学及教育研究机构的多位学者积极响应，确定了15个选题，包括外语教学论、教与学的心理过程研究、课程核心素养、教学资源开发、教学策略、教学艺术论、教师专业发展、信息技术的运用、教材的国际比较研究等。

作者们都尽心尽力，克服了种种困难，完成了写作任务。我对所有的作者深表谢意。同时，我还要感谢胡壮麟教授对此套丛书的关心、指导和支持。

综观全套丛书，不难发现此套丛书的特点主要反映在以下几个方面：

一、理论性。理论研究不仅基于语言学、教育学，还涉及社会学、心理学、哲学、美学、神经学等领域。语种不只限于英语，还有日语和俄语。因此，书中引用的理论文献既有西方国家的，也有东方国家的。

二、实践性。从实际问题出发，进行理论研究与分析，提供解决问题的策略和案例。

三、创新性。不只是引进外国的研究成果，还反映了我国改革开放以来的教育改革历程，具有鲜明的中国特色，而且还开创了基础教育教材国际比较的先例。

四、研究性。提供了外语教育科学研究的方法。通过案例展示了调查、实验和论证的过程，使科学研究具有可操作性和说服力。

五、可读性。内容精练，言简意赅，深入浅出，适合高等院校、基础教育教学与研究人员阅读。

此套丛书为展示我国近十几年的外语教育理论研究成果提供了很好的平台，为培养年轻的外语教育研究人才提供了很好的平台，为广大外语教研人员共享中外研究成果提供了很好的平台，也在高等教育机构的专家和一线教学人员之间建起了联通的桥梁。为此，我衷心感谢平台和桥梁的建造者——广西教育出版社！

　　我除组稿外，还作为首位读者通读了每一本书稿，尽了一点儿主编的职责。更重要的是，我从中了解到了我国外语教育近期的发展动态，汲取了大量信息，充实了自己，又一次体验了与时俱进的感觉。为此，我也很感谢广西教育出版社给了我这个学习的机会。

　　1998年，我曾经在我的文章《试论我国基础外语教学现代化》中预言过，到21世纪中叶中华人民共和国成立一百年时，我国的基础外语教学将基本实现现代化。今天，这套丛书增强了我的信心。我坚信，到那时，中国不仅会是世界上一个外语教育的大国，而且会成为一个外语教育的强国，将会有更多的中国成功经验走出国门，贡献给世界！

刘道义

2016 年 11 月 21 日

　　刘道义简介：课程教材研究所研究员、人民教育出版社编审。曾任中国教育学会外语教学专业委员会理事长、课程教材研究所副所长、人民教育出版社副总编辑。曾参与教育部中学英语教学大纲的编订和教材审定工作。参加了小学、初中、高中12套英语教材和教学参考书的编写和修订工作。著有《刘道义英语教育自选集》《英语教育在中国：历史与现状》，主编"著名英语特级教师教学艺术丛书"、《基础外语教育发展报告（1978—2008）》、《新中国中小学教材建设史1949—2000研究丛书：英语卷》等，并撰写了有关英语教育与教学的文章100多篇。

前　言

　　20 世纪 50 年代末，学术界发生了所谓的"认知革命"，学术研究的重点从人类的外部行为转移到这些行为之内所隐含的认知过程上。到了 21 世纪初，人们又开始关注这些认知过程的神经基础，从而使得许多人把 21 世纪称为"脑科学的时代"。经过不懈的努力，认知科学与神经科学的研究都取得了很大的进展，人们对包括语言在内的各种行为的内在心理与认知过程，以及这些过程所依赖的神经基础有了一定的认识。本书写作的目的在于从人类学习的认知过程及其神经基础的角度来探讨外语学习的本质及其基本规律，并以此为基础对我国的外语教学提出一些建议。

　　笔者多年来一直关注着与认知科学和神经科学有关的学习（尤其是语言学习，包括母语习得、二语习得和外语学习）和语言处理（包括听、说、读、写）的心理过程，以及相应的神经基础的理论研究的进展，力图用它们来指导外语教学的实践，并结合自己思考的结果，在一些师资培训项目中开展相关的讲座。本书可以看作是一种尝试，也可以看作是笔者多年来所进行的相关思考的总结。语言的使用看起来是一种外在的言语行为，但是在这一行为的背后隐含的是学习者经过长期的学习与训练而形成的神经机制。这一机制的运作使得学习者产生了一系列的认知和心理过程。因此，本书以认知心理学的基本理论为出发点，讨论人类学习和认知的基本过程，进而探讨它们的神经基础，并在此基础上讨论它们对外语教学的启发意义。

本书共八章，可以分为三大部分。第一部分为第一章至第三章，属于基础背景部分。考虑到读者大多属于外语教学领域的人士，他们对于神经科学和心理学相关的知识一般都相对缺乏，因此，本部分的目的在于向读者介绍语言学习的神经与心理基础知识，从而为后面章节的阅读打好基础，做好基本的理论铺垫。第一章向读者介绍整个学科研究的现状和基础背景。第二章的主题是人脑的结构及功能，我们力图以从宏观到微观的顺序介绍神经系统、大脑的结构、神经元与神经回路。第三章探讨人类的学习机制，我们将从学习的定义和学习理论的角度出发，讨论人类学习的神经与心理基础，并以此为基础勾勒出一个相对完整的关于人类学习机制的理论框架。第二部分为第四章至第七章，本部分将以人类学习的理论框架为基础，具体讨论外语学习的问题。第四章重点讨论外语学习的本质。在这一章中，我们将从语言学习的神经与心理基础、学习的方式与层次、学习环境以及学习效率等四个方面，对母语习得、二语习得和外语学习进行系统的比较，以此解释外语学习的本质特点，进而讨论外语教学的一些基本策略。第五章、第六章和第七章分别讨论外语学习中注意、工作记忆和长期记忆的工作机制与神经基础，并讨论它们对外语教学的启发意义。第三部分为第八章，第八章是结语部分，将对全书的内容进行系统的总结，并尝试提出一种外语教学的模式。

在此，有三点需要做出特别的说明。第一，笔者是一名英语教学与研究工作者，在谈到外语的概念时，内心想到的首先是英语。因此，本书的内容可以供其他语种的教学与研究者参考，但是在写作的过程中经常会出现外语与英语两个概念混用的情况，在此希望读者能够谅解，也请读者在阅读的过程中能够注意到这一点。第二，本书写作的过程也是笔者学习的过程，为了很好地完成本书的写作，笔者阅读了大量的书籍，尤其是教育学、教育心理学、学习心理学、认知神经科学等领域的书籍。书中的有些内容来自笔者的读书笔记，尽管笔者已经尽力注明有关内容的原始来源，但是难免有疏漏之处，敬请读者和有关的作者谅解。第三，本书中许多的讨论与研究尚处于尝试性阶段，本书写作的首要目的在于引起大家对有关问题的思考，并不是要得出最终的结论。在许多方面笔者只是基于自己对外语学习的心理过程和神经基础的认识，提出了一些关于外语教学与学习的想法与建议，其中有许多不成熟之处，需要做进一步论证以及教学实践的检验。

2020 年 12 月

目　录

第一章　引　言

　　1862年京师同文馆的创立标志着我国外语教学的开始，至今已经经历了一百五十多年，我们在培养了一大批外语人才的同时，也经历了诸多的风风雨雨。尤其是在20世纪80年代改革开放以来，以英语为代表的外语教学越来越受到人们的重视，与此同时，英语教学所存在的问题也显得更加突出。以前外语教学问题的讨论只是局限于外语教学界之内，而现在它却成了一个全社会关注的问题，其中最为突出的就是所谓的"耗时低效"。近年来，无数的一线英语教师、众多的英语教学研究者乃至政府官员都在不断地努力解决这一问题，其中包括改进教学方法、改革考试制度等。但是从目前的状况来看，效果却总是那么不尽如人意，英语教学一直在一片争议声中艰难地前行。要解决外语教学的实践问题，也就是如何教和如何学的问题，我们需要建立一个完整的理论系统。在这一系统中，一个核心的内容就是回答外语学习的本质，也就是人类是如何学习语言的这一根本问题。长期以来，研究者对这一问题进行不懈的探索，提出诸如中介语理论、输入假说、输出假说等理论来解释外语学习的过程，不过这些理论都存在着这样或那样的问题，都不能准确、全面地回答人们是如何学习语言，尤其是如何学习外语的。究其原因，目前关于外语学习过程的研究大都是从学习者的外部行为入手，并没有深入到人类学习最为根本的生物基础——人脑上面。归根结底，语言学习作为一种认知活动，最终要受到大脑的支配。语言知识的获得、语言技能的形成以及它们的发展都以大脑为基础，与此同时，它们也都会引起大脑相应的变化。

第一节　心智、脑与教育

人脑是世界上最为复杂的物质，成年男性人脑的重量只有 1.6 千克左右，占体重的 2% 左右，却消耗了我们 20% 左右的能量。人脑无时无刻不在工作，即使是在人熟睡的时候，它也不会停止工作。仅大脑中就包含有 300 亿的神经元，这些神经元又相互结合构成了 1000 万亿个突触联结，如果从现在开始数这些联结的数量，按照每秒一次的速度，需要 3200 年的时间才能完成计算（Edelman，2004）[15-16]。这些数量众多的神经元以及由它们所构成的高度复杂的神经网络是人类包括语言学习在内的各种认知活动的基础，人类一切高级智能活动都由它们所决定。对于人脑的结构及其功能的探索具有悠久的历史，最早可以追溯到成书于公元前 1600 年的古埃及《史密斯纸草书》（*Edwin Smith Papyrus*），而其内容则是基于公元前 3500 年的材料。该书描述了 48 个外科病例，其中叙述了解剖学上的"脑""脑膜""脊髓""脑脊液"等概念，在人类历史上第一次提到大脑是语言的控制中心，头部的损伤可能会导致身体其他部位的症状。但是，在漫长的时间里，由于人的认知水平以及技术手段的局限，人们对于脑的认识是非常有限的，大脑一直被视为神秘的"黑箱"装置[1]。从 20 世纪五六十年代开始，正电子释放成像（positron emission tomography，PET）、功能性磁共振成像（functional magnetic resonance imaging，fMRI）、功能性近红外光谱仪（functional near-infrared spectroscopy，fNIRS）、脑电图（electroencephalography，EEG）、脑磁图（magneto encephalography，MEG）等各种大脑成像技术[2]的出现，

---

[1] 尽管如此，也有学者不断地尝试从生物学或者脑科学的角度来探究教育的问题，其中一个重要的人物是德国哲学家康德。作为一名哲学家，康德也开设了教育学的课程。在其去世之后，他的同事 Link 对康德关于教学的讲座笔记进行了整理，并正式出版。

[2] PET、fMRI 和 fNIRS 三种属于血液动力学成像技术，基本原理在于，要进行某一项认知任务，就要相应地增强大脑的神经活动，也就随之增加被激活的大脑区域的糖分和氧的供应，这一变化可以通过局部脑血流量（regional cerebral blood flow，RCBF）反映出来。EEG 和 MEG 两种属于电磁成像技术，基本原理在于，当人们进行某一项认知活动时，都会引起大脑中电化学的变化，这些变化可以通过安放在头皮的电磁成像技术设备记录下来。

使得人们能够直观地观察脑的活动。来自神经科学、认知神经科学、神经心理学、生物心理学、心理语言学、神经语言学等众多领域的研究者，从不同的角度开展了大量的关于大脑的机制以及大脑与认知的研究，其中一个典型的标志就是认知神经科学（cognitive neuroscience）的诞生与发展。

认知神经科学诞生于 20 世纪 70 年代，是一门介于认知科学和神经科学之间的交叉学科。在这一领域，具有不同背景的研究者们力图从不同的角度研究认知的神经机制，也就是人脑与心智之间的关系。例如，从计算机科学的角度出发，人脑可以被视为一个信息处理的系统，其首要任务在于解决问题。持有此类观点的研究者一直在努力探索人脑是如何组织与完成诸如人脸识别这样的具体任务的计算过程的。要做到这一点，研究者需要采用多种方法，整合多方面的信息。例如，他们需要记录神经元的活动以便确定是什么刺激引起了神经元的反应，这需要采用大脑成像技术来确定是大脑的哪些区域在这个具体认知过程中得到了激活。另外，他们还可以采用计算机建模的方法来模拟认知的过程，从而更加深入地认识人脑进行认知过程的基本原则和原理。而来自实验神经心理学领域的研究者则更多地通过对遭受大脑损伤的患者和正常人的比较来研究认知的神经基础。他们采取各种不同的方法把复杂的心理活动划分为不同的类型或者阶段，如记忆的不同阶段、语言处理的过程等，并力图寻找与之相对应的大脑结构或者区域。认知神经科学研究的内容非常广泛，其学科分支包括认知神经心理学、认知心理生理学、认知生理心理学、认知神经生物学、计算神经科学等，其核心内容包括感觉与直觉、物体识别、运动控制、学习与记忆、情绪、注意与意识、语言以及整体的认知控制等认知活动的神经基础。

从 20 世纪 20 年代开始，心理学和教育学研究者一直在不断寻求行之有效的教育教学手段，构想了行为主义、人本主义、联结主义和建构主义等一系列的教育理论。在认知神经科学兴起之后，它以其独特的视角和先进的手段开始对人的认知活动进行全面、详实和深入的剖析。在此背景之下，教育领域的研究者也开始思考如何把这些研究成果运用于教育理论的研究与实践之中。1978 年，Chall 和 Mirsky 合著了《教育与大脑》一书，其中他们预测在以后的十年中，神经科学与教育研究领域的工作者会携手合作，这种合作很可能会像心理学与教育学的结合那样取得辉煌的成就，并指出"这一令人兴奋的教育构想可能出现于 21 世纪，也可能提前到来"（Chall et al.，1978）[378]。Hart（1983）提出了"适于脑的学习"（brain-compatible learning）这一概念，认为教育可以分为"适于脑"和"不适于脑"（brain-antagonistic）两类，而有效的教育必须要按照大脑的工作原理来组织教学。他指出，"我们的学校教学没有效率，是因为学校不了解突触，不了解神经递质的化学构成，而且没有把大脑看作是学习的器官，使教学与环境适应人们日益了解的大脑结构。我们知道，由于长期进化的结果，大脑有自己的运行模式，这一运行模式在发挥这一迷人工具的巨大潜力时，是自然的、自发的和有效的，强迫它用其他的运行模式，它就会不情愿地、缓慢地发挥作用，而且伴随着大量的错误"（Hart，1983）[12]。1986 年，Friedman 等人主编了一本名为《大脑、认知与教育》的书，邀请来自神经科学、认知心理学和教育学领域的学者撰写了 13 个章节，分别从不同的角度探讨了三者之间相互借鉴、相互结合的可能性。其中，Klivington 撰写了《构建神经科学、认知心理学和教育学的桥梁》一文，指出这三个研究领域都从不同的角度探讨信息的获取与处理，因此，消除学科之间的屏障，把教育学和神经科学、认知心理学结合起来，可以开辟新的研究领域，而对于这一新的领域的研究可以解决实际的教育问题。

　　进入 21 世纪后，随着脑科学时代的到来，人们对于脑科学研究成果在教育中的应用给予了更多的关注。许多研究者（例如：OECD，2002，2007；Jolles et al.，2006；De Jong et al.，2009；Sousa，2010）都从不同的角度探讨了神经科学、认知科学以及教育科学相互结合的可能性。例如，隶属于经济合作与发展组织（Organization for Economic Co-operation and Development，OECD）的教育研究与创新中心（Center for Educational Research and Innovation，CERI）在 1999 年启动了"学习科学与脑科学研究"（Learning Sciences and Brain Research）项目，并先后于 2002 年和 2007 年分别发表了《理解脑：走向新的学习科学》和《理解脑：新的学习科学的诞生》两份研究报告。它们在对认知科学和神经科学的发展进行全面评价的基础上，认为现代大脑成像技术以及由此带来的研究进展可以很好地解释大脑的发育和从出生到老年的工作机制，以及大脑在诸如阅读、计算等技能获得中的作用，也可以使我们更好地认识在人类出现各种诸如失读症、阿尔茨海默病、失语症等障碍时大脑的工作情况。OECD（2002）[30]指出，认知神经科学可能会为教育界所关心的一些关键问题提供可靠的答案，其中包括：（1）对于少年儿童来说，什么是合适的学习环境和学习计划？我们是否能够对儿童在数学和阅读方面进行早期的强化培训？（2）什么是大脑发育的关键敏感期？这对和年龄有关的教学大纲的设计有什么启发？（3）为什么对某些人来说阅读和数学能力难以获得？我们可以采用什么方法来预防和治疗阅读与计算障碍？（4）人脑的局限有哪些？如果在适当的环境之下开展适当的教学，是否人人都可以成为像莫扎特那样的大师级的人物？（5）为什么去学习化（unlearning）如此困难？如何才能有效地纠正一些错误的习惯、不完善的技能以及错误的知识？（6）情感在学习中的作用是什么？在面临学习的挑战时，我们如何促进人脑的情感和认知系统相互合作？因此，该报告主张教育工作者与神经科学研究者之间要加强对话与合作，从而更好地认识人类学习的内在规律。这将在今后各种教育问题的解决中起到关键性的作用，因为对大脑的认识可以为改进教育研究、教育政策和教育实践开辟一条新的途径。Koizumi（2004）提出要从生物学的角度来看待教育，要以人的大脑发育过程为基础来制订科学的方案。他还身体力行，和同事在日本进行了一系列的纵向研究，把脑科学与教育联系起来，并最终创办了儿童学协会。Jolles 等人（2006）在荷兰科学研究组织（Netherlands Organization for Scientific Research）的资助下于 2006 年发表了题为"大脑课程"的研究报告，其中指出，神经科学、认知科学、教学科学和教学实践人员之间开展积极的对话、交流与合作的时机已经成熟。美国哈佛大学的 Fischer 和 Gardner 等人在"心智—脑—行为"研究项目的基础上率先开设了心智、脑与教育的研究生培养专业，将生物学尤其是认知神经科学应用于教育科学之中，尤其关注学校的教与学的活动（Fischer，2004；Blake et al.，2007）。另外，他们还在 2004 年成立国际心智、脑与教育学会，并在 2007 年创办了《心智、脑与教育》（*Mind，Brain and Education*）这一专门的学术期刊，在该刊的发刊词中，Fischer 等人（2007）指出，本刊的目的是"促进与人类学习和发展的研究相关学科的融合，就是为了把教育学、生物学和认知科学结合起来形成心智、脑与教育这一新的领域"。

在此背景之下，一门新的交叉学科——教育神经科学在 21 世纪初应运而生。该学科对心智、大脑与教育三个完全不同的领域进行深度的整合，以认知科学和神经科学的研究成果为基础，提出科学的理论，以便理解学习的能力，解决学习过程中存在的问题，提高教育的效率，并为教育政策、课程和教学改革提供科学的依据（周加仙，2009）。

第二节　语言教学与认知神经科学

　　语言教学是整个教育体系的重要组成部分。在教育神经科学的研究领域之内，尤其是面对语言教学存在的诸多问题，我们亟须借鉴神经科学和认知科学领域的研究成果，更深入地认识语言学习的神经机制和认知过程，探讨它们对语言教学的启示，从而找到一些解决问题的方案。从神经科学和认知科学在语言教学中的应用来说，它的进展与整个教育神经科学的进展是同步的，在众多的相关著作（例如：Smith，2002；De Jong et al.，2009；Sousa，2010；Blakemore et al.，2005）中，语言的发展及教育都是重要的内容。更为重要的是，与其他学科相比，语言教育的问题在神经科学和认知科学领域最早得到关注。早在 1980 年春天，美国哥伦比亚大学教师学院的神经科学与教育项目组就组织召开了一次关于语言、阅读和拼写的神经心理学国际会议，其后 Kirk 在 1983 年主编的《语言、阅读与拼写的神经心理学》论文集中收录了 11 篇论文，从不同的角度讨论了语言发展、语言处理、阅读以及拼写的神经心理基础，并探讨了它们对于语言教学、阅读教学以及语言障碍矫正的启示。在二语习得领域，最具代表性的人物之一是美国学者 Schumann 教授，其所在的加州大学洛杉矶分校的应用语言学系也是这一领域的研究重地。从 20 世纪 80 年代开始，他们就成立了语言的神经生物学研究小组。他们与神经学家 Scheibel 博士具有良好的合作关系，定期举行讨论会，并从 1987 年开始为应用语言学专业的学生开设神经解剖学课程。1997 年，Schumann 著了《语言学习中情感因素的神经生物学》一书，2004 年他又和小组的其他成员合著了《学习的神经心理学：从二语习得的视角》一书。在第一本书中，Schumann 以刺激评价（stimulus appraisal）理论为基础讨论了一语和二语习得中包括动机在内的情感因素的神经基础。第二本书共有六章，分别讨论了语言学能、动机、程序性记忆、陈述性记忆、记忆强化以及注意的神经基础，并在此基础上提出了一个完整的二语习得的神经基础模型。Schumann 也参与了另一本重要著作《第二语言习得的认知神经科学》（Gullberg et al., 2006）的编写工作。该书收录了 2005 年 9 月在荷兰马普心理语言学研究所（Max Planck Institute of Psycholinguistics）召开的 "第二语言习得的认知神经科学" 学术研讨会的论文，共计 16 篇，其中 7 篇为主题性研究论文，7 篇是针对主题性论文的相关评述，另外 2 篇是导言和总结。这些论文的作者来自二语习得、双语研究、认知神经科学以及神经解剖学等学科领域，论文涵盖了二语习得中的年龄问题、最终的习得状态、二语习得对大脑的影响、大脑与二语习得的过程以及多语习得者的脑调控机制等内容。Schumann 撰写了该书的总结部分。他指出，该书从认知神经科学的角度开展对二语习得的研究，其中涵盖了三个核心的问题：（1）是否所有的语言问题都可以从认知神经科学中找到答案？（2）一个人的脑之内以及不同的人脑之间的个体差异的来源有什么？（3）哪些脑区是语言的神经基础？对于这些问题的回答将直接影响到相关领域研究的发展方向以及对研究结果的解释。

这一研讨会是由世界著名的学术期刊 *Language Learning* 和荷兰马普心理语言学研究所共同发起并主办的 "Guiora 语言认知神经科学圆桌会议系列" 的第一次会议。Guiora 是一位杰出的心理学家和二语习得研究者。他认为，认知神经科学将是语言科学研究的下一个前沿领域，它不仅将为语言研究提供新的方法论选择，还将为其提供新的解释可能性。Guiora 还倡导设立一个永久性的论坛，专门讨论与评估语言行为神经科学的研究现状。这一研讨会响应 Guiora 的倡议，并以他的名字命名。在 2005 年首次召开之后，该研讨会每年都召开一次，这也反映了语言教学与认知神经科学相互结合的发展趋势。

认知神经科学与语言教学的结合开辟了一个新的研究领域，同时也为当前语言教学中许多问题的解决提供了一种新的可能。但是，令人遗憾的是，目前的相关研究还存在着一些问题。这主要表现在以下两个方面：一是相关的研究还不够系统，研究者只是从自己的研究兴趣出发，对语言学习中的个别问题进行了一定的思考，因而目前还没有能够全面地涵盖语言学习主要方面的作品；二是目前有限的研究也都是以母语和二语习得为对象，而专门针对外语学习的研究则比较少。二语习得与外语学习的最大差异在于两者之间学习环境的差异，对于前者来说，学习者处于目标语的环境之中，他们可以在课堂内外接触到丰富、地道的语言输入，而对于后者来说，学习者所能得到的目标语的语言输入则非常有限。从认知神经科学的角度来看，学习就是人脑对于外部刺激做出反应的过程，因此，二语习得和外语学习环境的差异很可能会导致两者之间学习方式的差异。因此，在顺应学科发展趋势的过程中，我们亟须在借鉴国外相关研究的同时独立地开展中国环境下外语教育的认知神经科学的研究，并以此来推动我国外语教育事业的发展，切实有效地提高外语教学的效率。

第三节　语言学习的立体性

当然，仅仅从语言的神经基础的角度去认识外语学习是不够的。语言学习，尤其是二语习得，在过去几十年中一直是一个热门的研究领域，研究者提出了各种各样的理论来解释语言学习的过程，并以此来指导语言教学的实践活动。但是不论是哪一种理论，它们所面临的普遍状况是，在得到一定支持的同时，都不乏批评的声音。那么我们该如何对待这些不同的理论呢？考虑到这一问题，笔者不禁想到大家所熟知的"盲人摸象"的故事。在这个故事中，四个盲人通过触摸的方式去了解大象的模样。摸到牙齿的人说大象长得像个大萝卜，摸到耳朵的人说大象像把大扇子，摸到腿的人说大象像根大柱子，而摸到尾巴的人则说大象只不过是一根草绳罢了。四个盲人说得都不对，但是各自都有道理，因为他们都确确实实地摸到了大象的某个部位，并做出了正确的描述。由此想来，我们对二语习得的认识又何尝不是如此呢？不论是哪一种理论，它们都从某个角度对二语习得以及外语学习的过程进行了一定的阐释。上述现象的存在是由语言本质的多面性和复杂性所决定的，作为人类所特有的交际能力，语言是人类的生物属性、认知属性以及社会文化属性的结合体。

语言是具有生物性的，语言的习得、学习以及处理过程都有其基本的神经生物学基础。生物语言学的相关研究表明，语言的生物属性主要表现在两个方面（杨彩梅 等，2002）。一是语言的器官性和模块性。人脑是经过几百万年的演化过程而逐渐形成的一个完美的器官（Pinker，1994），当大脑的某一部分受到损伤时，就有可能导致部分或者全部语言能力的丧失，这说明语言器官具有生理学意义上的模块性。二是语言的基因遗传性。语言是人类所特有的交际能力，在历史上曾经有许多位科学家试图训练动物讲话的能力，但是无论如何训练，动物所能使用的语言都极其有限（Steinberg et al.，2006）。这种现象与人类的遗传基因有关，经过长期的研究，目前研究者已经发现被命名为FOXP2的基因与人类的语言能力具有直接的关系（崔刚，2015）。我们承认语言的生物属性，就要充分肯定语言习得先天论中的合理成分。当然，这也并不意味着我们就可以全盘否定行为主义理论，因为语言环境在语言的习得过程中也起着重要的作用，没有必要的语言环境，儿童语言习得也无法顺利完成。

认知是人脑的一种特殊机能，是人们运用概念、判断和推理等形式反映客观事物的过程。认知的核心是思维，而语言是承载思维、表达概念、进行推理的重要工具。因此，语言和思维之间密不可分，语言具有很强的认知属性。我们可以从两个方面来认识语言的认知属性。首先，语言的学习、记忆、理解和产出都是认知过程的重要组成部分，符合基本的认知规律。"认知的最简单的定义是知识的习得和使用，它是一个内在的心理过程。……知识的习得和使用牵涉诸如感知觉、型式识别、视觉表象、注意、记忆、知识结构、语言、思维、决策、解决问题等心理表征在内心里的操作。"（桂诗春，2004）[14] 因此，认知是语言的基础。其次，语言促进认知的发展。"语言的产生对认知能力的发展起很大的促进作用。一方面语言能带动人们更好地思维和认知新事物。……而且，人们可以借助于已有的语言更好地认识具有一定关联的新事物。另一方面，有了语言，人们才可以交流思想，交换信息，增加经验，从而相互沟通认识，互相调整、适应、趋同，促进种系和个体认知的发展。"（吕爱红 等，2011）[11]

语言也具有重要的社会文化属性。Lakoff（1991）在讨论语言与社会之间关系的一篇文章中使用了"You Are What You Say"作为标题，这就充分说明了语言与社会文化之间的关系。语言是文化的载体，同时也是文化的一个重要组成部分，是一种特殊的文化现象。每一个民族都会因为文化的不同而持有不同的语言系统。语言反映民族的特征，一个民族的语言蕴含着一个民族特有的传统文化，包括思维方式、社会心理、民族风情、价值取向、社会观念等。语言也是一种社会现象，语言的使用就是一种社会活动，它与社会互相依存。语言是人类最重要的交际工具，人们通过语言交流信息、传递情感，并通过它建立并维持他们在社会中的身份与地位。没有人与人之间的语言交流，社会就无法存在。与此同时，社会又对语言的习得、使用和变化起着重要的作用。首先从母语习得的角度来看，除了人的先天性因素，社会环境是一个必不可少的因素。一个正常的儿童，在什么样的社会环境中生长，他就会自然地习得这个社会的语言。其次，语言的使用也受到社会环境的制约，在不同的环境下，同一个人要表达同样的意义或者实现同样的交际目的，他所使用的语言往往是不同的。另外，语言的变化也与社会密切相关，当社会生活发生变化时，作为社会现象和社会交际工具的语言自然也会发生变化。

语言的多重属性要求我们全面、立体地看待语言的学习，只有这样我们才能准确、深入地把握语言学习的本质，从而制订出更好的教学方案，有效地提高教学效率。而要做到这一点，我们需要把握它的核心属性。我们认为，在生物属性、认知属性和社会文化属性之中，认知属性居于核心地位。也就是说，认知属性决定了语言学习和使用的过程是一种认知的过程，生物属性为这一过程提供了基本的神经生物基础，而社会文化属性为这一过程提供必要的外部环境。因此，我们在探讨语言学习的本质时，需要以认知过程为核心，向内寻求其神经生物基础，向外寻求其社会文化环境。

本章小结

　　语言的使用是人类区别于其他动物的根本特征之一，语言作为人类的一种高级智能，具有多重属性。外语学习作为人类学习行为的一种特殊形式，它除符合人类基本的学习规律之外，还具有很多自身的特点。在中国历史上，我们从来没有像今天这样重视外语学习。学生开始学习外语的时间不断提前，从中学开始学，到小学开始学，甚至很多孩子从一出生就开始漫长的外语学习历程。考试的范围也在不断扩大，几乎在每次重要的考试中都包括外语考试。与此同时，从事外语教学与研究的队伍也在不断扩大。目前，我们拥有世界上为数最多的外语学习者群体，世界上最为庞大的外语教学与研究队伍。而与此形成强烈反差的是，我们的外语教学还存在着许多问题。社会上对于外语是否有必要列为必修课程的质疑声一直不绝于耳。这种质疑的存在固然有多方面的原因，然而，不可否认的是，这与我们效率不高的外语教学有着很大的关系。多少人在经历了小学、中学、大学，乃至研究生阶段的多年外语学习之后，仍然不能使用外语进行顺利的交流。而在外语教学界，学者们也对外语教学各种问题都存在着诸多的争论。面对这些纷繁复杂的问题，我们更应具备全局的视角，并进行立体化的思考，以便于我们更好地认识语言的本质、把握外语学习的内在规律和基本过程。认知科学与神经科学的发展为我们解决目前外语教学中存在的问题提供了一种可能。从行为到认知心理，再到神经基础为我们进行有关的思考提供了一个基本的脉络。在这一脉络中，认知与心理过程是一个关键的环节。从语言学习的认知和心理过程出发，向外我们可以观察与分析其外部行为，向内我们可以探究其神经基础。而这也正是本书内容安排与讨论的一个基本思路。

第二章 人脑的结构及功能

　　人是会说话的动物，学习语言和使用语言的能力是人类区别于其他高级哺乳动物的主要特征。而这一特征首先取决于人脑，它是语言处理与语言学习的物质基础。人脑是世界上最为复杂的物质，其机能是其他任何动物都无法比拟的。它一方面控制和影响心率、体温、呼吸等生理活动，另一方面还负责语言、推理、意识等高级的心理活动。高度发达的现代医学技术使得我们可以进行各种人体器官的移植，包括肺、肝脏、肾脏、心脏等，这些原有的器官被更换之后，这个人的身份不会有任何的改变。但是，如果把一个人的大脑移植了，这个人的身份可能就会成为一个问题。成年男性人脑的平均重量大约为1.6千克，仅占身体总重量的2%左右，而这一占身体很小部分的组织却控制着人类包括语言在内的各种复杂的认知和心理活动。但是，从表面来看，人脑只是一个静态的组织结构，它不像心脏那样不停地跳动，也不像肺那样可以收缩与扩张。当我们用肉眼去观察时，它看起来就是一个静态的固体。而这看似平静的身体组织无时无刻不在进行各种复杂的生理与心理活动，与此同时也在不断地发生着变化。因此，我们要理解人脑与学习和心智之间的关系，就有必要深入地认识脑的结构。在本章中，我们将按照从宏观到微观的顺序介绍神经系统、大脑的结构、神经元与神经回路。

第一节　神经系统

　　人脑是遍布于全身的神经系统的一部分。人的神经系统分为两大部分：中枢神经系统（central nervous system，CNS）和周围神经系统（peripheral nervous system，PNS）（如图 2-1 所示）。

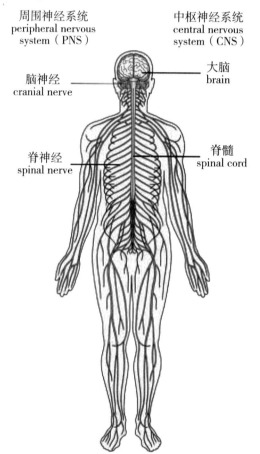

周围神经系统
peripheral nervous
system（PNS）

中枢神经系统
central nervous
system（CNS）

脑神经
cranial nerve

大脑
brain

脊神经
spinal nerve

脊髓
spinal cord

图 2-1　中枢神经系统与周围神经系统（Baars et al.，2010）[128]

　　周围神经系统包括与脊髓相连的所有运动和感觉神经细胞，它们遍布人体的周身和内脏器官，其主要成分是神经纤维。周围神经系统把身体的各部位与中枢神经系统联系起来，通过它，脑和脊髓既可获得全身器官活动的信息，又能够发出信息到各个器官以调节它们的活动。将来自外界或者体内的各种刺激转变为神经信号并向中枢神经系统传递的纤维被称为传入神经纤维，由这类纤维所构成的神经叫作传入神经或者感觉神经。传入神经纤维包括两种类型：（1）躯体感觉纤维，分布于皮肤、骨骼肌等处，负责将这些部位所接受到的刺激传入中枢系统；（2）内脏感觉纤维，分布于内脏、心血管以及腺体等处，负责将这些结构的感觉冲动传入中枢系统。向周围的效应器传递中枢冲动的神经纤维被称为传出神经纤维，这类神经纤维所构成的神经叫作传出神经或运动神经。传出神经纤维包括躯体运动纤维和内脏运动纤维。前者分布于骨骼肌并负责支配它们的运动，后者负责支配平滑肌、心肌的运动以及调节腺体的分泌，由它们所组成的神经又被称为植物性神经或者自主神经系统。

　　中枢神经系统由脑和脊髓组成（如图 2-2 所示）。成年男性的脑重量大约为 1.6 千克，成年女性的脑重量大约为 1.5 千克。脊髓是中枢神经系统的低级部分，位于椎管之内，呈扁圆柱形，上经枕骨大孔与延髓（又称延脑）相连，下端为脊髓圆锥。脊髓相当于一个神经信号传输的中继站，它将来自躯体各部分感觉神经元的信息传到中枢神经系统的高级中枢，并将指令传回身体各部的肌肉和器官，因此，脊髓是感觉和运动的传导通路。人体躯干四肢各部所接受的感觉信息都要经过脊髓才能上传到大脑，而脑对躯干四肢活动的控制和调节也都要经过脊髓才能下传到全身各部分。脊髓还是躯体和内脏简单反射的中枢，如膝跳反射、排尿反射等不需要脑的参与，仅靠脊髓即可完成。

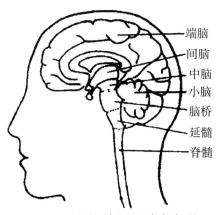

图 2-2　中枢神经系统各部位

　　脑是中枢神经系统的头端膨大部分，位于颅腔之内。脑的一些部位之内有空腔，其内充满脑脊液，被称为脑室，主要包括大脑左右半球内的两个侧脑室，分别为第一脑室、第二脑室、第三脑室和第四脑室。按照由下往上的顺序，脑包括六个主要的部分：延髓、脑桥、小脑、中脑、间脑和端脑，其中前面的三个合在一起被称为后脑（hindbrain），后面的两个合在一起被称为前脑（forebrain）。延髓、脑桥和中脑三部分一起构成脑干（brainstem）。

1. 延髓（medulla oblongata），又称末脑（myelencephalon）或延脑，位于脊髓的上端，被看作是脊髓在颅骨中的扩大和延伸。延脑向下与脊髓相连接，呈细管状，它通过头、面部的感觉、肌肉运动和许多副交感神经活动输出的脑神经来控制一些极其重要的反射活动，包括呼吸、心跳、吞咽、呕吐、唾液分泌、咳嗽和打喷嚏等，是基本的生命中枢。

2. 脑桥（pons）位于延脑的腹前侧，是由神经纤维构成的管状体。它比延脑略大，连接着延脑和中脑，其功能与睡眠有关。和延脑一样，脑桥也含有一些脑神经核。脑桥中的许多轴突从大脑的一边交叉到另一边，这样大脑左半球就可以控制右侧身体，右半球则可以控制左侧身体。延脑和脑桥中还存在着网状结构和中缝系统。网状结构（reticular formation）有上行和下行部分。上行部分传输信号到大部分的大脑皮层，选择性地激活某一区域的唤醒和注意水平，下行部分是控制脊髓运动区域的几个脑区（Guillery et al.，1998）。中缝系统（raphe system）的轴突可延伸到大部分的前脑区域，使大脑对刺激做出反应准备（Mesulam，1995）。

3. 小脑（cerebellum），位于脑桥之后，形似两个相连的皱纹半球，其功能主要在于控制身体的运动与平衡。但是，小脑的功能并不局限于此，Courchesne 等（1994）的研究发现，小脑损伤的人很难在听觉和视觉之间转换注意。他们在计时方面也有困难，其中包括感觉计时，表现之一就是他们很难判断两个节奏哪个更快。小脑与大脑往往是协同工作的，人类的身体平衡、肌肉控制以及身体姿势的保持大多需要大脑皮层的控制，但是大脑皮层的功能不足以调节所有的活动，它需要通过与小脑的配合来完成。因此，小脑在运动技能的学习中起着关键性的作用，经过足够的练习之后，许多诸如弹钢琴、开车等运动技能就变得自动化，此时小脑就取代了大脑皮层的大部分控制功能，从而使得大脑皮层能够集中精力关注那些需要意识参与的诸如思考、解决问题之类的活动。

4. 中脑（mesencephalon），位于脑桥之上，恰好处于整个脑的中间，其功能与视觉和听觉有关。在中脑的中心有一个网状结构，控制觉醒、注意、睡眠等意识状态。网状结构的作用扩展到脑桥、中脑和前脑。延髓、脑桥和中脑合称为脑干。脑干的内部中央是脊髓的中央管扩大形成的第四脑室。脑干具有通过它的网状结构处理自主神经系统的功能。网状结构是一个由神经元和神经纤维构成的网络，可以调节身体的呼吸、心率、血压、眼球运动、唾液分泌和味觉等基本功能。另外，它还与人的意识水平有关，可以调节大脑的活跃程度，帮助人进入清醒或者睡眠的状态。

5. 间脑（diencephalon），位于中脑之上。间脑虽然体积不大，但是功能十分复杂，仅次于大脑皮层。它不仅是除嗅觉外一切感觉冲动传向大脑皮层的转换站，而且是重要的感觉整合结构之一，在维持和调节意识状态、警觉和注意力方面起着重要的作用。间脑因其位于大脑半球和中脑之间而得名，它的中间有一个侧扁的管腔，称为第三脑室，它通过小孔同两侧脑室相通。间脑包括丘脑和下丘脑两部分，丘脑（thalamus）是一对位于前脑中央的结构（左右各一），是最重要的感觉传导接继站。来自全身各种感觉的传导通路（除嗅觉外[1]），均在丘脑内更换神经元，然后投射到大脑皮质。丘脑中的很多核团从某个感觉系统（例如视觉系统）接收传入的信息，然后把这些信息传送到大脑皮层的某个区域（如图 2-3 所示）。大脑皮层又反向向丘脑传送信息，增强一些传入的信息，同时减弱其他传入的信息，从而将注意集中于特定的信息（Komura et al., 2001）。丘脑还与基底神经节、小脑、脑皮质以及内侧颞叶建立起双向的信息传输通道，这些通道涉及人类记忆等许多重要的认知功能。

---

［1］嗅觉信息由嗅觉感受器传递给嗅球再直接传送到大脑皮层。

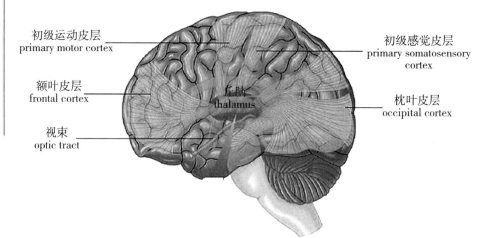

图 2-3 信息从丘脑到大脑皮层的路径（Kalat，2009）[94]

下丘脑（hypothalamus）是一个靠近大脑底部、位于丘脑腹侧的小区域，它与前脑和中脑之间具有丰富的联结。下丘脑通过神经和下丘脑激素将信息传递给垂体，以便调整垂体[1]中激素的释放。丘脑用以监测来自体外的信息，而下丘脑则负责监测体内各个系统以维持体内的平衡。下丘脑通过控制各种激素的释放量来调节身体的机能，例如睡眠、体温等。当我们感觉到害怕或有压力时，下丘脑会使心率加快、呼吸加速。

丘脑和下丘脑都是人脑的边缘系统（limbic system）的组成部分。边缘系统是一组围绕脑干边缘的皮层下结构，除上述两个部分之外，该系统还包括嗅球（olfactory bulb）、海马（hippocampus）、杏仁核（amygdala）和大脑皮层的扣带回（cingulate gyrus）（如图 2-4 所示）。其中与学习和记忆关系密切的是海马和杏仁核。海马因其形状酷似海马而得名，它是位于丘脑本部和大脑皮层之间的一个很大的结构，主要朝向前脑的后部。它主要负责记忆和学习。日常生活中的短时记忆都储存在海马之中，并经过它的处理而转送到大脑皮层形成长期记忆。杏仁核对情绪的形成，尤其是恐惧起着重要的作用，它可以调整个体对所处环境的反应，从而使个体做出相应的决策。除嗅觉之外的感觉输入到丘脑，然后丘脑把信息传递给大脑皮层和杏仁核，杏仁核负责评估感觉信息是

---

[1] 垂体（pituitary gland）是一个内分泌（产生激素）的腺体，它由一个含有神经、血管和结缔组织的柄连在下丘脑的底部。在下丘脑信息的作用下，垂体合成并释放激素到血流中，由血液将其运输到其他器官。

否有害。如果它辨认出潜在的有害刺激，就会发信号给下丘脑，从而产生一系列的反应。

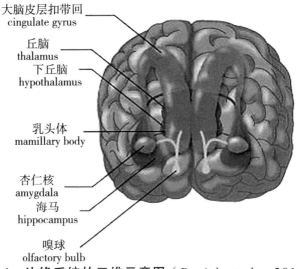

大脑皮层扣带回
cingulate gyrus

丘脑
thalamus

下丘脑
hypothalamus

乳头体
mamillary body

杏仁核
amygdala

海马
hippocampus

嗅球
olfactory bulb

图 2-4 边缘系统的三维示意图（Banich et al.，2011）[15]

6. 端脑（telencephalon），又称大脑，是人脑中最重要、最高级、功能最复杂的部分，是控制机体运动、感觉、语言、内脏及其调节的最高中枢，人的心理功能主要靠它来完成。大脑和间脑一起有时被合称为前脑。人的大脑由左右两个半球组成，借助大脑脚与脑干相连。两个半球之间由胼胝体（corpus callosum）相连接。半球内的脑室称为侧脑室，它们借助室间孔与第三脑室相通。

7. 基底神经节（basal ganglia）。如上文所述，大脑和间脑合称为前脑，其实，除它们两个之外，包括丘脑在内的边缘系统以及基底神经节都是前脑的组成部分。基底神经节又叫基底核（basal nuclei），是埋藏在两侧大脑半球深部的一些灰质团块，位于丘脑的前上部。基底神经节与大脑、脑干和丘脑密切相连，在自主性运动行为的控制、程序性的学习、日常行为的养成、认知和情感方面都起着重要的作用。

通过脊髓进入脑内的"集线器"，中枢神经系统与周围神经系统共同构成一个遍布全身的庞大的动态信息交互系统，它们之间相互配合，构成了一个完美的指挥与控制中心。中枢神经系统对言语的感知、支配和调控功能都是通过周围神经系统实现的。人的面、唇、舌等和说话有关的肌肉以及包括喉和声门在内的发音器官都由周围神经支配。大脑皮层的语言中枢发出指令，通过周围神经达到相应的言语肌肉和发音器官，引起收缩活动，完成说话的动作。总体而言，人的神经系统具有四个功能：（1）感知功能，即从外部环境中收集信息；（2）合成功能，即对不同来源的信息进行整合与评估；（3）反应功能，即根据整合的结果做出相应的反应；（4）内部调节功能，即通过动态的平衡以获得最佳的状态（Michael-Titus et al., 2011）。

第二节 大脑的结构

一、大脑的外部结构

人的大脑位于颅腔之内，颅骨被头皮所包围，颅骨与头皮一起为大脑形成了很好的保护。另外，在颅骨之下，大脑还被结缔组织膜所覆盖，其中的最外层为硬膜（dura mater），厚而坚韧，由致密结缔组织构成，有保护和支持作用；中层为蛛网膜（arachnoid），是一层无血管的透明薄膜，内层为软膜（pia mater），紧贴于脑和脊髓表面，内有丰富的血管（如图2-5所示）。在蛛网膜和软膜之间有脑脊液（cerebrospinal fluid）。人的脑脊液总量约为140毫升，更新时间为5~7小时，其主要功能是提供浮力，保护中枢神经系统，并为它们提供一个相对稳定的、确保神经细胞和神经胶质细胞正常活动的有机离子环境。

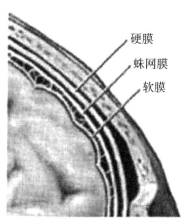

图 2-5 大脑的保护层

大脑是中枢神经系统中最为发达的部分，呈球形，由大脑纵裂将其分为左、右两个半球，是中枢神经系统的最高级部分。人类的大脑是在长期进化过程中发展起来的思维和意识的器官，包括左、右两个半球，两者之间由胼胝体相连。半球内的腔隙称为侧脑室，它们借室间孔与第三脑室相通。根据大脑所处的人类头部的相应位置，大脑的前部被称为额，后部被称为枕，外下方向前突出的部分被称为颞。以此为基础，每个大脑半球可以被分为四个脑叶（如图 2-6 所示）。位于大脑最前部的是额叶（frontal lobe），从中央沟（central sulcus）一直延续到大脑的最前端。在额叶后面的上部是顶叶（parietal lobe），它位于枕叶和中央沟之间。额叶后面的下部是颞叶（temporal lobe），是大脑最外侧的部分。顶叶与颞叶之后，在小脑之上大脑后端的部分是枕叶（occipital lobe）。

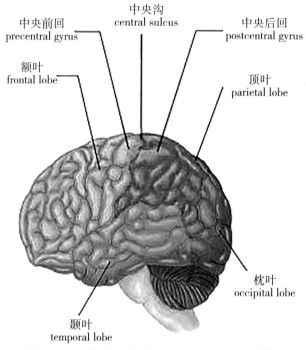

中央前回 precentral gyrus　中央沟 central sulcus　中央后回 postcentral gyrus

额叶 frontal lobe

顶叶 parietal lobe

枕叶 occipital lobe

颞叶 temporal lobe

图 2-6　脑叶示意图（Kalat，2013）[103]

四个脑叶均向半球的内侧面和底面延伸，而在各个脑叶区域内，有许多小的脑沟，其中蕴藏着各种神经中枢，分担不同的任务（见图 2-7）。额叶负责思维、决策、话语的产生、运动等。Luria（1966）把额叶称为"文明的器官"，这与前额叶有很大的关系。前额叶是额叶中最前面的部分，它没有明显的边界标示，而是由一些来自丘脑的投射区来定义的。前额叶的功能包括：（1）产生行为活动；（2）制订计划；（3）储存重要的信息以待使用（工作记忆的一个方面）；（4）切换思维模式来思考另一件事；（5）监控行为的有效性；（6）发现并解决行为中相互冲突的方案；（7）抑制那些无效果或不利于自己的方案和行为（Baars et al.，2010）。前额叶的面积很大，占据了整个大脑皮层的三分之一。人类的前额叶也是最大的，这是人类大脑区别于其他灵长类动物的主要特征之一。额叶的发育相对缓慢，采用功能性磁共振成像（fMRI）技术对 20 岁的年轻人脑部的研究表明，额叶此时仍在继续生长。因此，青少年的额叶尚不具备全面控制自己的能力（Dosenbach et al.，2010），这也在一定程度上解释了为什么青少年更容易采取一些过激的行为。

颞叶负责语言的理解、听觉感知、长时记忆和情感等，其中，颞叶的中部负责语义知识的概念表征。顶叶负责身体各部位的感觉、综合视觉和身体运动信息等，其中一个重要的功能是个人空间位置的知觉，另外数字计算也与它关系密切。枕叶是视觉信号传导的主要目的地，负责视觉信息的感知和处理，因此枕叶也常被称为视觉皮层（visual cortex）。视觉信息首先被丘脑接收，然后由丘脑传送到枕叶。枕叶负责运动、颜色、距离、深度等各种与视觉特征有关的信息的处理。在经过枕叶的处理之后，视觉信息就会与已经储存在记忆中的信息进行比较，那些与已经存储的信息相匹配的物体就会得到识别；如果没有被识别，这些新的视觉刺激会被编码储存在记忆之中。

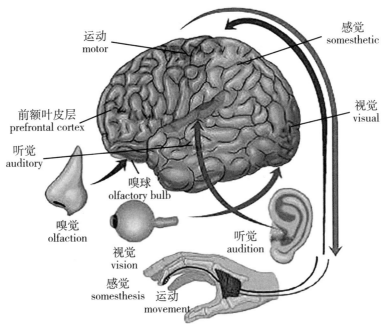

图 2-7　四个脑叶的主要功能分布示意图（Kalat，2013）[103]

　　与脑叶的划分相比，布鲁德曼分区（Brodmann area）是在更微观水平上对大脑皮层表面的部位划分。德国神经学家 Brodmann（1868—1918）在显微镜下仔细观察大脑皮层细胞的形态以及它们之间联系方式的差异，并根据观察到的差异划分区域，然后对每个区域进行了数字编号。Brodmann 共标注了 52 个脑区，后来的研究者又按照同样的思路，进行了进一步的划分，目前已经标注到接近 200 个脑区（Gazzaniga et al.，2014）。但是由于人们对这些脑区的划分还存在一些争议，目前采用最多的还是 Brodmann 的分区（如图 2-8 和图 2-9 所示）。

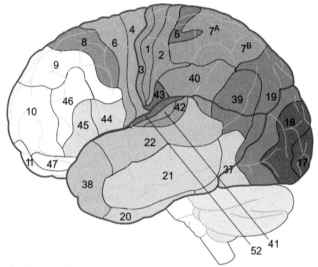

图 2-8　大脑左半球侧面的布鲁德曼分区（Baars et al.，2010）[130]

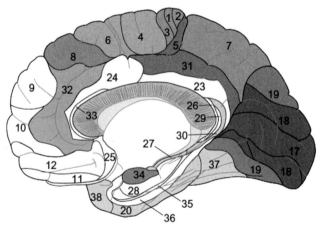

图 2-9　大脑右半球中央矢状面的布鲁德曼分区（Baars et al.，2010）[130]

　　在布鲁德曼分区中，与语言功能相关的主要区域包括：（1）躯体运动中枢，第4区和第6区，位于中央前回和中央旁小叶前部；（2）躯体感觉中枢，第1、第2、第3区，位于中央后回和中央旁小叶后部；（3）视觉中枢，第17区；（4）听觉中枢，第41、第42区，位于颞叶颞横回；（5）运动性语言中枢，第44、第45区，即布洛卡氏区，位于额下回的后部；（6）书写中枢，第8区，位于额中回的后部；（7）听觉性语言中枢，第22区，即沃尼克氏区，位于颞上回后部，紧邻听觉中枢；（8）视觉性语言中枢，第39区，位于角回，与视觉中枢相邻。

二、大脑的两个半球

　　在正常情形之下，大脑两个半球的功能是分工合作的，在两个半球之间，由胼胝体相联结（如图2-10所示）。胼胝体是联结左右两个半球的神经纤维束，呈弯曲状，开始于额叶后方，向上弯曲直到小脑的前部。胼胝体负责沟通两个半球的信息。如果将它们切断，大脑两半球被分割开来，各半球的功能陷入孤立，缺少相应的合作，在行为上会失去统合作用，就会形成割裂脑（split brain）[1]。

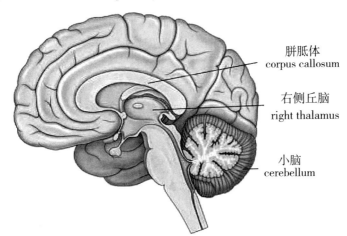

胼胝体
corpus callosum

右侧丘脑
right thalamus

小脑
cerebellum

图 2-10　联结两个半球的胼胝体（Baars et al., 2010）[11]

---

　　[1]美国神经心理学家Sperry（1913—1994）在20世纪50年代到70年代之间对割裂脑的癫痫患者进行了系统的研究，设计了精巧和详尽的神经心理测量方法，揭示了左右脑功能的不对称性，纠正了右脑是"沉默脑"或"无功能脑"的错误认知，对左右脑的功能有了许多新的发现，他因此在1981年获得诺贝尔生理学或医学奖。

　　大脑由两个半球组成，它们看上去长得很对称，但是它们在结构和功能上存在着诸多的差异。许多专门的功能性中枢似乎主要集中在大脑的某个半球，例如，对于大多数右利手的人来说，和语言功能相关的神经中枢大都位于左半球，换而言之，左半球为语言的优势半球。早在1865 年，Broca（1865）就认识到大脑左半球在语言处理方面的优势。对大量脑损伤病人的研究表明，绝大多数惯用右手的人在语言上都呈现出大脑左半球的优势。对于这部分人来说，大脑的右半球也在语言处理过程中起到一定的作用。但是，语言处理的核心过程，包括对词和句子形式的处理、字面意义的再现和存储等，则完全由左半球负责。对于惯用左手或者左右手并用的人来说，情况就比较复杂，但大脑左右半球功能不对称的情况依然存在。这种半球优势的形成主要取决于遗传因素，与所处的环境以及接触的语言往往没有多大的关系。大脑左半球优势的发展还可以和语言习得联系起来。Lenneberg（1967）等人的研究发现，儿童习得母语的临界期正好与半球优势从开始到完成的阶段相吻合。

　　在总体功能的划分上，大体上是左半球负责身体的右半身，右半球则负责身体的左半身。每一半球的纵面，在功能上也有层次之分。原则上是上层管下肢，中层管躯干，下层管头部。如此形成上下倒置、左右分叉的微妙构造。从具体的功能来看，左半球除负责语言之外，还负责数学、顺序、分析等功能，而右半球则负责音乐、几何、空间理解、时间处理等（Baars et al., 2010）。但是，大脑左右半球的功能分化不是绝对的，而且它们之间不是相互的排斥关系，而是互补的、协调一致的关系，它们既有分工，又有密切的协作。以语言为例，左半球普遍被认为是语言的优势半球，但是右半球也在语言处理中具有不可或缺的重要作用。它在语言的声调、语调、语韵、重音等超音段特征、词汇的语义、句子的理解和语篇的处理以及二语习得方面都起着重要的作用（崔刚，2015）。另外，虽然左右半球的功能不尽相同，但是胼胝体可以将来自两侧半球的信息进行整合。胼胝体中含有 1 亿根神经纤维，信息通过它们不断地往返于两个半球之间，从而使得大脑成为一个协同统一的整体。

三、大脑的沟与回

如图 2-11 所示，大脑半球表面凹凸不平，布满深浅不同的沟，沟间的隆凸部分被称为脑回，一些较深的沟被称为裂。例如，外侧沟（Sylvian fissure），亦称外侧裂，或者塞尔维氏裂，是大脑半球最深、最明显的沟。它将大脑半球的额叶与颞叶分开，其尾部将大脑半球的顶叶和颞叶分开。大脑半球皮质的三分之二掩蔽在沟的底和壁上，大脑的沟与回可能是因为大脑皮质各部的发育缓慢不均而产生的。大脑半球表面在胚胎发育到第 6 个月时，开始出现沟回，出生后逐渐发育完全。大脑半球的重要沟回有以下这些：在大脑半球的上外侧面，中央沟（central sulcus）的前方有与它平行的中央前沟（precentral sulcus），两沟之间的大脑回是中央前回（precentral gyrus）。自中央沟的中部，向前发出上、下两条大致与半球上缘平行的沟，分别为额上沟（superior frontal sulcus）和额下沟（inferior frontal sulcus），两者把额叶中央前回之前的部分分为上、中、下三部分，分别是额上回（superior frontal gyrus）、额中回（medius frontal gyrus）和额下回（inferior frontal gyrus）。在颞叶有两条与外侧沟大致平行的沟，分别是颞上沟（superior temporal sulcus）和颞下沟（inferior temporal sulcus）。颞上沟以上的脑回为颞上回（superior temporal gyrus），颞上沟和颞下沟之间的脑回称为颞中回（meddle temporal gyrus），颞下沟以下的脑回称为颞下回（inferior temporal gyrus）。在颞上回的后部外侧沟下壁处，有数条斜行的短回，是颞横回。在顶叶中央沟的后方，有一条与它平行的中央后沟（postcentral sulcus），两沟之间的脑回是中央后回（postcentral gyrus）。在顶叶中央后沟的后方，有一条与半球上缘大致平行的短沟，称为顶内沟（intraparietal sulcus），顶内沟以上的脑回称为顶上小叶（superior parietal lobule）。围绕颞上沟末端的脑回称为角回（angular gyrus），围绕外侧沟末端的脑回是缘上回（supramarginal gyrus）。

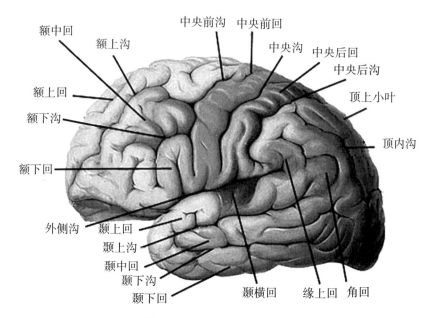

图 2-11 大脑的沟与回

大脑的沟回结构具有重要的意义（Bullmore et al., 2012）。首先，这一结构大大增加了大脑的表面面积，使之可以达到 2.6 平方米，超过了人体表面的面积，从而强化了大脑皮层的功能。大脑半球的沟回越多，脑功能就越发达，人脑的功能与其他动物相比是最发达的（如图 2-12 所示）。大脑表面通过沟回交错，把 2.6 平方米的面积"折叠"起来（其中三分之二的面积位于沟之中），装进容积不大的颅腔内，发挥着非凡的功能[1]。具有皱褶的优势还在于神经元之间因此形成非常紧密的三维关系，缩短神经元之间信息传递的距离，使得神经传导的速度变得更快。另外，它还可以有效地减少神经联结的数量，Nie 等人（2012）的研究表明，通往脑回的轴突要比通往脑沟的轴突密集得多。

---

[1] 如果人类的大脑皮层像其他哺乳动物那样光滑，那么就需要一个非常大的头来容纳这样的脑。

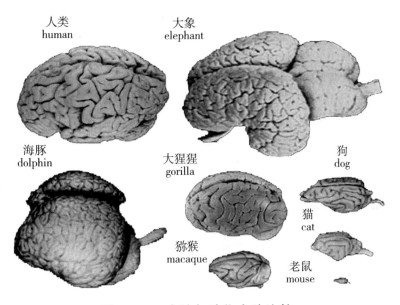

图 2-12　人脑与动物大脑比较

四、大脑的灰质与白质

从大脑的构成材料来看,大脑包括灰质（gray matter）和白质（white matter）两种物质（如图 2-13 所示）。灰质因在新鲜标本上呈现暗灰色而得名，它覆盖在大脑半球表面，又称皮质或大脑皮层（cerebral cortex），其厚度从 1.5 毫米到 4.5 毫米不等，平均厚度约为 2.87 毫米。从体积上讲，灰质占大脑总量的 60%~65%，面积约为 2600 平方厘米。灰质是神经元胞体集中的地方，是高级神经活动的物质基础，是信息处理的中心。由于每个神经细胞总是与多个神经细胞相连接，因此，灰质实际上是细胞体和它自身树突以及与它相连接的其他神经细胞的轴突的结合体。（关于神经细胞的结构见本章第三节）

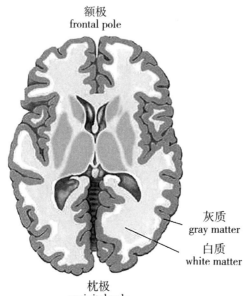

图 2-13　大脑中灰质与白质的排列

　　大脑皮层是大脑结构进化的最新产物。一些生物，如鱼，是没有大脑皮层的；另外一些生物，如两栖动物和鸟，有简单的大脑皮层。哺乳动物，如狗、马、猫等，尤其是灵长目动物，则具有发展良好且复杂的大脑皮层。根据动物的进化过程，人类的大脑皮层又可分为新皮层（neocortex）和古皮层（archicortex）两部分。新皮层是动物进化到较高级的阶段才出现的皮层，从高等爬行类动物端脑顶壁内开始出现，在哺乳动物的大脑中得到进一步演变和极大的发展。新皮层占据哺乳动物大脑表面的绝大部分，占成年人整个大脑皮层表面的90%以上。古皮层是种系发生过程中最古老的部分，对于人类，只见于颞叶内侧的海马、齿状回等部分。一般来说，古皮层的功能与短期记忆有关，该部分皮质损伤的患者，智力可以维持在一定的水平，长期记忆不受影响，但是丧失了学习新知识的能力。从微观的结构上来看，古皮层分为三层，而新皮层则分为六层（如图 2-14 所示）。也就是说，大脑皮层的功能越是高级，它的分层也就越多。

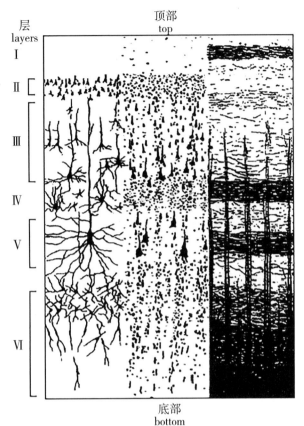

图 2-14 大脑皮质细胞层的排列[1]

灰质以下是白质，因其在新鲜标本上呈现亮白色而得名。白质由细胞突起（即轴突纤维）和神经胶质细胞组成。大脑中的白质几乎不包含神经细胞体和树突，但是白质内还有灰质核，这些灰质核靠近脑底，称为基底核（又称基底神经节）。白质把不同脑区的灰质联系起来，负责传递神经信号。白质为皮质细胞之间的远程联结提供现实与潜在的联结通道。图 2-15 清楚地显示了远程联结的纤维束，其中最长的是上纵束，联结布洛卡氏区和沃尼克氏区的弓状纤维束也是上纵束的一部分。

[1] 图中从左往右三部分显示了用三种细胞染色方法可以看到的细胞结构，其中左侧部分是用 Golgi 染色法染色后的示意图，只有少量的神经元被染色，因此显示了完整的细胞形状；中间是采用 Nissl 染色法染色后的示意图，可以看到神经元的细胞体；右侧为 Weigert 染色法染色后的结果，可以很清晰地看到神经元的纤维。

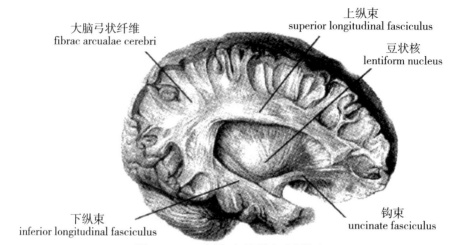

大脑弓状纤维
fibrac arcualae cerebri

上纵束
superior longitudinal fasciculus

豆状核
lentiform nucleus

下纵束
inferior longitudinal fasciculus

钩束
uncinate fasciculus

图 2-15　大脑中的神经纤维束

　　大脑半球内的神经纤维有投射纤维、联合纤维和胼胝体三种。投射纤维开始于脑干，投射到大脑半球，形成冠状放射。它们把脑干和大脑半球联结起来，并在两者之间传递神经信号。联合纤维构成环形束，把同侧大脑的不同部位联系起来，以调整大脑皮层的活动。胼胝体把两个半球联结起来，使两个半球互通信息。

第三节 神经元与神经回路

一、神经元的结构

生物体都是由细胞构成的，神经系统也不例外。人脑由大约一万亿个细胞组成，它们可以被分为两种类型：神经元（neuron）和神经胶质细胞（neuroglial cell）。神经系统的主角是神经元，它具有接受神经刺激、传导神经冲动的功能。人类大脑由神经元密集堆砌而成，据估计，其数量可以达到 1000 亿，它们之间由神经纤维相联结。如果把这些联结舒展开来，其长度可以达到 15 万千米（Kemmerer，2015）[5]。仅在大脑皮层内就包含 300 亿个神经元，每个神经元都能接受和传导神经冲动到其他数以千计的神经元，彼此之间形成 1000 万亿个联结。如果从现在开始数这些联结的数量，按照每秒一次的速度，需要 3200 年的时间才能完成（Edelman，2004）[15-16]。

神经元的种类很多，在某一个特定的位置上，也许会有数千个不同类型的神经元（Kandel et al.,1991）。它们的形态差异也非常大，有圆形、锥形、梭形、星形等。但是，总体而言，神经元的基本结构都是一样的，都包括胞体（cell body/soma）和突起（processus）两部分（如图 2-16 所示）。神经元的主体叫作胞体，其直径一般为 5~100 微米，包括细胞膜、细胞质和细胞核。与其他种类的细胞一样，胞体负责合成细胞工作所需的能量、排出废物、生成细胞实现其功能所需的化学物质等。另外，胞体的细胞膜还具有收集电脉冲信号的功能。神经元的胞体内含有丰富的尼氏体（Nissl body）和神经元纤维。尼氏体具有合成蛋白质的功能，主要合成更新细胞所需的结构蛋白、神经递质所需的酶类以及肽类的神经调质。

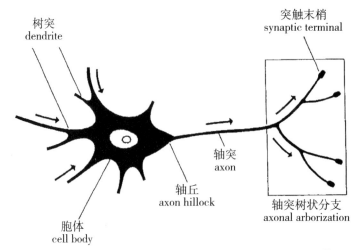

图 2-16　神经元基本结构图（Arbib，1989）[52]

注　图中箭头所示为神经冲动的传递方向。

突起由胞体发出，分为树突（dendrite）和轴突（axon）两种。树突是高度分叉的，像一棵树的分支和细枝。树突能够传导电脉冲，负责接受信息并传送到细胞本体。当电脉冲在胞体达到一定的程度，就需要通过轴突释放，这样轴突就负责把信息从细胞体传出。树突较多，粗而短，反复分支，逐渐变细。轴突是一个长的管状通道。在轴突发起的部位，胞体常有一锥形隆起，称为轴丘（axon hillock）。轴突一般只有一条，细长而均匀，中途分支较少，末端则形成许多分支，分支末端膨胀成小球，被称为突触末梢（synaptic terminal），又称突触小体。轴突可以将神经冲动由胞体传至神经末梢，引起末梢释放化学物质，从而影响与其相联系的其他细胞的生理活动。大脑里的轴突虽然细小，但是很长，有时可以达到一米以上。

在人的神经系统中，除神经元之外，还有神经胶质细胞，其数量为神经元数量的 10~50 倍，胞体较小，无树突和轴突之分，不具备神经传导的功能，其主要作用体现在对神经元提供支持、绝缘、营养和保护等功能,并参与血脑屏障(blood-brain barrier)[1]的构成。如图2-17所示,神经胶质细胞与毛细血管(capillary)具有密切的联系,环绕在神经元的周围,对其起到支撑的作用,并为神经元提供营养物质。另外,它们还形成血脑屏障,对神经元起着保护作用,阻止有害物质侵害神经元。

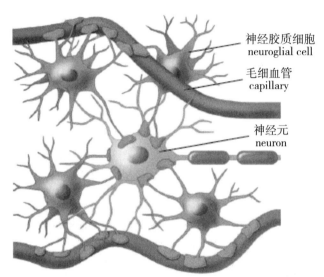

图2-17　神经元与胶质细胞(Banich et al., 2011)[4]

二、神经元的分类及其功能

　　根据不同的分类标准,神经元可以被分为不同的类型。根据它们的不同形态,神经元可以分为三种(如图2-18所示):(1)多极神经元(multipolar neuron),由胞体发出多个树突和一个轴突,此类神经元最为常见;(2)双极神经元(bipolar neuron),由胞体发出两个突起,一个为树突,分布至周围,另一个为轴突,伸向中枢。此类神经元数量相对较少,主要位于一些感觉器官之中,例如,眼睛视网膜中的神经元属于此类;(3)假单极神经元(pseudounipolar neuron),由胞体发出一个

[1]血脑屏障对于大脑的健康具有重要的意义。当病毒入侵细胞时,细胞可以将病毒驱逐出细胞膜,免疫系统的细胞就会杀掉病毒,而且会与之同归于尽。如果这一过程发生在皮肤细胞或者血液细胞之中,这个机制会很好地运作,因为免疫细胞的更新速度很快。但是大脑不能及时替换受损的神经元,为了降低对大脑造成不可逆的破坏,我们的身体就在大脑的血管周围形成血脑屏障,这一屏障可以阻挡大多数的病毒、细菌和有害物质,当然与此同时也阻挡了一些营养物质。

突起，但在一定距离之后又分为两支，一支起树突的作用，接受神经冲动（如图 2-18 中 sensory nerve ending 所示），另一支起轴突的作用，传导神经冲动。该类神经元往往很长，有些可达一米以上。

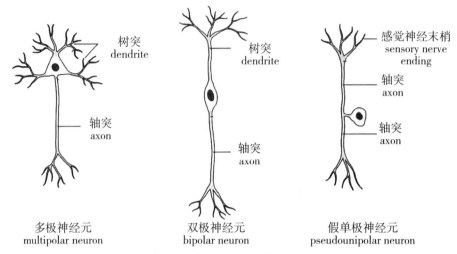

树突
dendrite

轴突
axon

树突
dendrite

轴突
axon

感觉神经末梢
sensory nerve
ending

轴突
axon

轴突
axon

多极神经元
multipolar neuron

双极神经元
bipolar neuron

假单极神经元
pseudounipolar neuron

图 2-18　神经元的形态

　　从功能来看，神经元可分为三种类型（如图 2-19 所示）：（1）直接与感受器相连，将信息传向中枢者叫感觉（传入）神经元（sensory neuron），在形态上常常表现为假单极神经元。其中一部分通过突触传递，能从皮肤感受器将所接受到的信息传递到脊髓和大脑，激活某些脑区而引起感觉，另一部分只能传递信息，不能引起感觉。（2）直接与效应器相连，把信息传给效应器者叫运动（传出）神经元（motor neuron）。一般位于脊髓中，而且轴突很长，因为它们必须把信息从脊髓一直传递到人的脚趾、手指和身体的其他部位。一旦受到损伤，可引起有关部位的运动障碍。（3）在感觉和运动神经元之间传送信息者叫中间神经元（interneuron），多数有许多树突，在形态上表现为多极神经元，其主要功能在于联结中枢神经系统不同区域的神经元，接受来自其他神经元的信息，并把信息传递出来。中间神经元也称联络神经元（association neuron），在三类神经元中，它的数量最多，构成中枢神经系统的复杂网络体系。

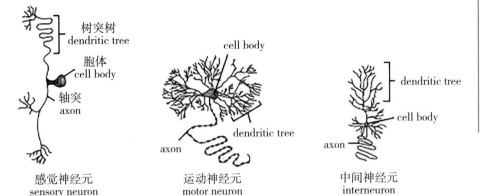

树突树
dendritic tree

胞体
cell body

轴突
axon

cell body

dendritic tree

axon

dendritic tree

cell body

axon

感觉神经元
sensory neuron

运动神经元
motor neuron

中间神经元
interneuron

图 2-19　三种不同功能的神经元

无论是运动神经元，还是感觉神经元或中间神经元，它们的功能分区都包括：（1）输入（感受）区。就一个运动神经元来讲，胞体或树突膜上的受体是接受传入信息的输入区，该区可以产生突触后电位（局部电位）。（2）整合（触发冲动）区。众多的突触后电位在此发生总和，并且当达到阈电位时在此首先产生动作电位。（3）冲动传导区。轴突属于传导冲动区，动作电位以不衰减的方式传向所支配的目标器官。（4）输出（分泌）区。轴突末梢的突触小体是信息输出区，神经递质在此通过胞吐方式加以释放。

如图 2-14 所示，大脑皮质的神经元可以分为六层，每层的神经元都有不同的功能，大致可以分为三组。第一组是第五层和第六层的细胞层，输出轴突到其他中枢。这两层的细胞较大，可以把信息传送到较远的区域，例如，运动皮质的细胞可以把信息传送到脊髓。第二组是第四层的输入细胞层，接受来自感觉系统和其他皮质区的信息。这一层的细胞较小，存在于视觉、体觉、听觉、味觉和嗅觉等区域，接受相关感受器传来的信息。第三组包括第一、第二和第三细胞层，称为联合细胞层，主要接受由第四层输入的信息。大脑皮质的各层神经元之间相互影响，承担着重要的功能。神经元的基本功能是通过接受、整合、传导和输出信息实现信息的交换。神经元可以直接或间接地（经感受器）从身体内、外得到信息，再用传导兴奋的方式把信息沿着长的纤维（突起）做远距离传送。信息从一个神经元以电传导或化学传递的方式跨过细胞之间的联结（即突触），传给另一个神经元或效应器，最终使肌肉收缩或腺体进行分泌。神经元还能处理信息，也能以某种尚未清楚的方式存储信息。神经元通过突触的连接使数目众多的神经元组成比其他系统复杂得多的神经系统。总体而言，神经元具有六个基本功能（Dudai，1989）：第一，输入功能，可以接受来自外部环境或者其他神经元的信号；第二，合成功能，可以对接受的信号进行合成与加工；第三，传导功能，可以把合成的信息传递一定的距离；第四，输出功能，可以把信息传递给其他细胞；第五，计算功能，可以把一种信息映射转化为另一种信息；第六，表象功能，促进内部表象的形成。

三、神经元之间的信号传递

如上所述，神经元的联结与信号传递主要通过突触（synapsc）进行。突触是一个神经元与另一个神经元相接触的部位。神经元是各自独立分离的结构单位，它们之间的连接方式只是相互接触，而无细胞质的相互沟通。突触具有特殊的结构，是神经元之间信息传递和整合的关键部位（见图 2-20）。

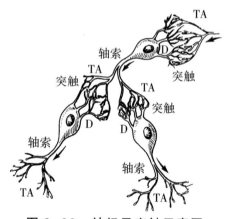

图 2-20　神经元突触示意图

注　箭头表示神经信号传送的方向；TA 表示轴突的中末分支，即突触小体；D 表示树突。

一个突触包含突触前膜（presynaptic membrane）、突触间隙（synaptic cleft）与突触后膜（postsynaptic membrane）（见图 2-21）。突触前膜是轴突末端突触小体的膜，突触后膜是突触后神经元与突触前膜相对应部分的膜。突触前膜和突触后膜较一般神经元膜略厚。突触前膜与突触后膜之间存在的间隙称为突触间隙。突触间隙大小约为20纳米。突触间隙由液体填充，与细胞外液相连，具有相同的成分。突触前膜向突触小体的胞浆内伸出一些致密突起。在突触小体的轴浆内，有较多的线粒体和大量聚集的突触小泡（synaptic vesicle）。突触小泡内含有高浓度的化学物质，被称为神经递质（neurotransmitter）[1]。线粒体可提供合成新递质所需要的三磷酸腺苷。突触小泡在突触小体中的分布不均匀，多聚集在致密突起处。不同神经元的突触小泡的形态和大小不完全相同，而且所含的递质也不相同。例如，释放乙酰胆碱的突触，其小泡直径在30~50纳米之间，而释放甲肾上腺素的小泡，直径在30~60纳米之间，其中有一个直径为15~25纳米的致密中心。突触后膜上存在一些特殊的蛋白质结构，称为受体（receptor）。受体能与一定的神经递质发生特异的结合，从而改变突触后膜对离子的通透性，激起突触后神经元的变化，产生神经冲动，或者发生抑制。一个神经元的轴突末梢可分出许多末梢突触小体，它可以与多个神经元的胞体或树突形成突触。通常一个神经元有许多突触，可接受多个神经元传来的信息，如大脑皮质锥体细胞约有30 000个突触。小脑中有的细胞可有多达200 000个突触。因此，一个神经元可通过突触影响多个神经元的活动；同时，一个神经元的胞体或树突通过

---

[1] 神经递质在神经元之间的信息传递过程中起着极其重要的作用。中枢神经系统的神经递质包括乙酰胆碱、单胺类、氨基酸类和肽类。乙酰胆碱（acetylcholine，ACh）是最早确定的神经递质，广泛分布于神经系统的各个部位，前脑海马回的乙酰胆碱对注意力、警觉和巩固记忆等起着关键作用。单胺类包括去甲肾上腺激素、多巴胺和5-羟色胺。大部分脑干神经元合成的神经递质属于去甲上腺素（norepinephrine），它可以维持脑电活动和醒觉状态、调节情绪活动、促进学习与记忆。多巴胺（dopamine）也是一种重要的神经递质，瑞典科学家Carlsson就是因为发现了这一点而获得2000年的诺贝尔生理学或医学奖。如果刺激脑干上部伸展至前脑的神经回路，就会释放多巴胺。它可以调节躯体的运动、影响精神情绪活动、调节神经内分泌。5-羟色胺（5-hydroxytryptamine）又名血清素，因为它首先是从人的血清中发现的。它除调节睡眠和痛觉之外，也负责调节情绪和内分泌的功能。氨基酸类神经递质主要有谷氨酸、甘氨酸和γ-氨基丁酸。谷氨酸（glutamic acid）在神经系统中分布广泛，在大脑皮质和脊髓背侧部分含量较高，它可以使神经后膜产生兴奋性突触后电位，是一种兴奋性递质。甘氨酸（glycine）可以使神经后膜产生抑制性突触后电位，是一种抑制性递质。γ-氨基丁酸（γ-aminobutyric acid，GABA）也是一种抑制性递质，在大脑皮层浅层和小脑皮质中含量较高。过去认为一种神经元只能分泌一种神经递质，但是最近的研究表明，一个神经元内可以存在两种递质。

突触可接受许多神经元传来的信息。如图 2-22 所示，一个神经元胞体上就有许多突触。

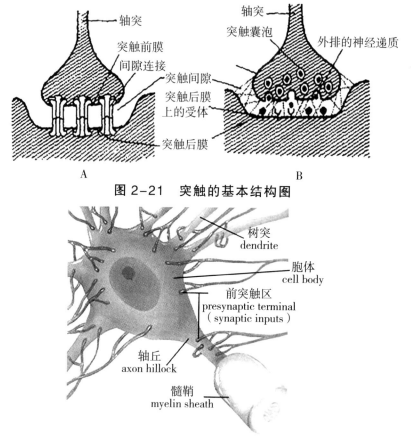

图 2-21　突触的基本结构图

图 2-22　多突触示意图

据神经冲动通过突触方式的不同，突触可分为电突触（electrical synapse）和化学突触（chemical synapse）两种类型（图 2-21 中的 A 为电突触，B 为化学突触）。电突触全称为电传递性突触，它不以神经递质为媒介，神经冲动是由电传递性输送的。在电突触中，轴突末端（突触前膜）和另一神经元的表膜（突触后膜）之间以突触间隙相隔。电突触的特点是：（1）突触前后两膜很接近，神经冲动可以直接通过，速度快；（2）传导没有方向之分，形成电突触的 2 个神经元的任何一个发生冲动，即可以通过电突触传给另一个神经元。电突触在低等动物的神经系统中起着重要的作用，包括人在内的哺乳动物的脊髓、海马、下丘脑和嗅球也存在电突触。人的神经元以化学突触为主。化学突触的形态特点是两个神经元之间有一个宽约为 20~30 纳米的缝隙。缝隙的前后分别为突触前膜和突触后膜，缝隙的存在使神经冲动不能直接通过，只有在某种化学物质，即神经递质的参与下，在神经递质与突触后膜上的受体结合后，突触后神经才能去极化而发生兴奋。

在突触前膜内有上千个小泡，称为突触囊泡（synaptic vesicle）（见图 2-23），其内含物质就是神经递质。

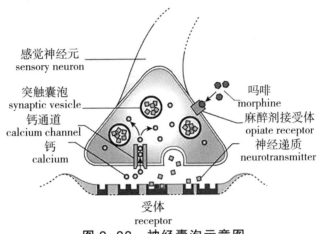

图 2-23　神经囊泡示意图

当神经冲动从轴突传导到末端时，突触前膜透性发生变化，使 Ca^{2+} 从膜上的 Ca^{2+} 通道大量进入突触前膜。此时，含递质的突触囊泡可能会由于 Ca^{2+} 的作用而移向突触前膜，突触囊泡的膜与突触前膜融合而将递质排出至突触间隙。突触后膜表面上有递质的受体，递质和受体结合而使递质中的 Na^+ 大量涌入细胞，于是静息电位变为动作电位[1]，神经冲动发生，并沿着这一神经元的轴突传导出去。这就是通过神经递质的作用，使神经冲动通过突触而传导到另一神经元的机制。神经冲动沿着轴突移动的速度与轴突的大小有关。在最小的轴突中，神经传导以大约 0.5 米／秒

----

[1] 静息电位和动作电位是神经元兴奋活动的两种表现形式。静息电位是指神经元在未受到刺激的状态下存在于细胞膜内外两侧的电位差，一般在 -70 至 -90 毫伏之间。神经元的静息电位是一种稳定的直流电位，只要没有受到外来的刺激而且保持正常的新陈代谢，静息电位就可以稳定在一个相对恒定的水平。当神经元受到一个足够大的刺激（即超过一定的阈值），它的细胞膜两侧就会产生一个快速的电位变化，这个电位变化就是动作电位。动作电位是兴奋的基础，神经元每发生一次动作电位，就产生一次兴奋，这是神经元能够接受刺激、传导神经冲动的基础。

的速度缓慢前进，但是在最大的轴突里，神经冲动的移动速率可以达到120 米 / 秒（Robert，2001）。化学突触实际起到类似电话的作用：当两个人距离很近时，他们可以直接交谈；而当两个人距离比较远时，他们可以通过电话进行交流，先把声音信号转化为电流，然后在电话的另一端再把电流还原为声音。当然，突触不仅有还原的作用，它还有信息整合的作用。神经冲动在突触传导时会得到增强或减弱，因此，外部信息在突触中得到了初步的加工与处理。

神经冲动有兴奋性的，也有抑制性的。当细胞接收到兴奋性神经冲动时，细胞膜上的电位会增加，该细胞就会被激活。如果细胞膜上的电位降低，该细胞就会被抑制。抑制是神经冲动在到达突触时受到阻碍，不能通过或是很难通过所致。神经冲动能否通过化学突触取决于这一突触释放的递质的性质和突触后膜的性质。如果释放的递质能使突触后膜去极化，一定量的递质就可使突触后神经元去极化而兴奋，实现神经冲动的传导。反之，如果释放的递质不但不引起突触后膜的去极化，反而加强膜的极化，也就是说，不但阻止 Na^+ 的渗入，而且促使 K^+ 的大量渗出，或 Cl^- 的大量渗入，结果膜的电位差加大，接受刺激的阈限也就增高，只有更强的刺激才能引起兴奋。这种释放抑制性递质的突触就是抑制性突触。

尽管神经元之间神经冲动传递的方式基本相同，但是也有一些小的差异。例如，一个神经元所释放的递质的数量可大可小。而且，在神经递质被释放之后，还要及时停止，否则，接受递质的细胞会持续处于兴奋状态，无法接受新的信息。神经元对递质再摄取的速度也有快有慢，速度越慢，第二个神经元的兴奋程度就越高。而且，神经元在突触处单位面积上受体的数量也有差异，受体数量越多，接受细胞被激活的程度就越高。所有这些因素都会影响到神经元之间突触的强度。神经元之间突触的一个重要特点为其可塑性，它可以随着经验的变化而变化。每当一个神经元接受到来自另一个细胞的神经冲动，联结两个细胞之间的突触就会得到加强。如此反复，两个细胞之间的联系就会变得非常强。相反，如果一个神经元长时间接受不到另外一个细胞的信号，那么这两个细胞之间的联结也会变弱。

四、神经回路

神经元之间通过突触相互联结，而相互联结起来的一组神经元可以专门用来从事某一种信息的处理，这组神经元就构成一个神经回路（neural circuit）。单个神经元极少单独执行某项功能，神经回路才是脑内信息处理的基本单位，而大脑发挥功能则要依赖于神经回路的模式及其准确性。神经科学的根本目标就在于搞清楚在神经回路上流动的电信号如何形成心智，即人们如何进行感知、行动、思考、学习和记忆。因此，人的行为都是由某个或者几个神经回路所控制的，其中每个神经元的功能是由它与其他神经元之间联结所决定的。

神经回路因为其所承担功能不同而具有不同的形态和复杂程度。一些简单的神经回路构成反射弧（reflex arc），其中一个典型的例子就是膝跃反射（knee-jerk reflex）。

如图 2-24 所示，膝跃反射是由一个简单神经回路所控制的，这一回路包括感觉神经元和运动神经元。用反射锤敲击人的膝盖，肌梭就会把这一刺激通过感受神经元传送到中枢神经系统的脊髓。脊髓内的感觉神经元就会与伸肌运动神经元形成兴奋性突触，从而引起股四头肌的伸缩。与此同时，脊髓内的感觉神经元也间接通过抑制性中间神经元来抑制屈肌的运动神经元，以防止它引起腿筋（屈肌）的动作。这样两者之间相互协调引起股四头肌的伸缩。

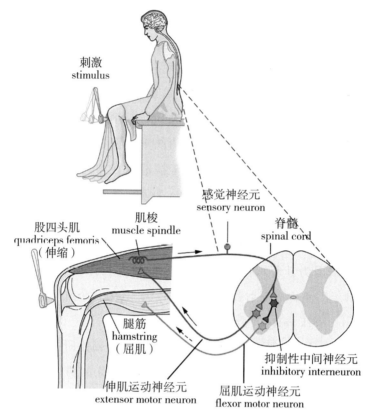

图 2-24 膝跃反射示意图（Kandel et al., 2013）[28]

　　神经回路之间又可以进一步相互联结进而形成不同的神经系统或者神经模块。不同的神经模块之间相互联结，进而构成复杂的神经网络[1]。每个模块都负责心理活动的一个方面或者某一个阶段，例如，辨认熟悉的面孔、在讲话过程中找到合适的词表达自己的思想等。实际上，大脑作为一个整体系统，其内部的联结相当复杂。在许多情况下，一个模块的功能也是多重性的，经常需要参与多种心理活动。例如，有的模块参与对物体视觉信号的处理，同时也要参与这些物体心理形象的形成。同样，参与句子理解的模块也要参与句子产生的过程。因此，对于某个具体的模块来说，它要完成自己所承担的任务，就必须要与其他的模块相

---

[1] 在学术界，神经网络往往包括两个含义：一是指人的神经系统中包含的神经元、神经回路和神经模块所构成的神经网络系统；二是指人工智能领域为了模拟人脑的认知过程而建立的各种神经网络模型。为了体现这两者的差别，前者被称为生物神经网络（biological neural network，BNN），后者则被称为人工神经网络（artificial neural network，ANN）。

联结。例如，负责辨认熟悉面孔的模块不仅要接受来自形状与颜色感知模块的信息，而且还要把信号传递到包含有辨认出面孔的人名的模块。同样，在语言产生的过程中，负责寻找词汇的模块也必须要接受计划模块的信息，并且要与负责把单词整合成合乎语法的句子的模块进行互动。单词寻找模块与语法模块的互动充分说明了不同模块之间互动的复杂性。它们之间的联结不是单方向的，并不是按照句子计划—寻找词汇—词汇组合—说出句子的顺序进行的，其中有许多双向的互动。某些单词在被选定之后，在组合和说的过程中可能会发现不合适，从而需要重新寻找，有些词可能在句法结构被确定之前就已经选定，还有一些词，尤其是功能词，可能需要在句法结构确定之后才能选定。

本章小结

从内部的结构来看，人脑主要是由神经元和神经胶质细胞构成的，胶质细胞为神经元提供支持，而神经元则负责神经系统内信息的处理，是认知活动的基本单位。神经元之间通过突触而形成相互的联结，进而形成不同的神经回路，这些神经回路又进一步连接起来形成复杂的网络系统。从外部结构来看，人脑由左右两个半球组成，覆盖大脑半球表面的是大脑皮层，皮层经过"折叠"形成了众多的沟与回，以这些沟回作为重要的参照，大脑半球可以被分为额叶、颞叶、顶叶和枕叶四个部分。除大脑之外，人的中枢神经系统还包括间脑、中脑、脑桥、延髓、脊髓和小脑等。按照由下至上的次序，我们可以把人脑分为四个部分，第一部分包括脑干中的脑桥和延髓，可以被视为人脑中最为基础的部分，延髓下接着脊髓，所有从身体接收到的和发往身体的信息在这里交汇。这一部分负责协调和维持与生命有关的重要生理功能，影响心跳、血压和呼吸等。第二部分是中脑，其中包含一系列的灰质块，例如杏仁核、海马等，该层次在情绪、记忆中发挥着重要的作用。第三部分是丘脑，它的运作模式类似于网络系统中的"集线器"。丘脑连接着脊髓、延髓和大脑半球，起着重要的协调作用。第四部分是两个大脑半球，这是最能体现人类与其他动物差别的部位，除负责听觉、视觉、嗅觉、味觉等信息的处理之外，还负责语言和思维等诸多体现人类本质的高级智能。上述由下至上的顺序，实际上也体现了人脑功能由低级向高级演化的过程，从基本的生理机能到各种心理活动再到语言与思维，它们之间相互协调，构成了一个完美的整体。

人脑是一个多重器官，是由不计其数的相互交织的器官构成的，这是一个极其复杂的系统。整个神经系统的工作符合以下的原则（Michael-Titus et al., 2011）[2]：（1）信息的处理按照"输入—合成—产出"的顺序进行并由此产生相应的行为；（2）感觉神经元和运动神经元存在于整个神经系统之中；（3）神经系统的功能具有众多的层次；（4）神经系统的组织既有并行的方式也有串行的方式；（5）多数神经通道的信息传递从中枢神经系统的一侧交叉到另一侧；（6）神经系统通过兴奋和抑制来调节人的行动；（7）大脑的结构和功能既是两侧对称又是不完全对称的；（8）一些功能集中于人脑的专门区域，一些功能则是分布式的，需要人脑的整体参与。

第三章　　人类的学习机制

　　学习是人类生存的必备条件之一，正是因为具备了学习能力，人类才能够更好地适应所处的自然与社会环境，获得生存所需的各种技能。语言学习是人类学习的一种特殊形式，它的过程在具备许多自身特点的同时也必须符合人类学习的基本规律。在本章中，我们将从学习的定义和学习理论出发，讨论人类学习的神经与心理基础，并以此为基础勾勒出一个相对完整的关于人类学习机制的理论框架。

第一节　人类的学习

纵观心理学的发展史，人类的学习行为一直是心理学家所关注的核心问题之一。与学习相关的概念和理论非常之多，这里我们仅根据本书内容的需要，围绕学习的定义和主要的学习理论展开讨论。

一、学习的定义

学习是指人和动物在生活过程中获得个体经验而使行为或者潜在的行为发生持续改变的过程。基于这样的定义，人类的学习具备以下三个方面的基本特征（张春兴，1994）：

（1）行为或者潜在的行为改变。从学习的结果而言，行为的改变可以被分为两种类型：一种是显性的，也就是学习者所能表现出来的。例如，儿童在学习识字的过程中，他们首先看到字的形式，但是并不知道字的读音和意义，后来经过练习之后，儿童就能够认识这个字，见到它就能读出来，而且知道它的意义。这是一种显性的行为改变。还有一种不是显性的，而是潜在的行为改变。这种潜在的行为改变可能有三种情况：第一种是因为学习程度的不足，还不能在行为上表现出来；第二种是学习者因为某种原因而不愿意表现出来，例如，儿童虽然已经学会了某个字的读音和意义，但是在陌生人面前可能会因为害羞而不愿表现出来；第三种是所改变的内容属于人的内心世界，例如，价值观、个人偏好、信念等，它们对于人的行为具有潜在的指导作用，但并不总是显性地表现出来。

（2）较为持久的改变。不论是显性的还是潜在的行为改变，只有那些较为持久的改变才可以被视为学习。因为有些行为的改变只是暂时性的，一段时间过后，得到改变的行为就会恢复原状，这不能被视为学习。例如，工作效率会因为疲劳而降低，正常的意识会因为麻醉药物的作用而改变等，这些改变都是短暂的，都不能被视为学习。当然，这种"较为持久"也是一个相对的概念，通过学习所获得的行为并不一定是永久存在的，时间的长短要取决于学习的材料以及练习的程度。总体而言，以身体活动为基础的技能学习所获得的行为改变一般是比较持久的。

（3）学习因经验而产生。强调这一点是为了区分学习与因为大脑损伤或者个体成熟而带来的行为的持久性改变。例如，大脑损伤可能会导致语言表达和理解的障碍，在青春期开始之后，男生的嗓音会发生一个变音的过程，这些情况不是由经验而产生的，不属于学习。学习都是由经验所带来的，经验包括两种类型，一种是个体生活经验的积累，如习惯、知识、技能、观念等，这些都属于个体的经验；另一种是个体在生活活动中产生的学习。生活活动中的学习又可以被进一步分为两类，一类是有计划的学习或训练，例如在学校里学习一门外语；另一类是生活中偶然的体验，并不是事先有所计划的，例如，有人因闯红灯而造成了交通事故，人们可能会因此种经历而学习到交通规则的重要性。

综上所述，学习是指人们因为经验而引起的行为、能力和心理倾向的比较持久的变化，它对于人和动物的生存具有重要的意义。正是因为具有学习的能力，生物体才能不断地适应环境，进而能够更好地生存。学习也是一个非常复杂的现象与过程，从二十世纪初开始，心理学家对人类与动物的学习进行了长期不懈的研究，提出了各种不同的理论来解释人类学习的心理机制，总体来讲，这些理论可以被归为行为主义理论和认知理论两个基本的派别。

二、行为主义学习理论

行为主义学习理论又称联想学习理论（associative learning theory）。联想学习是"生物体感知环境中不同事件之间的偶然性关系的能力"（Jozefowiez，2012）[330]。联想是由一个事物的观念引起另一个事物观念的心理过程。客观事物都是相互关联的，当两个事物在空间或者时间上同时或者相继出现时，它们在大脑中就会建立起相应的联系。以后只要一个事物出现，大脑就会激活与之相关联的其他事物。联想学习就是将两个本来没有关系的事物联系在一起，从而产生学习。联想学习一直是心理学研究中受到关注最多的一种学习现象。从 Pavlov 到 Thorndike 再到 Skinner 等许多伟大的心理学家都对联想学习进行了大量的研究，为揭示人类的学习过程做出了巨大的贡献。联想学习主要包括经典条件反射（classical conditioning）和操作性条件反射（operant conditioning）两种类型[1]。

　　经典条件反射又称巴甫洛夫条件反射（Pavlovian conditioning），它是心理学家 Pavlov 所进行的著名的狗分泌唾液的实验。这是一个多步骤的过程，首先要呈现一个无条件刺激（unconditioned stimulus，UCS），由它引起无条件反射（unconditioned response，UCR）[2]。一个刺激和另一个具有奖赏或者惩罚性的无条件刺激多次同时或者相继出现，两个刺激多次相互联结，这样可以使得生物个体学会在单独呈现该刺激时，也会引起类似无条件刺激的无条件反应。在实验过程中，Pavlov 把一只饥饿的狗拴到一个装置上，向它展示一个肉团，这可以被视为一个无条件刺激。狗开始分泌唾液，这属于无条件反射。狗要建立一个条件反射，需要在出现无条件刺激之前反复呈现一个原来为中性的刺激，因此Pavlov 经常用一个能发出嘀嗒声的节拍器作为中性刺激。实验刚开始时，节拍器的嘀嗒声不会引起狗的唾液分泌，但是在实验快结束的时候，狗在肉团出现之前就开始分泌唾液，这说明狗对节拍器的嘀嗒声产生了反应。这时的节拍器就变成了条件刺激（conditioned stimulus，CS），引起了与无条件反射相类似的条件反射（conditioned response，CR）（Larrauri et al.，2008）。上述过程可以用表 3-1 所总结的四个阶段来表示：

---

[1] 反射是有机体在神经系统的参与下，对内外环境刺激做出的规律性反应。例如，我们生活中经常遇到的瞳孔反射（瞳孔遇强光缩小）、吃东西流口水、手碰到烫的东西会迅速地缩回来等现象都属于反射现象。反射一般分为两大类：一类叫无条件反射，另一类叫条件反射。无条件反射是与生俱来的，是不学即会的反射，是反射活动的基本形式。例如，朝向反射、膝跳反射、瞳孔反射等都是无条件反射。而条件反射是机体在无条件反射的基础上，经过后天训练和学习建立起来的反射，是反射活动的高级形式。比如多次吃过梅子的人，当他看到梅子就会流口水。

[2] 食物入口，引起狗的唾液分泌，这是刺激引起反应的自然现象，无需经过学习。因此食物是无条件刺激，而由食物引起的唾液分泌则被称为无条件反射。

表3-1 经典条件反射的四个阶段（张春兴，1994）[224]

第一阶段	UCS ⟶ UCR 无条件刺激 无条件反射 （肉团） （分泌唾液）
第二阶段	CS ⟶ 引起注意，但是无唾液分泌反应 条件刺激 （嘀嗒声）
第三阶段	CS 条件刺激 （嘀嗒声） UCS ⟶ UCR 无条件刺激 无条件反射 （肉团） （分泌唾液）
第四阶段	CS ⟶ CR 条件刺激 条件反射 （嘀嗒声） （分泌唾液）

　　经典条件反射具有消退（extinction）、恢复（restoration）、泛化（generalization）和识别（discrimination）四个特征。（1）消退。对条件刺激的反应不再重复呈现无条件刺激，即不予强化，反复多次后，已习惯的反应就会逐渐消失。例如，学会对嘀嗒声产生唾液分泌的狗，在一段时间听到嘀嗒声而不喂食之后，可能对嘀嗒声不再产生唾液分泌反应。也就是说，当经典条件反射达到第四个阶段，条件刺激能够引起条件反射之后，如果一直不再回到第三个阶段，不再是无条件刺激和条件刺激同时出现，那么已经建立的条件反射会逐渐减弱，甚至消失。（2）恢复。在条件反射消退之后，如果随后再次出现条件刺激，条件反射也有可能重新出现。但是这种自动恢复的条件反射一般不会持续很长时间，除非再次出现条件刺激。条件刺激和无条件刺激的同时出现可以使条件反射得到全面的恢复。（3）泛化。它指的是和条件刺激相似的刺激引起的条件反射。当经典条件反射达到第四个阶段，条件刺激能单独引起条件反射之后，与条件刺激相类似的其他刺激，不须经过重新的条件学习过程，就可以引起同样的条件反射。一般来说，新的刺激和条件刺激的

相似性越大,泛化出现的可能性也就越大(Schunk,2012)。"一朝被蛇咬,十年怕井绳"就很好地说明了这一点。(4)识别。识别是与泛化互补的一个过程,当条件刺激能够单独引起条件反射时,如果其他与条件刺激相类似的刺激同时出现时,生物体就会表现出选择性反应,优先对条件刺激做出反应。这种现象也被称为刺激识别。

经典条件反射也是一个不断循环螺旋式上升的学习过程。一个刺激一旦变成了一个条件刺激,可以单独引起条件反射,它就可以充当无条件刺激的作用,使它与一个新的中性刺激相伴出现,从而开始新一轮的经典条件反射的学习过程。这被称为二级条件反射(second-order conditioning)。依次类推,我们又可以在二级条件反射学习过程的基础上进行更高一层的经典条件反射过程,这被称为高级条件反射(higher-order conditioning)(Pavlov,1927)。

联想学习的另一种类型是操作性条件反射。操作性条件反射理论首先是由Skinner(1938)正式提出来的,但是它起源于Thorndike的学习理论研究。Thorndike(1913a,1913b)认为最基本的学习形式是感觉经验(刺激或者对事件的感知)和神经冲动(行为表现)之间形成的联想或联结。他用猫做实验,开启了操作性条件反射学习实验的先河。根据自己动物心理实验的发现,Thorndike(1911,1931)认为学习是一个经由尝试与错误的过程,在一个问题情境之中,生物体会表现出多种尝试性的反应,直到其中一个反应能够带来期望的结果,将问题解决为止。在多种尝试性的反应中,能够有效解决问题、获得满意解决的反应就是生物体在这一情境之下所学到的特定反应。此后,其他无效的反应就不再出现。因此,人与动物学习的本质就是形成刺激情境和反应之间的联结。这一尝试错误学习(trial-and-error learning)的过程中,有三个主要的定律:效果律(law of effect)、练习律(law of exercise)和准备律(law of readiness)。

效果律是Thorndike(1913b)[4]学习理论的核心,他指出"当刺激与反应之间建立的可改变的联结发生并伴随着或紧跟着满意的事情时,联结的强度就会提高;当伴随或紧跟着厌恶的事情时,联结的强度就会降低"。效果律强调的是行为的结果,在对同一情境所做出的各种反应之中，那些对于生物体来说满意的反应，在其他条件相同的情况下，会更加牢固地与这种情境相联结。因此，在该情境再度出现时，会更有可能产生这种反应。满意意味着奖励，厌恶意味着惩罚，而且奖励和惩罚力度越大，联结的改变程度也就越大。

练习律指刺激和反应之间的联结会随着练习次数的增多而加强。它包括两个部分，一是使用律（law of use），另一个是失用律（law of disuse）。前者是说对刺激做出反应会增强它们之间的联结强度，后者则是说当对刺激不做出反应时，联结的强度就会减弱。在反应之前间隔的时间越长，联结强度的降低幅度就越大。也就是说，学习者对于某一情境的反应以及它们之间联结的强度与连接这一情境的次数和平均持续的时间成正比。

准备律是指刺激与反应之间的联结会因个体准备的情况而表现出差异。学习离不开神经元的突触活动，神经元的突触会随着练习而改变，这种改变并非由练习本身直接引起的，而是由练习先引起神经系统的变化，再由这些变化导致神经元活动的改变。因此，如果一个神经传导单位准备做出某个传导，而且随之而来的也的确是这样的传导，学习者就会产生满足感。相反，如果随之而来的不是这样的传导，或者这个神经传导单位尚未准备做出这样的传导而在强制的状态下去传导，那么学习者就会产生厌恶感。

继 Thorndike 之后，Skinner 又进一步改进了 Thorndike 的实验设计。他以白鼠和鸽子等动物为研究对象，提出了著名的操作性条件反射理论。针对经典条件反射理论，Skinner(1938)强调学习的实质不是刺激的替代，而是反应的改变。Skinner（1953）[65]指出，学习是"复杂情景中各种反应的重新组合"，而条件反射是"由强化引起的行为的加强"。条件反射包括两种形式，一种是 S 型，另一种是 R 型。前者就是 Pavlov 所提出的经典条件反射，它的特征是无条件刺激和条件刺激的同时出现，而对刺激所做出的反应是一种反应性行为（respondent behavior）。S 型条件反射的特点在于刺激的取代，由条件刺激代替无条件刺激引起同样的反应，从而建立起条件刺激和条件反应之间的联结关系。它可以解释诸如条件性情绪反应之类的现象。但是，人类的许多行为都不是由刺激机械地引起的。例如，儿童在学会使用"妈妈"一词的过程中并没有无条件刺激的出现。在人与动物的许多学习过程中，反应不是受先前刺激的控制，而是受结果控制。Skinner 把这种行为称为 R 型条件反射，其目的在于强调反应。从它作用于环境而产生了具体的效果来看，这种行为是操作性的，因此被称为操作性条件反射。

在操作性条件反射的过程中，强化（reinforcement）是一个核心的概念。强化是指使反应得到增强的作用，即提高了反应的效率，或者说使反应更有可能发生（Schunk，2010）。"如果某种操作性行为出现后紧跟着就出现强化刺激，那么该行为的强度就会提高……如果经过条件反射强度已经提高的操作性行为出现时，没有强化刺激的伴随，那么该行为的强度就会降低。"（Skinner，1938）[21] 强化包括正强化（positive reinforcement）和负强化（negative reinforcement）两种。正强化包括反应之后出现一个刺激或把一些东西加入某个情境之中，从而使得今后这一反应在该情境中出现的可能性增加；负强化则是在反应之后取消某个刺激或者从情境中撤走某些东西，从而提高这一反应在该情境中出现的可能性。强化物具有特定性的特点，也就是说什么东西能够带来强化的效果要依赖于具体的情境和具体的个体。对于某个学生来说，音乐是强化物，但是对于另一个学生就有可能不是。即使对于同一个学生来说，在学习阅读时音乐可能是强化物，而在学习数学时就有可能不是。当然，也有一些诸如表扬、得高分等事件对于大多数学生来说具有普遍的强化作用。

根据强化物的作用，它们又可以被进一步分为一级强化物（primary reinforcer）和二级强化物（secondary reinforcer）。前者是指直接满足个体基本需求的刺激物，例如，食物、水、住房等；后者指经学习而间接使个体得到满足的刺激物，它通过和一级强化物形成联结而满足个体的基本需求，例如，牛奶是一级强化物，它可以和奶瓶相联结。儿童可以因为喜欢牛奶而喜欢奶瓶，从而使得奶瓶成为二级强化物。有些强化物具有普遍性的意义，它们可以和许多强化物形成联结，例如，金钱可以用来购买各种人们所需要的东西，人们长时间工作就是为了挣钱而去购买更多的东西，类似金钱的强化物被称为一般性强化物（generalized reinforcer）。另外，强化物出现的顺序也非常重要，Premack（1962，1971）描述了一种对强化物进行排序的方法，用这种方法能够预测各种强化物的效果，他的理论被称为 Premack 原理（Premack principle）。该原理认为，提供对学习者价值较高的活动机会可以强化从事价值较低的活动。价值的高低往往与学习者的喜欢程度有很大的关系，例如，假设允许儿童在美术设计、去多媒体学习中心学习、在教室里看书和使用计算机之间做选择，如果只让选十次，儿童选择去多媒体学习中心的有六次，使用计算机为三次，美术设计为一次，在教室看书为零次，那么对于这个儿童来说，去多媒体学习中心学习的价值最高（Schunk，2010）[93]，而在教室看书的价值最低。利用 Premack 原理，教师可以对学生说："读完这本书后，你就可以去多媒体学习中心学习。"这样，价值高的活动就可以强化价值低的活动。

除强化之外，操作性条件反射也存在经典条件反射的退化、恢复、泛化和识别的过程。经典条件反射和操作条件反射都属于联想学习的类型，两者之间的基本原理是相同的，两者的不同之处在于以下两点：第一，经典条件反射的无条件刺激物十分明确，而操作性条件反射的无条件刺激物不明确，一般认为是机体自身的一些因素促使机体操作动作的；第二，经典条件反射中动物往往是被动接受刺激，它的行为是天生就有的。而在操作条件反射过程中，动物是自由活动的，通过自身的主动操作来达到目的。因此，动物的行为是后天塑造起来的，具有主动性的特点。

三、认知学习理论

在上一章我们就谈到，在人类学习的心理研究的历史上一直存在经验主义（empiricism）和理性主义（rationalism）两大哲学流派，前者后来演变成了行为主义理论，后者则演变成为认知学习理论。经验主义把学习看作个体受环境条件支配而被动形成的行为改变，认为刺激与反应之间的联结是构成一切行为的基础。在刺激和反应之间形成联结时，个体所学到的是习惯。习惯就是在某种刺激情景之下多次重复反应的结果，而习惯一旦养成，就会有自动化的倾向，只要原来或者类似的刺激情境出现，学得的习惯性反应就会自动出现。行为主义理论可以很好地解释一些简单的学习行为，但是在解释一些复杂的学习行为时它就显示出了局限性。

理性主义把学习看作是个体对环境事物认知后的主动选择。认知学习理论一般都把人类学习的过程视为一个信息加工的过程，包括信息的获取、储存和提取等。最早对行为主义提出质疑的是完形心理学。完形心理学又称格式塔理论（Gestalt theory），Gestalt 一词来源于德语，意思为"组织结构或者整体"。格式塔心理学以该词作为其核心的概念，认为心理现象最基本的特征是在意识经验中所显示出的结构性或整体性。整体不是部分的简单叠加，知觉不是感觉的相加，思维也不是观念的简单联结。理解是旧结构的豁然改组或新结构的豁然形成，而学习是对整体结构的顿悟（insight）。另外，感知往往与现实是不同的。格式塔心理学最早的研究之一是 Wertheimer（1912）的似动现象（apparent movement），他在 1910 年度假时坐在维也纳到莱茵的火车上，眺望远处闪烁的灯光，当两个灯按照一定频率交替闪烁时，它们看起来就像是一盏灯在前后移动。因此，人们对经验的感知有时与经验本身是不同的（Ormrod，2012）。

德国心理学家 Köhler 接受了格式塔心理学的观点解释。他在长达 7 年的时间内对黑猩猩解决问题的行为进行了一系列研究，提出了第一个认知学习理论，即完形 – 顿悟学说（Köhler，1925）。所谓顿悟就是指突然把握或者直觉地洞察到问题情境中事物的内在联系，从而解决问题的过程。Köhler 把黑猩猩关在屋内，在黑猩猩够不到的天花板上挂了一串香蕉，在屋子的角落里放着一个空箱子，黑猩猩起初在屋子里走来走去，后来突然把箱子移到屋子中央，蹬上箱子取下香蕉。Köhler 认为，这表明黑猩猩突然对问题情境中的手段和目的之间的关系有了理解，产生了顿悟。因此，问题的解决不是行为主义所主张的尝试错误的过程，而是依靠对问题情境的整体关系的理解，也就是完形的结果。学习过程中问题的解决都是由于对情境中事物关系的理解而构成一种完形来实现的。这种完形倾向具有一种组织功能，能填补缺口或缺陷，使有机体不断发生组织和再组织，不断出现一个又一个完形。虽然顿悟常常出现在若干尝试与错误的学习之后，但也不是 Thorndike 所说的那种盲目的、胡乱的冲撞，而是在做出外显反应之前，在头脑中要进行一番类似于"验证假说"的思索。完形－顿悟学说也对刺激和反应之间的关系进行了解释。行为主义理论都是以刺激和反应之间的直接联系为基础的，都把反应看作是由刺激直接引起的结果，完形－顿悟学说认为这是一种机械的观点，并不符合客观的事实。Koffka 指出："所谓行为，就是个体由感官方面领悟其情境，复由运动方面发出相当的动作。我们对于刺激之直接的反应，多系在心理或直觉平面上感受历程。但是这种直接的反应只是整个反应的起始。知觉则据其组织发起动作。动作乃知觉历程之一自然的持续，受知觉的支配，而不受预定的联结的支配。"（冯忠良 等，2010）[112] 因此，由刺激直接引起的反应乃是一种心理或知觉方面的过程，动作直接受知觉及其组织作用所支配。反应既不是由刺激直接引起的，也不是由预定的联结决定的，它们之间需要以意识为中介。

德国心理学家采用格式塔心理学研究学习过程的同时，美国心理学家 Tolman（1932，1938，1942，1959）也在行为主义理论的基础上进行着学习理论的研究。一方面他接受了行为主义的一些思想，同样强调研究中客观性的重要性，也是用白鼠等动物进行学习理论的研究。另一方面他受到理性主义哲学的影响，强调学习中的内在心理过程，他的主要思想可以被概括为以下几点（Ormrod，2012）：（1）学习是一种内部的改变，并不一定要反映在外部的行为上。Tolman 和 Honzik（1930）对三组白鼠的学习实验结果表明，学习是一种潜在的过程（latent learning），强化只是影响白鼠的表现，并不会影响它们的学习过程。也就是说，在强化刺激的情况下，白鼠更有可能表现出它们已经学到的行为。（2）行为都是有目的的。Tolman 认为学习不应该被简单地视为刺激与反应相联结的过程，而应该被视为是由一个事件引起另一事件发生的过程。一旦生物体发现某个行为会导致一个结果的发生，它就会主动地做出这一行为以实现那个结果，因此，行为是有目的性的。由于 Tolman 强调行为的目的导向性，因此他们的学习理论有时也被称为目的行为主义（purposive behaviorism）。（3）期望影响行为。Tolman 认为，在生物体学习到一个行为会导致某个结果发生之后，它会对这一结果产生期望。如果期望得到满足，这一行为就会得到强化，相反，则该行为就会被削弱。（4）学习的结果是一种有组织的信息结构。经过学习，生物体会形成关于环境的认知图（cognitive map），它们会清楚地了解一个环境之中某个物体的相对位置。在有了认知图之后，生物体的行为就成为目的导向性的，而不像操作性条件反射那样以反应为导向。

不论是完形－顿悟学说还是目的学习理论，它们的重点都集中在学习过程中个体自身的内在变化过程，而没有考虑到个体之间，尤其是人与人之间在学习过程中相互影响的问题。社会认知理论就注意到了这一点，而且更多地以人为对象来研究学习的过程[1]。社会认知理论强调人的学习大都发生在社会环境之中，通过对他人的观察，人们可以获得知识、规则、技能、策略、信念和态度等，还可以从他人那里学习到某种行为的作用及效果。如果人们对自身有足够的自信，而且对他人的行为结果产生期待，他们就会出现与他人相同的行为。在各种社会认知理论中，虽然各有差异，但还是具有一些共同的特点：（1）人们可以通过观察他人的行为以及这些行为所产生的结果来学习；（2）学习并不一定带来外部行为的改变；（3）认知在学习过程中起着重要的作用；（4）人们可以对自己的行为以及所处的环境具有很强的控制能力。下面我们以社会认知理论中最具影响的观察学习（observational learning）理论（Bandura，1986，1997，2001）来进一步说明这些基本的观点。

Bandura（1986）认为，除基本的反射性行为之外，人的各种行为技能都是通过直接经验或者观察学习而获得的。来源于直接经验的学习就是通过学习者自身行为所产生的结果进行学习。如果一种行为方式产生了积极的、成功的结果，那么它就会得到强化；反之，如果一种行为方式产生了消极的、失败的结果，那么它就会被抛弃。行为的结果在学习过程中起着关键性的作用，它主要有三种功能：（1）信息功能。人们通过体验各种行为所产生的结果，形成在什么场合才是合适行为的假设，这些假设将指导今后的行为。（2）动机功能。过去的某一行为产生某种结果的经验能够使人预料某种行为可能会产生什么样的结果，这种对将来结果的预期会转化为现在行动的动机。（3）强化功能。行为的结果可

---

[1]上述种种学习理论无一不是通过动物的实验来研究学习的过程，但从社会认知理论开始则更多地以人为对象展开学习的实验研究。

以自动地增强或者弱化这一行为。但是，人的直接经验是有限的，人们更多的是通过观察学习来获得各种行为技能。Bandura（2004）[482-484]指出："传统的心理学理论都强调直接经验的作用，但是如果人的知识和技能只能通过自己的尝试与错误才能获得，那么人类发展的速度将会被大大延缓……人类已经进化形成了观察学习的高级认知能力，这可以使得他们能够通过学习他人的榜样行为而简化知识获得的过程，几乎所有的通过直接经验而获得的行为、认知和情感方面的知识都可以通过观察他人的行为而得到复制。"观察学习是指学习者可以通过观察他人的行为，判断他人行为的结果是受到强化还是受到惩罚，而不必自己直接做出反应或者亲自体验其结果就可以达到学习效果的学习方式。也就是说，人类的行为都是通过对榜样的观察而学习到的，因此，人的环境、认知以及行为相互影响，交织在一起决定着个体的功能（Bandura，1971）。

观察学习一般要经过以下四个过程（Bandura，2004）：（1）注意（attention）。只有学习者给予所观察的榜样以充分的注意，学习才有可能发生。这一过程要受到榜样的特征（例如，显著性、情感诱惑力、复杂性和流行性等）以及学习者本人的特征（例如，能力、情绪、唤醒水平、知觉定势和期望等）的影响。（2）保持记忆（retention memory）。包括对观察中所获得的信息进行加工和转换的过程，学习者不仅要识别所观察的行为，还要把有关的信息保持在记忆之中。在这一过程中，观察学习要依靠表象和言语这两个表征系统，把所观察到的信息以表象或者语言编码的形式保存于长期记忆之中，并对今后的行为起到指导的作用。这一过程要受到学习者的特点，例如，认知技能、认知结构等的影响。（3）运动再现。就是把符号表征转化为适当的行动，它可以分为以下几个环节：在认知水平上对反应的选择和组织、反应的启动、对再现出的反应的自我检测、将反馈信息和反应的认知组织进行比较并在此基础上改进反应。运动再现和学习者机体运动能力以及是否具备组成整个行动的次级技能密切相关，如果缺乏必要的次级技能，运动的再现就可能发生错误。（4）动机过程。Bandura对习得（acquisition）和行为（performance）进行了区分，因为人们并不会把所有习得的行为模式都反映在具体的行为之中。通过观察而学习到的行为是否会具体地表现出来要受到直接强化、替代强化和自我强化的影响。如果人们能够直接体验到、观察到或者自我评价认为某种行为的结果是有价值的，他们就会积极地把习得的行为表现出来，否则，就不会有具体的行为表现。

四、建构主义学习理论

建构主义（constructivism）与认知学习理论中的社会认知理论具有许多相通之处，它们都强调学习者与环境因素的相互作用。但是建构主义学习理论更加强调人在学习过程中的主动性，认为知识不是由外界强加的，而是由学习者本人内在形成的。学习是学习者基于原有的知识经验生成意义、建构理解的过程。严格来讲，建构主义并不是一种理论，而是一种认识论，是对学习本质的哲学层面的解释（Simpson，2002；Hyslop-Margison et al.，2008），把这些解释运用于对学习过程的阐释，也就产生了各种不同的理论形式，其中最具影响力的当属 Piaget（1952，1962，1970）的认知发展理论和 Vygotsky（1962，1978，1987）的社会文化理论。

Piaget 是瑞士著名的儿童心理学家，他从 1927 年开始领导一个小组研究儿童的认知过程，并取得了许多杰出的成果，提出了认知发展理论（cognitive-development theory）。该理论强调学习过程的建构属性，认为人们不是在集聚事实，而是从经验之中建构意义，人类学习的过程也就是认知发展的过程。认知发展依赖于四个因素：生物性成熟、有关物理环境的经验、有关社会环境的经验以及平衡。所谓平衡（equilibration）就是人的认知结构与环境之间相互适应的过程，是认知发展中的核心因素和驱动力。它将另外三个因素的作用协调起来，使得内部心理结构与外部现实相互一致。人类都希望自己的经验是有意义的，我们对理解、次序和确定性具有本能的需求，"我们探究过去、现在和将来，我们会探究每一个可以感知到的东西。人们想而且也有必要弄清楚所有发生或者没有发生的事情的意义"（Marinoff，2003）[3]。Piaget（1952，1962，1970）把这一理解的需求视为平衡的内在动力，所谓平衡就是能够用现有的理解去解释新的经验的认知状态，如果我们能够解释新的经验，就处于一种平衡的状态，否则平衡就会被打破，就需要我们建立新的平衡。

而认知发展的过程被视为一个"不断地在已有知识和正在经历的事物之间寻求平衡的过程"（Williams et al., 1997）[22]。只有当存在不平衡，也就是原有的认知结构与所观察到的事实无法匹配时，认知才会得到发展，学习才有可能发生。平衡的实现要依靠两个基本的过程：（1）同化（assimilation），修正新接收的信息以适应原有的认知结构，也就是我们对外部现实与已经存在的认知结构相适应的过程。当我们进行解释、分析、表达时，可能会对现实的特征进行改变，使它适应我们已有的认知结构。（2）顺应（accommodation），调整原有的认知结构以容纳新的信息，也就是改变认知结构并使之与外部现实相一致的过程。

这里所说的认知结构实际上等同于图式（schema）的概念，指人脑中已经有的知识经验的网络。图式的概念首先是由康德提出来的，他把图式看作一种先验的认识形式，包括时间、空间等范畴。人们靠这些先验的认识形式来组织自己得到的各种杂乱的材料，从而产生有条理的知识。Piaget（1952）把图式的概念应用于个体心理发展的研究之中，认为外部刺激与个体反应之间的关系不是直接的、简单的刺激－反应的关系，而是刺激—认知结构—反应的关系，也就是说，人们需要在将外部刺激同化于已有的认知结构之后才做出反应。图式是不断变化的，儿童最初只具有遗传得来的动作图式，如吸吮、抓握等，以这些图式为起点，在儿童主体与客观世界的相互作用中，经过同化和顺应的平衡过程，原来的图式不断丰富，新的图式不断建立，图式的发展使得认知结构越来越复杂，最后形成逻辑结构，儿童的认知能力也就相应地发展起来。因此，儿童从出生到成人的认知发展不是一个简单的数量增加的累积过程，而是认知结构的不断重构的过程。

Piaget（1952）又从逻辑学中引进了"运算"（operation）的概念。这里所说的运算不同于我们一般意义上的数学运算，指的是心理运算，具有四个主要的特征[1]：（1）它是一种在心理上进行的、内化了的动作。例如，把热水瓶里的水倒入杯子之中，如果我们实际进行了这一动作，就会发现这一动作中具有很多外显性的、可以感知到的特征。然而对于

---

[1] 关于心理运算相关特征的描述主要参考了来自360doc个人图书馆中的"皮亚杰：运算"这一词条，具体网址为http://www.360doc.com/content/12/0103/11/8164970_176831697.shtml。

成人和达到一定年龄的儿童来说，他们不必实际去做这个动作，就可以在头脑中想象完成这一动作并能预见这一动作的结果。这一在心理上倒水的动作就是内化了的动作。从这个意义上讲，运算就是外在动作内化而成的思维。新生婴儿的哭喊、吸吮、抓握等动作是没有思维的反射性动作，因此不能被视为运算。（2）它是一种具有可逆性的内化动作。我们可以在头脑中想象把水瓶里的水倒入杯子中，也可以想象把水再倒回到水瓶中，这就是动作的可逆性（reversibility）。如果一个儿童在思维中具有了可逆性，那么他的智慧动作就达到了运算的水平。（3）它具有守恒性。守恒性（conservation）是指数目、长度、面积、体积、重量和质量等可以在以不同的方式或者不同形式呈现的情况下保持不变，例如，装在大杯子中的100毫升水在装入小杯子之后仍然是100毫升。（4）它具有逻辑结构。智力是以认知结构，也就是图式为基础的。当儿童的智力达到运算水平，也就是在具备内在性、可逆性和守恒性之后，智力结构就发展为运算图式，而运算图式是具有逻辑结构的，因此，心理运算也就具有了逻辑结构。

以运算作为划分认知阶段的主要依据，Piaget（1970）把儿童认知的发展划分为四个阶段：（1）感觉运动阶段（sensorimotor stage），从出生到两岁，是智慧的萌芽期，儿童的认知系统局限于出生时的运动反射。他们主要通过动作和感觉来反映外界事物，而动作是外在的，尚未内化的。（2）前运算阶段（preoperational stage），从两岁到七岁，儿童获得表达能力，尤其是语言能力。他们在这一阶段获得了形象思维的能力，但是缺乏可逆性，还不能运算。（3）具体运算阶段（concrete operational stage），从六七岁到十一二岁，儿童能够理解具体问题并能从多个角度考虑问题。在这一阶段，他们具有了逻辑思维和零散的可逆运算能力，形成了初步的运算结构，但是只能对具体的事物和形象进行运算。（4）形式运算阶段（formal operational stage），从十一二岁到成年，儿童能将形式与内容分开，能够进行逻辑、推理和抽象的认知运算。

苏联著名的心理学家Vygotsky是与Piaget同一时代的人物。他主要研究儿童发展与教育心理，着重探讨思维和语言、儿童学习与发展的关系问题，强调文化和社会对儿童认知发展的影响。他认为人的心理是在活动中发展起来的，是在人与人相互交往的过程中发展起来的。与 Piaget 的认知发展理论一样，Vygotsky（1962，1978，1987）的社会文化理论也属于建构主义，然而 Vygotsky 更加强调社会环境对于发展和学习的促进作用。在社会文化理论中，最近发展区（zone of proximal development，ZPD）是一个关键的概念。Vygotsky（1978）[86] 指出，最近发展区是"实际的发展水平与潜在的发展水平之间的差距，前者由独立解决问题的能力而定，后者则是在成人的指导下或是与更有能力的同伴合作时，能够解决问题的能力"。儿童的发展有两种水平：一种是已经达到的水平，指儿童在独立活动时所表现出的知识和技能水平；另一种是可能达到的水平，是指在成人的帮助和指导之下所能达到的水平。这两种水平之间的差距就是最近发展区。在儿童认知发展过程中，中介（mediation）起着关键性的作用。所谓中介是指儿童身边对他有重要意义的人在他认知发展过程中所起的作用，这些人可以帮助儿童选择学习的材料，从而使他顺利地从一个最近发展区到另一个更高的最近发展区。

行为主义、认知主义和建构主义代表着三种对学习进行考察的视角，它们之间各具差异，彼此又有许多共通之处。认知学习理论虽然提出了与行为主义理论所不同的观点，但是它并不否认联想学习的存在及其意义，而且认为知识的联结有助于知识的获得和在记忆中的储存。两者之间的区别在于，行为主义理论更加关注学习的外部条件，而认知学习理论则更加关注在刺激和反应之间的内部心理过程。不同的学习理论使我们能够从不同的角度去全面地理解人类学习的过程与本质。

五、学习层次理论

美国教育心理学家 Gagné（1965，1985）认为，人类的学习是复杂多样、有层次的，从简单的低级学习到复杂的高级学习构成了学习的不同类型和不同层次，而且这些层次之间是相互依存的，复杂的高级学习要以简单的低级学习为基础。根据复杂程度的高低，Gagné（1965）把人类学习划分为八个层次：

（1）信号学习（signal learning）。这是最低层次的学习，相当于行为主义学习理论所提出的经典条件反射，是人类和动物都具有的基本学习类型。

（2）刺激－反应学习（stimulus-response learning）。相当于行为主义学习理论中的Skinner的操作性条件反射和Thorndike的尝试错误学习，在复杂性上要高于信号学习。

（3）连锁学习（chaining learning）。指学习联结两个或两个以上的刺激－反应动作，以形成一系列刺激－反应联结。为了形成连锁学习，学习者首先要学会连锁序列中的每一个必需的环节，形成一系列刺激－反应行为的正确顺序，从而促进连锁学习的形成。另外，连锁学习需要对学习的行为给予奖励和强化。

（4）言语联结学习（verbal association learning）。这是形成一系列的语言单位的连锁学习。简单的词语联想学习，就是把一个物体与其名称联系起来。这包括把两种刺激－反应构成的一条连锁，即把观察到的物体外形与其特征联系起来，并能说出它的名称。学习使用各种句子，则属于复杂的言语联结学习。

上述四个层次属于学习的基本形式，是进行高级学习的基础。

（5）辨别学习（discrimination learning）。指学习者对某一集合中的不同成分做出不同反应的学习。"辨别是在一个或更多的物理或感觉维度上觉察出刺激差异的性能，辨别最简单的例子是人们指出两个刺激是相同的还是不同的。"（加涅 等，2007）[59]辨别学习有单一辨别与多重辨别两种形式。让儿童学习数字3，可以让他看很多个写着该数字的字形挂图，并让他照着写下来，这时儿童并没有理解3的概念而只是简单地识别3的具体外形,这时是单一识别。如果此时儿童还学会认识并能辨别0、2、4等数字，这就是多重辨别。

（6）概念学习（concept learning）。指对事物的共同特征进行识别并做出反应的学习。所谓概念是指具有共同特征的物体、符号或事件的标记系统，它是对类别的心理构想或表征，它使得个体能够识别某一类别的实例（Schunk，2012）。概念学习是指形成表征，以能识别某类事物的属性，并把这些属性推广到新的样例上，因此它必须要以刺激－反应学习、言语联结学习和辨别学习为基础。例如，要学习正方形的概念，学习者首先要建立起正方形的形状与名称之间的刺激－反应和言语联结，然后辨别出正方形与其他形状的差异，之后才能把正方形的概念推广至新的条件或者环境之中，并在各种新的环境中识别出正方形的形状。加涅等（2007）又进一步区分了具体概念和定义性概念，具体概念识别出的是客体的特征或者客体的属性，例如，形状、颜色、气味等；而定义性概念是抽象的，例如，爱、家庭、嫉妒、保守、民主等概念。

（7）规则学习（rule learning）。"规则是对概念间关系的陈述。例如拼读规则：'当 i 发与字母 a 相同的音时，除在 c 之前外，i 都在 e 之后，像在 neighbor 和 weigh 中一样。'这一规则描述了字母之间的一系列关系。"（加涅 等，2007）[63] 人类的大多数行为都是由规则支配的，例如，我们所说出的每个句子中都包含着许多个规则。规则学习就是对概念之间相互关系的理解与学习。通过规则学习，学习者可以识别某种规则在特殊情况下的应用，或者有能力运用规则去解决具体的问题。

（8）解决问题学习（problem solving learning）。指学会在不同条件下运用规则解决问题，以达到最终学习的目的。问题是"这样的一种情景，个体要竭尽所能去达到一些目标，而且也必须找到达到目标的途径"（Chi et al.，1985）[229]。问题的表现形式多种多样，可能是回答一个问题、做出一个决策、放置一个物体等。然而，不管问题的具体内容是什么，它们都有一个初始状态，即问题解决者现有的知识情况和水平。另外，它们还都有一个目标，也就是问题解决者试图要获得的东西。大多数问题还需要解决者把目标划分成子目标，这些子目标达到了，目标也就实现了（Schunk，2012）。解决问题学习是比规则学习更高一级或更为复杂的学习类型。规则的获得，是解决问题必须具备的，但问题解决则意味着多种规则的选择与联结，建立起新的或更高级的规则集合。

在对学习层次进行了更为深入的研究之后，Gagné（1977）又把学习层次合并为五个，即联结与连锁学习、辨别学习、概念学习、规则学习和高级规则学习。虽然名称有了改变，但是其核心思想并没有变化，其中，联结与连锁学习对应着原来的前面四个基本的学习层次，而高级规则学习就是原来的解决问题学习。

第二节　人类学习的神经基础

脑是人类认知活动的基本物质基础，学习也不例外，人类的一切学习都是在以大脑为核心的神经系统的支配下完成的。具体来说，人类学习的基本神经基础是神经可塑性，而与之密切相关的是人脑的发育以及由此而形成的神经网络。

一、人脑的发育与神经网络

在过去几十年的时间里，神经学家对于人脑发育的观点产生了巨大的变化。过去的神经学家认为，人脑的发育主要发生在胚胎和婴儿发育的早期，过了一个所谓的关键期之后人脑的结构往往不会发生变化。按照这一观点，人脑发育和人类行为发展之间的关系是单向的，也就是说，人脑的发育完全受到遗传基因的控制，会带来行为的发展，而外在行为的发展不会对人脑的发育产生任何的影响。但是，随着人脑研究技术的不断发展，尤其是人脑成像技术在脑科学中的应用，研究者可以更为细微地观察人脑的结构以及外部行为对于人脑结构所产生的影响。结果表明，人脑发育的过程实际上是遗传因素与人类个体的经历共同作用的结果（Stiles，2008）。也就是说，人脑的构成及其基本结构是由基因所决定的，但是，人脑的发育并不完全是由基因控制的，外部环境的刺激也会对这一过程产生重要的影响。在缺乏基本的外部环境输入的情况下，人脑的发育也无法正常进行。人类语言的发展就很好地说明了这一点。语言是人类所特有的，只有人类能够学会和使用语言进行交际。科学家和语言学家曾经做出了许多的努力，尝试教包括猩猩、海豚和鹦鹉在内的动物学习人类的语言，但是无一不是以失败而告终。这都说明基因在语言习得中的作用，也就是说，独特的基因使得人类具有语言学习的能力。但是，语言能力的获得单靠遗传因素是不够的，外部环境也起着重要的作用。在过去几个世纪中，曾经有许多关于由狼、狗、猪、羊以及其他动物抚养的儿童的报道，也有一些被父母或者其他人置于与世隔离环境中的儿童的报道，这些儿童都没有具备正常的语言交流能力（Steinberg et al., 2006）。

人脑的发育是一个动态的过程，是由遗传过程（genetic process）和遗传表现过程（epigenetic process）共同作用的结果（Koizumi，2004）。遗传就是子代对于亲代的特征和特征性状的继承过程，是由基因所决定的。遗传表现，又称基因表达，是指在外部环境的作用之下遗传基因得到体现的过程，其中环境因素起着主导性的作用，不同的环境很可能会导致同样基因的不同特征表现。不妨用盖房子来比喻人脑的发育过程，基因提供了基本的建筑蓝图，神经元和胶质细胞相当于砖瓦之类的建筑材料，神经元的树突、轴突以及由此而形成的神经元之间的联结则相当于房子内的电路、水路、通信系统等线路。使用同样的建筑蓝图所建造出来的房子虽然外表上看着很相似，但是因为建筑过程中各种复杂因素的影响，每座房子都会有其独特性。例如，在施工过程中下了一场雨就有可能导致建筑材料的变化。

大脑早期的发育更多的是在遗传基因的作用下而经历的一系列的生长过程（O'Rahilly et al., 1994）。最早的神经发育开始于原肠胚阶段之后的神经胚阶段，开始是胚胎背部的外胚层细胞伸长加厚，形成前宽后窄的神经板（neural plate），神经板边缘加厚并起褶形成神经褶，神经板中央下凹形成神经沟（neural groove）。随后，神经褶向背中线移动，最后合拢形成神经管（neural tube），神经管是中枢神经系统的原基，神经管的上部会发育成人的大脑，而底部则会发育成人的脊髓。这一过程发生在母亲受孕之后的 18 天到 20 天之间，大约在受孕后 24 天，神经管的前部空隙就会闭合，进而发育成为胚胎的前脑，前脑又进一步分化成两个半球，而且神经管前部的空隙会进一步分化，逐渐发育成三个脑室。这一过程在母亲受孕后 32 天左右就可以完成，此时胚胎的长度大约在 7 毫米。此后，神经元开始迅速地增殖，这主要发生在与侧脑室相邻的胚胎基质（germinal matrix），所有构成大脑皮层的神经元、用来支撑神经元的神经胶质细胞，以及用以形成和维持神经髓鞘的少突神经胶质细胞都是由这一部位产生的。胎儿在六七个月时，脑已经具备了基本的结构。出生时脑细胞已经分化，神经元的构筑区和层次分化也已经基本完成，大多数沟回都已出现，脑岛已经被临近的脑叶掩盖（林崇德，2009）。

　　神经元的生长发育包括以下几个主要的过程：增殖、迁移、分化、髓鞘化和突触形成（Kalat，2013）。增殖（proliferation）就是通过神经细胞的分裂而产生新的细胞，当细胞分化成神经元后，它们便开始迁移（migrate）。所谓迁移是指在脑发育的过程中，未成熟的神经元移动到最后行使功能的目的地。有的神经元移动速度快，有的则要慢些，最慢的神经元直到人成年之后才会到达目的地（Ghashghaei et al.，2007）。原始的神经元看起来和其他身体部位细胞没有太大的差别，但是神经细胞会逐渐开始分化，形成各自的轴突和树突。最先长出来的是轴突。在一些情况下，神经元会拖着它的轴突移动，就像拖着一条尾巴（Gilmour et al.，2004）；而在另外一些情况下，轴突则需要自己生长，在其他神经元和神经纤维构成的丛林中开辟出一条道路，以达到目标位置。在轴突抵达目的地后，树突便开始生长。髓鞘化（myelination）是神经元制造出绝缘的脂质层的过程，这样可以加快神经传导的速度。髓鞘化代表着功能的成熟，能够让信号传递得更快、更顺畅。与神经元的增殖和迁移不同，髓鞘化的速度差异很大，某些脑区从妊娠中期就开始出现髓鞘化，另一些脑区的髓鞘化则可以持续数十年。触觉是最早发育的感觉，与它有关的神经通道在出生时就已经髓鞘化了。视觉通道的髓鞘化从出生开始，一直持续到出生后5个月。听觉通道的髓鞘化开始于妊娠期的第5个月，直到儿童5岁才能完成。负责注意和记忆的大脑皮层直到成年早期才完成髓鞘化。额叶内侧的与记忆密切相关的海马的髓鞘化过程要一直持续到70岁（Benes et al.，1994）。

　　最后一个过程是突触的形成（synaptogenesis），这一过程在幼儿出生前就开始了。出生之后，在遗传基因和外部环境的共同作用下，神经元不断形成新的突触、淘汰旧的突触，这个过程会持续一生。当轴突到达目的地后，它的位置并不一定完全精确，而且每个轴突都向很多的神经细胞发出树突，每个神经元又与许多的轴突具有突触的联结，而这些联结也不是完全精确的，这就需要后期不断进行精确化的调整，以确保人脑能够很好地行使各种功能。这一精确化的过程要依赖于传入轴突的信号模式，有些联结得到强化，有一些联结得到调整，还有一些联结则被淘汰[1]。这是人脑与外部环境相互作用的结果。在人脑的发育过程中，突触的形成并不是一种线性增长的过程。与成年人相比，新生儿的突触数量非常少，只占到成人的三分之一，但是在两个月后，婴儿脑中突触的密度会急剧增加，而且在十个月左右达到一个峰值，此时婴儿脑中的突触数量要超过成年人。在此之后，突触的数量会逐步减少，在十岁左右达到一个稳定的水平，与成年人相当（OECD，2007）。也就是说，在人脑发育的过程中，突触的数量呈现倒 U 型的变化（如图 3-1 所示）。儿童发育早期的突触产出过剩，然后选择性地消失，到 18 岁时，他们会失去将近一半的婴儿期的神经突触，那些未被使用或者不必要的联结就消失了，这就是人脑用以吸收经验信息的基本机制。Bransford 等人（2000）[116]把这一过程与雕塑艺术相类比。在雕塑大理石时，艺术家们往往需要通过凿掉石头的无用部分而最终创造出一个雕塑作品，而出现突触产出过剩以及突触的消失则类似于雕塑行为。神经系统在一开始建立起大量的联结，然后由外部环境和个人经验作用于这些联结，进一步做出适当的选择，合适的联结被保留下来，不合适的联结就被去除掉。剩下来的是经过精雕细琢的艺术成品，由此而构成了后期认知发展的基础。而新的突触的形成则相当于艺术家要在原有的作品上添加某些东西，进而创造出一个新的作品。

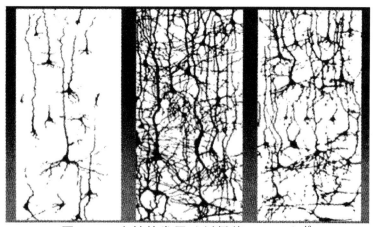

图 3-1　突触的发展（刘儒德，2010）[48]

[1]这一过程被称为突触修剪（synaptic pruning）。

诺贝尔生理学或医学奖获得者、美国著名生物学家 Edelman（1987）借鉴了达尔文的自然选择学说，提出了神经达尔文主义（Neural Darwinism），认为人脑的发育是一种自然选择的结果。在神经系统的发育过程中，最初形成的神经元和突触都比实际保留下来的要多。突触的形成比较随意，但其后的选择过程让一部分轴突和联结保留下来，另一部分则被淘汰了。

神经达尔文主义又称神经元群选择理论（theory of neuronal group selection）（Edelman，1987）。该理论解释了人脑如何处理外部信息的原理，其中涉及人脑内神经网络的发育与形成过程。Edelman（1987，1989，1993）认为，人类具有对纷繁复杂的事件进行范畴化以及根据外部环境做出适应性反应的能力，这一能力是自然选择过程而非指令或者信息转换的结果。两者之间的根本差别在于选择性系统中存在一系列的"节目单"（repertoire），神经系统的节目单成员就是神经元群（见图3-2）。

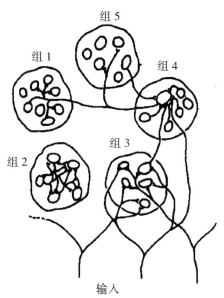

图 3-2 神经元群结构示意图（汪云九 等，1995）[8]

注 神经元之间不同的联结方式形成不同的集团，图中显示了5个神经元群，输入既可以来自外部环境，也可以来自其他的神经元群。

神经元群是人脑内神经联结的结构和功能模式选择性活动的主体。一个神经元群的结构是由神经元之间的联结所决定的，它们大小不等，可以由几十个、几百个，也可以由几千甚至是几万个神经元构成，它们之间高度联结，能对一定的刺激模式产生反应。每个神经元群都有与环境广泛接触的机会，并且通过选择强化机制来调节它们在与外界相互作用时的贡献大小。选择强化是通过改变联结强度，进而改变神经元群的响应强度和速度来实现的，而联结强度的变化可以增强整个神经元群反应的适应性。因此，神经元群不是固定不变的，而是动态的，它们的界限以及特性会随着突触联结以及所接收到的信号的变化而不断地调整。

Edelman（1993）认为，自然选择包括两个方面：一是胚胎发育和出生后的生长。在这一过程中，相邻的神经元相互联结而构成大小不等的各种结构，这些结构就是神经元群；另一个是在人类活动的过程中通过选择那些产出适应性行为的神经元群的相关反应对突触的联结强度进行调整。根据神经元群选择理论，人脑中神经网络的形成是三种机制共同作用的结果：发育选择（developmental selection）、经验选择（experiential selection）和再进入信号传递（reentrant signaling）。发育选择是指在胚胎发育过程中在遗传基因的调控下形成一定的解剖结构和突触联结模式的过程（见图3-3）。

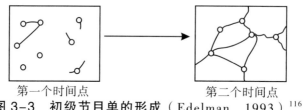

第一个时间点　　　　　　　　　第二个时间点

图3-3　初级节目单的形成（Edelman，1993）[116]

从生物学的角度看，神经网络的形成首先是神经细胞分裂、黏附、移动和死亡所产生的结果。人类的基因并不指向具体的人脑神经细胞，而是控制黏附分子的表达，从而使得神经细胞相互结合并且按照一定的轨迹移动，进而形成一定的神经解剖结构。神经突的延展与收缩形成了人脑中的突触联结模式。神经元之间的交流主要通过放电的方式进行，在胎儿时期，人脑中的神经元之间就有了放电的活动，而一起放电的神经元就会串联在一起。也就是说，从胚胎发育的早期阶段开始，随着每个个体的发育，神经元向各个方向延伸出大量的分支，这些分支产生了大量的神经回路。在此之后，神经元又根据放电活动的模式加强或减

弱彼此之间的联结，从而形成了大量具有不同功能的神经元群，结果同
一个神经元群之内的神经元之间的联结要比不同群中神经元之间的联结
密切得多。Edelman（1993）把由此而形成的神经网络称为初级节目单
（primary repertoire）。

经验选择是指在发育选择的基础上，人脑的突触结构在外部环境的
作用下不断得到调整的过程。这一过程贯穿人的一生。在出生之后，由
发育选择所形成的神经元群、它们之间的联结以及由此而产生的神经回
路会在幼儿与环境的互动中而得到不断调整，那些与环境输入相匹配的
神经回路中的突触就会得到加强。也就是说，行为经验使得神经元群的
节目单中出现突触选择的过程。例如，人脑中对应于手指触觉输入的映
射区会随着使用的手指的次数的多少而改变它的边界，之所以产生这种
变化是因为在局部联结起来的神经元群内部以及神经元群之间的突触强
度得到一定的加强，另一些则被减弱（见图 3-4）。由经验选择而形成的
神经网络被称为次级节目单（secondary repertoire）。

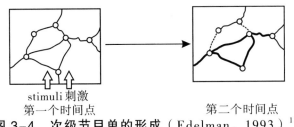

stimuli 刺激
第一个时间点   第二个时间点
图 3-4　次级节目单的形成（Edelman，1993）[116]

注　得到加强的联结用加黑的线条来表示，被减弱的联结用虚线表示。

与经验选择密切相关的一个因素是幼儿个体好恶的形成。每个幼儿
都有一些与生俱来的偏向。自我平衡取向（homeostatic value）就是这
种偏向之一（Edelman，1989），它负责调节饥饿、口渴、心率、血压
等，以维持身体系统的稳定性；另一偏向是社会平衡取向（sociostatic
value），它和语言的习得具有直接的关系，它是指人与生俱来的对于面部
表情、声音以及与其他人互动方式的关注（Schumann，1997）。自我平
衡取向和社会平衡取向共同构成躯体取向（somatic value）（Edelman，
1987，1992；Schumann，1997），从而为人一生的价值系统的形成奠定
了基础。价值系统，又称刺激评估系统，要对内部与环境刺激进行评估，

进而形成自己的偏好与反感。评估的标准主要包括五个方面：新奇性（是否已经碰到过这样的刺激或者刺激环境）、愉悦性（刺激能否给幼儿带来愉悦感）、目标意义（刺激是有助于还是妨碍幼儿达成自己的目标）、自我与社会形象（刺激是否与幼儿自己的理想状况或者他所重视的其他人的标准相吻合）和复制力（幼儿是否能够操控刺激的情景）（Schumann，1997）。该评估系统决定了人们对于外部刺激的处理方式，同时也对经验选择过程中突触强度的变化产生影响，从而使得一些联结路径要比另一些联结路径更具优势。

通过发育选择和经验选择，人脑中形成了数量庞大的交互性联结（reciprocal connections），这些联结既存在于神经元群之内，也存在于神经元群之间，甚至存在于整个人脑之中，把人脑皮层、基底节和小脑等联结起来。另外，发育选择和经验选择也在人脑中形成了对应着不同人类行为的映射区。通过这些联结，整个人脑就形成了一个整体，为不同的映射区（maps）之间的信号传递奠定了基础。再进入是指输出信号的再次呈现，是人脑各个映射区之间沿着联结不断进行着的双向的、递归信号的传递过程。再进入信号传递都是通过交互性联结来进行的，可以发生在映射区之内，也可以发生在映射区之间，甚至还可以发生在整个人脑之中。因此，再进入从本质上讲是并行、分布式的动态过程。再进入可以使得不同神经元群的活动在时间和空间上协调一致，进而实现同步化的效果，并把它们绑定形成一些能够产出协调一致的输出信号的神经回路。在这一过程中，那些反复使用并且与环境输入相匹配的交互性联结以及由此而产生的神经回路就会得到增强（见图3-5）。

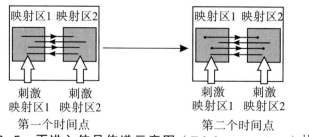

图3-5　再进入信号传递示意图（Edelman，1993）[116]

注　图中的圆点表示得到增强的联结。

　　总体来说，发育选择产生了为数众多的神经元群，在一个群内，神经元通过各种联结密切结合形成了人脑中神经网络的主体，经验性选择不断地调整突触群体之间的联结强度，而再进入信号传递在进一步调整联结强度的同时也保证了不同脑区的神经元群体活动的同步性。正如Edelman和Tononi（2000）所指出的那样，"发育选择和经验选择为伴随着意识状态的分布式神经元状态的巨大多样性和分化性提供了基础，再进入则使得这些状态的整体性成为可能"。发育选择、经验选择和再进入信号传递三个机制相互协调，形成了人脑的神经网络。这一网络一方面为人类的各种学习活动提供了神经基础，另一方面也在学习的过程中不断调整网络的局部甚至整体的结构。因此，人脑的微观结构，尤其是神经网络的结构，一直处于动态的调整过程之中。Kalat（2013）[123]在谈到人脑的发育时形象地说："人类的神经系统需要大量的组装，它的组装说明书与我们把一些配套的元件组装成某些物体的说明书是不同的。后者常常是'把这一部分放在这里，把另一部分放在那里'。而前者则是'将轴突放在这里，树突放在那里，然后再等等看会发生什么。保存工作状态好的联结，淘汰工作状态不好的联结。不停地产生新的联结，但是只保存有用的。'"在这一"装配"过程中，包括语言学习在内的各种学习活动作为人类经验的重要组成部分起着重要的作用。

二、神经可塑性

　　神经可塑性是指人脑可以在经验的作用下产生结构和功能的动态变化的现象。这一现象体现在神经系统的发育、人类的学习以及技能的训练之中，同时也体现在神经系统损伤之后的代偿与修复过程之中。神经可塑性普遍存在于各种动物的神经系统之中。除了哺乳动物，其他的动物也都有学习的行为，而且这些行为都与神经可塑性相关。不论动物的神经系统简单还是复杂，神经可塑性都会表现在突触前和突触后的变化。神经可塑性的存在使得人的各种认知能力以及行为技能的发展成为可能。

　　神经可塑性是人的神经系统随着经验与环境的变化而进行自我调整的能力。几乎所有经验都有可能带来大脑和行为的改变，至少在短时间内如此（Kolb et al.，2014）。2007年法国医生在为一名44岁男子的脑部做 CT 和核磁共振扫描之后惊讶地发现，该患者的脑室内充满了脑脊液，原本正常的脑组织由于受到挤压而薄得像一张纸。更令人惊讶的是，这位"几乎没有大脑"的患者的智商仍能达到 75 的水平，不仅像正常人一样娶妻生子，而且还在政府部门从事公务员的工作（Feuillet et al., 2007）。这一极端的实例说明，人的大脑具有很强的可塑性。

神经可塑性有三种类型（Kolb et al., 2014）：经验期待型（experience-expectant）、经验自主型（experience-independent）和经验依赖型（experience-dependent）。经验期待型是指环境刺激与正常发育过程的结合，各种大脑系统的发育都需要专门的环境刺激，这一般都发生在关键期或者敏感期之前。例如，大脑语言系统的发展就需要相应的语言刺激。经验自主型是指在发育过程中产生的新的神经元群和联结。如上文所述，基因在大脑的发育中起着关键性的作用，但是基因不可能具体确定神经网络的每个联结的情况，它只是提供大脑发育的蓝图，而神经网络中具体的联结的建立与取舍则是由内部或者外部刺激所决定的。外侧膝状体核（lateral geniculate nucleus，LGN）的发育就是经验自主型的一个典型例子。外侧膝状体核是丘脑中负责接收来自视网膜的信号并进行视觉信息处理的区域，为了实现这一功能，来自视网膜的神经轴突要达到这一区域的不同层次，而且两只眼睛所对应的层次也是不一样的。但是，在发育的初期，一只眼睛所发出的轴突也会到达另一眼睛所对应的神经元层。为了把外侧膝状体核与两只眼睛视网膜的神经联结区分开来，视网膜的神经节细胞就会自动放电，从而使得与该只眼睛相对应的联结得到不断的强化，而与另一只眼睛对应的联结则会因为没有同时放电的出现而被弱化，并逐渐消失。经验自主型的神经可塑性不需要外部的感觉刺激就可以使得神经元之间的联结更加精确。经验依赖型是指在外部刺激或者经验的作用下对于大脑中原有神经元群以及它们之间联结的调整。特定的文化和社会群体所特有的知识和技能都是经验依赖型的，只有当环境条件培育它们生长时它们才会出现，并且能在任何年龄阶段出现。研究表明，通过新的突触的形成以及原有突触的增强或者减弱，人类在整个生命周期保持了相当高的经验依赖型的可塑性（Maguire et al., 2000；Merzenich, 2001；Nelson et al., 2006）。

在人的一生的发展过程中，神经可塑性是变化的，目前有三种不同的观点（Fuhrmann et al.，2015）。一种观点认为人在青少年时期神经的可塑性最强，在此之前和之后都较低（如图 3-6 中曲线 A 所示）；第二种观点认为从出生到成年，人的神经可塑性一直处于不断降低的过程之中，而到成年后会达到一个稳定的水平（如图 3-6 中曲线 C 所示）；第三种观点则认为人在二十岁之前的神经可塑性都比较高，其后逐渐降低，最后达到一个稳定的水平（如图 3-6 中曲线 B 所示）。

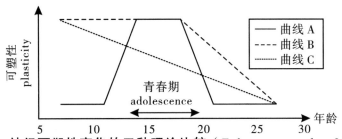

图 3-6　神经可塑性变化的三种理论比较（Fuhrmann et al.，2015）[560]

在一生之中人脑灰质和白质的变化比较复杂，大脑皮层许多区域的白质体积和密度从童年到青少年再到成年都处于不断增长的过程之中（Tamnes et al.，2010），而灰质的体积则会在婴儿到童年时期不断增长，到 20 岁左右则会呈现出变小的变化趋势（Aubert-Broche et al.，2013；Pfefferbaum et al.，2013）。这些变化在人的青少年时期大脑的额叶、顶叶和颞叶表现得尤为明显（Tamnes et al.，2013），而且青少年大脑灰质和白质的变化总是伴随着其认知能力的提高，其中包括智商（Schmithorst et al.，2005）、工作记忆（Østby et al.，2011）和解决问题能力（Squeglia et al.，2013）。

三、神经可塑性与人类的学习

神经可塑性与人类学习之间具有相互依存的关系。一方面，神经可塑性为人类的学习提供了基本的生物学基础，使得我们能够不断获得新的感知与认知能力，在记忆中储存大量的知识，并且发展新的行为技能。另一方面，人类的学习又不断地为大脑提供新的刺激，引起神经突触联结的变化。这些变化的积累有可能导致神经网络以及它们所负责的认知能力的变化，从而为人类的学习提供更好的神经基础。

在学习的定义这一部分，我们指出，学习是因经验而引起的行为的改变，这是从人的外部行为来看的。而从学习的神经基础来看，学习的过程就是大脑中神经网络的构建过程。人们不断地学习新的知识与技能，由此而带来的是原有神经网络的不断重组（Bassett et al., 2017），从而使得人脑在一生之中都处在不断的动态变化之中。这种变化可以体现在人脑结构的各个层面上，小到单个的神经元，大到人脑皮层结构的再组织（cortical reorganization），其中包括神经网络、神经回路和突触联结等不同层次的可塑性，但是其基本的表现在于神经网络结构的变化。而突触联结的可塑性居于核心地位，大多数行为的改变都与一个网络系统中神经元突触的增加或减少有关，因为其他两个层次的可塑性都是由此产生的。换而言之，突触联结的变化会带来神经回路的变化，而神经回路的变化又会进一步导致神经网络的变化。突触可塑性是指突触在一定的条件下调整功能、改变形态和增减数量的能力，包括突触传递效能和突触形态结构的改变（陈玲 等，2006），这两个方面都涉及极其复杂的生物化学活动与变化。具体来讲，就是神经元之间的联结以及联结的强度（connection weight）。所谓联结就是神经元之间通过突触的方式而相互关联起来，这一过程被称为神经元的线路联结（neuronal wiring）。影响这一过程的因素很多（Kolodkin et al., 2011），其中一个基本的原则就是赫布学习理论（Hebbian theory）。该理论首先由 Hebb 于 1949 年提出，他指出"反射活动的持续与重复会导致神经元稳定性的持久性提升……当神经元 A 的轴突与神经元 B 很近且参与了对 B 的重复持续的放电并激活时，这两个神经元或其中一个便会发生某些生长过程或代谢变化，致使 A 作为能使 B 兴奋的细胞之一，它的效能增强了"（Hebb, 1949）[62]。他还指出，"如果两个神经元或者两个神经元系统被反复地同时激活，那么他们就会被关联起来，这样，其中一个的活动就会促进另一个的活动"（Hebb, 1949）[70]。Löwel 和 Singer（1992）把这一过程简单地描述为"如果神经元同时放电它们之间就会形成联结"。在联结形成之后，这些联结又会不断地得到调整。那些反复使用并得到激活的联结就会得到不断的强化，从而使得这些联结的强度不断增强，而那些得不到经常激活的联结的强度就会变弱，长期得不到激活的联结就会消失。正如王彦芳（2015）[49]

所指出的那样，"神经元活动遵循一个总的原则：用进废退。反复兴奋神经元的活动就会功能亢进、力量增大，长期不用的话，神经元就会功能萎缩、力量变小"。

Bassett 和 Mattar（2017）用图 3-7 表示学习过程中神经网络的重组。从中我们可以看出学习所带来的网络结构重组可以表现在以下几个方面：（1）节点（node），原来属于一个功能模块的神经元节点可能会参与到其他功能模块之中，甚至会从原来的模块中彻底移走，完全属于另外一个模块；（2）联结，包括节点与节点之间和模块与模块之间新联结形成，以及原有联结的强度减弱或增强（图中线条的长度增加或减少）；（3）节点和联结的变化所带来的功能模块以及整个神经网络结构的变化。

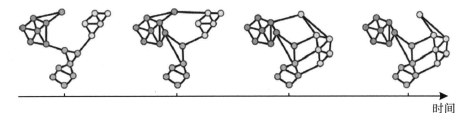

时间

图 3-7 学习过程中神经网络结构重组示意图（Bassett et al.，2017）[256]

第三节　人类学习的心理基础

神经网络及其所具有的神经可塑性为人类的学习提供基本的神经基础，在此基础上，人们在学习过程中会经历一系列的心理过程。从认知主义的观点来看，这一心理过程就是信息处理的过程，其中居于其核心的就是记忆的过程。学习与记忆是紧密相随的，学习可以被视为获取新的信息的过程，而记忆可以被视为对这些信息的储存与提取。没有学习也就谈不上记忆，而没有记忆学习也就失去了基本的心理基础。

心理学对记忆的科学研究开始于 19 世纪末 Ebbinghaus（1885，1913）关于记忆与遗忘规律的研究。经过一百多年的发展，尤其是在认知理论的影响下，记忆被视为一个信息处理的过程，其中包括三个主要的阶段：感觉记忆（sensory memory）、工作记忆（working memory）和长期记忆（long-term memory）（如图 3-8 所示）。

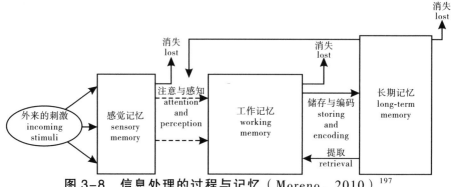

图 3-8　信息处理的过程与记忆（Moreno，2010）[197]

外部的刺激首先进入感觉记忆系统。感觉记忆又称感觉登记（sensory register）或者瞬时记忆，指外部刺激（包括听觉的、视觉的、触觉的等）在呈现之后，一定数量的信息在感觉通道内得到登记并保留瞬间的记忆。感觉记忆中的信息都是未经加工的、尚未进行意义分析的信息，仍然保留输入刺激的原样。感觉记忆具有两个特点：第一是对输入信息的存储时间特别短，如果未及时加以处理传送至工作记忆，有关的信息很快就会消失；第二是存储量小，每次能够登记的信息非常有限，即使是我们轻轻地用眼睛"一瞥"所获得的刺激信息也是很多的，但是能够被感觉记忆登记下来的也只是其中很少的一部分（Sperling，1960）。

工作记忆又称短时记忆（short-term memory），是指"认知任务中对正在处理的信息的短暂存储"（Baddeley，1986）[34]。工作记忆是整个信息处理过程的第二个阶段。如上所述，来自外部环境的信息短时地保存在感觉记忆之中，如果没有受到注意就会迅速消退，而受到注意的信息则会进入工作记忆之中。工作记忆具有以下三个特点（张春兴，1994）：（1）工作记忆代表着心理过程的即时性。工作记忆所能存储的都是现在发生的事情，例如，在两个人谈话的过程中，一个人说完一句话，另一个人在接着说话时要以前一个人所说的话为基础，因此，前一个人所说的话就构成了他的工作记忆的内容。当然，有时候我们也会用到过去的知识，那就需要临时从长期记忆中提取出来使用，用过后再返回到长期记忆之中。工作记忆的即时性决定了其中存储的内容只是暂时的，要想长期记忆下来，就需要做进一步的加工处理，使之变成长期记忆。（2）工作记忆具有明确的意识。在工作记忆阶段，我们能够清楚地意识到自己在处理的是什么信息，与此相比，长期记忆反而没有这一特点。在我们的长期记忆中储存着大量的信息，但是对于其中有什么我们并没有明确的意识，而要清楚地知道某一信息，必须要把它提取到工作记忆之中。（3）工作记忆具有心理运作的功能。工作记忆不仅用来暂时保持和存储信息，它还是感觉记忆、长期记忆和动作之间的接口，因此是思维过程的一个基础支撑结构（Baddeley，2002），我们各种有意识进行的认知活动都是靠工作记忆来完成的。

长期记忆是指能够保持几天到几年甚至永久性的记忆。经过工作记忆处理的信息有两种可能，一种是停止处理，另一种是继续处理。停止处理的信息又包括两种情形，一是用过之后立即丢弃，二是虽无意丢弃，但是没有进行必要的复习而遗忘。如果对信息进行继续处理，经过复习之后就可以进入到长期记忆之中。长期记忆中储存着大量的信息是人类所有知识和技能的基础，人类学习的过程就是不断地丰富与调整长期记忆中的内容的过程。

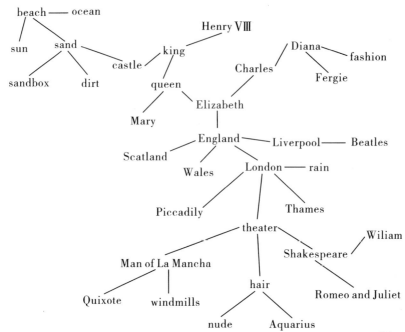

图 3-9　长期记忆中的信息网络示意图（Ormrod，2012）[232]

　　长期记忆中包含有各种各样的知识，这些知识交织在一起构成一个极其复杂的网络系统，也就是说长期记忆中的知识或者信息都是以网络的形式储存在大脑之中的（如图 3-9 所示）。由此意义来讲，学习与记忆的过程就是新的信息与长期记忆中的知识建立联结的过程。Anderson（1984）[61] 指出这一过程的基本原理在于：（1）人类的知识可以表示为由节点联结而成的网络系统，在网络之中，节点对应着概念，节点的联结对应着这些概念之间的联系；（2）网络中的节点可以处于不同的状态之中，各种状态对应于它们的激活程度，节点越活跃，被加工得就越充分；（3）激活作用能够沿着网络路线扩散开来，借助这个过程，这些节点可以使它们附近的节点也处于活跃状态。

　　从感觉记忆到工作记忆再到长期记忆，整个信息处理的过程还要受到各种控制过程的影响。所谓控制过程就是一些直接影响记忆功能以及过程的认知过程，这主要与学习者的个体因素有关，包括认知策略、动机、计划等。例如，一个学习动机强烈的人可能给予感觉记忆中自己感兴趣的信息以更多关注，从而使得有更多的信息进入工作记忆，并在工作记忆中进行更多的复习与演练，从而更好地记住更多内容。另外，学习者长期记忆中已经具备的认知结构也会对整个的信息处理过程产生影响。控制过程在信息处理中的作用，充分体现了学习者在整个学习过程中的主体性。只有学习者个人才能学习，别人不能取而代之（焦尔当，2015）。学生不是像一个等待灌水的空瓶子那样被动地等待他人来灌输知识，而是整个学习过程的积极主导者。因此，学习者本身的个体因素对于学习的过程以及学习的结果具有关键性的影响。

本章小结

通过对不同的学习理论、学习的神经与心理基础的讨论，可以初步勾勒出人类学习的总体机制。

（1）学习的过程实际上就是一个构建网络的过程。网络构建应该是各种学习理论的一个基本的共识，在上文中我们简要介绍了认知主义学习理论关于长期记忆中信息组织方式的观点，而行为主义也持有类似的看法。Thorndike 对于学习的基本观点就是感觉经验与神经冲动之间的联结，而众多的联结结合在一起也就构成了一个复杂的网络系统。这一网络落实到学习的神经基础上就是神经网络，这一网络体现在学习的心理基础上就是长期记忆中的知识网络系统。因此，网络的构建是人类学习的核心与实质。

（2）网络的构建要经历一系列信息处理的过程。这一过程始于感觉记忆，人的感觉器官会收集各种信息，经过注意和选择性的知觉等初步处理之后，传入到工作记忆，在经过工作储存、编码以及复习或者演练之后就会进入人的长期记忆之中，而进入到长期记忆中的新信息需要与原有的知识网络相结合，从而成为知识网络的有机组成部分。

（3）信息处理的过程受到控制过程的影响，我们可以把它称为信息处理的心理环境。这一心理环境主要由学习者的个体差异要素提供，其中包括学习能力、动机、性格、策略等，也包括他们长期记忆中已经具备的认知图式等。

（4）网络的构建需要来自外部环境的刺激，这些刺激与学习者所处的社会文化以及教育环境密切相关。在不同的社会文化背景下学习者所能够接受到的刺激往往是不一样的，而包括教材、教学方法等在内的教育环境则决定了学习者所能够接受到的刺激的内容以及刺激的方法。另外，社会、文化和教育环境也会影响到信息处理的控制过程。在不同的社会文化背景下，学习者往往会产生不同的学习动机，而不同的教育背景可能会使学习者持有不同的期望或者采用不同的策略等。

第四章　　外语学习的本质属性

　　语言是人类区别于其他动物的重要标志之一，虽然许多动物也可以发出声音来表达感情或者传递信息，但这只是一些固定的程式，不能随机变化。语言是人类最为重要的交际工具，虽然我们可以通过图片、动作、表情等非语言的手段来传递思想，但是语言仍然是最为方便的交际媒介。另外，语言的习得、学习和使用本身也是一种高级的认知活动，语言能力代表着人类最高级、最重要的认知能力。因此，语言学习在人类学习中具有独特的地位。在一个人的一生之中，他可能要和两种或者更多的语言打交道，而这些不同的语言又具有不同的地位和作用，有的被称为母语，有的被称为二语，还有的被称为外语，语言学习也就随之有了母语习得、二语习得和外语学习三种不同的类型。在本章中，我们首先需要厘清一些基本的概念，然后在上一章有关内容的基础上，从学习的环境、学习的层次与类型、学习的神经与心理基础、学习的效率等方面，对外语学习与其他两种语言学习类型进行全面的比较，并通过这些比较来认识外语学习的特点及其本质属性。

第一节　母语、二语与外语

在外语教学领域，除外语这个概念之外，我们还会经常接触到母语、一语、二语、本族语等不同的概念。它们之间的分类标准不一，相互之间也存在着许多重叠之处，很容易造成混淆。因此，我们有必要对这些基本的概念进行一定的解释和区分。

母语（mother tongue）是指人在幼儿时期通过和同一语言集团的其他成员接触而掌握的语言，又称为本族语（native language）（戴炜华，2007）。与其他语言相比，母语具有以下几个基本特点：（1）是最早习得的语言，因此也被称为第一语言（first language）；（2）母语能力的获得不需要专门的教授，只要让婴幼儿处于一种正常的语言环境之中，他们就可以顺利地获得这种语言的听说能力；（3）熟练程度高，语言直觉强，与后期所获得的其他语言的能力相比，母语的使用能力往往是最强的；（4）母语与思维的关系更为密切，母语能力的获得往往是伴随着儿童概念系统的形成以及思维能力的发展而实现的；（5）除语言的交际属性之外，母语往往会被赋予更多的社会文化和政治属性。法国作家都德在《最后一课》中说到，母语是民族的标志和象征，一个民族的语言是一个民族的灵魂。因此，对于学习其他语言而导致对母语教育的弱化一直是人们所关注的问题。

母语是人的第一语言，那么从次序上来说，在母语之后再学习的语言就是第二语言（second language，简称二语）。从这个意义上讲，外语（foreign language）往往也是二语，因此，在国内外学术界许多人把这两者作为一个概念，而且"二语"一词的使用频率越来越高，呈现出明显的取代"外语"这一传统概念的趋势。尽管如此，我们认为还是有必要对它们进行区分。首先，两者之间的学习环境大不相同（王初明，1990）。外语学习是指学习者在自己所属的社团之内学习另一个社团的语言，如在中国的环境中学习英语，而二语的学习则是在另一个国家或社团的自然语言环境中学习这个国家或者社团的语言，例如，中国人在美国或者英国学习英语。学习环境的差异会使得外语和二语的学习具有许多不同的特点。另外，二语和外语的社会功能也具有明显的不同。Stern（1983）指出，二语一般指在本国具有与母语同等甚至更为重要地位的一种语言，例如，一个中国人移民到美国，英语就成了他的第二语言，这一语言是他在美国生存所必需的。美国的 TESL（Teaching English as a Second Language）指的就是教外国移民英语的课程。外语一般只是在本国之外使用的语言，学习的目的常常是满足出国旅行或者在国内阅读文献的需要。与二语和外语相关的两个重要概念是习得和学习。习得理论是在 Chomsky 关于语言内在天赋理论的启发下产生的，最初被用来指母语的习得或者第一语言习得。后来 Krashen（1985）提出了颇具影响的二语习得理论模式，他对习得与学习进行了划分，认为习得是在自然语境中学习者以获取信息或以交流信息为目的的无意识的语言习得过程，在这一过程中，学习者关注的是意义而不是语言形式；而学习指的是正式的有意识地对语言规则的学习，在该过程中，学习者关注的是语言形式和语法规则。Krashen 认为，学习和习得是两种不同的学习过程，交际能力的获得只能依靠习得，而学习只能在语言产出的过程中起到监控器和编辑器的作用。此后，二语习得成为一个重要的研究领域，并且提出了许多重要的理论。

我们对母语、二语和外语三个语言类型进行了基本的区分，实际上也就是进行一定程度的比较。Bley-Vroman（1990）指出，与母语习得和二语习得相比，外语学习具有以下基本特点：（1）缺乏成功。正常的儿童都可以成功地习得自己的母语，而外语学习者则不能做到这一点，能够完全达到母语者水平的外语学习者几乎是不存在的。（2）成绩、路径与策略的多样性。儿童母语习得所能达到的水平、经历的过程以及所采取的策略是比较一致的，而外语学习者则在上述三个方面存在很大的差异。（3）学习目的的多样性。不同的外语学习者往往具有不同的学习目的，并确立不同的学习目标。（4）年龄与语言水平的相关性。在年龄比较小的时候移民到目标语国家的学习者更有可能达到或者接近母语者的水平。（5）石化现象。当外语学习者达到某个水平之后，就很难再继续提高，往往会保持在一定的水平而停滞不前。（6）模糊的语言直觉。即使是水平很高的外语学习者也缺乏非常清晰的语法判断直觉，这似乎说明他们的内在语言系统是不完整的。(7)教学的重要性。外语学习一般都需要经过正式的课堂学习。(8)情感因素的作用。外语学习很容易受到学习者的性格、动机、态度等个体差异因素的影响，而母语习得则不会。基于上述观察，Bley-Vroman（1990）认为外语学习和母语习得具有本质区别。在本章中，为了充分认识外语学习的特点，我们还从语言学习的心理与神经基础等更深的层次对母语习得、二语习得和外语学习进行比较。

第二节 学习的神经与心理基础

从学习的神经与心理基础的角度来比较母语习得、二语习得和外语学习，其中主要涉及年龄的因素。因为儿童语言习得的过程是与幼儿的神经与心理发展同步进行的，而其他两种语言学习形式则是在神经与心理发展相对成熟的时期进行的。从这个意义上讲，二语习得和外语学习的差异不是很大，因此，下面我们把二语习得和外语学习作为同一组语言学习形式，与母语习得进行比较。

一、经验期待型与经验依赖型

神经可塑性是人类学习的神经基础，其核心在于神经网络中神经元之间相互联结的改变，包括新突触的形成以及现有突触的加强或减弱。神经可塑性包括经验期待型、经验自主型和经验依赖型三种类型，从这一类型的划分来看，母语习得和二语习得与外语学习所依赖的神经可塑性是不同的。母语习得属于经验期待型的，新生的幼儿只要处于正常的语言环境之中，就能顺利地习得自己的母语，这是由人的先天属性所决定的，而不会像二语习得或者外语学习那样受到性格、动机等个体差异的影响。对于儿童是如何习得母语的，一直是心理语言学研究的重点，不同的学者从不同的角度出发提出不同的理论来解释母语习得的过程，其中一个核心的问题在于语言能力是儿童与生俱来的还是后天从经验中学到的。关于这一点有两个对立的哲学流派：理性主义（rationalism）和经验主义（empiricism）。理性主义者以柏拉图和笛卡儿的哲学认识论为基础，认为知识来源于通过理性而直觉得知的基本概念，这些基本概念都是先天的，与生俱来的。而经验主义则以洛克和休谟的哲学为基础，认为人的所有知识均来源于经验，儿童出生时，大脑就像一块干干净净的石板，上面一无所有。儿童所掌握的语言，无非是把接触到的语言现象加以吸收和综合。先天论的代表人物是美国语言学家Chomsky。Chomsky（1957，1959）认为，人之所以能够学习和使用语言是因为人脑的生物学结构中有专门的语言官能（faculty of language），为人们母语语法的发展提供了一套程序。这一语言官能被称为语言习得机制（language acquisition device，LAD），它可以在基本语言数据的基础上形成多种假设，逐渐概括出规律，并通过评价程序选择使用合适的规律。语言习得的先天论认为语言具有生物属性，是人类所特有的能力，语言的原则不是后天学到的，而是与生俱来的，是人的本能（Pinker，1994）。也有许多人反对这一观点（例如：Sampson，2005）。最近的一个例子是英国班戈大学的 Evans 教授在 2014 年由剑桥大学出版社出版的 *The Language Myth：Why Language Is Not an Instinct* 一书中，对语言本能的观点进行了全面的批驳，然而，其后在 2016 年第 1 期的 *Language* 杂志上面同时发表的 6 篇评论（Ackerman et al.，2016；Berent，2016；Deen，2016；Goldberg，2016；Hinzen，2016；Wijnen，2016），从不同的角度对 Evans 的观点进行反驳。这充分反映了两派观点争论的激烈程度。

先天论与后天论的争论还将继续进行下去。就笔者看来，两者都有一定的道理，过分强调语言的先天性和过分强调后天的作用都不妥。首先，我们应该承认先天性因素在儿童语言习得中发挥的重要作用。任何一种语言都是一个极其复杂的系统，其中包含着大量的词汇以及错综复杂的规则系统，例如语音规则、句法规则、语义规则、语篇规则以及语用规则等。而面对这样一个复杂的系统，儿童语言习得的能力是令人惊讶的。一个人生来就具有习得任何一种语言的能力，不管把幼儿置于什么样的语言环境之中，他们都能学会使用这种语言。对于任何一个正常的幼儿来说，只要接触到周围人的语言，他们都能在五六岁时掌握足够的词汇以及各种复杂的语言规则，并且可以创造性地使用语言进行交际。尽管儿童不是生下来就会使用某种特定的语言，但是他们确实具有与生俱来的某些禀赋，能够帮助他们掌握周围所听到的语言。母语习得的过程很可能在婴儿出生之前就开始了，在母体内的胎儿能够听到他们母亲的言语，并有可能做出诸如踢的动作之类的反应，一些实验证据也支持这一点。例如，DeCasper 和 Spence（1986）让孕妇在怀孕的最后六周大声朗读一本书，在婴儿出生后几天，用测定他们吸吮速度的特殊橡皮奶头测试婴儿。

一半婴儿听他们的母亲读过的故事，另一半听一个新的故事。结果表明，婴儿在听到熟悉的故事时改变了他们的吮吸速度，而另一组婴儿则没有改变。研究者由此推断婴儿已经听到并保持了他们在母体时呈现给他们的故事。婴儿在很小的时候就可以识别出非常相似的语音中存在的细微差别。他们能够将连续不断的语音切分成语段（如音节），并且能够识别出常用的句型。他们好像有一些内置的概念从而使他们能够很容易地按照特定的方式对自己的经验进行分类，并且他们在使用语言时有着自己的原则，例如，一个名叫 Lisa 的儿童把她的名字发音成 Litha，但是当成人叫她 Litha 时，她却表示反对（Miller，1964）。这些都说明，关于普遍语法的理论是有一定道理的，普遍语法的存在使得儿童能够很容易地形成特定类型的、属于自己母语的语法结构参数（Chomsky，2006；Lightfoot，1999；Pinker，2007）。其实，先天性并不局限于母语的习得，在许多其他的方面也同样存在。例如，婴儿在出生 24 小时后就能分辨出物体是在接近他们还是在远离他们，这说明他们在有足够的时间学习距离这个概念之前就已经能够判断距离（Slater et al.，1990）。许多学者（例如：Baillargeon，2004；Cole et al.，2007；Spelke，2000）都认为，儿童拥有一些基于生物基础的内置的关于物质世界的核心知识（core knowledge），这些知识是在人类进化过程当中逐渐形成的。当然，人类大脑生来有多少知识、有哪些知识，还是一个需要长期研究的问题。

在我们肯定先天性在母语习得中作用的同时，也不能否定后天环境的作用。语言能力不是像走路、微笑那样是与生俱来的自然的本能，在没有语言环境的情况下，儿童不可能正常地习得语言。在过去几个世纪中，曾经有许多关于由狼、狗、猪、羊以及其他动物抚养的儿童的报道，也有一些被父母或者其他人置于与世隔离环境中的儿童的报道。这些儿童的语言发展状况都说明语言环境对母语习得的重要性。例如，1800 年在法国 Aveyon 地区的树林里，一个"野男孩"Victor 被猎人发现。当时他大约有十一二岁，除一些动物般的喉音之外，他不能发出任何声音。Genie 是美国洛杉矶地区的一个女孩，在长达 12 年的时间内一直被父亲囚禁在一个小屋子里，经常受到虐待。在她 13 岁时，母亲带着她逃脱。与 Victor 不同的是，Genie 可以理解并且能够模仿一些简单的常用词，但是她对语法结构几乎没有任何的理解能力，只能对一些手势和语调做出一定的反应。正常儿童的语言习得也能够很好地说明后天环境在母语习得中的关键性作用。婴儿生来就具有很强的语音识别能力，他们可以感知许多音位的差异，其中包括许多母语中所不具备的音位区别（Streeter，1976）。但是这一能力从出生后一个月开始逐渐减弱，大约在12个月时幼儿感知这些非母语的音位对比的能力就已经没有了（Werker et al.，1984）。这一能力的变化被认为是幼儿在母语经验的作用下语言感知能力的重组过程（Werker et al.，1992），说明幼儿开始组织适合他们母语的知觉能力。这也进一步说明，语言习得是一个先天因素与后天环境共同起作用的结果。

母语习得属于经验期待型，而二语习得与外语学习则属于经验依赖型。在人类进化的过程中，有些技能（如阅读、驾驶车辆、打高尔夫球等）和知识（如心理学、语言学等）出现得比较晚，而且它们也没有出现在所有的文化和所有的人群之中。这些知识和技能没有像母语的某些要素一样成为人类先天遗传的组成部分，而要具备这些知识和技能就需要专门的学习。也就是说，只有在外部环境培育它们的发展时，它们才会出现（Ormrod，2012）。二语习得和外语学习就属于此类，因为并不是所有的人都需要学习母语之外的另外一门甚至几门语言。另外，经验依赖型的知识技能可以在任何年龄阶段出现，就这一点来说，母语习得与二语习得和外语学习存在着很大的差异，因为母语习得存在一个关键期，一旦过了这个关键期，母语习得也就不可能了。关键期，又称敏感期，这一概念首先来自生物学的领域，指在个体发展过程中，环境的影响最大并最适宜于学习某种行为的时期。在关键期，在适宜的环境影响下，行为习得特别容易，发展特别迅速，机体对来自环境的影响也极为敏感。这时如果正常的发展受到阻碍，将会在以后的发展中产生障碍（王伯恭，2000）[1831]。

Penfield 和 Roberts（1959）首先把关键期的概念应用于儿童的语言习得领域，提出了语言习得的关键期假说。Lenneberg（1967）又通过对儿童语言障碍的研究进一步明确和强化了这一理论。他研究了大脑受伤儿童的语言能力和语言习得的情况，发现低龄儿童在受到严重的大脑损伤之后仍然能够正常习得母语。他认为儿童在出生后的两年内，大脑左右半球语言发展的潜力是均等的，因此由左右任何半球损伤导致的语言障碍都可以由未受损伤半球的功能来弥补。只有在某一特定年龄之后，大脑损伤才会引起真正的失语症，该年龄应该在青春期前后。因此，在语言习得的过程中存在着一段时间，在该段时间内，语言的习得最为容易，而超过这段时间，语言习得的能力就会受到限制。在上文中我们列举了几个语言环境受到限制的儿童的实例，这些儿童在回归社会之后，无一例外都进行了长期的语言训练，但是结果都不令人满意，其根本原因在于他们都过了母语习得的关键期（Curtiss，1977）。Pinker（1994）[294]从大脑结构变化的角度肯定了语言习得关键期的存在，他指出："在六岁之前，正常的语言习得毫无问题，但是在此之后到青春期这段时间内，这一能力就会逐渐减弱，而在青春期之后则几乎没有了。造成这一现象的原因可能在于大脑的变化，例如代谢速度的减慢、在青春期前后神经细胞突触数量以及代谢速度会降低等。"

　　二语习得和外语学习则不存在关键期的问题[1]，人们可以在人生的任何一个阶段学习母语之外的另外一种语言，这一点我们可以从实际经验中得到证实。在我国，现在的儿童大都在很小的年龄开始学习英语，而对于目前40岁以上的人来说，他们的英语学习大都是在初中、高中，甚至更晚的时间开始的，其中不乏成功的英语学习者[2]。也有许多学者把母语习得的关键期移植到二语习得和外语学习之中，验证它们是否存在关键期。这些研究主要围绕二语习得的起始年龄与二语水平的关系（例如：Johnson et al.，1989；Bialystok et al.，1994；Jia，1998；DeKeyser，

---

[1] 对于关键期这一概念还存在很多的争议，尤其是语言学习领域学者们的分歧更大，因此许多学者（例如：Newport et al.，2001；Schumann，1997）更倾向于把青春期之前的几年看成是言语学习的敏感期而不是关键期。笔者认为，我们不能笼统地谈论语言或者言语的关键期，而要把语言的类型区分清楚，母语习得是存在关键期的，但二语习得和外语学习并非如此，人们可以在不同的年龄学习一门二语或者外语。尽管很多人的二语或者外语水平不能达到与母语并驾齐驱的程度，却完全可以流利地使用二语或者外语进行口头或者书面的交流。

[2] 当然，也有许多学习不成功的例子，这是一个正常的现象，正如学习驾驶汽车一样，有的人学习成功，成为很好的司机，也有许多人没有成功。另外，这里还涉及一个如何界定学习成功的问题，笔者认为，我们不能期望把外语学得像母语那样，它只要能够满足生活与工作的交际需要，这应该也算是成功了。

2000；Birdsong et al.，2001），它们的研究结果大都不能支持二语习得中存在关键期的观点，二语习得年龄和二语水平之间并不存在直接的因果关系。

母语习得和二语习得以及外语学习的神经基础的差异进一步说明两者之间的本质性差别，儿童用于习得母语的先天性机制很可能会在达到一定的年龄之后失去作用，二语习得和外语学习则会与其他知识和技能的学习一样，更多地依赖人类的整体认知系统。正如 Bley-Vroman（1989）[49] 所指出的那样："儿童专属的语言习得系统在成年时就不再起作用了，成年人的外语习得更像成年人的学习那样，其中并没有专属的学习系统存在。"此时，儿童专属的语言技能会被成年人的一般性的（也就是不专门属于哪一种具体技能的）认知系统所取代。

二、脑的发育与认知的发展

神经可塑性会贯穿于人的婴儿期（0~2 岁）、童年期（3~11 岁，其中 3~6 岁为童年早期）、青少年期（12~18 岁）、成年期（18 岁以后）。因此，我们可以在一生的任何阶段学习新的知识和技能，但是在不同的阶段，神经可塑性会呈现出不同的特点，大脑发育会到达不同的阶段，而以此为基础的认知也会达到不同的水平，从而也就导致了人在不同时期学习的特点。由于母语习得与二语习得和外语学习所发生的年龄差别较大，它们的神经与心理基础是大不相同的。

首先我们来看母语习得的神经与心理基础。在前一章中，我们对神经发育进行了介绍，由此可以看出，婴儿期到成年期是人的大脑发育最为关键的阶段，而年龄越小，大脑的变化也就越快。从出生到 2 岁左右的婴儿期是大脑变化最大的阶段。在这一阶段大脑会主要因为神经胶质细胞的迅速增殖而在体积上达到出生时的三倍左右（Lenroot et al.，2007），而且重量也会发生很大的变化。婴儿刚出生时，其大脑重量仅有 350~400 克，相当于成人大脑重量的四分之一（而此时婴儿的体重只占成人重量的 5%）；1 岁左右，幼儿大脑的重量就会达到出生时的两倍，相当于成人大脑重量的二分之一；而在 2 岁左右就可以达到成人大脑重量的四分之三左右[1]。与此同时，大脑的内部也在发生急剧的变化，除突触修剪和髓鞘化两个过程之外，婴儿和童年早期最为突出的是突触形成和分化。一是突触形成。虽然在出生之前人脑中就形成了大量的突触，但是在出生之后人脑中突触的数量会迅速增加，数量甚至超过成年人。例如，颞叶中的视皮层会在 3 个月左右、枕叶中的视皮层会在 12 个月左右、额叶会在两三岁左右达到突触数量的峰值（Bauer et al.，2007；Bruer，1999；Byrnes，2001）。二是分化，随着神经元之间突触的形成，它们开始承担特定的功能，通过分化的过程，不同的神经元以及由此而形成的神经回路开始负责某些特定的职责（McCall et al.，2001；Neville et al.，2001）。而且从两岁左右开始，大脑左右半球的功能开始侧化[2]（Lenneberg，1967）。0 到 2 岁是大脑正在发育、功能不够完善的阶段。海马是位于大脑颞叶深处的脑区结构，它的成熟以及借由海马结构所形成的皮层结构的协调，才使得长期记忆成为可能；而在婴儿早期，与记忆密切相关的海马尚未发育完成，它的发育过程要在出生后前 5 年内持续完成，因此，这一时期的幼儿还没有长期记忆，此时的记忆是转瞬即逝的（Seress，2001）。这也正是为什么我们在成年之后，很难回忆起两岁之前发生的事情。前额叶皮层可以控制许多的认知功能，但是这一部分的发育更为缓慢，婴儿出生后第一年的下半年中，前额叶皮层以及相关的神经回路才逐渐发展出工作记忆，幼儿才可以对正在处理的信息进行短期的储存（Johnson，1998）。按照 Piaget（1970）的认知发展理论，婴儿期的儿童处于感觉运动阶段，在很长的一段时间内婴儿并不具备真正的思维能力，他们的图式主要是基于行为和知觉，兴趣主要集中在他们当下能看到和接触到的东西上面。只有到了第二年的后半年，幼儿才会进行真正的思维，能够根据内在的心理表征或者符号进行表征和思考，

---

[1] 儿童在3岁时的脑重已经接近成人的范围，此后脑的发育速度就会变慢，15岁左右达到成年人的水平。

[2] 大脑左右半球功能的侧化与语言密切相关，对于98%的人来说，他们大脑的左半球为语言的优势半球。有关脑损伤儿童的研究表明，在大脑功能侧化完成之前，会有一段敏感性很高的时期。婴儿大脑的可塑性可以让语言功能从受损的脑区转移到其他脑区。因此，大脑半球被切除或被损伤的成人将会产生严重的语言障碍，而有相同经历的幼儿则可以发展出接近正常的言语表达和理解能力。

这些符号通常是他们所听到的母语中的词。

　　3 到 6 岁是儿童童年的早期阶段，在这一阶段大脑继续发育、功能不断得到完善。例如，突触修剪和髓鞘化的过程会持续进行。大脑左右半球的功能侧化进一步发展，一个直接的结果就是儿童在 3 岁时开始出现偏好左手或者右手的现象。但是，许多和认知有关的人脑的区域与部位仍然处于发育的过程之中，功能还不够完善。例如，在童年中期到青少年晚期或成年期的这段时间大脑的额叶、颞叶，以及海马、杏仁核和胼胝体才在大小上有了显著的增加，而这些部位都与思维和学习密切相关（Lenroot et al., 2007；Sowell et al., 1998；Walker, 2002）。在青少年晚期到成年早期，大脑的额叶才能发育得比较成熟，从而使得注意、计划和冲动控制方面的能力得到增强（Steinberg, 2009；Luna et al., 2004）。3 到 6 岁儿童的认知水平正处于前运算阶段（Piaget, 1970），与感觉运动阶段相比，这一阶段儿童的认知水平有了很大的提高，他们逐渐形成对空间、因果关系、分类以及数量等概念的认知，并且具备了初步的符号思维能力。但是，这一阶段儿童思维的最大特点是中心化（centration），他们往往只关注情景的某一方面而忽视其他方面，因此，他们还不具备逻辑思维的能力。具体表现有以下三个方面：（1）自我中心主义（egocentrism）。年幼的儿童过分以自己的观点为中心，而不考虑其他人的观点。（2）不能理解守恒。6 岁之前的儿童还不能真正理解如果一个物体只是外形发生了改变，它的质量是保持不变的。（3）不可逆性。我们可以在头脑中想象把水瓶里的水倒入杯子中，也可以想象把杯子中的水再倒回到水瓶中，年幼的儿童还不能做到这一点。

　　母语习得一般发生在 6 岁之前，而二语习得和外语学习一般要晚得多。从目前的实际情况看，绝大多数都发生在 4 岁之后，而在我国的教育体制中，教育部要求从小学三年级开始开设英语课程，而这个时候的儿童已经 9 岁左右了。这也就意味着母语习得的神经与心理基础是比较薄弱的。与此相比，二语习得和外语学习的神经与心理基础则要好得多，与学习相关的人脑区域和部位，包括额叶、颞叶、海马、杏仁核、胼胝体等，都得到了更好的发展，从而使得学习者具备了更高的认知能力和思维水平。尽管有些儿童在很小的时候开始学习外语，但是对于绝大多数人来说，他们学习外语的绝大多数时间都是处在小学、中学、大学以及研究生阶段。也就是说外语学习者都处在认知发展的具体运算和形式运算阶段，并且在一段时间内进入到成人的成熟思维和认知水平上，这与母语习得的情况是截然不同的。

当然，二语习得和外语学习者的脑发育的程度以及认知发展的水平要高于母语习得，这并不意味着前两者要比后者更具优势，因为它们在其性质上是属于根本不同的东西。母语习得反映的是人的自然属性[1]，人的遗传属性就决定了每个人只要具备了基本的语言环境，都可以自然地习得语言。就如同一粒种子放置于土壤之中，在有适当的阳光、空气和水分的情况下就会自然地生根发芽。进化教育心理学[2]把知识分为生物学上的第一类知识和第二类知识，第一类知识是指人类大脑在生物机制上就预备学习的能力和知识，第二类知识是指没有第一类知识的先天优势，却是在现代世界成功生存所需要的特定文化知识和技能（Geary，2012；刘儒德，2010）。母语属于第一类知识，而二语和外语则属于第二类知识。

三、语言与思维

思维是人类对客观事物间接的和概括性的反应。客观事物直接作用于人的感觉器官，产生感觉和知觉。思维以感觉和知觉为基础，在头脑中运用存储在长期记忆中的知识和经验，对外界输入的信息进行分析、综合、比较、抽象和概括。人的思维与语言密不可分，"语言不仅仅对思维是必要的，而且它本身就是思维的一部分"（Bolinger et al.，1981）[135]。语言的物质特征是引起思维活动的直接动因，因为人要表达自己的思想就需要有思维过程的参与。语言也是思维活动的载体，人们需要借助语

---

[1] 婴儿认知的发育也配合着母语习得的过程，在听觉、触觉、嗅觉等各种感知觉功能中，听觉是最早形成与完善的，许多研究（例如：Kisilevsky et al.，2003；Vouloumanos et al.，2004）表明，5~6个月的胎儿已经开始建立听觉系统，可以听到透过母体的1000赫兹以下的声音。可以说，听觉能力是与生俱来的，这为语言习得提供了基本的神经与认知保障。

[2] 进化教育心理学是进化心理学与教育学相互结合的产物。进化心理学用达尔文的进化论来解释个体的行为。

言巩固和表达思维的结果，语言赋予思维以物质的外壳，即人们所能感觉到的声音或者书面的文字（王伯恭，2000）[1831]。语言是人类所特有的，人类语言的发展代表了一种独特的抽象过程，而这正是人类认知的基础。虽然其他生物（例如，蜜蜂、鸟、海豚等）也具有复杂的交流方式，类人猿似乎也会使用一种抽象的语言，但是人类语言的抽象程度要高得多（索尔索，2010）。上述所说的语言指的是人的母语，其实母语习得的过程与人的认知和思维能力的发展是同步进行，而且是相互促进的，不论是 Piaget（1970）还是 Vygotsky（1962）都非常强调语言在思维发展中的作用。

Vygotsky（1962，1978，1987）认为思维是人类所特有的高级心理机能，是间接和抽象的，需要以符号为中介。人类生活在一个充满符号的世界之中，我们的行为不是由对象本身直接决定的，而是由与此对象相关联的符号来决定的，人类给各种符号赋予了不同的意义，我们会按照它们的意义而采取各种不同的行动。符号中介是人类知识构建的关键，同时也是社会技能和个体技能的中介，它连接了内部意识和外部现实。语言是人类为了组织思维而创立的一种最为关键的符号系统，其中包含了人类最为重要的概念和知识。语言是人类思考和认知世界的工具，语言中的实词代表着人类对于客观世界的划分，虚词则代表着人类对于事物的过程和事物之间关系的认知。在母语习得的过程中，儿童不仅仅是在学习一些词汇，更为重要的是，他们同时也在学习与这些词汇相关联的概念与思想。

心理语言学的研究表明，尽管世界上语言多样，但儿童语言习得的过程非常相似，都要经历同样的发展阶段。从语言的产出来看，我们可以把语言习得的过程分为早期和后期两个大的阶段。早期是指儿童从出生到 3 岁这一阶段，期间儿童语言习得的过程要经历九个主要的过程（如图 4-1 所示）：

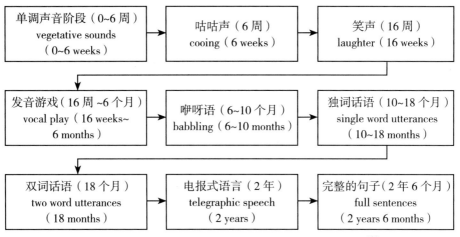

图 4-1 儿童早期的语言习得（Harley，2014）[105]

　　婴儿生来就具有产出声音的能力，从出生到六周的时间内，他们会哭、会发出打嗝或者吃奶的声音，这一阶段属于单调声音阶段，因为处于这一阶段的儿童的言语很少有变化，他们发出的声音几乎只有"啊"这一个音。在出生后的几个月，婴儿的发音器官逐渐成熟，大约在第6周，开始发出咕咕声。与啼哭声相比，咕咕声比啼哭声多变，婴儿开始练习对他们的发音器官进行控制以产出更加多样的声音。而到了16周左右，婴儿就可以发出笑声，这说明此时婴儿已经对自己的发音器官具有较好的控制能力。此后一直到6个月这段时间被称为发音游戏阶段，在此期间婴儿开始发出各种类似语音的声音，一般元音要先于辅音出现。6到10个月被称为咿呀语阶段，这一阶段与发音游戏阶段的根本区别在于音节的出现。婴儿最初使用重复性的咿呀语，他们重复像bababababa之类的辅音－元音序列，后来逐渐发展为多样化的咿呀语，一连串的音节中包含了多个辅音和元音。也是在这一时期，婴儿开始在他们发出的声音中加上像句子那样的升调或者降调，他们所发出的元音也开始与母语的元音相似。在10到11个月左右，婴儿开始说出第一个真正意义上的母语中的词，他们的母语习得也因此进入到独词话语阶段，此时婴儿可以使用单个的词来表示一个完整的句子的意义。例如，他们可以说"水"这个词来表达"我要喝水"或者"这里有水"等意义。大约到18个月时，幼儿的词汇量会迅速增长，每周可以学到40个左右的新词，他们的语言习得也同时进入到双词话语阶段。此后一直到 2 岁左右，幼儿所能产出的句子中的词数逐渐增加，但是主要以实词为主，往往缺乏成人语言中所需的虚词，因此这一阶段被称为电报式语言阶段。约在 2 岁 6 个月之后，儿童开始能够产出完整的句子。儿童的语言习得过程进入到后期阶段，在这一阶段，儿童的母语词汇量会不断增加，句子的结构也就变得越来越复杂。差不多在 5 到 6 岁，儿童就可以比较熟练地使用母语进行口头的交流了。

语言与生物的成熟或者与思维认知的发展是同步进行的，它们相互依存、互相促进。Vygotsky（1962）认为，对于成年人来说，语言和思维是紧密联系在一起的，但是在婴儿和幼儿时期，思维和语言的功能是分离的。在婴儿期，幼儿的思维处于一种原始的状态，属于非语言性质的。而婴儿早期的言语活动也不具备思维的性质，只是出于本能的反射行为以满足自己的基本需求。而从 10 到 11 月开始，婴儿开始借助语言而获得概念，语言和思维开始逐渐融合。到 2 岁左右，思维和语言交织到一起，思维在性质上变成了言语的基础，语言变成了表达思想的工具，儿童开始在说话中表达自己的思维，并开始用语言来思考。当思维和语言开始融合时，儿童经常跟自己谈话，被称为自我言语[1]。随着时间的推移以及语言水平的提高，儿童开始使用自我言语来指导自己的思想和行动，而且自我言语会逐渐发展成为内部言语，儿童可以在心里而不用发出声地指导自己。这样经过一系列发展的过程，语言和思维的结合越来越密切，逐渐成为密不可分的整体。后来的许多研究都支持了 Vygotsky（1962）的上述观点。有学者（例如：Bivens et al.，1990；Winsler et al.，2003）研究发现，儿童发出可以听得见的自我言语在学龄前和小学阶段会逐渐减少，而且这种减少是伴随着咕哝声和不出声的嘴唇磨动的，这反映了自我言语向内部言语的转变。也有学者（例如：Berk，1994；Schimmoeller，1998）发现，当儿童面临更有挑战性的任务时，自我言语就会增加，这反映了自我言语对行为的指导作用。由此我们可以看出，母语习得的过程与儿童思维认知能力的发展是密不可分的。Fox（2001）[30]

---

[1] 上文提到 Piaget 认为这一阶段幼儿的认知发展处于感觉运动阶段，其中一个重要的特点就是自我中心，儿童经常在谈话时不考虑听话者的观点。

指出，人的心智是由语言塑造的，思维与认知发展的过程实际上就是语言、概念和思想逐渐形成并发展成熟的过程。在婴儿具备说话能力之前没有概念系统（Mandler，2012），而在他们具备了完整的语言体系之后也就随之具备了完整的概念系统和初步的独立思想意识。

母语与思维的关系非常密切，那么二语和外语又是什么情况呢？这个问题相对就比较复杂，因为这涉及二语习得和外语学习的起始时间、最终所达到的水平等多方面的因素。其中年龄是关键的因素，因为思维和语言之间的关系往往与大脑的发育密切相关。在青春期之前，大脑处于迅速的发育过程之中，人的认知和思维能力也在不断地完善与提高。在这一阶段学习的语言对于思维和认知的影响应该要大一些，而且，年龄越小，影响越大。不论是二语还是外语，当一个人在母语习得之后，再学习另外一种语言就成为双语者。双语的情况也非常复杂，概括来讲，我们可以分为以下几种类型（Ahlsén，2006）：第一种是复合型双语（compound bilingualism）。幼儿出生在父母或者其他亲近的家庭成员分别讲两种不同语言的环境中，儿童会同时习得两种语言，这种情况下，两种语言的地位相同，都是母语，两种语言都可以成为思维的中介。第二种是协同型双语（coordinated bilingualism），在青春期之前学会母语之外的另外一种语言，在此情况下，二语或者外语也应该对思维具有重要的影响。随着外语教学的普及，我国外语学习低龄化的趋势越来越明显，很多儿童从 4 岁左右就开始学习外语，但是这一学习的过程并不会在青春期之前结束，而且在青春期之前他们所能达到的外语水平也是有限的。因此，对于中国的外语学习者来说，他们基本上属于从属型双语（subordinated bilingualism），也就是说，他们虽然可以具备较高的外语水平，但是母语仍然居于主导地位，人们一般使用母语来思维，在使用外语进行交流时，需要把用母语思维的结果翻译[1]成外语。对于外语学习者来说，虽然外语也有可能会对人的思维产生一定的影响，但是要想使得外语成为像母语那样的思维的中介，这是很难做到的。神经语言学的相关研究（例如：Pallier et al.，1997；Bosch et al.，2000）表明，

---

[1] 这里所说的翻译是两种语言在心理中的转化，与我们外语工作者所做的口、笔译工作是不同的。

即使是到了很高的二语或者外语水平，母语在言语感知过程中仍然占据主导地位。对于绝大多数的外语学习者来说，翻译是语言使用过程中的基本心理过程。在外语水平低的时候，翻译的速度与效率较低，学习者可以清楚地意识到翻译的过程，而随着外语水平的提高，翻译的速度会不断提高，以至于熟练的外语使用者几乎意识不到翻译的过程[1]。

综上所述，从语言和思维的关系来看，母语习得与二语习得和外语学习也是不同的。母语习得的结果是获得了一个符号系统和思维的中介，从而带来思维和认知能力的提高，而二语习得和外语学习的结果主要是掌握了一种交际的工具[2]。当学习者的二语或者外语水平达到相当熟练的程度之后，他们可能会具备使用二语或者外语进行思维的能力，但是，对于大多数的外语学习者来说，母语会一直充当首要思维工具的职能。

[1] 关于双语者两种语言之间的关系极其复杂，目前的相关研究远远没有得出令人信服的研究成果，但是，就目前有限的研究结果来看，两种语言处理的神经和心理机制依然存在很大差异（燕浩 等，2013）。

[2] 在这一方面，二语习得和外语学习可能也存在着一定的差异，由于二语习得的环境以及二语使用的环境都要好于外语，二语习得者要比外语学习者更有可能具备使用二语进行思维的能力，这一问题还需要今后进一步的研究。

第三节　学习的方式与层次

学习是一种心理与认知的活动，在这一活动过程中，学习者所能依赖和利用的认知资源[1]的多少直接决定他们在学习过程中所采用的方式。从上面的讨论我们可以看出，母语习得与二语习得和外语学习在神经与心理基础方面存在着很大的差异，这些差异会直接反映在语言学习的方式及其层次上面。

一、行动性学习和替代性学习

作为社会认知学习理论的主要代表，Bandura 的观察学习理论认为，人们在社会环境中获得学习，人类的机能活动就是个体因素、行为和环境之间的交互作用，是通过对榜样的观察而完成学习过程的。学习的发生可以通过两种途径：一种是行动性学习（enactive learning），指的是学习者从自身的行动结果中获得学习，那些能够导致成功结果的行为被保留下来，而那些导致失败的行为则被调整或者舍弃。具体到语言学习来说，就是通过学习者自身使用语言的体验来学习目标语。另一种是替代性学习（vicarious learning），也就是通过观察榜样行为的学习（Schunk，2012）。这些榜样可以是真实的现实世界中的人，也可以是象征性的或者非人类的角色（例如广播电视节目中会说话的动物、卡通人物等），而榜样呈现的途径可以通过学习者观察真实的现实生活和表演的直接方式，也可以是通过电视、电脑、录像机等电子产品或者印刷品等间接的方式。从榜样的角度出发，我们可以对母语习得、二语习得和外语学习做出初步的比较。

对于儿童的语言习得来说，替代性学习的环境是存在的，他们具有丰富的榜样资源。榜样的存在并不一定保证学习过程的发生，其中最为重要的影响因素是学习者的身心发展状况，包括注意力的广度、信息加

---

[1] 这里所说的认知资源主要指学习者所能使用的信息处理系统，如工作记忆、长期记忆等，以及对于这一系统的控制能力，如对注意力的保持等。

工的能力、信息使用策略等许多方面，它们综合起来构成向榜样学习的能力（Bandura，1986）。虽然6~12月的婴儿就能够表现出对榜样的示范行为的关注（Nielsen，2006），但是，婴儿的注意力广度非常有限，很难长时间关注某一事物。另外，他们的信息加工能力和信息使用策略的水平也都非常低。年龄小的儿童一般按照物理特征（例如，球是圆的，可以弹起来，可以把它抛出去等）去感知事物，不能把不同的刺激进行分类，难以在有关线索和无关线索之间进行很好的区分，像复述、组织、精细加工等这样的信息处理能力也非常低下。只有当儿童的身心发展达到一定的程度，具有了更多的知识背景，他们才能理解新的信息，也更善于运用各种记忆的策略。因此，对于幼儿来说，母语习得要更多地通过行动性学习，也就是以自我为榜样来习得语言。只有到了母语习得的后期，他们才具备社会化学习的能力（Ratner et al.，1997），逐渐开始使用替代性学习的方式。

　　而对于二语习得和外语学习来说，两种形式的语言学习者年龄要普遍高于母语习得者，他们的身心发展也都到了较高的水平。因此，他们除行动性学习之外，更多地采用替代性学习的方式，但是两者之间也存在着一定的差别。二语习得主要发生在目标语的环境之中，二语习得者有更多机会使用所学的语言，因此也就具备了行动性学习的条件。也就是说，学习者可以通过自己使用语言的实际效果来学习目标语。例如，在英语国家学习英语，学习者可以把学到的语言直接应用于自己的生活、学习和工作之中，如果得到了预期的效果，语言的使用获得了成功，他们就会有更大的动力来学习和使用英语。而对于外语学习来说，外语使用的环境是很差的。具体到中国的英语教学来说，虽然现在英语使用的机会越来越多，但是它毕竟处于汉语的环境之中，人们在日常生活中使用英语的机会远远少于英语国家。我们也可以在教学中创设各种情境，让学生在课堂上使用英语去完成各种任务，但是这毕竟是虚拟的，没有多少真实性，也难以收到真实环境下那么直接的结果。因此，外语学习中的行动性学习要远远少于二语习得，而且行动性学习的效果也不如二语习得。总体而言，二语习得的方式是行动性学习和替代性学习并重，而在外语学习中，两种学习方式的比重是不一样的，替代性学习的比重要大于行动性学习。

从行动性学习和替代性学习的角度来看，母语习得、二语习得和外语学习的基本区别在于，它们之中所包含的行动性学习成分依次递减，替代性学习成分则依次增加。

二、正式学习与非正式学习

学习可以分为正式学习（formal learning）和非正式学习（informal learning）。正式学习是指有专门的机构负责组织，"是在教师的引导下有目的、有计划、有组织地进行的学习"（陈乃林 等，1997）。而非正式学习与此相反，它一般都是发生在教育机构之外的一种自然的、随机式的学习形式。从这一角度来看，母语习得属于非正式学习的类型，而外语学习属于正式学习的类型[1]。二语习得则介于两者之间，对于发生在目标语环境的二语习得来说，它的情况就比较复杂，有的人可能仅仅通过自己在目标语环境的浸染之下，通过非正式的方式、自然地习得目标语的知识和技能；而有的人则需要在非正式学习的同时，参加专门机构组织的教育培训，以正式学习的方式来学习目标语的知识和技能。下面我们从正式学习与非正式学习的类型差异出发，分别从教育属性、学习者和学习目标等三个方面，对母语习得、二语习得和外语学习进行比较。

首先我们来看教育属性。基于上面的讨论我们不难看出，母语习得是幼儿基于生物的本能而自发进行的一种人类学习活动，不需要专门的组织，也不需要专门教学，只要有适当的语言环境，儿童就可以自然地习得母语。而外语学习不是自然发生的，是人类社会教育体系的组成部分。从这一点讲，外语学习更多地体现了人的社会属性，母语习得则体现了人的自然属性。教育是人类社会特有的现象，是一种培养人的社会活动，是新生一代的成长和社会生活的延续与发展所不可缺少的活动，是其他动物所没有的（王道俊 等，2016）。母语习得是人的一种本能性的活动，是人类在长期的生物进化过程中形成的一种程序化的自然动作系列，并

---

[1] 当然，我们不排除外语学习中有非正式学习的成分在内，例如，学生可以在课外根据自己的兴趣自行地学习与外语相关的知识和技能。但是，从本质上来说，外语学习是以正式学习为主导的。

通过基因遗传下来，当婴幼儿的个体发育达到一定的时期，并在一定的外部环境的刺激下，就会自然地表现出来。另外，母语的习得使得人类具有了其他动物所不具备的语言和思维，使得人类可以有意识地制造工具、认识与改造自然，积累生产和生活经验，还可以使用语言开展教育活动。与外语学习类似，二语习得也体现了人的社会属性，是人类出于社会交际的需要而进行的一种学习活动。

从学习者在学习过程中的自主性来看，三种语言学习形式也存在着很大的差异。一般来说，在非正式的学习过程中，学习者是主动的，他们可以自行决定学与不学、学习什么内容、按照什么方法来学等。而在正式学习的过程中，学习者往往是被动的，学习者要按照预先设计的学习内容（一般以教科书的形式体现），按照教师制定的学习方法和学习活动来进行。在母语习得过程中，儿童的主动性是一个非常复杂而又深刻的问题，我们目前知道的不多，但是有一点可以肯定的是，婴幼儿不能自主决定是否要习得语言、要习得哪一种语言，这是由人的遗传基因和外部语言环境所决定的。人的遗传基因决定了婴幼儿必然会习得一种甚至两种语言，而所处的外部语言环境决定了他要习得哪一种语言，母语习得是一个按照遗传的程序自然生发的过程。外语学习是正式学习，更多地属于教育体系的组成部分。教育不是盲目的，而是一种自觉的行为，至于什么时候开始学习外语、学习哪个语种、学习哪些内容，甚至于如何学习等，这在很大程度上由教育政策所决定，学习者本人并没有很大的自主权。即使是那些学龄前的外语学习，学习内容也都是由家长决定的，而家长的决定往往与教育政策有很大的关系。在这一方面，二语习得者的自主权相对要大得多。二语习得在更大程度上属于非正式的学习类型，学习者往往可以根据自己生活、工作与学习的需要来自主决定二语习得的各个方面。

从学习目标上来看，母语习得是一种本能的行为，我们不能说儿童习得母语具有很强的目的性。而二语习得和外语学习的目的性是很明确的，但是两者之间的目标存在着较大的区别。对于二语习得而言，它的目标是使用目标语，以满足自己的生活、学习或者工作的实际需要。而外语教学往往会被赋予更为重要的职责，除语言交际能力本身之外，外语教学的目标还具有很强的政治、文化和社会背景，外语学习作为整个教育体系的有机组成部分，还肩负着重要的育人职责。《义务教育英语课程标准》对英语课程的性质进行了如下的阐述："英语课程的学习，既是学生通过英语学习和实践活动，逐步掌握英语知识和技能，提高语言实际运用能力的过程；又是他们磨砺意志、陶冶情操、拓展视野、丰富生活经历、开发思维能力、发展个性和提高人文素养的过程。基础教育阶段英语课程的任务是：激发和培养学生学习英语的兴趣，使学生树立自信心，养成良好的学习习惯和形成有效的学习策略，发展自主学习的能力和合作精神；使学生掌握一定的英语基础知识和听、说、读、写技能，形成一定的综合语言运用能力；培养学生的观察、记忆、思维、想象能力和创新精神；帮助学生了解世界和中西方文化的差异，拓展视野，培养爱国主义精神，形成健康的人生观，为他们的终身学习和发展打下良好的基础。"《普通高中英语课程标准（2017 年版）》则在核心素养的概念之下，提出了英语学科核心素养，主要包括语言能力、学习能力、思维品质、文化意识等四个方面的内容。

三、学习的层次

在上一章我们提到，Gagné（1985）提出了学习层次理论，指出人的学习分为信号学习、刺激 - 反应学习、连锁学习、言语联结学习、辨别学习、概念学习、规则学习和解决问题学习等八个层次。与此类似，Razran（1971）在对各种资料进行综合分析的基础上，根据进化水平的不同，将学习分为四个层次：（1）反应性学习，这是一种最为低级的学习形式，包括习惯化和敏感化；（2）联结性学习，主要指条件反射的学习，包括经典条件反射和操作性条件反射；（3）综合性学习，把各种感觉结合为单一的知觉性刺激，包括感觉前条件作用（即 S–S 学习）、定型作用（对复合刺激反应，而不对其中的个别刺激反应）和推断学习（客体永久性观念的应用）；（4）象征性学习，这是一种思维水平的学习，是人类所特有的，包括符号性学习、语义学习和逻辑学习。虽然两种理论在具体的名称上有所差异，但是他们都主张学习具有层次高低之分。有些层次的学习属于比较低级的，是人和动物共同具有的；而有些学习则属于高级的学习类型，是人类所特有的。

目前，学术界从学习层次的角度对语言学习的研究还比较少，但是我们基于目前少量的文献以及相关的思考可以得出一些初步结论。母语习得发生在儿童发育的早期，这一阶段，受到大脑发育和认知能力的限制，母语习得的层次更多地局限于那些低级的学习层次上面，换而言之，母语习得就是一个由低层次学习不断向高层次学习的变化过程。从单调声音阶段到发出咕咕声再到发音游戏阶段一直到咿呀语阶段，婴儿的母语习得主要依靠信号学习、刺激 - 反应学习、连锁学习这三种低层次的学习形式，大约在 10 到 11 个月时，婴儿的母语习得到达独词话语阶段，此时婴儿开始在前面三种学习层次的基础上使用言语联结学习、辨别学习和概念学习。在 2 岁左右，当母语习得进入到电报式语言阶段时，儿童则可能开始使用规则学习和解决问题学习的形式。从这一角度来看，行为主义学习理论对于母语习得的解释是有道理的。

行为主义学习理论认为，儿童学习语言是通过对周围条件做出正确反应后逐渐形成说话习惯，这是一个不间断的刺激 - 反应的过程。如：母亲手里拿着奶瓶，同时讲着 "want milk"，这一情景数次出现后，婴儿便能够将牛奶的 "形" "音" "意" 三者联系起来，并做出正确的反应。在这种不断地与各种事物的刺激 - 反应的过程中，儿童逐步地掌握了自己的母语。行为主义理论把语言习得视为一种习惯的养成，其中包括三个主要的阶段：（1）刺激（stimulus），指来自外部环境的信号，它们可以使儿童产生变化或者做出反应；（2）反应（response），指由刺激引起的相应行为；（3）强化（reinforcement），指对适当反应的回报，得到强化的行为会逐渐内化而成为习惯，而没有得到强化的行为会逐渐消失[1]。

所有低级的学习形式在二语习得和外语学习中还是会采用的，但是，与母语习得相比，学习者会更多地采用那些高层次的学习形式，也就是 Razran（1971）所说的象征性学习[2]。

---

[1]当然，笔者也不赞成把母语习得过程完全视为一个刺激-反应的习惯养成过程，在利用这一理论解释母语习得时，我们应该注意两点：一是先天因素与后天因素相互作用的问题，二是母语习得后期所采用的高层次的学习形式的问题。这还有待于相关领域的学者继续做更多的研究。

[2]关于这一点，目前我们只能做出初步的理论推测，还需要做更多相关的研究。

第四节 学习的环境

学习是人和动物都具有的一种生存能力，但是人类的学习与动物具有本质的区别，而这一本质区别主要体现在人类学习是一种社会文化现象，是个人、行为和环境之间相互作用的结果。Bandura（1982，1986，2001）提出了三元交互作用理论（triadic reciprocality）（如图4-2所示）。三元交互就是指行为、环境以及个人因素（例如认知等）之间的交互作用，三个变量中的任何一个变量都会对其他两个变量产生影响。由此我们可以看出环境在学习中所起到的重要作用。一方面环境可以影响学习者的行为，例如，如果一个社会给予某种外语特别的重视，学习者可以通过掌握该外语来提高自己的竞争力，那么他们就会在这种外语的学习上付出更多的努力；另一方面环境也可以影响学习者的个体特点。每个人都是社会文化的产物，都会在社会文化的影响下形成自己独特的心理特点。例如，一个人因为在社会场合讲外语而受到别人的嘲笑，这可以被视为一种负面的强化，那么这种强化或者惩罚会导致学习自信心的降低。

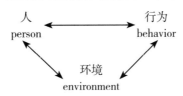

图4-2 三元交互因果关系模型（Schunk，2012）[120]

与语言学习相关的环境因素非常之多，概括地讲，我们可以将这些因素分为教学环境、家庭环境和社会环境。教学环境包括教学材料、教师、教学方法、同学、课堂等诸多的因素。家庭环境则包括父母所受教育、职业、经济状况以及对子女的教育等。社会环境包括政治、经济以及文化环境三个方面，它们都会对学习者产生直接的影响。在环境、行为和个人因素的交互系统中，具体到语言学习，环境的作用主要体现在两个方面，一方面它为语言学习提供学习的条件，另一方面它会影响学习者的个体因素进而影响他们的学习行为。对于母语习得前面已经讨论了很多，接下来我们从学习环境的角度来讨论三种语言学习形式之间的差异，尤其是二语习得和外语学习之间的差异，这也是两者之间区别最为明显的地方。下面我们从学习条件和学习者个体因素两个方面对二语习得和外语学习的差异进行简要的讨论。

一、学习条件

学习条件首先是资源条件。所谓资源条件主要指学习者在一定的环境之中所能获取的学习资源，例如教师、学习材料、学习设施与设备、课堂、校园等。从观察学习理论的角度来看，居于核心的就是榜样的问题。教师自然是学生观察模仿的主要对象，学习材料中也充满着语言使用的典型范例。另外，学生还可以以自己的同伴作为榜样，从他们的成功与失败之中汲取知识与技能。学习设施与设备以及课堂、校园等为榜样的呈现提供便利，例如，语音播放设备可以为学习者提供音频的榜样，而多媒体的设备则为学习者提供更加接近真实生活的榜样范例。在语言学习中，榜样的作用是非常大的。学习者不仅从榜样那里观察并学习到语言的知识与技能，也可以学习到具体的学习方法。二语习得主要以周围的目标语的使用者为观察学习的对象，而外语学习则主要以教师和教材作为榜样。因此，二语习得和外语学习具有很大的差异。

首先是榜样的数量和类型。Bandura（1969）把榜样分为三种基本的类型：现实榜样（live model）（现实的行为演示），象征性榜样（symbolic model）（书本、电影、电视节目等）和言语指导（verbal instructions）（关于如何行动的描述）。二语习得中现实榜样的数量要远远超出外语学习，因为二语习得在目标语的环境之中，学习者周围到处都是熟练的目标语使用者，他们可以把其中任何一个人作为自己的榜样。与单个榜样相比，多个榜样可以使得学习者得到适合于自己的榜样的可能性大大增强（Thelen et al.，1979）。有的学生容易对单个榜样产生怀疑，这可以通过多个榜样而得到改变。尤其是对于那些学习成绩低的学生来说，多个榜样能够更加有效地提升学生的自我效能感和学习成绩（Schunk，1987）。而外语学习则不然，以我们中国的情况为例，尽管我国目前外语学习者的数量众多，但是能够熟练使用英语的人数比例非常小，而且这些人也不见得在日常生活中使用英语。对于外语学习者来说，他们的现实榜样主要是有限的几个英语教师。但是在外语学习中，象征性榜样和言语指导的数量要超过二语习得，外语学习主要是通过教材以及教师的指导来进行的，而在二语习得过程中，除了那些参加正规语言培训项目的外语学习者，大多数二语习得者所使用教材的数量远远少于外语学习者，而且他们也较少得到正式的、系统性的言语指导。

其次，从榜样的能力来看，二语习得和外语学习也存在很大的差异。观察榜样并不能保证学习行为的发生，也不能保证学到的行为一定会表现出来。影响观察学习效果的因素很多，其中最为重要的因素之一是榜样的声望和能力（Schunk，2012）。学习者会给予有能力、有声望的榜样以更多的关注，人们更有可能去模仿那些他们认为有能力的、能够胜任某事的人（Bandura，1986；Schunk，1987）。在这一方面，二语习得和外语学习的差异是明显的，但有时又比较复杂，二语习得过程中现实榜样大都是母语者，他们的语言使用能力应该是没有问题的。而在外语学习的过程中，外语教师的能力则差异很大，具体到我国的情况来说，教师的素质参差不齐。我国地域辽阔，地区差异也非常大，在北京、上海、广州这样的发达地区，教师的外语水平相对比较高，许多学校能聘请外教。而在许多经济欠发达地区，一些外语教师不能熟练地使用外语。尤其是2001 年后，教育主管部门要求小学三年级以上开设英语课程，由于当时英语师资力量的不足，许多非英语课程的教师也被转岗从事英语教学工作，这对于英语教学的效果产生了诸多不利的影响。当然，外语学习中现实榜样的不足可以在一定程度上通过象征性榜样和言语指导得到弥补，而且如果弥补得好，它们就可以成为外语学习的优势。

除资源条件之外，学习条件还包括语言使用的条件。在二语习得的情况下，学习者具有丰富的语言使用环境，也就是说学习者可以及时地把自己所观察学习到的语言知识应用于实践活动之中，通过语言使用的效果来检验语言知识的正确性以及语言行为的有效性，进而巩固有关的语言知识，不断提高语言技能。在外语学习的条件下，外语使用的环境比较差，在中国学习英语不具备英国、美国等英语国家那样的英语使用环境，学生只能通过虚拟的交际活动或者各种类型的考试来检验自己的学习效果。外语使用环境不好，会导致学习者的自我效能感不足。观察学习理论（Bandura，1986，1997）提出了三元交互因果关系模型（如图 4-2 所示），认为环境、个人以及行为三者相互影响相互作用，构成一个整体，其中自我效能感（perceived self-efficacy）起着关键性的作用（Schunk，2012）。所谓自我效能感是指个体对自己是否有能力完成某项工作行为的自信程度。许多研究（例如：Schunk，1991，2001；Schunk et al.，2009）表明自我效能感能够影响学习行为的成效，例如学习任务的选择、对于学习的毅力与坚持、努力程度、技能的获得等。二语习得者所具有的良好的语言使用环境，可以使他们及时获得自我效能感，而外语学习者除考试成绩的变化之外，他们不太容易获得在真实的环境中使用外语的机会，因而得到的自我效能感也就相对低。这也是二语习得与外语学习的一个很大的差异。

二、学习者个体因素 [1]

在语言学习领域，学习者个体因素一直是研究者非常关注的问题之一（崔刚 等，2016）。总的来说，学习者的个体因素包括语言学能（指人与生俱来的语言学习能力）、性格、学习观念（学习者具有的关于语言各个方面的看法及语言学习和语言教学的看法）、学习风格、学习动机、焦虑、学习策略和努力程度等。近年来，语言教学研究领域尤其强调从动态系统理论的角度研究语言学习以及其中的学习者个体因素（崔刚 等，2013）。动态系统理论又称复杂动力学（complex dynamics），用来描述与解释按照特定的规律随着时间不断发展变化的复杂系统。该理论起源于 17 世纪牛顿提出的动力学理论和数学中的非线性原理。作为一种研究范式，动态系统理论着眼于系统各部分之间的关系，强调系统内部要素的完全相关性和系统行为的变异性和非线性。该理论认为，系统的各个部分互相影响，互相依存，而系统的整体状态是各部分相互作用的最终结果。动态系统通过与外部环境的互动以及系统内部自我组织的不断发展，不断实现从无序到有序的周期性调整。动态系统理论强调学习者个体因素与学习环境的互动关系，认为个体因素通过与环境因素的相互作

---

[1] 严格意义上讲，学习者个体差异并不属于学习环境，但是基于 Bandura 的三元交互因果关系模型，为了使内容相对集中，我们在此部分对学习者个体差异进行简要的讨论。

用以及自我组织来提高个体对于外界环境的适应性。语言学习者是处在学校、社会、家庭等多重环境中的个体，不能脱离环境孤立存在。

在学习者的各种个体因素中，语言学能和性格更多地受到先天因素的影响，属于稳定变量（崔刚 等，2016），不容易受环境的改变，但是其他因素则与环境具有密切的关系。如上文所述，我们可以将环境分为教学环境、社会环境和家庭环境三大部分。教学环境对于学习者个体差异的影响最为直接，例如，教材可以通过课文的选材、活动的设计对学习者的学习风格、学习观念以及学习策略等产生影响；课堂教学不仅可以帮助学生掌握学习的方法，进而影响他们学习策略的使用，而且还可以改变他们的学习观念。另外，教师的教学方式可能会影响到学生的外语焦虑和动机等各种情感因素。社会环境包括政治、经济以及文化环境三个方面。研究表明，文化环境对于学习者个体差异的许多变量都具有重要的影响，其中包括学习策略的使用（Sheorey，1999），动机（Sasaki，2004），学习风格（Reid，1987），学习观念（Horwitz，1999），性格（Triandis et al.，2002），外语焦虑（Zheng，2008；Ohata，2005）等。其他的社会因素也有可能会影响到学习者个体差异，例如，政治因素对于学习者动机的形成会产生重要的影响（Norton，2001）。经济因素也是如此，社会经济状况的好坏可能会影响学习者的动机，也有可能会影响学习者的努力程度。家庭常常被视为人的第一课堂，它对于学习者具有深刻且长远的影响。人们已经越来越多地意识到家庭环境在人的智力和个性特征形成过程中的作用，这种作用几乎涵盖了学习者个体因素的所有项目。例如，Gardner 等（1999）对 101 位大学生的家庭背景以及他们对语言学习的态度和信念进行了调查，结果表明，学生的家庭背景对于他们的语言学习态度、动机以及语言水平的自我评价都具有重要的影响。Gardner（1960）的研究则证实父母学习语言的动机以及他们看待目标语国家的态度对于学生的动机取向具有很强的影响。

二语习得与外语学习的环境差别很大，而这些差别势必会造成学习者个体因素的差异，这些差异到底是什么，我们还需要做进一步的深入研究，但是有一点可以肯定的是，由于二语习得和外语学习的环境不同，学习者在学习观念、学习风格、学习动机、焦虑和学习策略等方面会表现出不同的特点。

第五节　学习的效率

效率是一个比较复杂的问题。《现代汉语词典》（第 7 版）对效率的定义是"单位时间内完成的工作量"。按照这一定义，语言学习的效率就是在单位时间内所学到的语言知识或者掌握的语言技能。我们可以从两个方面来衡量学习的效率：一是总体效率，也就是总体的成功率；二是具体效率，也就是单位时间内的学习量。

从总体的成功率来看，母语习得的效率应该是最高的，近乎百分之百的水平，因为只要是一个健康的儿童，置于一个正常的语言环境之中，他们就可以自然地习得自己的母语，几乎不会出现任何问题。相比而言，二语习得和外语学习的成功率则要低得多。针对外语学习的成功率问题，众多学者对此进行了研究，并从不同的角度提出了不同的理论解释。第一个角度是学习者的身心发展状况。Clahsen 和 Muysken（1986）从生成语法理论的角度认为，在二语习得或者外语学习的过程中，普遍语法可能已经不起作用了。Tremaine（1975）从认知发生论的角度认为，成年人的认知发展已经达到了形式运算阶段，这对语言习得是不利的。Birdsong（2005）则认为与儿童相比，成年人的程序记忆能力有所下降，从而导致了他们不能成功地学会使用二语和外语。第二个角度是学习方式，也有学者从二语习得和外语学习的方式上来解释这一问题。例如，Dekeyser 和 Larson-Hall（2005）认为成年人过多地依赖外显性的学习方式致使他们二语习得或者外语学习的失败。第三个角度是学习环境。例如，Hatch（1978）把二语习得和外语学习失败的原因归咎于它们都缺乏母语习得过程中那些现实的、与真实情景相结合的会话。Krashen（1985）则认为正式的课堂教学不容易导致自然的语言习得。

上面这些观点都是有道理的，它们可以让我们从不同的角度认识外语学习的不利因素，但是这些理论在提到成功率的概念时，它们的标准都是学习者能否达到母语者的水平。我们认为，这样的评判标准并不合适。如上文所述，外语学习属于教育的范畴，而教育都是为了满足一定的社会、文化和政治的需要而进行的。以学习打乒乓球为例，不同的人往往出于不同的需要和目的学习打乒乓球，有的人想成为专业的运动员，他们目标是要在各级各类比赛中拿到名次。而对于大多数人来说，他们学习打乒乓球是为了健身，把它作为一种业余爱好。那么对于不同的人来说，学习打乒乓球的目的和水平要求也就不同了，而对于不同的学习者来说，只要达到他们既定的目标也就算是成功了。外语学习也同样如此，外语学习不是为了取代母语，而是为了满足学习、生活和工作的需要而学习一种交际的工具。不同的学习者应该有不同的目标要求，他们只要能够达到自己的目标就算成功了。因此，对待外语学习的成功率问题，我们应该从外语学习的本质属性出发来重新认识成功率。

其实，母语习得远非我们想象的那么高效。我们不妨尝试用儿童习得母语所需的时间来说明这一点。儿童语言习得的研究表明，在母语的环境中，一个正常的儿童在五到六岁之间就可以具备基本的听说能力。如果我们假定在这六年间，儿童每天平均接触和使用母语的时间为 10 个小时，那么他所耗费的总时间为 21 900 个小时。如果在英语课堂上完全按照习得的方式来获得英语能力需要多长时间呢？我们不妨假定一个学生在课堂内外学习英语总时间平均为每周 12 个小时，以每个学年 50 周计算，那么这个学生要想具备基本的听说能力大约需要 37 年的时间，这还不包括我们要求学生具有的读写能力[1]。而就许多成功的外语学习者来说，他们学习外语的时间要远远少于 37 年，大多数人在经历了 10 年左右的外语学习之后就可以具备使用外语进行听、说、读、写的能力[2]。由此来看，外语学习的效率应该不会比母语习得的效率低。得出这样的结论可能会让很多的读者感到疑惑，我们有三个问题需要回答：第一，为什么人们都觉得外语学习很难，母语习得容易呢？第二，外语学习效率高的原因在哪里？第三，为什么外语学习的成功率那么低呢？

第一个问题的回答和人们的主观感受有关。母语习得是一种自然的生长过程，是儿童在无意识的过程中自然而然形成的，尽管这需要很长

[1]这种方法尽管不尽科学，但是至少能够说明一些问题。

[2]外语学习者所能达到的语言水平是无法与母语习得者相比的，但是，相对于外语教学的目标以及学习者的实际需要来说，外语学习者只要达到这一能力要求也就足够了。

的时间，其中包含极其复杂的心理过程，但是儿童在主观感受上不会感觉到。外语学习则不然，它是人的一种有意识的行为，需要人们付出长期的努力，这些都是学习者所能清楚地感受到的，因此，人们也就感觉外语学习要比母语习得的效率低得多。

第二个问题的回答与上文我们所讨论的外语学习的特点有关。外语学习效率高的原因主要在于以下两个方面[1]：（1）外语学习者的身心发展状况要远远高于母语习得者。对于外语学习者来说，他们的大脑与认知思维的发育都达到了很高的水平，可以使他们更好地控制自己的心理过程，进行更为复杂的认知活动。另外，外语学习者具备了更多的知识储备，也就是说他们的记忆中具备了丰富的图式，这些图式有的可能会对外语学习产生一定的干扰，但是更多地会对外语学习带来积极的影响。（2）从学习的方式上来看，外语学习者采用了习得与学得相结合的方式。他们在大量地接触和使用外语的同时，也有意识地采用各种学习方法，强化记忆和背诵词汇及语法规则，老师也会采用明示性的教学方式，给学生讲解词汇的用法和语言的规则，这些有意识的学习方式自然会让学习者感觉到自己所付出的努力，但是也增强了学习的效果，从而使得外语学习的效率得到提高。

对于第三个问题，我们可以从以下几个方面来回答。首先，学习者的语言学能高低不同。语言学能是学习者与生俱来的语言学习能力，它更多地与二语习得和外语学习相关。大量的研究表明，在众多的学习者个体因素之中，与学习成绩关系最为密切的是语言学能（崔刚 等，2016），语言学能高的学习者能够更有效率地学习外语，也更有可能取得学习的成功，而语言学能低的学习者则要付出更多的努力才能成功。其次，尽管外语学习的效率并不见得比母语习得低，但是外语学习毕竟是一个需要学习者付出艰辛努力的过程，需要长期坚持，如果学习者因为种种原因而不愿意付出努力，他们很可能会半途而废。另外，外语学习的环境不尽如人意也是导致学生学习失败的重要原因，在众多的环境要素中，教师是核心的要素，教师的外语水平低下、教学方法不当等，都有可能导致学习者外语学习的失败。

---

[1] 此处我们只是提出基本的观点，有关内容的详细阐述将会在后面几章展开。

第六节 对外语教学的启示

在上述讨论中，我们从不同的角度对母语习得、二语习得和外语学习等三种语言学习类型进行了较为全面的比较，从而使得我们对外语学习的特点有了一定的认识，由此我们可以得出一些对外语教学的启示。

第一，不要像母语习得那样学习外语。"要像母语习得那样学习外语"，这是许多人理所当然的想法。持有这样想法的人的逻辑很简单，也很明确，既然人人都可以顺利地习得自己的母语，那么我们也可以像母语习得那样学习外语。这种看似简单明确的观点其实是没有道理的，因为外语学习和母语习得具有本质的不同。儿童并不是简单的个头小的成年人，他们是一个特殊的群体，具有自己独特的身心发展规律和语言习得方式。从学习的神经与心理基础来看，母语习得更多地属于人的生物属性，是一种自然的生长过程，人类难以对此进行人工的干预，我们不能人为地决定母语习得开始与结束的时间，而外语学习则更多地属于人的社会属性，属于人类教育的范畴，两者之间的心理过程具有本质的差别。另外从学习的方式与层次来看，母语习得属于一种低层次的学习，而外语学习则是人类高级智能的体现，属于高层次的学习。除上述差异之外，母语习得和外语学习还有更多差异。例如，在母语习得的过程中，母语是儿童的第一语言，而对外语学习者来说，他们在学习一门外语之前已经具备了母语的语言系统，外语学习的过程涉及两种语言的相互关系。其中一个核心的问题就是语言迁移，这不仅包括母语对外语学习的影响，也包括外语学习对母语的影响。另外，母语习得环境与外语学习也大不相同。母语习得更多是发生在家庭之中，儿童更多是在与照顾他的家庭成员之间的互动中完成母语习得的过程，而外语学习更多是发生在教育的环境之中，环境的差异就会导致学习者所接触的语言材料以及学习心理的差异。上述差异决定了我们不能也不可能像母语习得那样来学习外语。虽然母语习得和外语学习的对象都是语言，但是它们内在的神经基础和心理机制存在着本质的差异。当人的身心发育到一定的程度，达到一定的年龄之后，我们就不可能再像习得母语那样去学习另外一种语言了，而是应该按照外语学习者的心理特点来学习外语。

第二，外语教学不要照搬二语习得的理论与方法。二语习得和外语学习曾经是两个具有明显区分的概念，但是随着二语习得研究的发展，二语的内涵也随之扩展，它指的是人们在母语或者第一语言之后学习的第二种语言。在此定义之下，外语也被包含在二语之中。在国外的许多文献之中，有的把二语与外语并列，但其内容则主要以二语为主，还有的则干脆以二语一词笼而统之，很少或者根本不提外语一词。在国外二语习得理论的影响之下，许多的国内学者认为二语和外语两者之间没有本质的区别，从而导致了关于英语教学是二语教学还是外语教学的争议[1]。从以上的讨论我们可以看出，从语言学习的神经与心理基础来看，二语习得和外语学习具有许多的共同之处，但是从学习的环境来看两者之间又存在很多差异，这些差异决定了我们在充分借鉴国外二语习得理论的同时，二语和外语要进行认真的区分，要考虑外语学习的特殊性，明确我国英语教学属于外语教学的属性。

区分二语和外语教学在我国具有重要的意义。首先，二语教学与外语教学的区分有利于我们充分地认识我国英语教学的特点和所处的独特环境，这主要体现在以下六个方面：（1）我国的英语教学不应以融入英语社会为目标，而应该服务于我国改革开放的需要。学生将来使用英语进行交际的场合更多的应该是在国内，尽管我们不能排除学生将来出国旅游、访问、深造和移民的各种可能。（2）我国的英语教学主要围绕课堂进行，而课堂教学的学时有限。除了英语之外，学生还有许多其他的课程需要学习，他们只能在其他学科学习的间隙之间学习英语。（3）英语使用的环境差。在我国没有英语国家那样的英语使用环境，学生接触英语的机会较少。（4）教师的素质参差不齐。我国地域面积大，地区差异也非常大。对于大部分地区的英语教师来说，很多人还不能熟练地使用英语。（5）汉语和英语的差异大。汉语属于汉藏语系，是象形文字，而英语则属于印欧语系，是拼音文字。两者在语言结构上差异较大，我

---

[1] 2008年8月8日，《中国教育报》曾经开设了一个专栏讨论二语与外语的问题，这反映了我国外语界对这一问题的不同看法。

国学生在学习英语时要比法国学生或者其他欧洲国家的学生面临更多的困难。（6）我国的英语学习者也具有许多自身的特点。人是社会文化的产物，我国的社会环境、传统文化、教育方式等势必会对英语学习者产生影响，使他们在学习动机、态度、方式、策略等方面具有许多自身的特点，而这些特点往往是根深蒂固的。与其强行地让学生改变某些所谓的"落后"理念，倒不如考虑一下如何让我们的教学更好地适应这些特点。其次，二语教学与外语教学的区分也能够使我们更加客观地对待国外的教学理论，有助于我国英语教学理论体系的建设。而把两者等同起来，很容易使我们照搬国外的二语习得理论。我国拥有众多的把英语作为外语来学习的学习者，有着世界上最为庞大的英语教学与研究队伍，但是我们在英语教学理论的探索上还没有形成与我们庞大的学习群体规模相匹配的研究成果。长期以来，我国的英语教学在很大程度上仍然是照搬国外的教学理论和教学方法，而这些理论与方法并非都适合我国的英语教学国情，因为它们大多是针对二语学习者，而我国的英语教学是外语教学。我们在借鉴国外教学理论与方法的同时，要充分考虑我国英语教学的具体环境，认真地总结与挖掘我国过去一百多年的英语教学史上所形成的优秀教学传统，努力探索具有中国特色的英语教学理论体系。当然，我们也不应该走向另一个极端，把二语和外语截然对立起来。两者之间各不相同，不能混为一谈，但是，也有许多的共同之处，只有承认这些共同之处，才能为我们借鉴二语习得理论提供依据。

第三，合理确定外语教学的目标。外语学习不同于母语习得和二语习得，我们不能像母语习得那样一味地追求使用外语进行思维的能力。在我国的外语教学界，目前比较流行的观点就是要培养学生进行外语思维的能力。从上文关于语言和思维的关系的讨论可以看出，母语是在与人的思维认知相互依存和相互支撑的过程中共同发展起来的。在此之后，母语将一直作为首要的思维载体，其后所学的二语或者外语很难取代母语的地位。主张在外语学习中摆脱母语思维，建立外语思维的要求是很难做到的。苏联心理学家别利亚耶夫把外语学习的过程分为两个阶段：第一阶段是通过母语的中介学习阶段，这一阶段的学习者学外语总是借助于翻译，称为翻译学习阶段；第二阶段是直接学习阶段，在这个阶段外语和思维之间建立起直接联系，不再借助翻译（肖燕，2003）。笔者并不否认外语学习者具备外语思维的可能性，但是问题在于要具备这种能力需要多长时间和何种条件。针对这一问题，笔者曾经对多位在英语教学与研究领域卓有建树的人士（其中也包括一些主张培养学生外语思维能力的人士）进行过简单的访谈，询问他们是否具备用英语进行思维的能力，答案基本上是否定的。这说明对于外语学习者来说，绝大多数人都是处于别利亚耶夫所说的第一个阶段之内。但是，这一阶段又可以进一步分为不同的层次和水平，在初级水平时，学习者能够明显地意识到翻译过程的存在，但是随着外语水平的提高，翻译的过程会越来越快，到了比较高的外语水平时，学习者几乎感觉不到翻译过程的存在。

谈到语言与思维的问题，与外语教学有关的还有语言与个人身份认同的问题。一个人对自己身份，尤其是对民族身份的认可，不是与生俱来的，而是一种社会化的过程，是在生活和学习过程中通过对所处的社会环境中那些具有民族特征符号的感知与体验之中逐渐形成的。这些民族符号包括语言文学、历史文化、音乐艺术等精神层面的东西，也包括衣食住行等物质层面的东西，而这些东西的感知和体验都要依赖于语言这一符号系统，因此语言在民族身份的认同中起着关键性的作用（Fox，2001；Schiffman，1996）。对于儿童来说，语言与思维认知能力的同步发展使得他们形成了相应的语言自我感觉，进而以母语为基础形成自己的民族认同感。因此，母语在人的民族认同感中起着重要的作用。正因如此，世界上各民族为了保持其民族的独立性，都制定了相关的法律，确立自己的官方语言。学习一门外语，不仅是单纯地学会使用一套符号系统。由于语言所承载的概念和文化符号体验是一个民族的身份与特征，因此在学习一种外语的同时也学到了这门外语所承载的概念、价值观及其文化内容（肖燕 等，2016）。外语学习对母语以及民族身份认同的影响是关系到民族存亡的大事，尤其在实现中华民族伟大复兴的今天，更值得我们关注。在外语教学中，一个理想的状态是让外语学习对学习者自身所属民族身份的培养产生良性的促进作用，"在保持自己民族身份的同时学到一门外语和一种新的文化，与所学的目标语融为一体"（Trofimovich et al.，2015）[239]。而要达到这一理想的状态，我们认为需要从两个方面入手，第一是要在外语教学中加强中外语言文化的比较，从而使得学生在学习过程中进一步加深对自己民族语言文化的认识，增强自己的民族身份感。第二是要加强外语教学本土化的工作，在教学内容中融入民族文化的内涵，让学生学会使用外语介绍与传播自己民族的文化，从而使得学生在具备世界意识的同时，能够植根于自己的本土，真正具备跨文化交际的能力（崔刚，2014）。

外语学习目标的确定不要一味地追求达到母语者水平，也不要盲目地追求让学习者具备使用外语进行思维的能力，我们要从我国社会、文化和政治发展的需要出发，充分考察不同层次和类型的人才对于外语水平的要求。《国家中长期教育改革和发展规划纲要（2010—2020年）》指出，我们要"努力培养造就数以亿计的高素质劳动者、数以千万计的专门人才和一大批拔尖创新人才"，这就把人才分为三种类型，即高素质的劳动者、专门人才和拔尖创新人才，而他们对于外语能力的要求则存在着很大的差异。这就使得我们需要研究外语教学该如何进行改革以满足不同层次人才的外语能力要求。

第四，教学环境与条件的建设。环境问题是外语学习的一个关键，也是外语学习与二语习得的差异之一，从观察学习理论的角度来看，核心的问题就是榜样的问题。针对这一问题我们提出如下的建议：（1）着力改善外语教学的师资状况，提高他们的外语水平和教学能力。外语教学的最大特点就在于它都是在教师的主导和组织之下完成的，教师自然也就成为外语学习成败的一个关键性因素。外语教师的语言基本功自不必说，他们的外语水平越高，学生外语学习的效率也就有可能越高。除此之外，在外语学习的情况下，要特别注意教师言语指导的作用，一方面教师本身也是英语学习者，教师可以经常与学生分享自己外语学习的经历，包括成功的经验和失败的教训。这样可以有效地提高教师对学生学习方法引领的效果，因为学习者更有可能去模仿那些在某些重要方面和自己相似的人（Ormrod，2012）。另外还要充分发挥言语指导的作用，言语指导是重要的榜样类型之一，这应该是外语教学所特有的，同时也是外语学习的优势之一，因为母语习得和二语习得一般都缺乏这种榜样形式。要提供好的言语指导，需要教师具备很强的讲解能力，能够深入浅出地将复杂的教学内容变得通俗易懂。（2）着力提高教材的质量。教材属于象征性榜样的类型，在缺乏现实性榜样的外语学习过程中，象征性榜样应该和言语指导一起形成很好的弥补作用。我国外语教材的质量总体上是不错的，能够起到很好的榜样作用，但也不乏一些编写质量欠佳的教材。（3）充分发挥同伴榜样的作用。同伴榜样也是一种现实榜样，教师可以通过分享自己的学习经历成为学生的同伴榜样，而更多的同伴榜样则来自同学。在外语学习缺少榜样的情况下，可以通过同伴榜样来弥补。观察到与自己相似的同伴成功地完成某项任务能够有效地提高学习者的学习效果，学生可以利用同伴的经验并且能够得出结论，他们的同伴能学会，自己也同样能学会（Schunk，2012）。这一方面要求教师在组织课堂实践活动时要加强点评环节，尤其是对于那些表现突出的学生要明确指出他们的成功之处，以此明确其他同学需要学习的内容。另一方面要求教师定期组织一些学习交流活动，让学生之间形成相互借鉴、相互学习的班级氛围与环境。由此看来，同伴互助学习（peer-assisted learning）也是一种在外语教学中值得提倡的教学方法[1]。

所谓同伴互助学习，是指"通过地位平等或匹配的伙伴（即同伴）积极主动的帮助和支援来获得知识和技能的学习活动"（Topping et al.，1998），包括同伴辅导（peer tutoring）、交互式教学（reciprocal teaching）和合作学习（cooperative learning）（Schunk，2012）。同伴之间相互辅导可以让被辅导者问一些在大班课堂上难以提出的问题。教师可以把班级分成不同的辅导小组，另外，教师还要对同伴辅导者进行必要的培训，以使得他们能够给同伴提供有效的辅导。交互式教学是教师和学生交替承担教师角色的教学和学习形式，它以 Vygotsky（1978）

---

[1] 我国的教育传统具有悠久的同伴互助学习的历史，积累了"相观""小先生制""结对子"的思想与实践经验。经典教育著作《学记》中就提及"相观而善""独学而无友，则孤陋而寡闻"。大教育家孔子也有语云："三人行，必有我师焉。"到了近代，陶行知先生在20个世纪30年代提出的同行"小先生制"，证明了同伴互助学习的有效性。现在，我国的学校里也长期流行着学生的"结对子"学习，教师在经验的指引下采用优等生指导后进生的"一帮一"形式，组织学生以"1+1"形式进行作业辅导、复习以及游戏等学习活动（左璜 等，2008）。

的最近发展区理论为基础，首先始于教师的教学活动，然后师生一同活动，之后学生逐渐地承担更多的责任，而且彼此之间互相教授。例如，在一个阅读课上，教师和学生一起阅读材料，开始时，教师引导讨论，提出问题以促使学生掌握其中的语言知识，并通过总结、概括、提问等形式帮助学生理解文章的内容，培养学生的阅读技能。随后，学生的角色逐渐发生改变，变成教师，再去引导其他学生，进而由学生像教师之前示范的那样负责讨论，相互提问。合作学习以学生间的交流和合作为基础，大量采用对话、小组讨论、角色扮演等课堂活动，它强调学生间的彼此依赖性和责任感，从而使每个学习者始终处于积极参与状态（崔刚 等，2003）。同伴互助的学习方式可以有效弥补外语学习中榜样缺乏的不足，在帮助者和被帮助者之间，受益不是单向的，而是双向。被帮助者自不必说，对于帮助者来说他们可以通过给同伴提供帮助来整理、澄清自己的语言知识，训练自己的语言技能。另外，通过同伴互助活动，我们可以在外语教学中培养学生的合作意识、合作能力以及他们的责任感。

　　第五，充分发挥外语学习者的认知优势。从学习的心理和神经基础来看，与母语习得相比，外语学习者的一个很大优势在于他们具有很高的认知能力，其中包括概念、辨别、分类、推理、问题解决等抽象思维能力。与此同时，他们也具有很强的认知控制能力，包括注意、短期记忆和长期记忆的控制能力。而从学习的类型和层次来看，外语学习者更加擅长进行辨别学习、概念学习、规则学习和解决问题学习等涉及抽象思维的学习方式。认知学习理论强调创造性思维在学习活动中的主导作用，认为学习不仅仅是掌握一门技艺，还是高级的智慧活动，因而反对学生消极、被动地接受知识，主张让学生积极主动地去探索原理（崔刚，2014）。外语教学应该充分发挥学习者的认知优势，在开展一些低层次的训练与学习形式的同时，要更加注意开展一些高层次的发现式学习（discovery learning）活动，从而使学生在外语学习的过程中获得智慧的满足。

　　发现式学习是在建构主义学习理论的原则下形成的一种学习模式，其基本原理在于让学习者自己去获取知识，而不仅是看书和听老师的讲述。发现式学习要求学生根据具体的实例总结出一般性的规则、概念和原理，因此发现式学习是一种逻辑推理的过程。探究式学习（inquiry learning）属于发现式学习的一种形式，更强调学生的推理过程。它最早是由 Collins（1977）以苏格拉底的教学方法为依据而提出来的[1]，其目标在于让学生进行推理，总结出一般的规律，并将规律运用于新的情景之中。在实施发现式学习的过程中，教师需要不断地向学生提出问题，Collins（1977）提出了一些教师提问的基本原则，例如，"提问已知事件""对不充分的因素提出反例""对缺乏充分信息的假设提出反问"等。按着这些原则进行提问，可以引导学生的推理过程，从而总结出一般性的规律，并使用这些规律解决具体的问题。

发现式学习非常好地体现了以学习者为中心的原则，有助于发挥学生的智力优势，并可以使得学生在学习外语的同时获得认知与思维能力的发展。当然发现式学习并不适用于所有的外语教学情景。例如，当学生对有关的内容没有先前经验或者背景信息时，发现会阻碍学习的进程（Tuovinen et al., 1999），而对于那些结构清楚、教师很容易就可以通过语言进行描述的内容也不适合采用发现式学习的方式。通过对许多研究的总结，Ormrod（2012）[415] 指出，发现式学习在以下情况是最有效的：（1）学生有很好的自我调节能力、自我管理技能和扎实的知识基础。（2）教师帮助学生解读自己的发现并检测他们对发现的理解。这就要求我们在设计发现式学习活动时要从学生的身心状况以及目前所具有的知识和技能出发，难易程度适当，过难或者过易的活动都不会达到预期的效果。许多研究（例如：Brown et al., 2009；Hardy et al., 2006；Sherman et al., 2009）表明，只有那些帮助学生构建意义阐释的、经过精心设计和结构完整的发现式学习活动才能在最大程度上让学生获益。另外，在发现式学习的过程中教师一定不能放任自流，而是要积极参与其中，对学生进行及时的引导和帮助。因为一方面学生可能在学习过程中遇到某些困难，更为重要的是，学生有可能会误读有关的信息而得出错误的结论

---

[1] 其实，我国伟大的教育家孔子就是探究式教学的实践者，在《论语》中充分展示了师生之间的相互提问与探究。

或者会因为确认偏向（confirmation bias）[1]而强化已有的错误概念或思想。在很多情况下，即使有教师的引导，学生也不一定能够顺利地找出问题的答案或者解决方案，在此情况下，教师就要考虑降低发现活动的难度或者对于学生思维的过程给予更加具体明晰的指导。

---

[1] 学习者倾向于寻找符合他们已有信念的信息，而忽视或者怀疑任何与之相矛盾的证据，这种现象被称为确认偏向（Murphy et al., 2006; Smith et al., 2009）。

本章小结

在本章中，我们用了大量的篇幅，从语言学习的心理与神经基础、学习的方式与层次、学习环境以及学习效率等四个方面对母语习得、二语习得和外语学习等三种语言学习形式进行了全面的比较，其目的在于揭示外语学习的特点，让读者意识到外语学习与母语习得和二语习得的不同之处，进而对外语教学具有一个总体的认知。由此我们可以看出，外语学习是在已有母语的基础上利用一般性的认知系统进行的知识和技能的学习。外语学习和母语习得的本质区别在于两者之间具有不同的心理和神经基础，母语习得更多地属于人的生物学属性，从神经可塑性来看属于经验期待型，而外语学习更多地体现了人的社会属性，属于人类教育的一部分，在神经可塑性方面属于经验依赖型。因此，我们不能单纯地主张用母语习得的方式来学习外语。另外，外语学习者与母语习得者具有完全不同的身心发展状况，因此我们在外语教学中应充分发挥学习者的认知和思维优势，更好地提高外语教学的效率。外语学习和二语习得的差异主要体现在学习环境方面，从观察学习理论的角度来看，外语学习在榜样资源以及语言使用环境方面存在着明显的不足。因此，在外语教学理论的构建方面我们不能一味地照搬国外的二语习得理论。另外，还要通过提高教师和教材的质量以及同伴互助学习的形式弥补外语教学环境方面的不足。

第五章　　注意与外语学习

　　对于人类来说，周围环境中充满着各种各样、丰富多彩的信号刺激，有些信号对人类非常重要，甚至会对正在进行的活动造成干扰。因此，人们要进行正常的工作与生活，就必须选择那些对自己来说有意义的、重要的信息，而且设法排除那些无关刺激的干扰，而这一任务的完成都是通过注意来实现的。注意在人类信息加工过程中具有重要的意义，没有注意的参与，信息的输入、编码以及储存和提取都难以完成，这对于外语学习来说同样如此。从心理过程来看，外语学习首先始于外部的刺激，即学习者所听到、看到的语言材料，这在外语学习领域被称为语言输入。语言输入中包含大量的信息，例如，在听力材料中，有音高、音强、节奏、语调等声学特征，也有词、短语、句子结构等语言形式信息，还有关于这些语言形式意义的信息等。所有的这些信息不可能完全进入人的工作记忆之中，至于哪些信息可以得到进一步的加工与处理，要依赖于人类的注意机制。也就是说，学习者要通过注意的机制来选择要吸收的内容，只有在此情况之下，学习的过程才有可能发生。在本章中，我们将首先关注注意的心理机制以及它的神经基础，然后讨论注意和外语学习之间的关系，进而在此基础上探讨注意对外语教学的启示。

第一节 注意

人在清醒的状态下，无时无刻不受到各种刺激的影响。这些刺激有来自内部的，例如对于过去事情的回忆、思考的过程等各种心理活动和内心感知，也有来自外部的。我们周围充满了各种各样的信号刺激，包括视觉的、听觉的、嗅觉的和触觉的刺激等。在正常情况下，我们不可能对这些丰富的信号刺激给予完全的关注，我们只能吸收和利用其中很少的一部分。在我们的认知系统中，存在着一个选择的机制，这一机制能够让我们只关注对我们有价值、让我们感兴趣的信息，而忽视那些无关的信号刺激。这个选择机制就是注意，它可以有效地减少人的认知处理负担，保持大脑的信息平衡，提高认知的工作效率。从人类学习的角度来看，注意就是学习过程的开始。

一、注意的定义与功能

注意是每个人都具有的一种心理现象和技能，是人的意识或心理活动对一定事物的指向和集中。从此定义来看，注意有两个基本的特点，一是指向性，二是集中性。所谓指向性是指人在某一瞬间的心理活动，选择了某一事物而离开其余的事物。注意就是一个把认知资源分配到特定的刺激或者任务上面的过程。因此，从本质上讲，注意是一个选择的过程，因为我们大脑中的认知资源是有限的（Mangels et al., 2001），换而言之，我们可以在丰富的刺激之中选择出特定的对象，并把注意力集中到上面。例如，当学生在课堂上专心听讲时，他们的心理活动就指向和集中于教师的讲课内容，对课堂内外的其他情景则不关注。指向性反映了心理活动的选择性，在人们认识事物的过程中，并不是把当时所有的、可以得到的刺激信号都作为自己认识的对象，而是有选择地从这些刺激信号中挑出那些对自己有意义的信号刺激作为自己认知过程的指向对象，从而保证心理活动能够准确清晰地把握某些事物（陈小异 等，2015），增强自己在认知过程中的主动性。所谓集中性是指心理活动指向某个对象后，就会倾注于所选择的事物，清晰、深刻而且完整地感知所指向的对象。例如，学生在解一道难题时，他们会聚精会神地思考问题，这种冥思苦想的状态就是注意集中性的体现。集中性体现了心理活动的强度或紧张程度，它说明人的认知过程不仅有选择地指向一定的对象，还要在一定时间内坚持指向这个对象，从而保证自己只关注所指向的事物，并抑制对与当前注意无关的事物的关注，使得自己能够对所选择的事物进行深入的加工。注意的集中程度不同，人们在认知活动中所消耗的认知资源也就不同，集中程度越高，所消耗与占用的资源就越多，反之也就越少。指向性和集中性是相互关联的，它们是同一注意状态的两个方面，也可以被视为一个连续的过程。其中指向性可以被视为注意的初级阶段，当注意选择了某一个认知对象而忽视其他对象之后，就转入了集中性，这样人的认知便有了注意的中心，或者注意的焦点，这样所指向的对象就可以被清晰地识别出来。

人不是一个刺激信号的被动接受者，而是一个主动选择者，他们会根据自己的期望、兴趣和需要选择那些自己感兴趣的刺激，而注意恰恰是人类主动性的关键因素。Cherry（1953）所提出的鸡尾酒会现象（cocktail-party phenomenon）就能很好地说明这一点。在一个鸡尾酒会上，人们会被周围各种谈话的声音所包围，但是一个人往往只会听到某些谈话，而对其他更多的谈话充耳不闻，其原因在于他通过自己的注意机制只选择那些自己感兴趣或者与自己关系密切的谈话。注意不是一个独立的心理机制，不能离开其他心理过程独立地起作用，它总是与感觉、知觉等一系列的心理过程相结合，成为这些心理过程的调节或者控制性因素。而且，在这些心理活动中注意总是存在的，当注意的指向向集中深入，并准确清晰地识别出指向的事物时，注意就会转移到另一个事物上面。注意的转移具有中介的性质，它在结束目前的注意阶段的同时，又开始了一个新的阶段的注意指向，从而形成一个循环往复、环环相扣的注意过程。另外，注意的转移也可能因为有一个特别突出的刺激出现而发生[1]。例如，学生们正在专心地听老师讲课，教室后面突然传来一声

---

[1] 关于突出刺激的条件，请参见下文关于无意注意的影响因素的讨论。

尖叫声，此时学生们的注意就很容易地转移到这一特殊的刺激上面。

　　由上述介绍我们可以看出，注意具有选择的功能，除此之外，它还在心理活动中起着维持、整合和调节的作用。注意的维持功能可以使我们的心理活动较长时间地保持在所选择的对象上。从信息处理的角度来看，在我们选择了注意的对象之后，这些信息就会通过注意进入工作记忆进行加工，最后进入长期记忆而被储存下来。注意的维持功能可以使人顺利地完成这一过程，否则任何智力活动都难以顺利进行。注意的选择和维持功能还体现在它的信号检测和寻找的功能上面（Sternberg et al.，2012）。所谓信号检测是指人保持一定的警觉状态，在某个特定的信号出现时就能及时地捕捉到它，而寻找功能是在周围的干扰信息之中找我们所需要的信息。调节功能就是注意对正在进行的心理活动具有调节和监控的功能，从而确保心理活动按照一定的指向和目标进行。在注意的状态下，我们能够对自己的心理活动是否沿着正确的方向和目标进行监控，并根据具体的情况及时做出适当的分配和及时的转移，并使之与预定的方向和目标相一致（陈小异 等，2015）。另外，注意的调节功能还体现在注意力的分配上。当人们同时进行两个甚至两个以上的任务时，调节功能可以在不同的任务之间合理分配注意资源，以确保各项任务的顺利完成。总体而言，注意在人的认知过程中居于一个关键性的地位，我们可以用图5-1来简要说明注意的功能。

图 5-1　注意的功能（Sternberg et al.，2012）[137]

　　与注意密切相关的一个概念是意识（consciousness），要很好地理解注意的概念，我们需要清楚认识两者之间的差异与关联。在心理学发展的早期，研究者一般把注意等同于意识的内容，例如，当代心理学的先驱者James（1890）就这样写道："我们每个人都知道注意是什么。心理以一种清晰的方式，在几乎同时出现的许多物体以及系列思想中拥有其中的一个。意识的聚焦和集中是这种心理现象的本质。"而随着心理学研究的不断深入，两者之间的界限也越来越清晰。意识是指人们通过感觉、知觉、思考、记忆等心理活动对自身的身心状况和外界客观事物的觉察与认知。在可控制的意识状态下，人的注意集中在当前有意义的内容上。因此，注意是心理活动或者意识在某一时刻所处的状态，表现为对某一对象的指向和集中。但是，注意和意识又是密不可分的，两者总是相互依存的。当人们处于注意状态时，意识的内容也就比较清晰。注意提供了一种机制，决定了什么东西可以成为意识的内容。只有被注意的内外部刺激才能被人们所觉察，进而产生意识。Mancas 等（2016）把注意视为通往意识之门，因为注意程度的不同，我们也就有了不同层次的意识（张春兴，1994），其中包括：（1）焦点意识（focal consciousness），指个人全身心关注某个事物时所得到的清楚明确的意识。例如，学生在考试过程中会把注意力全部集中到试卷上，此时所得到的意识就是焦点意识。（2）边缘意识（marginal consciousness），指对处于注意范围边缘的信号刺激所获得的模糊不清的意识。在刺激强度微弱时，人们所获得的模棱两可、似知未知的意识都属于边缘意识。（3）半意识（emi-consciousness），又称下意识，指在不注意或者略微注意的情况下获得的意识。鸡尾酒会效应（cocktail-party effect）就说明了半意识的存在。鸡尾酒会通常在一种嘈杂的室内环境中，存在着各种不同的声音来源，多个人同时说话的声音、音乐声、餐具的碰撞声等。在这种情况下，人们可以把注意力集中到某一个人的谈话上面，而忽略背景中的其他对话和噪声，这属于焦点意识。但是与此同时，半意识也在监控着周围的刺激，一旦出现与自己有关的特殊刺激，就能立即引起注意。（4）潜意识（subconsciousness），指潜隐在意识层面之下的感情、欲望、恐惧等复杂经验，因为受到意识的控制和压抑，致使个人没有知觉的意识。（5）无意识（unconsciousness），指个人对身心状态或外部环境的刺激没有任何感知的情形。

二、注意的类型

根据注意的目的性以及人的意志的努力程度，我们可以把注意分为无意注意、有意注意和有意后注意三种类型。

（一）无意注意

无意注意是指没有预定的目的，也不需要意志努力的注意。例如，儿童对于突然出现在自己面前的诱人的玩具的注意就是无意注意。教师正在讲课的过程中突然停止讲课，也会引起学生的无意注意。影响无意注意的因素包括客观和主观两种。客观因素是指刺激的性质和特点，某些类型的刺激更容易引起人们的注意，这些刺激一般具有以下特点：

1. 强度。人的感知系统对于微弱的刺激无法感知，刺激必须要达到一定的强度，并在人们感知之后才能引起人的注意。强度大的刺激，例如鲜艳的颜色，更能引起注意。因此，玩具生产商喜欢使用鲜艳的颜色，这是因为儿童更容易被鲜艳的红色和黄色所吸引，而粉色和米色的效果就不如它们。强度是一个相对的概念，主要指刺激强度之间的对比关系，某个刺激与同时出现的其他刺激相比明显要强，它就容易引起人们的注意。同样强度的喊叫，在安静的教室里很容易引起大家的注意，在嘈杂的操场上则不容易引起人的注意。刺激物之间在形状、颜色、大小、强弱、持续时间等方面存在的差异越显著、对比越鲜明，越容易引起无意注意。这一点也与刺激的新异性具有密切的关系。

2. 新异性。刺激所能提供的新的或者与众不同的信息是引发注意的一个必要条件，刺激所能提供的新异信息越多，就越容易引起人们的注意，新颖的和不同寻常的刺激更能引起人们的注意（Hofer，2010；Snyder，2007），司空见惯、千篇一律、单调重复的事物则不易引起人们的注意。例如，在图 5-2 的四位女士之中，最右侧的女士更容易引起我们的注意，因为现实生活中长着两个脑袋和三条腿的人是不常见的。

图 5-2　新异性示例（Ormrod，2012）[164]

新异性可以通过不同的方式来获得，其中的一种方式是通过调整大小，例如，在阅读一串文字时，如果有的文字在尺寸上明显大于其他文字，那么这些大的文字就容易引起读者的注意。另外一种方式是通过不一致性来获得新异性，与其背景不一致的物体更容易引起注意（Craik，2006）。例如，在阅读"我们一路走到小狗"，这个句子时，读者更有可能在小狗这个词上花费更多的时间，因为它与整个句子的意义不够匹配。

3. 活动性与多变性。具有活动性和多变性的事物更容易引起人们的注意。运动的物体比静止的物体具有更强的吸引力（Abrams et al.，2003；Bahrick et al.，2002），这也正是为什么我们在看到熟人时总是要招手来引起他们的注意，因为一方面运动的物体会引发我们大脑视觉区域的连续兴奋，另一方面人们也容易将运动的东西和其他静止的东西区分开来。另外，富有变化的物体，例如，忽明忽暗的光线，忽高忽低的声音，抑扬顿挫的语调等，也更容易引起人们的注意。因此，在街上散步时，我们更容易被那些不断闪烁的霓虹灯和流光溢彩的广告灯所吸引。

主观因素是指与感受者本人相关的因素，主要包括以下几点：

1. 个人重要性。刺激具有重要意义时，它们更容易引起人们的注意，而刺激是否重要不在于刺激本身，而在于感受者本人。重要的刺激首先能够满足人的需要或动机，处于饥饿状态的人对于食物的味道更敏感。当一个学生翻开课本并坐在电视机前面时，他的注意是朝向课本还是电视在很大程度上取决于刺激与他此时的需要和动机联系的密切程度，如果课本很有趣，或者明天就要有一场重要的考试，或者这个学生本身是一个特别爱学习的人，那么他的注意就会选择课本；如果他很喜欢当前播放的电视节目，或者课本很乏味，或者这个学生就是一个不爱学习的人，那么他的注意就会选择电视。重要刺激也往往与感受具有密切的相关性，打开电视机观看新闻节目时电视上出现了一个你所熟悉的人，会立刻引起你的注意。与其他因素相比，重要性对于注意的作用更为明显。前面提到的强度、新异性和活动性等因素，他们的确能引起注意，但是不一定能够持续很长的时间，而个人重要性不仅能引起注意，还能保持注意（Craik，2006；Kaplan et al.，2010）。

2. 情绪。这里所说的情绪有两层含义。第一层含义是指刺激物与人的情绪关联，带有强烈情绪联系的刺激容易引起人们的注意。一个人在众目睽睽之下裸跑会引起人们的注意，而血迹、火灾等字眼也会因为它们强烈的情绪色彩而吸引人们的眼球（Ormrod，2012）。当然，一些承载情绪意义的刺激也往往具有较强的个人重要性。第二层含义是指人的情绪状态，情绪状态会影响人们对刺激的敏感性，人们在过于激动或情绪低落的状态下，对周围刺激的敏感性就会降低，就容易忽视他们本来应该注意的刺激。

3. 知识经验。个人已有的知识经验对于注意也有一定的影响，那些能够和已有的知识经验相联系又能增进新知识的事物，容易引起注意。十分陌生的事物或者已经非常熟知而又不能增加一点新知识的事物，则不容易引起人的注意，即使引起了注意，也不能保持长久。也就是说，对于刺激的熟悉程度要处于一个合适的水平，熟悉度太低，难以和已有的知识经验相关联，也就无法编码记忆。而熟悉度过高，不能增进人的新知识，也不容易引起人的注意。与先前知识经验有关的一个因素是人们的期待，例如，在我国古典小说中常有"欲知后事如何，且看下回分解"，这样人们就对接下来的内容有了期待，后面的内容就更容易引起人的注意。

4. 机能状态。人的机能状态也会影响人的注意力，一般来说，人们在心情愉快、精神饱满、心胸开朗时，平时不太容易引起注意的事物，这时也容易引起注意，而且注意也容易集中和持久。但是，当人身体状况不佳、身体疲乏或者困倦时，他们对周围刺激的敏感性也会降低，也很容易忽视应该注意的刺激。

（二）有意注意

有意注意是指有预定的目的，需要一定的意志努力的注意。它是由人的意识控制的，所以又被称为随意注意。有意注意反映了人的心理活动的主动性和积极性，它是由人向自己提出一定的任务，自觉地把某些刺激物区分出来作为注意的对象。如学生在上课时专心致志地听讲，克服各种无关的干扰因素，这就是有意注意。引起和保持有意注意的条件主要包括以下几个方面：

1. 明确的任务和目的。有意注意是完全在高度自觉意识的状态下进行的。这一过程中需要注意者对活动的任务和目的有明确的认知，而且还要清楚把注意维持在这些活动上的重要性。例如，初学外语的人，可能会感到记忆读音规则、生词、语法这些事情非常枯燥乏味，但是由于他们认识到外语学习的重要意义，便对外语具有了浓厚兴趣，产生了能够使用外语进行交际的动机与愿望，也就可以在学习过程中保持高度的有意注意。注意者对于完成任务的动机、愿望越强烈，与该任务有关的刺激就越容易引起人的注意，维持得也就越持久。

2.意志的努力。有意注意是一个积极的、主动的过程，受人的意识的调节和支配。在这一过程中，注意容易受到其他刺激的干扰，这些干扰可能来自人们自身的需要、情绪、经验等，也可能是外部世界与任务本身无关的刺激，它们都会导致注意的转移。另外，由于某些任务对于注意者来说是必须要做的，但是做的过程中又会遇到很多困难，或者注意者本身对此不感兴趣，也会导致注意维持的困难。在上述两种情况下，要维持人们对于这些活动或者任务的注意，就需要意志的调节，人们可以在完成任务的过程中通过自我提醒和自我命令等方式，确保注意的维持。

3.合理的安排和组织。在任务的目的和意义明确之后，还要对完成的过程进行有计划的、全面合理的组织和安排，以确保能清晰地反映那些与任务有关的对象，从而使得有意注意得以顺利时行。在学习过程中，学生把时间安排得井井有条，学习过程也组织得井然有序，这些都有利于注意的引起和维持。

有意注意是人类所特有的一种高级形式的注意，是在人的发展过程中通过自身认知和社会经验的发展而形成的。在有意注意中，言语（包括外部言语和内部言语）起着重要的作用，人们往往需要用语言来明确任务的目的和意义，并通过语言进行意志的努力，以便于维持注意。有意注意也是人类学习的一个重要条件，无意注意可以让人获得大量的外部信息，但是学习活动总是有许多使人不感兴趣、使人感到困难或者单调的因素，这就需要有意注意的监督和调节，从而使得人们能够学到那些必需的知识和技能。

（三）有意后注意

有意后注意是指有自觉的目的，但是不需要意志努力的注意，也称随意后注意，它一般是由有意注意转化而成的。刚开始从事一个任务时，人们往往需要一定意识的努力才能把注意保持在这项任务上面，但是随着知识与技能的提高以及兴趣的增长，就不需要意志的努力也可以继续保持注意了，而且这种注意是有目的性的。例如，熟练地阅读一篇文章、熟练地驾驶汽车等活动中的注意都是有意后注意。有意后注意兼具了有意注意和无意注意的优点，既服务于当前的活动与任务，具有很强的目的性，又能节省意志的持续性努力，不容易使人感到疲劳，这对于完成长期的、持续性的任务特别有利。

与无意注意相比，有意后注意需要与具体的活动和任务相关联，具有明确的目的性，是一种主动的、积极的注意，是由具体的任务所引起的，因此，有意后注意与无意注意具有本质的不同。而与有意注意相比，有意后注意不需要积极、主动的意志的努力，不需要受到意志的调节与控制，因此，它与有意注意又有本质的差别。有意后注意是在有意注意的基础上升华而来的更高级的注意形式，是我们从事工作学习，尤其是创造性智力活动所必需的条件。

三、注意的特性

指向性和集中性是注意的两个基本属性，除此之外，我们还可以从容量、稳定性、分配以及转移等四个方面去认识注意。

（一）注意的容量

注意是一种有限的认知资源，人们不可能拥有无限的注意量，不可能一次性地注意所有的事情。Ormrod（2012）使用高脚杯双歧图（如图5-3所示）来说明注意容量的有限性。在这一图形中，人们第一眼可能看到的是一个白色的高脚杯，但是如果看杯子两边黑色的部分，人们就可以看到两张相互对视的侧脸。对于高脚杯和侧脸的识别只能分开进行，因为我们不可能同时注意到它们两个。格式塔心理学把上述情况称为图形－背景（figure-ground）分离的现象，当人们把注意力集中于图形的细节时，通常同时关注背景的细节。人们可能会注意到背景中一些明显的特征，但是对其他特征则感知甚少。而要获得两个或更多的细节特征时，需要我们将注意的焦点进行切换。

图 5-3　高脚杯双歧图（Ormrod，2012）[166]

　　注意的容量就是在同一时间所能清晰地把握对象的数量，也被称为注意广度。研究表明，在一秒钟的时间之内，一般人可以注意到 4 到 6 个相互关联的字母，5 到 7 个相互关联的数字，3 到 4 个相互间没有关联的结合图形（陈小异 等，2015），但是这样的数字并不是非常可靠的，因为注意容量的大小往往要取决于刺激所需要的认知加工负担的大小（Anderson，2009；Cowan，2007）。越是复杂的任务，所需要的认知加工资源就越多，此时注意所能同时把握到的数量也就越少。相信绝大多数的读者都有学习驾驶和实际驾驶的经验，我们就以此来说明这一点。我们在刚开始学习驾驶时，因为不够熟练，需要认真地关注每一个细节，这也就意味着此时的驾驶需要占用很多的认知资源，而在此时我们开车也会全神贯注，难以注意到周围发生的事情。但是随着驾驶经验的不断增加，驾驶的行为就会变得越来越自动化，而自动化的行为就消耗很少的注意资源[1]，我们就可以在驾驶的同时与别人聊天、调整一下车内的温度、换一个收音机的频道等[2]。由此我们可以看出，人的注意广度是不断变化的。从儿童发展的角度来看，从学前到小学、初中、高中，再到大学，学生的注意广度一般会呈现出不断增加的趋势，这一方面是儿童身心发展的结果，另一方面更多是受到了学习与训练的影响。学生所受到的训练越多，自动化程度就越高，从事某个任务所占用的注意资源就越少，注意的广度也就随之增加。

[1] 自动化是外语学习的一个重要过程，我们将会在后面的几章讨论。
[2] 当然，我们并不主张人在开车的过程中去做其他事情，即使是对于熟练的驾驶员来说，把注意力都放在驾驶上也是安全的保障。

对于注意资源的有限性，目前主要有两种理论模型来解释。一种是瓶颈理论（bottleneck theory），认为人类的信息加工过程中存在着一个瓶颈，在此处人们不再平行加工所有的事情，而只能在一个时间处理一个任务。瓶颈的存在保证了人们能在一个信息加工任务完成之前不进行其他信息加工任务。另一种理论是资源理论，该理论认为，平行加工是有可能的，但是人们进行信息处理和反应的认知资源是有限的。这些资源可以进行分配来执行任务，可以是专门执行一个任务，也可以是并行处理两个甚至更多的任务，但是前提是这些任务所占用的认知资源的总量不要超过认知资源的限制。

（二）注意的稳定性

注意的稳定性也称注意的持久性，是指注意在某一对象上保持时间的长短。注意要在一定时间内保持在某种事物或者活动之上。与稳定性相反的是注意的分散，它是由无关刺激干扰或者由于对单调刺激的长期注意所引起的，使人的注意力离开当前应该注意的对象。注意的稳定性有广义与狭义之分，狭义的稳定性是指注意保持在某个具体对象上的时间，而广义的稳定性则是指注意保持在某个任务或者活动上的时间。我们不可能长时间把注意集中在某一个具体的对象上，例如，在阅读一篇文章时对其中某个单词的注意，但是我们可以长时间地把注意集中在某个任务或者活动上，例如，我们可以用几十分钟甚至数小时的时间全神贯注地阅读一篇文章或者一部文学作品。广义的稳定性说明在从事一项活动的过程中，注意并不是集中在某一个具体的对象上，但是要保持活动的总的指向。注意的稳定性与外在刺激物的本身特质有关，如对象的丰富性、变化性、新异性等，也与人的知识、经验等个体因素密切相关。

（三）注意的分配

注意分配是指人在同时进行多种活动时能把注意指向不同的对象，从而把注意合理地分配到不同的活动之中。例如，学生在上课时需要一边听老师讲课，一边记笔记，还要一边思考。注意的分配与注意容量的有限性直接相关，正是因为注意的容量是有限的，我们才需要对注意进行合理的分配以确保认知活动和任务的顺利完成。Kahneman（1973）提出了注意的中枢能量理论。该理论认为，我们的大脑中存在一个类似于电脑内存一样的中枢能量系统，在执行双重任务时，该系统就像限制电脑能够同时开启的程序数量一样限制了我们的注意资源，当两个任务所消耗的注意资源的总和不超过这个限制时，我们就能够同时完成两个或者更多的任务，否则就会像电脑"死机"那样造成整体认知能力的下降。

注意的分配是有条件的，它们主要包括：（1）活动或者任务的熟练程度。在同时进行几种活动时，只有一种活动是不够熟练的，其余的活动都应该达到近乎自动化的熟练程度。例如，有的女士一边织毛衣一边看电视，这是由于她们织毛衣的技能已经达到了很高的熟练程度，可以将大部分注意集中在电视上面。总体来说，活动的复杂程度越低、自动化程度越高，人们注意的分配也就越容易。因为熟练程度高的活动不需要占用太多的注意资源，同时对几种活动进行注意不会超过注意中枢能力的限制。（2）同时进行的几种活动之间的关联性。它们之间的关系越紧密，注意的分配也就越容易。例如，在驾驶汽车的过程中，手握方向盘，脚踏油门或者制动器，眼睛看着路标、其他车辆和行人等，这些活动之间具有一定的内在联系，因此也就很容易使得司机的眼、手和脚协调起来。（3）活动的性质。一般来说，在几种动作技能上分配注意要比在几种智力活动上分配注意更加容易，因为动作技能可以经过一定的训练而达到自动化或者接近自动化的水平，所以就占用较少的注意资源，而智力活动很难达到自动化的程度。另外，同时完成的任务之间的相似性也会影响到注意的分配，它们之间的相似性越大，同时完成的难度也就越大。Wickens（1984）在总结相关研究的基础上指出，任务之间的相似性包括加工的感觉通道（视觉、听觉、触觉）、加工阶段（输入、加工、输出等）、编码方式（言语编码、视觉编码等），如果两个任务都同时占用同样的感觉通道，或者处于同一个加工阶段，或者属于同样的编码方式，那么人们在注意分配时就比较困难。

（四）注意的转移

注意的转移是指根据当前的任务，有意识地把注意从一个对象转移到另一个对象上。注意的转移不同于注意的分散。注意的转移是有目的地把注意转向新的对象，使得原有的认知过程合理地被下一个认知过程所取代。注意的分散则是在注意需要稳定的情况下，个体被其他干扰刺激的影响而不自觉地离开需要注意的对象，转向其他对象，从而使得注意力不够集中。因此，注意的转移是积极主动的，而注意的分散则是消极被动的。

注意的转移体现了认知过程的灵活性，也是人们高效完成信息加工过程的基本保证。在学习过程中，注意转移的功能主要体现在将学习者的注意引向关键且重要的学习内容、主题和活动上。许多研究（例如：Wright et al., 2008；Ziad et al., 2002）都发现，注意的转移包括外显注意转移（overt attention shift）和内隐注意转移（covert attention shift）两种情况。外显注意转移通过外显的动作帮助我们将当前的活动和事物变成注意的中心，从而使得进　步的加工成为可能，而内隐注意转移则不需要借助外显动作而实现，两者都具有相同的作用。

四、注意的机制

注意的心理机制是许多心理学家所感兴趣的问题，并且为此进行了大量的研究。这些研究主要集中在两个方面，一是注意的选择机制，二是注意的分配机制。

（一）注意的选择机制

注意的属性和功能在于其选择性，为了研究注意的选择机制，Cherry（1953）设计了一个双耳分听的实验，受试者戴着一副耳机，他们会同时听到两个不同的信息，每条信息各自传入不同的耳朵，然后要求受试者"跟踪"其中的一条信息，也就是复述其中一条信息的话语。结果表明，绝大多数受试者只能够注意一条信息而忽略另一条。为了解释这一结果，Broadbent（1958）提出了著名的过滤理论（filter theory）。该理论认为，人们会基于外部刺激的物理特征把感觉信息组织成不同的频道，不同的刺激会按照不同的频道进入人的信息处理系统。视觉和听觉刺激的传输渠道是不一样的，这些频道会对不同类型信息的物理特征做初步的处理。例如，对于听觉刺激来说，人们只是初步地判断诸如是否是人的声音、是男的还是女的等一些大体的信息，这些信息接着就会进入到过滤器中，那些被认为是有意义和重要的信息就会通过该过滤器进入下一步的处理阶段，其他信息则会被阻断，从而被过滤掉（如图5-4所示）。

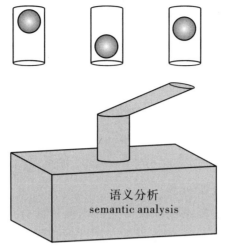

图 5-4　过滤理论简化示意图（Lieberman，2012）[341]

按照过滤理论，注意的过滤作用是全有或者是全无的性质，即通过的信息就能完全通过，没有通过的信息就会完全丧失。该理论可以解释人们在全神贯注于某一事物时，对其余事物"视而不见、听而不闻"的现象。但是在很多情况下，我们有可能会同时关注几个对象，这是注意的过滤理论所无法解释的。针对这一问题，Treisman（1964）对过滤理论进行了修正，提出了衰减理论（attenuation theory）。该理论认为注意对信息的选择并非按照全有或者全无的原则进行的，而是根据它们的物理特性使得某些信息得到衰减，而不是被完全过滤掉。当信息通过过滤器时，全部信息都会通过，只不过没有受到注意的信息被过滤器衰减，强度减弱。但是，衰减只能阻断或减弱次要的信息，却不能排除具有特殊意义的刺激通过。例如，在双耳分听的任务中，尽管要求受试者只是注意一只耳的信息（追随耳），而忽视另一只耳的信息（非追随耳），但是在非追随耳中某些对个体具有重要意义的信息（如自己的名字）仍被加工。

除了过滤理论和衰减理论之外，还有其他一些理论来解释注意的选择机制，其中包括后期选择理论（Deutsch et al.，1963）和中枢能量理论（Kahneman，1973）。后期选择理论认为所有的信息都未被衰减，而是得到了完全的加工。Deutsch 等（1963）认为人们能够知觉多条信息，但是每次只能跟踪一条信息，因此人们需要某些依据来选择跟踪一条信息。如果人们使用意义作为判断的依据，那么他们就会根据意义去选择注意的对象。中枢能量理论则不把注意的选择机制视为一个过滤装置，认为注意的选择取决于任务的难易程度。这些理论都有一定的道理，但是不论从解释力还是从影响力来看，注意的衰减理论仍然是最具影响的，也得到了许多心理学实验（例如：Treisman et al.，1967；Johnston et al.，1978）和神经学证据（Woldorff et al.，1993；Zatorre et al.，1999）支持。

（二）注意的分配机制

由于注意分配的复杂性以及研究的难度，目前心理学家对于注意分配机制的研究还处在一个初级阶段。从目前的现状来看，人们主要还是从认知资源有限性的角度来考虑注意的分配。也就是说，人们在同时执行多个任务时，会按照任务所需的注意资源的多少来进行注意力的分配。对于这一点，大家都是赞成的，但是对于注意资源的数量存在不同的看法（如图 5-5 所示）。

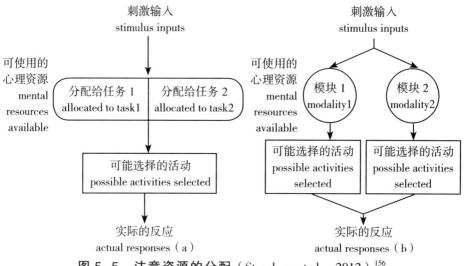

图 5-5 注意资源的分配（Sternberg et al.，2012）[156]

图 5-5 显示了目前两种对于认知资源的观点。其中左侧（a）部分所表示的观点认为人只有一个整体的认知资源模块，因此，在同时进行两项任务时，人们可以对其中的注意资源进行分配（Kahneman，1973）。右侧（b）部分观点则认为人有多个注意资源模块，分别负责对不同类型刺激的注意（McDowd，2007）。从目前来看，后者似乎更有道理（Sternberg et al., 2012），因为它能更好地解释人们在同时注意不同性质的信号刺激（例如视觉的和听觉的）时，注意的分配要容易得多这一现象。例如，我们可以一边听音乐一边阅读或者写作，但是我们不能在关注一个单词的同时也去注意另一个单词。

（三）注意的整体过程

Knudsen（2007）提出了一个综合性的注意模型（如图 5-6 所示），它可以使得我们对注意的认知机制具有更为全面的认识。

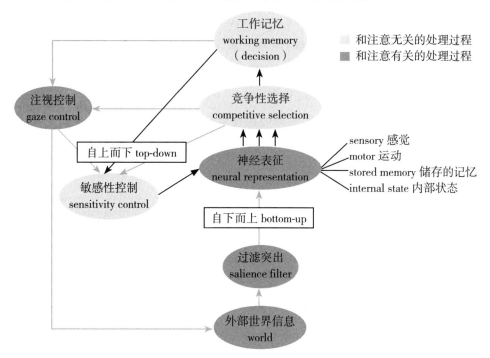

图 5-6　注意的构成要素（Knudsen，2007）[59]

按照这一模型，外部世界的信息经过神经系统的转化而进入到注意的过滤机制之中，从而使得那些重要的刺激更加突出，而那些不重要的信息则得到衰减或者弱化，这是一个自下而上的过程。此后，神经表征系统会按照不同的层级和不同信息类型（感觉、运动、内部状态、记忆等）对这些信息进行编码，以供竞争选择系统进行选择，那些强度最大的刺激表征就会进入工作记忆的神经回路而得到深层次的处理。工作记忆和竞争选择机制也可以进行自上而下的工作，指导眼睛的移动以及其他指向行为，这些指向行为又可以影响到人对外部世界信息的感知。有意注意包括工作记忆、自上而下的敏感度控制和竞争选择在内，它们之间形成一个循环的网络系统（图 5-6 中用黑色的箭头表示）。

五、注意的神经基础

注意是大脑中枢神经的兴奋和抑制相互诱导的过程，这种诱导服从优势原则。当前的物体被视为心理活动的对象时，该物体会在大脑皮层建立起一个优势兴奋中心，从而抑制其他皮层的兴奋，抑制程度越高，注意就越集中。而新的强烈刺激的出现会导致大脑的兴奋中心从当前的活动区域转到该刺激所对应的区域上面，这就是注意的转移机制（刘儒德，2010）。而对于不同对象的注意，也会因为所需付出努力程度的差异而导致大脑反应时间的不同。例如，如果一个人注意某个特定的空间位置，在刺激呈现之后 70~90 毫秒的时间内视觉皮层就会出现明显的神经反应，而当人注意一个物体而不是特定的空间位置时，到刺激呈现后 200 毫秒，我们也看不到反应，这说明基于内容的注意似乎要比基于物理特征的注意需要付出更多的努力（Anderson，2015）。

Posner 等人（Posner et al.，1971；Posner et al.，1990；Posner et al.，2007）运用大脑成像技术以及对脑损伤病人的临床观察提出了三个关于大脑神经基础的基本观点（Posner et al.，1990）：（1）大脑中的注意系统是一个与感知系统和运动系统一样的、具有解剖学意义上的独立系统，它要与其他认知系统互动，但是又有自己的独立性，选择待加工的信息与加工被选择的信息的脑区是不同的；（2）注意是由大脑不同区域构成的网络体系来完成的；（3）这些不同的区域具有各自不同的功能。基于上述认识，他们把注意分为三个子系统（Posner et al.，2007），即警觉（alerting）、指向（orienting）和执行（executive），而它们都分别由不同的神经网络来负责（如图 5-7 所示）。

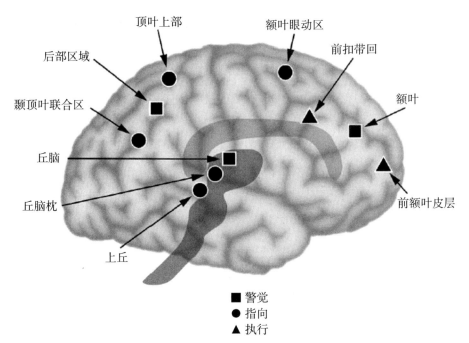

图 5-7 注意的神经基础（Posner et al.，2007）[6]

警觉是指对信号刺激形成高度的敏感性并且要对这一敏感性维持一定的时间，也就是为注意某些特定的信息做好准备。参与警觉过程的大脑神经网络由丘脑（thalamus）[1]、额叶（frontal lobe）、顶叶（图中所标后部区域）、蓝斑（locus coeruleus）[2]（图中未标出）所构成。警觉的维持主要靠蓝斑分泌的去甲肾上腺素，该神经递质对大脑的很多部位具有促兴奋作用，从而加强觉醒的状态。如果警觉系统不能正常工作，就会出现注意缺陷多动障碍（attention deficit hyperactivity disorder，ADHD）的症状，另外，人的衰老也往往伴随着警觉系统的退化。

指向是指在输入的刺激中进行信息的选择，这一过程可以是外显式的，也可以是内隐式的。参与指向过程的大脑神经网络由顶叶上部（superior parietal lobe）[3]、颞顶叶联合区（temporoparietal junction）[4]、

---

[1] 丘脑是最重要的感觉传导中继站，除嗅觉之外的所有感觉通道都在此更换神经元，另外，丘脑也是产生意识的核心器官。

[2] 蓝斑位于第四脑室底部，脑桥的前背部，是脑中合成去甲肾上腺素的主要部位。

[3] 顶叶上部与空间定位有关，而且能接受很多视觉信号。

[4] 颞顶联合区与自我意识的产生密切相关。

额叶眼动区（frontal eye fields）[1]、丘脑枕（pulvinar）[2]和上丘（superior colliculus）[3]构成。负责调节定向过程的神经递质是乙酰胆碱（acetylcholine），它由神经元释放之后负责神经之间的信号传递及调节。负责指向的神经网络在婴儿1岁时开始发育，该系统的发育缺陷可能会导致孤独症。

　　执行是指对注意过程的监控以及对思想、感觉和反应之间冲突的解决。参与执行过程的神经网络由前扣带回（anterior cingulate gyrus）[4]、腹外侧皮层（lateral ventral cortex）（图中未标出）[5]和前额叶皮层（prefrontal cortex）以及基底神经节（basal ganglia）（图中未标出）[6]构成。负责执行过程的神经递质是多巴胺（dopaminc），这种脑内分泌物质帮助神经元之间脉冲的传递，与人的情欲、感觉有关，负责传递让人兴奋、开心的信息。执行系统的障碍与阿尔茨海默病、边缘性人格障碍（borderline personality disorder，BPD）[7]和精神分裂症都有关系。

---

[1]额叶眼动区位于额叶，布罗德曼脑区的第8区，负责眼睛的移动。

[2]丘脑枕通过维持皮层正常的活跃水平和神经振荡动态，进而影响视觉信息在皮层中的传递和注意调节的发生。

[3]上丘能够对不同模式的传入信息进行整合，参与对眼球快速垂直和水平运动的控制，并参与协调眼球、头部对声、光刺激的定向运动。

[4]前扣带回位于大脑额叶内侧，可以监控目前正在进行的目标定向行为，在出现反应冲突或者错误时提供信号，并能根据当前的任务加工要求将注意资源在相关脑区中进行合理的配置。

[5]腹外侧皮层与运动的计划与协调有关。

[6]基底神经节埋藏在大脑半球深部，负责运动的协调与控制。

[7]边缘性人格障碍是精神科常见的人格障碍，患者往往表现出情绪、人际关系、自我形象、行为的不稳定，并且伴随多种冲动行为，是一种复杂又严重的精神障碍。

第二节 注意与语言学习

注意的问题"涉及认知科学的每一个领域"（Allport，1989），研究者提出了许多不同的理论来解释注意对于人类行为与学习的影响，其中自然包括语言学习。在二语习得和外语学习领域，研究者尝试从注意的工作机制出发来解释不同社会环境下二语使用的准确性、流利性以及复杂程度，也用来解释不同的教学任务对于学习者口头与书面语言使用的影响。研究者们普遍意识到，是否有足够的注意资源将会直接影响学习者对于学习材料感知的质量水平，从而进一步影响他们对于所学语言项目记忆的效果（Robinson et al.，2012）。在本节我们将从注意在语言学习中的作用、显性学习和隐性学习、注意的对象以及关注语言形式四个方面来讨论注意和语言学习之间的关系。

一、注意在语言学习中的作用

认知心理学领域普遍认同注意在人类学习中的作用，例如，颇具影响的观察学习理论（Bandura，1969，1986）把注意视为学习的第一个阶段。在这一阶段，学习者首先要注意到相关的事物，从而认识它们的意义。在语言学习领域，研究者也很早就关注到这一问题，而输入（input）与摄入（intake）的区分就很好地反映了这一点。所谓输入是指学习者所接触到的语言材料，而摄入则是指他们真正注意并感知到，且得到认知系统进一步加工和处理的语言材料。两者之间的区别是显而易见的，因为学习者在各种因素的影响下并不见得都关注到所有的语言材料以及其中所包括的语言项目，其中一个关键的因素就是注意。Corder（1967）应该是第一个关注到这一问题的学者，他指出："在课堂上，简单地向学生呈现某个语言形式并不一定保证输入的质量，其原因在于，输入只是'进来的东西'，这并不等于'进入到学习者之内的东西'，我们有理由认为，是学习者在控制这一输入，或者更为准确地说，是他们在控制自己所摄入的东西。"后来，Chaudron（1985）在讨论学习者感知与学习的心理机制的基础上把语言摄入分为起始和最终两个阶段。起始阶段主要是对语言输入的感知，最终阶段是对语义信息进行编码并进入长期记忆之中。二语习得研究主要关注在起始阶段学习者如何通过注意机制有选择性地感知输入的语言材料。但是，人们对注意在外语学习中的作用又因为 Krashen（1981，1982，1985）的语言输入理论而产生了不同的看法。

Krashen 的语言输入理论区分了习得和学习两种方式，认为学习是指有意识地学习语言形式和语法规律，通常发生在诸如课堂之类的正式学习环境之中。习得是在潜意识之中形成的对语言知识的认识和掌握，主要发生在自然的、有意义的交际环境之中。语言输入理论更强调习得的方式，认为只有通过习得学习者才能获得自然的、流利使用语言的能力。而通过学习所掌握的语言知识只能起到监控的作用，其目的是对语言的使用进行审查或修正。监控作用有三个前提条件：足够的时间、关注形式和规则知识。监控在语言产出过程中也具有重要的作用，监控不足可能会影响语言表达的准确性，致使出现过多的语言错误，从而影响交际的效果，但是过分的监控则会导致语言表达的流利性降低，同样也会影响交际的效果。由此可见，语言输入理论并不认可注意在语言学习中的作用，反而认为它有可能会对语言学习产生负面的效果。但是它强调情感因素对于语言输入的过滤作用，认为语言习得开始于语言信息的输入，但是这些信息能否被学习者顺利接收还要受到情感因素的影响。情感因素是指学习者学习动机、态度、自信心以及情绪等。Krashen 借用了 Dulay 和 Burt（1977）关于情感过滤器的提法，认为情感因素影响语言信息向大脑的传递。消极的情感态度被认为是一种过滤器，阻碍学习者对输入信息的运用，从而影响学习的效果。

语言输入理论的影响是非常大的，因为它首次比较完整地描述了二语习得过程，明确提出了这一过程之中的一些关键性的环节，很容易与二语或者外语教学的实践相结合。但是，该理论主要以对母语习得的观察为基础，忽视了它与二语习得和外语学习的差别。在此之后，尤其是在认知心理学的影响之下，各种语言学习理论，其中包括 McLaughlin 等人（McLaughlin，1987，1990b；McLaughlin et al.，1983）所提出的注意—处理模型（attention-processing model）和 VanPatten（1996）的输入处理模型（input processing model）等，他们都很重视注意在语言学习中的作用。

　　由 McLaughlin 等人（McLaughlin，1987，1990b；McLaughlin et al.，1983）所提出的注意—处理模型（Attention-processing model）也是以信息处理理论为基础的，但是他们把重点放在信息的处理机制和注意在其中所起的作用上。认知心理学认为，执行任务有受控处理（controlled process）和自动处理（automatic process）两种不同的处理方式。Shiffrin 和 Schneider（1977）认为人的记忆是通过学习而形成的复杂的相互关联的节点的集合体，其中每一个节点都是信息要素的组合。在一般情况下，这些节点都处于一种非活跃的状态，此时这一相互联结的节点系统就是长期记忆。在有外部刺激的情况下，一定数量的节点就会被激活，这些被激活的节点构成短期记忆。节点被激活的方式包括受控处理和自动处理两种。在每次有适当的输入出现时，自动处理就会激活记忆中的某些节点，这种激活是通过反复重复而形成的一种学习后的反应，在每次重复时相同的输入会引起同样类型的激活模式。自动处理都比较迅速，而且不需要占用太多的认知资源。受控处理则不是一种学习后的反应，而是一个短暂的节点激活。这一激活过程需要人们注意的控制，因此速度较慢，而且需要占用较多的认知资源。具体到学习来说，学习是在受控处理的调节下把信息向长期记忆转化的过程，也就是说，只有经过早期的受控处理，人们才能学会复杂的技能并使之自动化。Shiffrin 和 Schneider（1977）还指出，受控处理和自动处理的区分并不是依赖于意识的有无，受控的过程可以根据学习者注意焦点的差异在有意识和无意识的情况下得以实现。在诸如学习驾驶等某些新的技能时，学习者要注意整个受控处理过程，因此，他们需要把注意的焦点放到所学技能的方方面面，此时学习者是一种有意的表现（如表 5-1 中 A 单元所示）。而在学习其他技能时（例如，学习按照母语的语法来讲话），可能就不需要学习者的特别注意，他们可以在与他人交际的过程中顺便学会了语法规则，此时学习者是一种附带性的表现（如表 5-1 中 C 单元所示）。自动处理也可以在人们故意使用某个熟练的技能时而成为注意的焦点（如表 5-1 中 B 单元所示），在大多数情况下，自动处理都不需要注意的参与（如表 5-1

中 D 单元所示）。

表5-1　信息处理过程中注意的参与（McLaughlin et al.，1983）

注意	信息处理	
焦点	受控处理	自动处理
有焦点	A单元 新技能的有意表现	B单元 熟练技能的有意表现
无焦点	C单元 新技能的附带性表现	D单元 熟练技能的附带性表现

　　Shiffrin 和 Schneider（1977）还对学习的过程进行了解释，认为发展"复杂的信息处理技能"，如学习阅读，学习者必须先进行受控处理，以便为自动处理打下基础，从而向更高的学习阶段迈进，"简而言之，自动处理信息能力的发展过程可以被解释为不断从受控处理向自动处理转换的过程"。在受控处理的过程中，记忆节点是暂时按照特定的顺序被激活，也就是说，这种激活还没有"自动化"或还没有被"学会"。这一阶段需要学习者全神贯注，所以当注意力不集中或有干扰时，很难完成"受控的"任务。

　　McLaughlin 等（1983）把 Shiffrin 和 Schneider 的理论运用于语言学习之中，认为语言学习就是一个从受控处理到自动处理转化的过程。他们指出："从信息处理的角度来看，最初阶段的学习就是使用受控处理，此时注意的焦点在任务的要求上。随着学习者对情景的熟悉，对注意的需求会得到减轻，而自动处理就得到发展。"以 Shiffrin 和 Schneider（1977）的理论为基础，McLaughlin 等（1983）把注意焦点放在学习者对于语言形式特征的关注上，提出了语言学习过程中的各种情况（见表5-2）。

表5-2　语言学习过程中注意的参与（McLaughlin et al.，1983）

对于语言形式	信息处理	
特征的注意	受控处理	自动处理
有焦点	A单元 以正式规则学习为基础的表现	B单元 在考试情况下的表现
无焦点	C单元 以内隐式学习为基础的表现	D单元 在交际情景下的表现

McLaughlin 及其同事（McLeod et al., 1986；McLaughlin, 1987, 1990b）对受控处理向自动处理转化的过程进行了详细的研究，认为这一转化过程是通过重构（restructuring）来实现的。在重构的过程中，"一个任务的构成要素之间相互协调、整合或者重组成为新的单元，这样原有的构成要素就会被更为有效的程序所代替"（McLaughlin, 1990b）[118]。新学到的第二语言的信息并不是单纯地被添加到已有的知识中去，而是会改变原有的知识结构。不断进入系统的新信息必须被有序化，获得新信息的同时，现存信息的结构就必须"重建"，以便容纳新信息（McLaughlin, 1990b）。例如，学习者首先学会了"not+动词"的否定句结构，后来又逐渐发现该结构不足以解释所有的否定形式，于是又学会了"don't+动词"的形式。这一知识并不是被简单地添加到原有的知识中，而是会改变整个关于否定的概念。

VanPatten（1996，2004，2007）的输入加工模型也是目前二语习得领域颇具影响的一种理论，该理论是在 Krashen 的语言输入理论以及 McLaughlin 的注意—处理模型的基础上提出来的。与 Krashen 一样，输入加工模型也强调语言输入的重要性，没有语言输入，语言习得就不可能发生。但是 VanPatten 侧重从信息加工理论的角度来考察语言输入是如何被学习者吸收和内化的过程，其中注意起着关键性的作用。VanPatten（1996）在谈到自己理论模型的构建时指出："我们将会从认知心理学中吸取各种概念，其中最为重要的是注意。我们认为二语学习者的认知处理能力是有限的，他们只能在某个时间注意到有限的语言材料。"VanPatten（2004）指出，二语习得的过程可以用图 5-8 来表示。

图 5-8　输入加工理论关于二语习得过程的描述（VanPatten，2004）[26]

在图 5-8 中所示的二语习得过程包含着三种过程，从输入到吸收是输入加工（input processing），从吸收到发展语言系统是重构（restructuring），从发展语言系统到输出是提取（access）。在输入阶段，那些被学习者关注并进行加工的输入被转化为吸收，如果吸收的语言信息得到内化，它们就通过重构而进入学习者处于发展过程的语言系统之中，进而被提取出来用于语言的输出。二语学习者从语言输入中获取信息，主要涉及两个不同的加工过程：一是在形式和意义之间建立联系，即从特定的语言形式中获取特定的意义；二是句子分析，即建立句法结构和话语之间的映射关系。

VanPatten 认为，学习者在理解过程中如何处理语言输入很重要，学习者对于输入的理解、处理和分析策略决定了哪些输入能被转化为吸收。因此，输入加工模型把关注的重点放在了二语习得过程的第一个阶段。VanPatten（2004）认为学习者信息加工的认知资源是有限的，他们不可能注意到语言输入的所有方面并对它们进行加工。VanPatten（2004，2007）提出了两个主要的原则来解释学习者对于语言输入的加工，每个原则之下又包含几个分原则。第一条原则是意义优先原则（the primacy of meaning principle），即学习者首先对输入进行加工以获取意义，然后才是语言的形式，因此学习者首先要注意更有意义的语法形式。这一原则之内又包含着六个分原则：（1）实义词优先原则（the primacy of content words principle）。学习者优先处理语言输入中的实义词。（2）词汇偏好原则（the lexical preference principle）。当词项和语法形式中包含同样的语义信息时，学习者倾向于依靠词项来获取意义。（3）非冗余偏好原则（the preference for non-redundancy principle）。学习者更有可能优先处理没有多余意义的语法形式。（4）意义优先于非意义原则（the meaning before non-meaning principle）。与没有意义的语法形式相比，学习者更有可能处理有意义的语法形式而不会考虑冗余的问题。（5）资源的可用性原则（the availability of resources principle）。学习者在处理冗余的有意义的语法形式或者无意义的形式时，对于句子整体意义的处理不能耗尽可用的处理资源。（6）句中定位原则（the sentence location principle）。学习者倾向于首先处理位于句子开始的项目，然后是位于句子末尾和中间的项目。第二条原则是第一名词原则（the first noun principle），即使是在第一个名词不是主语的情况下，学习者也会倾向于把施事（agent）的题元角色分配给句子或者话语的第一个名词。这一原则之内又包含三个分原则：（1）词项语义原则（the lexical semantics principle）。在可能的情况下，学习者会依靠词项的语义，而不是词序来获取意义。（2）事件概率原则（the event probabilities principle）。在可能的情况下，学习者会依靠事件的概率，而不是词序来获取意义。（3）语境限制原则（the contextual constraint principle）。如果前面的语境对句子或者从句的意义阐释产生了限制，那么学习者就不再过多地依赖第一名词原则。

以上述第一条原则为基础，Barcroft 和 Wong（2013）指出，学习者是否会处理某个语言形式要依赖于该形式的交际价值（communicative value），一个语言形式的交际价值越高，它受到学习者注意并且得到处理的可能性就越大。交际价值的大小取决于两个因素，一是语言形式所固有的语义值，语义值越大，交际价值就越大。另一个是冗余度，也就是该语言形式所承载的意义在一个语境之下的多余程度，程度越高，交际价值也就越小。例如，在"Last night Martha watched television."这个句子中，过去式通过 last night 和 watch 一词的形态变化这两种方式来表示。在此情况下，watch 一词的形态变化就具有很高的冗余度，因为它所包含的过去式意义已经由 last night 表达了，因此，watch 一词形态变化的交际价值就比较低，学习者对于它的注意程度也就相应较低。

上述理论都是针对二语习得而言的，考虑到外语学习与二语习得的环境差异，注意在外语学习中的作用应该更为突出。Schmidt（1990，1995）所提出的注意假说（noticing hypothesis）尤其强调注意在外语学习中的关键性作用，甚至认为这是外语学习的唯一途径，像 Krashen（1985）所主张的那种潜意识的学习是不存在的。Schmidt（1990）明确指出："现有的数据都强烈支持这样的一个假设，即靠潜意识学习是不能学到外语的。"注意假说是基于 Schmidt 本人的外语学习经验而提出来的。他在学习的过程中发现，只有自己对某些语言特征给予关注时，它们才会真正地进入到自己的二语或者外语的语言系统。因此，他认为并非所有的语言输入都具有同等的价值，只有那些受到学习者关注的输入才能被吸收，进而进入信息加工系统而得到内化。

二、显性学习和隐性学习

显性学习和隐性学习是人类的两种最为基本的学习形式。DeKeyser（2003）指出，显性学习（explicit learning）是指学习者"意识到正在学什么的学习"，隐性学习（implicit learning）则是指学习者"未意识到正在学什么的学习"。这样的定义区分很容易产生这样的错觉，似乎显性学习需要注意的参与，而隐性学习则不需要。其实这是对两种学习方式的误解，它们都需要注意的参与，只不过所需的注意类型不同，显性学习需要更多的有意注意，隐性学习则需要更多的无意注意。关于两种学习形式与二语习得和外语学习之间的关系还存在诸多的争议（江进林，2010），在此我们不做过多的介绍，下面我们只是结合注意这一心理过程对这两种学习方式进行简单的讨论。

动物和人类一样也具有学习的能力，但是它们的学习要靠隐性学习的方式。人具有与生俱来的隐性学习能力，我们会本能地注意到外部刺激中反复同时出现的事物，并且自然而然地把它关联起来，从而形成隐性的知识，因此，Reber（1976）把隐性学习定义为"一种通过注意到频率提示而理解结构的原始过程"，Reber 等（1994）还从进化论的角度指出了隐性学习的特点：（1）强健性，不易受到技能障碍的影响；（2）不受年龄的影响；（3）稳定性，个体和群体间的差异小；（4）不受智力水平的影响；（5）具有跨物种的普遍性。儿童的语言习得更多是通过隐性学习的方式，主要靠统计式学习机制来完成（Christiansen et al.，2001）。在这一机制中，近期性（recency）和频率起着关键性的作用。近期性是指某个刺激或者信息的发生距离现在的时间，频率是指它出现的次数。人的记忆系统对于信息的近期性和频率特别敏感（Rescorla et al.，1972），它们对于语言形式和意义之间的关联会产生重要的影响。

隐性学习属于关联性学习的类型，属于比较低级的学习形式。而显性学习是在隐性学习的基础上发展而来的，是更高级的学习形式。通过隐性学习儿童具备了一定的知识与技能，这些知识会反过来指导人的行为，使得人们能够对某些特殊的知识和技能产生兴趣，从而进行有意识的学习。另外，人的身心发育也为显性学习准备了充分的神经和认知条件，随着大脑的发育，人的认知能力不断提高，具有了更大的认知资源容量以及更强的认知控制和调节能力[1]。这样在隐性学习的基础上，显性学习能力也就逐渐地发展起来。显性学习是人类所特有的，充分体现了人类在学习过程中的积极性和主动性。

在外语学习的过程中，显性学习和隐性学习都是同时起作用的。如上文所述，隐性学习不受年龄的限制[2]，在人的一生之中都会存在，自然也就存在于外语学习之中，而且隐性学习是自动的，在有语言刺激的情况之下，人们自然会进行隐性学习。通过隐性学习人们可以把语言的形式和意义关联起来（Williams，2005；Leung et al.，2011），也可以获得关于句子结构的知识（Rebuschat et al.，2006；Cleary et al.，2007）。隐性学习不要学习者付出额外的认知努力（cognitive effort），不容易产生厌倦感，从而可以提高学习的趣味性。更为重要的是，隐性学习可以使学习者大量地接触和使用语言，从而使他们获得充分的语感。但是，单靠隐性学习是不够的，其中最为关键的问题就是学习时间与学习环境。从学习时间来说，隐性学习需要大量的时间投入，这对外语学习来说几乎是不可能的。从上一章中我们对学习效率的讨论可以看出，外语学习者完全可以花费比母语习得更少的时间就可以具备使用外语进行交流的能力，其中一个重要的原因就在于外语学习者更多地使用了显性学习的方式。而从学习环境来看，尽管现代科技的发展为外语学习提供了丰富的资源，但是在以母语占据主导地位的外语学习环境中，人们接触和使用外语的机会还是有限的。

大量关于二语和外语学习的研究表明，显性学习在语言规则的学习方面要比隐性学习具有明显的优势。Doughty（1991）研究了以英语为二语的学习者学习关系从句的情况，结果表明，不论是对于语言的产出还是语言的理解，显性学习的结果都要明显好于隐性学习。高海英和戴曼纯（2004）对中国英语学习者的关系从句学习情况的研究结果也进一步证明了这一点。Ellis（1993）研究了威尔士语中起始辅音突变现象的学习情况。该研究采用了三组被试，第一组为随机组，接受了大量随机

---

[1] 请参阅本书第四章的相关内容。

[2] 当然，到了老年，人的隐性学习能力可能会有所下降（Howard et al.，1997）。

的起始辅音突变的输入，属于隐性学习的情况。其他两组都属于显性学习，但是在规则的呈现方式上有所不同。第二组为语法组，接受了规则的显性解释，然后又接受了与随机组同样的随机输入。第三组为受控组，该组受试接受了规则的显性解释，每条规则给出两个实例，之后接受了同样的随机输入。结果表明，随机组在判断曾经见过的句子是否合乎语法上表现最好，但在判断新句子是否合乎语法时则表现最差；语法组掌握了良好的规则知识，但不会使用这些知识进行语法判断；受控组在语法规则测试和语法判断中都表现最佳，这说明充分的显性学习效果最好。Norris 和 Ortega（2000）对 25 个显性学习的实验进行了全面的对比研究，结果发现显性指导比隐性指导更有效，并且其效果是持续的。Rebuschat（2008）的研究则从反面证实显性学习在规则学习方面的优势，该研究以成年学习者为对象进行了隐性学习句法规则的实验，结果表明成年学习者也可以进行隐性学习，但是他们不能通过隐性学习的方式来掌握语言规则。

主张隐性学习的一个基本理论依据在于通过隐性学习而获得的内隐知识可以带来真正的语言交际能力，而通过外显学习所获得外显知识则只能起到监控的作用（Krashen，1982）。关于这一点，学术界还存在着许多争论，不过大多数的学者（例如，DeKeyser，2003，2007；Ellis，1993）都认为，显性知识是可以通过训练转化为隐性知识的。关于这一点，我们将在第七章做更为详细的讨论。

三、注意的对象

所谓注意的对象是指学习者在接触到语言材料后优先关注的那些语言内容。上文所述的注意—处理模型和输入加工模型都对这一问题进行了比较深入的研究，尤其是输入加工模型（VanPatten，2004，2007）所提出的意义优先原则和第一名词原则更是明确指出了学习者注意分配的基本原则。还有众多研究者（例如，Gass et al.，2003；Bordag et al.，2007；Franceschina，2005；Lew-Williams，2009）对这一问题进行了研究，并且形成了一定的共识。例如，在处理语法的性时，学习者对于相关词汇构词线索（例如名词的词尾）的关注程度要大于相关的句法线索。在这些文献中，最值得我们关注的是 Talmy（2008）基于认知语言学的相关研究所做出关于人们对语言关注的优先次序的描述。在语言使用的过程中，听者可能会注意说话人所使用的语言表达方式，可能会注意这些语言表达所代表的概念内容，也可能会注意讲话的语境，但是他不可能同时注意到所有的这些方面，而在某个具体情况下，语言表达方式、概念内容和语境可能会具有不同的凸显度（salience），从而导致听者会特别注意话语中的某一个方面。语言之中包含着一个广泛的系统，这一系统会给话语的不同方面分配不同程度的凸显度。对于讲话者来说，他会利用这一系统使得自己的语言更具影响力，从而更好地实现交际的目的。对于听者来说，他会自动地利用这一系统分配自己的注意力，从而把握讲话人话语的要点，把握话语的意义。Talmy（2008）指出，在这一系统之中，有八个方面的语言因素决定注意的强度[1]。

（1）语素的属性。这里所说的语素是一个广义的概念，既包括词素、词，也包括诸如 turn in, go to sleep 之类的短语，还包括诸如 "had I known her" 这一类比较固定的从句结构，这与我们平时所说的词块（lexical chunks）类似。语素的一个基本特性就是它所属的范畴，从这一角度来看，开放类词的凸显度要大于封闭类词。在开放类词的范畴之内，名词的凸显度要大于动词，而在封闭类词的范畴之中，具有语音实体的要大于没有语音实体的词。不同词类的凸显度排列顺序（Talmy，2008）[29]如下：

open-class（N > V）> closed-class（phonological > aphonological）

Talmy（2008）指出，本质相同的概念既能用开放类词的形式也可以用封闭类词的形式来表示，例如：

a. When he arrived, ...

b. When he arrives, ...

c. On his *previous* arrival, ...

d. On his *upcoming* arrival, ...

如上面的 a 和 b 所示，英语的时态可以用动词曲折变化或者情态动

---

[1] 该部分内容的介绍参照了鹿士义所翻译的《认知语言学与第二语言习得》（世界图书出版公司，2016）的相关部分。

词来表示，而 c 和 d 中则用形容词表示同样的相对时间概念，这样用形容词所表达的相对时间概念要比封闭类词更具凸显性。

（2）词法与句法因素。上述语素的特性是指单个语素的特征，而词法和句法因素则是指这些语素的结合，其中一个重要的因素是某个语素在句子中的位置。在各种语言中，总是有某些句子的特殊位置（例如句首或者动词前位置）用以凸显某个重要的语素。例如：

a. I can't stand this kind of music right now.

b. Right now I can't stand this kind of music.

c. This kind of music I can't stand right now.

在上述三个句子中，a 是一个正常的句子，在 b 和 c 中，right now 和 this kind of music 则通过位置的变化而得到了凸显度的提升。

（3）信息指示语。上文所述的语素特性是把人的注意力吸引到自己身上，还有语素则是把人的注意力引导到其他语素身上，从而增强这些语素的凸显度。例如，在"This gadget is called a smart watch."这个句子中，is called 这一语素把听者的注意力引导到在此之后的 smart watch 上面。在实际的话语中，语音、语调都可以起到信息指示语的作用。

（4）语音因素。它涵盖了话语内所有的语音属性，其中一个就是语音的长度，语素或词语的语音长度往往与依附于其所指的凸显度有关联。一般来说，一个语素发音所用的时间越长，它的凸显度也就越高，就越容易引起听者的注意。例如，在"They promised they could contact me. Nevertheless/But they never called back."中，尽管 nevertheless 和 but 两个连词所表达的意义基本相同，但是因为发音长度的差异而导致后面内容的语用效果的差异，使用 nevertheless 一词使得此后的内容更加突出。

（5）所指（referent）的因素。主要是语素所指的内容与常规的偏离程度，一个所指与某些常规的偏离往往使得它的凸显性增强，这可以从常见性、情感色彩和普遍性三个方面来考察，不常见的事物要比常见的事物更具凸显性，例如，"He hopped/walked to the store."这个句子中的 hop 一词是不常见的，因此，它要比 walked 一词更具凸显性。情感色彩强的事物更容易引起人的注意，例如，在"She screamed/shouted to him."这个句子中，scream 要比 shout 更具感情色彩，因此更容易引起人的注意。而具体的事物要比一般的事物更具凸显性。例如，在"He drowned/died."这个句子中，drown 的所指要比 die 更加具体，因此要更具凸显性，更有可能引起人的注意。

（6）所指与其表述之间的关系。对于一个语言形式来说，人们对它所表达的概念的关注要超过对其外在形式的关注。例如，如果一个妻子对丈夫说"My sister called and said she was very sick this morning.",其中 sick 一词会使她的丈夫更加关注生病的概念，而不是这个词的语音呈现形式。

（7）表述的出现。某些表述在话语中的出现有可能会增强与之相关的概念的凸显度，话语中存在明确指称概念的显性语言形式使得概念处于前景（foreground）的位置，更容易引起人的注意，而缺少这个显性的语言形式则可能使得概念处于背景（background）的位置。在实际的交际中，说话人可能拥有某些有可能在听话人的认知中造成重复的概念复合体（conceptual complex），这一概念复合体的内容通常都过于丰富，听话人无法在简短的时间内捕获全部的内容。为了解决这个问题，说话人可以通过话语中的语言要素，仅从他丰富的概念复合体中的诸多方面选择一部分作为显性表征（explicit representation）。

（8）时间进程的属性。也就是指所要表达的概念在话语中的时间安排，包括所表达概念的近期性（recency）、所提及的累积量、排序以及设定的期望。一个概念或者一种现象被提及或者发生的时间距离现在越近，听者对它的注意也就越多。

上述八种因素中的任何一种因素都很少单独起作用，在更多的情况下，各种因素会相互结合，产生增量级次、趋同和冲突的结果。所谓增量级次是指相关的因素逐渐增加，在那些指向某些特定语言实体的注意产生一个级次。例如：

a. The goblet slowly went around the banquet table.

b. The goblet slowly passed around the banquet table.

c. The goblet was slowly passed around the banquet table.

d. The goblet was slowly passed around the banquet table by them.

e. They slowly passed the goblet around the banquet table.

f. The diners slowly passed the goblet around the banquet table.

在上述六个句子中,读者或者听者对于施事者(也就是传递杯子的人)的注意程度是依次增加的。在 a 中,施事者不是由语言形式本身明确表达出来的,而是从语境中推测出来的。在 b 中,施事者的凸显度略有提高,因为其中 pass 一词包含着一个对施事者的间接指称。句子 c 中施事者的凸显度又有所提高,其中使用及物动词 pass 所构成的被动句直接通过与第一种类型的与语法意义相关的因素来表示施事者的存在。在 d 中,施事者由一个显性的代词 them 来明确地指称,因此,它的凸显度又得到进一步的提高。在句子 e 中,代词在句首作为主语出现,这就进一步将施事者前景化,句子 f 中施事者的凸显度最高,原来的代词被替换为一个完整的名词结构。

趋同是指多种因素汇聚于相同的语言实体,使其凸显度特别高或者特别低,一种语言的语法经常会这样组织以促进某种趋同的形成。在"I went to Key West last month by plane."这个句子中,飞机的概念通过以下四个因素的会聚而使其具有很高的凸显度:(1)一个注意等级较高的实义名词;(2)该名词表达一个单独的概念;(3)处在显著的句末位置;(4)获得了重音这一语音因素。而相同的概念在"I flew to Key West last month."这个句子中,通过以下四个要素共同起作用而使其具有很低的凸显度:(1)一个注意等级较低的词汇范畴;(2)该词还包含 go、by means of 等其他概念;(3)处于并不显著的句子位置;(4)相对较低的音调。两个因素在其注意效应中也有可能相互冲突,解决的方法是要么一个因素压倒另一个因素,要么两者相互竞争,听者的注意力需要在两者之间做出选择。

Talmy(2008)所提出的框架还需要进一步研究来证实,但是这一理论框架与上文所述的影响无意注意的因素以及 VanPatten(2009,2012)所提出的输入加工基本原则,对于我们认识人们对输入语言材料的注意力的分配具有重要的意义。

四、关注语言形式

语言教学重在意义(focus on meaning)还是重在形式(focus on

form）[1]，二语和外语教学界一直对此存在争议。早期的语法翻译教学法
以及听说教学法（audiolingual method）都强调语言教学要关注语言形式，
但是到了20世纪70年代左右，交际教学法的出现又使得人们去关注语
言的意义。而后来Krashen（1985）的输入理论的出现更使得人们坚定
了关注意义的信念，因为该理论认为语言学习的唯一途径就是通过接受
可理解的语言输入。但是随着二语习得理论研究的进展，尤其是二语与
外语教学所出现的问题使得人们开始考虑语言形式的重要性。Tarone和
Swain（1995）的研究发现，在浸入式教学中，尽管学生接触目标语已经
有好几年的时间，所学的课程也是使用目标语开设的，而且他们的理解
能力和同龄的本族语的学生也相差无几，但是，他们的语法和社会语言
能力却与本族语学生相去甚远。由此可见，可理解的语言输入并不是二
语习得过程中语言发展的唯一驱动力。Schmidt（1990，1995）注意到输
入之中的语言形式是语言学习的关键，只有被注意到的东西才能被吸收。
学习者在构建语言的假设之前，他们的确需要注意到语法的特征，因为
对形式的注意是语言学习过程中必不可少的准备阶段。Gass（1997）也
认为注意之所以重要，是因为有了注意学习者才能意识到自己的中介语
和母语使用者之间在产出方面的差距，才有动力去修正自己的语法。大
量的研究表明，如果二语习得或者外语学习仅仅是经验性的，即便给学
生提供充足的可理解的语言输入和交际机会，多年以后他们也不能习得
某些形式结构，语言表达的准确性也不能尽如人意（何莲珍 等，2004）。
因此，从20世纪90年代初开始，研究者开始审视关注语言形式在二语
习得和外语学习中的作用。

　　VanPatten（1996）所提出的输入加工模型认为，注意语言形式是
语言学习过程的一个必要条件，但是由于人的注意资源有限，并不是所
有的信息都会被同时注意到，而对注意力的争夺始终存在于形式和意义
之间。在上一节我们也谈到，在无意注意的状态下，学习者对于意义的
关注程度要高于语言形式，因此，要想使他们关注语言形式，就需要对
语言输入做出必要的调整。Sharwood-Smith（1981，1991）最早提出

[1]在许多文献中，focus on form被翻译为形式教学，笔者认为还是翻译成关注语言形式
较好，因为其中不仅涉及教学本身，还涉及学习者在学习过程中注意资源的分配。

了输入强化概念（最初被称为增强形式意识），其目的在于通过对自然语言输入的人工干预提高学习者的形式意识，引导他们注意语言形式。Sharwood-Smith（1981）提出了四种输入增强的方式：第一种方式是传统的语法规则讲授，这种方式要求讲解清楚，能够让学生理解，另外还要有足够的练习活动。这样学生在掌握了这些规则之后就会有意识地注意输入中的相关语言形式。第二种方式是向学生提供间接的线索，引导学生在各种自然的交际练习中通过这些线索自己找出语言现象之内所隐含的语法规则。这种方式适合比较简单的语法规则，而对于一些比较复杂的语法规则需要采用第三种方式，也就是把这些规则进行分解，并按照不同的阶段让学生掌握这些规则。在分解之后，可以按照第二种方式，或者第四种方式来进行。第四种方式就是在老师的辅助之下让学生自己从输入中发现语言规则，而且要随着学生能力的提高逐渐减少教师的辅助程度。从外显性的程度来看，第三种和第四种的内隐程度较高，而第一种和第二种外显程度较高。此后许多研究者针对这些输入强化手段进行了研究，并从不同的角度提出了自己的输入强化策略，而且这些策略大都主张把关注语言形式与交际结合起来。

Doughty 和 Williams（1998）把关注语言形式分为前摄（proactive）和反应（reactive）两种类型。前摄型对语言形式的关注是指有形式焦点的交际任务，在教学过程中，教师根据教学的重点以及学生学习的难点预先设计形式焦点。例如，教师把现在进行时作为形式焦点，然后要求学生描述图画中的人物正在做什么，这样就可以在完成这一任务的过程中反复使用现在进行时。反应型对语言形式的关注是指不预先设定形式焦点，而是根据学生交际活动的实际情况和需要做出反应，采取措施让学生关注相关的语言形式。在这类教学中，引起学生对语言形式的关注一般采用对话的方式，也就是在学生理解或产出出现问题时，教师与学生进行意义的协商（negotiation of meaning），提醒他们注意有关的语言形式。除对话的方式外，教师也可以采用说教式的方式。在此情况下，虽然教师能够理解学生的表达，但是仍然对学生的错误进行纠正，此时产生的对话不是意义的协商，而是形式的协商（negotiation of forms）（Ellis et al., 2001, 2002）。除上述两种方式之外，Ellis 等（2001）

又提出了第三种方式，即抢先型（preemptive）。反应型主要是负面反馈，也就是在学生出现错误时，教师要通过各种方式引起学生对语言形式的注意。抢先型则是在没有出现错误的情况下，教师和学生以语言形式为话题进行对话，这类对话一般由学生引出（student-initiated），这种情况在课堂教学中很常见，学生经常会就某个单词、短语、句子结构或者语法规则的意义和用法向老师发问。有时也会由教师引起（teacher-initiated），教师有时会主动询问关于语言形式的问题。

VanPatten（2009，2012）以他的输入加工理论为基础，也提出了加工指导（processing instruction）的概念。对于 VanPatten 来说，所谓加工就是在语言输入中建立形式和意义与功能的联系，而加工指导就是通过教学干预使得学生对输入进行正确的加工。其背后的逻辑在于，"如果我们知道学习者是如何处理语言输入的（也就是他们所使用的策略以及句子理解的原则[1]），我们就能设计一些干预的措施改变学生对问题的处理方式，其结果就是习得过程中更好的语法吸收"（VanPatten，2012）。主要的教学干预就是采用有结构的语言输入（structured input），也就是通过一定的方式对语言输入进行调整以迫使学习者以形式和结构为基础来构建意义（Lee et al.，2003）。在外语学习者对语言输入进行处理的过程中，需要对句子进行句法分析，也就是把句子中的词归为不同的句法范畴，形成句子结构等。Carroll（2001）认为语言习得在很大程度上就是句法分析的问题，当学习者的句法分析出现问题时，语言的习得就会发生，因为此时学习者意识到句法分析出错了，他们需要重新进行句子结构的分析。基于这一观点，VanPatten（2009）指出，有结构的输入就是要诱使学生出现句法分析的失败，迫使他们重新进行句法分析，从而使得学生学到新的语言形式。一个典型的加工指导类课程包括指称性活动（referential activity）和情感性活动（affective activity）两种。指称性活动是有明确答案的活动，可以采用句子与图片配对的形式，所提供的句子都隐含着一个明确的语言规则（例如主语和谓语的次序等），如果学生匹配错误，就说明他们的句法分析出了问题，他们就会对有关的规

---

[1]这些原则已在上文做了介绍。

则产生警觉，然后这样反复几次，直到他们能够正确匹配为止，此时说明学生已经掌握了有关的语法规则，并且能够应用于句法分析之中。该类活动的目的在于迫使学生做出正确的分析，在做此类活动之前可以先向学生明示有关的语法规则。情感性活动是没有明确答案的活动，需要学习者根据自己的观点或者个人的经历做出回答，其目的在于强化巩固指称性活动的效果。而两种活动的共同目的在于迫使学生在关注意义的同时还要关注这些意义是用什么语言形式来编码的，而且它们的设计都要以 VanPatten（2004，2007）所提出的输入加工的基本原则为基础。

　　关注语言形式对于二语习得和外语学习的促进作用是非常明显的。Polio（2007）在综述大量的相关研究的基础上得出结论，认为采用各种输入强化策略对于二语习得具有广泛的积极影响。关注形式不仅可以促进学生二语语法能力的形成，而且对于词汇的学习也具有积极的影响。这一结果也得到了田丽丽（2011）的研究结果的支持，该研究表明，相对于聚焦意义的教学，关注形式的教学能够使中国的英语学习者更好地学习英语词汇。

第三节　对外语教学的启示

在上文中我们讨论注意以及注意与语言学习的关系，由此可以看出，注意是外语学习的必备条件之一，没有学生的注意，外语学习也就不能取得成效。我们认为，注意的心理与神经理论与外语教学的实践相结合涉及两个层次：一是宏观的层次，也就是如何激发并保持学生对外语及外语学习的注意；二是微观层次，也就是学生在学习过程中如何把自己的注意力放到他们应该关注的项目上。基于上述两个方面的考虑，我们对外语教学提出如下建议。

第一，明确具体的教学目标，让学生不断地获得成就感和满足感。从我们对注意的机制及其神经基础的讨论可以看出，看似短暂的注意中包含着极其复杂的心理过程，需要大脑许多部位的参与，这使我们能够理解为什么学生的注意力很难维持。而在记忆力维持的过程中，神经递质多巴胺的参与是关键。作为一种神经传导物质，多巴胺与人的幸福感具有密切的关系，当人感到兴奋、愉悦和满足的时候，大脑就会分泌这种物质，也只有在它的作用与调节之下，人的注意力才能长久维持。人类许多成瘾性的行为都和多巴胺的分泌有密切的关系，一些人能够通宵达旦、全神贯注地沉迷于游戏之中，除视觉和动作的刺激之外，这些游戏还能给游戏者带来及时的成就感和满足感。这给我们一个启发，我们为什么不让学生对外语学习"成瘾"呢？让他们对外语学习产生浓厚的兴趣，并能在上面保持长期的注意。要做到这一点，一个关键的因素就是外语学习能否给学生带来成就感和满足感。好的外语学习者与差的外语学习者的一个根本差别在于良性循环与恶性循环之间的差别，感觉到成功的学习者会因为大脑中多巴胺的分泌而产生愉悦感，因此也就愿意把更多的注意放到外语学习上，从而给他们带来更大的成功，如此循环，最终的结果就是外语学习的成功。而差的学习者则正好与此相反，因为体会不到学习成功，对于他们来说，外语学习给他们带来的是痛苦的经历，他们也就不愿意把注意放在外语学习上，即使有时强迫自己把有意注意放在外语学习上，这种注意也不会维持太久，从而形成一个恶性循环，最终的结果就是学习者自我放弃，半途而废。

语言是一个庞大且复杂的知识与技能系统，要想具备熟练使用外语的能力，需要学习者付出长期的、艰苦的努力，他们是难以在短时间内体会到成就感的。但是，语言的知识和技能又可以被分为许多的子项目，外语教学要对整个学习过程进行明晰的划分，让学生按照阶梯式的递进方式逐渐实现最终的学习目标，小到一个单词的发音、意义和使用，大到一个语篇的理解，我们都可以让学生在掌握这些知识或者完成这些任务的过程中体验到成功的乐趣。这就要求教师对每一节课要进行仔细的设计，要有明确具体的学习目标，类似于"提高学生的听力""扩大学生的词汇量"这样的教学目标设定对于一节课来说就太模糊了。除此之外，还要通过各种活动检验学习的效果，让学生能够直接地感受到他们的进步。

在此有必要对兴趣这一概念进行阐述。人们对感兴趣的东西自然愿意投入更多的注意，因此，兴趣是最好的老师也就成了教育的一条铁律。在外语教学中，许多人以此为出发点特别强调学习的趣味性，在课堂上组织大量的唱歌、跳舞、游戏等活动，企图以此来提高学生学习外语的兴趣。不可否认，开展趣味性强的活动可以在一定程度上提高学生的兴趣，但也不能过分强调这些活动的作用，因为这种活动对学生兴趣的维持是短暂的。从根本上讲，兴趣的真正来源还在于成功感和满足感。试想一下，一个人对游泳感兴趣，但是如果不论怎么努力都学不会，他还会对游泳感兴趣吗？同样的道理，即使学生一开始对外语学习非常感兴趣，但是如果总是没有成效，学生感受不到进步，他们还会对外语学习感兴趣吗？这个问题在目前的小学和初中英语教学中表现得比较突出。

第二，让学生充分认识外语学习的必要性，努力提高外语的个人重要性水平。个人重要性对于注意的维持至关重要，对于注意来说，刺激的强度、新异性和活动性等因素都属于外因，它们可以引起学生的注意，但是要维持这些注意，一个关键的因素就是某个教学内容或者外语学习活动对于学习者的重要性。如果学生感觉到它们与自己的发展或者实际需要息息相关，他们就会产生有意注意，刻意地通过有意识的努力去维持自己的注意力。另外，也可以产生无意注意，他们会在课外对那些和外语学习有关的内容给予更多的关注。外语学习策略中有一条是资源策略，是指学生在日常生活中充分利用各种资源学习和使用英语的策略，它在语言环境不佳的外语学习中具有特殊的地位。在上一章我们谈到，二语习得和外语学习最大的差异就是学习的环境，在这一点上外语学习具有很大的劣势，而资源策略的使用可以在一定程度上弥补外语学习的这一不足。随着我国经济与社会的发展，外语的环境也在不断改善，外语标识、多媒体、广播电视节目、报刊、互联网等都为学习者提供了丰富的学习资源，但是对于很多学生来说，这些似乎和他们没有多大的关系。造成这一现状的原因很多，主要有两个方面，一是他们不知道如何去利用这些资源，这需要外语教师进行相关的指导与帮助。另一个就是对于外语学习和他们个人发展之间的关系不够了解。对许多学生来说，外语就是一门课程，而对于为什么要学习外语，外语水平的高低对将来他们的发展到底有什么影响，其实很多人对此并不清楚。

在这一方面，我们至少有两件事情可以做。一是让学生从整体上认识外语学习对于他们的重要性。教师应该定期（如每个学期初）开展外语学习重要性的讨论活动。此类活动切忌大与空，不要泛泛而谈，要让学生结合自己的人生规划进行具体的讨论，如他们想成为什么样的人、将来准备从事什么样的工作、这些工作需要什么素质、外语能力在其中起什么作用等。二是在具体的教学中，尽可能让学生具体了解语言项目的价值，而不是笼统地告诉学生"这个词很重要"，这样学生才有可能在学习这些项目的过程中倾注全部的注意力。而要做到这一点，教师的语言水平就非常重要了。在上一章我们强调了合格的外语师资的重要性，因为只有教师具备很高的语言水平，他才能真正清楚某个语言项目的使用以及它在整个语言系统中的地位和作用，也才能给学生讲清楚。另外，我们也要注意分析学生的表现，包括课堂的话语、作业、考试的卷面等，通过分析这些材料我们可以从中找到学生存在的问题，然后把它们融入自己的教学之中，使学生感觉到这些内容与自己息息相关，也就有效地提高了教学内容在学生个人心目中的重要性。

第三，充分利用有意注意和无意注意的互补性。在人的学习过程中，有意注意和无意注意同时并存，相互弥补，相互转化。无意注意的出现主要基于外部刺激的特性以及个人的自身状态，在这一过程中学习者一般不会有疲倦感，但是学习的内容往往比较分散，不够集中，另外有些学习内容也不容易引起学生的无意注意。有意注意的优势在于目标和目的的明确性，可以使人集中精力学习到某些知识和技能，但是，有意注意需要意识的努力，而长时间紧张的意识努力容易使人产生疲倦感，从而影响学习效率。这就要求我们充分发挥有意注意和无意注意的优势，更好地实现两者之间的互补。有意注意和无意注意是可以相互交替和转化的。首先，无意注意可以转化为有意注意。一个外语学习者最初只是凭借一时的兴趣和好奇开始学习外语，他在学习过程中发现学习外语和使用外语能给他带来益处，于是便努力地去背诵单词、学习语法、听外语节目和录音、阅读外语材料，并在这一过程中克服各种困难，坚持不懈，从而保证了外语学习的效率与成功。另外，有意注意也可以转化为无意注意。对于有的学习者来说，他们最初对外语学习并不感兴趣，而且也遇到了各种各样的学习困难，但是由于他们意识到外语学习对自己的重要性，他们会通过意识的努力，排除各种干扰，把注意力维持在外语学习的各个任务和活动上。这样他们就逐渐克服了各种学习的障碍，能够轻松地进行外语学习，并且取得了学习的成功。在这种情况下，有意注意就可以转化成无意注意。从上面的描述我们可以看出，两者之间转化的一个重要条件就是要让学习者体会到学习给他们带来的益处，让他们在学习过程中不断地获得成就感，这也进一步说明上述第一条建议的重要性。

第四，基于注意的基本规律，把控学生在课堂教学中的注意力。外语学习是以课堂教学为中心展开的，让学生在课堂上不分神，把注意力都放在教师的讲授以及课堂的活动上对于外语学习的效果至关重要。本章第一节的内容对于我们认识注意的基本规律、把控学生在课堂教学中的注意力很有帮助。在此我们再着重强调几点：（1）注意资源的有限性说明，学生不可能同时注意太多的内容，因此，教师在安排一节课和其中各个环节的教学内容时一定要突出重点，切忌安排过多的内容，内容过多会导致学生注意力分配的困难，也难以达到预期的教学效果；（2）

把握课堂的节奏，让学生的注意过程得以顺利进行。这里主要涉及两个方面的问题：一是教学进度的把握，不可太快也不可太慢。节奏太快，学生处于高度紧张的状态，难以适应，也就无从合理地分配注意力，而节奏太慢，则容易导致其他因素对注意力的干扰。二是教学环节之间的转换要自然合理，要让学生清楚转换的过程，这样就使得学生注意力自然、顺利地转移，把注意放到新的教学重点上，从而有效地保证学习的效果。

（3）让学生产生合理的期待。期待对于人们注意的产生与维持具有重要的作用，人们对于自己期望知道的内容会格外地关注，这一点应用于课堂教学上就是要让学生产生合理的期待，教师要设法把一节课的主要内容转换成学生期待掌握的知识或者希望具备的技能。期待的产生可以通过教师的教学来告知学生，例如，教师可以在课堂开始之前清楚地交代本节课的教学目标和教学内容，另外也可以在课堂结束之前提前告知学生下一节课要解决的问题。期待的产生也可以通过课前预习的方式来实现，学生可以给自己提出几个下节课需要解决的问题，然后尝试在上课过程中找到这些问题的答案。（4）重视新颖性在引起学生注意中的作用。这一点主要体现在教师的教学方式上，我们可以采取一些新颖的、与平时不同的讲课方式来讲授那些重点和难点问题，例如一些和学生原有的知识点相冲突的知识，就能够很好地抓住学生的注意，而且新颖的方式如果与重要的知识点相关联，则有助于学生对新知识的掌握。另外，教师要善于利用话语中的声音要素，充满激情的声音总是会对学生的注意力产生很强的吸引，而对于那些希望学生特别关注的内容，教师则可以通过突然降低说话的速度、提高说话的嗓音、延长停顿的时间、使用夸张的话语（有意识地延长重点词、短语或者句子）等方法来吸引学生的注意力。（5）教师要在教室内适当地移动。运动性是影响人们注意的重要因素之一，人们对于移动物体的注意程度一般要高于静止的物体，因此，为了吸引学生对教师授课内容的注意，教师在上课过程中不要静止地站在黑板前，而要适当地在教室中移动。除此之外，教师肢体语言的运用也是增强自身运动性、吸引学生注意力的有效手段。

第五，充分考虑学习者在注意方面的个体差异。注意的维持、分配以及转移都与学生对注意的控制能力有关。学生在控制注意的能力方面是存在差异的，控制能力的高低与学生的年龄、智力，以及是否有学习障碍等都有关系。教师应该认真观察学生在课堂的表现，根据注意的规律对每个学生的注意力特点做出准确的评判，然后在教学中针对学生的特点做出有针对性的指导。尤其是对那些注意力控制能力比较差的学生，教师不能简单地归咎于他们的学习态度不端正、不刻苦，要认真分析外在表现背后的真正原因，并给予他们更多地关注。例如，在课外多给他们一些提醒，在课堂上发现他们走神时可以自然地走到他们的旁边，采用轻拍学生的肩膀等肢体语言给予他们善意的提醒，以帮助他们把注意力重新转移到课堂学习上来。在学习者的个体差异方面，一个值得特别关注的是人的年龄与注意稳定性之间的关系。如图 5-9 所示，人在 17 岁，也就是成年之前注意的稳定性是不断增强的。

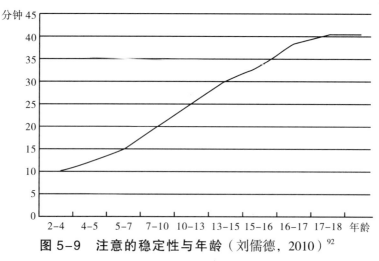

图 5-9　注意的稳定性与年龄（刘儒德，2010）[92]

　　图 5-9 为课堂教学提供了一个重要的依据，我们可以根据学生的年龄来确定他们的注意力所能维持的时间，并在此基础上科学地安排教学内容和教学环节，并把握教学的节奏。当教师预计到学生的注意力将要分散的时候，就要采取相应的措施，例如，变化讲课的方式、调整学习的内容等，从而使学生的注意力维持在课堂的学习中。

　　第六，在交际活动中采用输入强化的策略。隐性教学就是要通过语言交际活动，让学生通过真实的语言输入来获得语言知识，形成语言技能。但是，由于受到学习环境的限制，外语学习者难以完全靠隐性学习来习得外语，这就要求我们在交际活动中采用输入强化的策略，使得学生在建构意义的同时关注语言形式，关注人们是如何通过语言形式来表达意义的。而要做到这一点就需要我们对学生的语言输入（包括听和读）进行精心的选择与设计，在这一方面我们特别强调几点：（1）语言输入的可理解性。Krashen（1985）的语言输入理论尽管过分强调了习得的重要性，但是他对于语言输入的观点还是广为人们所接受的。Krashen（1981）指出，"语言习得发生的一个重要条件是学习者能够通过听和读理解含有略微超出他现有能力的语言结构的输入。……如果学习者处在 i 的阶段或水平，那么他所理解的语言应该处于 i+1"。也就是说，学习者所接受的语言输入一定要难度适宜，i+2 的语言输入太难，而 i+0 的语言输入则过于简单，都不会导致语言习得的发生。（2）要强化的语言形式不仅仅是语法规则，也包括词汇、短语、习语、搭配、句型层次的语言结构，还包括有关篇章结构的知识。（3）提高学生的语言形式意识，可以开展专门的活动来达到这一目的。此类活动的目的不是发展学生运用目标结构的能力，而是让学生养成关注语言形式的习惯，提升他们对语言形式特征的意识，从而促进他们今后能够注意到交际输入的特征。例如，我们可以采用正确句子与不正确句子比较的方法，帮助学生看出某个语言形式的使用规则。这样学生对于这个语言形式的意识被提高了，他们就可能会在交际中更容易注意到它，直至彻底掌握这一语言形式。（4）凸显输入材料中的目标语言形式。在交际活动中，给学生提供的语言输入一定是经过精心选择的，除满足可理解性的要求之外，还要能够很好地体现目标结构用法。在此基础上，要对目标形式做提高凸显度的处理，最简单的做法是在目标语言形式下面画线或者做斜体或者黑体的处理，另外我们还可以参照本章中所述的影响无意注意的因素、VanPatten（2009，2012）所提出的输入加工基本原则以及 Talmy（2008）所提出的语言注意框架，以他们的理论为基础做一些深层次的处理。（5）关于一些具体的输入强化策略，我们在前面的内容中已经做了一些介绍，另外 Wong（2005）也有详细的介绍并且附有大量的实例，限于篇幅在此不再重复，请感兴趣的读者进一步参照阅读。

第七，在外语教学中注重注意能力（attentional competence）的培养。注意能力的培养应该成为外语教学的一个重要部分。其中包含两个方面的含义，一是把注意能力作为学习能力的一部分来培养，让学生在学习过程中既注意语言的意义又注意这些意义是如何通过各种语言形式来表达的，前面所述的输入强化策略以及相关的活动就与这一能力有关。另外，我们也可以围绕注意的稳定性和注意的广度进行训练。注意的广度与学习效率直接相关，学生的注意广度越大，他们的学习效率也就越高。许多研究表明，有经验的阅读者能够在同样的一瞥中掌握更多的单词，建立更长的义群，并以义群为单位进行阅读。而经验不足的阅读者则逐字逐词地阅读，阅读速度自然会慢很多。另一个含义是把注意能力作为语言能力的一部分来培养。这一点首先是由 Talmy（2008）提出来的，他们描述自己的语言注意框架之后，指出"这些注意效应的跨语言差异可能对一语和二语习得有所启示，……L2 中不同于成人 L1 中的注意分配机制，可能更难以学习。当前对语言中注意系统的研究也许为研究语言中的注意能力的习得奠定基础"。Canale 和 Swain（1980）认为语言交际能力（communicative competence）包括语法能力、社会语言能力、话语能力和策略能力四个方面，这些都属于学习者行为表现的层次。而从内在的心理机制来说，学习者还应具备注意能力。由本章的讨论我们可以看出，语言中都存在着一个内在的注意分配系统，语言使用者通过这一机制给各种语言表达形式、它们的所指或者语境以不同的凸显程度。这一系统是顺利完成语言交际活动的必需要求，对于说话者或写作者来说，只有掌握这一系统，他们才能够准确地表达自己的思想，而对听者或者读者来说，也只有掌握这一系统，他们才能准确理解他人要表达的意思。在不同的语言之间，注意系统存在着许多共性的同时，也存在着许多差异。外语学习者很可能会因为没有掌握目标语的注意系统而导致交际的失败或者失误，有时不能准确理解母语者所要表达的真正意图，有时也会因为注意系统使用的缺陷而导致母语者的误解。因此，注意能力的培养应该成为外语教学的重要目标和重要内容。这一点目前还是外语教学研究的一个新领域，非常值得关注。

本章小结

"注意是选择者，帮助我们筛选对我们有意义的信息，淘汰无关的内容。注意是放大器，被选择的信息成为它的焦点，并得到进一步的加工和存储。注意是指南针，引导着我们认知的方向。注意是分派者，多项任务并行不悖全靠它。"（刘儒德，2010）[86] 这段话很形象地说明了注意在人的认知过程中的重要作用。只有对信息给予充分的注意，它们才能进入工作记忆中，并且得到充分的加工和处理，进而长久地在长期记忆中保存下来。Hunt 和 Love（1972）对一位超常记忆者 V. P. 的研究指出，"集中注意力"对于他的超常记忆能力是一个非常重要的因素。在外语学习的过程中，充分的注意是输入吸收的基本保证，因此，要想提高外语教学的成效，引起学生对语言输入的注意，设法使他们维持注意并且合理地分配自己的注意资源是外语教学的关键环节。

第六章　工作记忆与外语学习

　　记忆是指人类的神经系统存储信息的功能，它与学习密不可分，可以被视为同一系统的两个组成部分。学习强调的是信息的获取，而记忆强调的是信息的保持。没有学习，记忆也就没有实质内容，而没有记忆，学习也不会有结果。工作记忆（working memory）是记忆的第二个阶段。来自外部环境的信息被短暂地保持在感觉记忆中，如果没有受到注意，这些信息就会直接从感觉记忆中消退。而受到注意的信息就会进入工作记忆中，在经过一系列的加工之后，一部分信息就会进入长期记忆而得到长期的存储。工作记忆的最大特点在于其具有明确的意识性和心理运作的功能。它不仅具有存储信息的功能，更为重要的是，它还具有加工信息的功能，是外部信息进入长期记忆的一个关键环节，是人的思维过程的基本支撑结构，我们各种有意进行的认知活动都是靠工作记忆来完成的。而具体到外语学习来说，我们对于单词的记忆、语言的理解和产出等都离不开工作记忆。因此，在本章中我们将集中探讨工作记忆和外语学习之间的关系。

第一节 工作记忆

针对记忆的科学研究最早开始于 Ebbinghaus（1885，1913）对于记忆与遗忘的研究，此后不久 James（1890）又区分了初级记忆（primary memory）和次级记忆（secondary memory），前者是指人们对当前所能够感受到的少量信息的储存，而后者则是指对大量信息的长期储存。这一区分为后来的短时记忆和长期记忆的提出奠定了基础。

一、从短时记忆到工作记忆

短时记忆（short term memory，STM）的概念首先出现于 Atkinson 和 Shiffrin（1968）所提出的记忆模型（如图 6-1 所示），它与 James（1890）所提出的初级记忆密切相关，用来指介于感觉记忆和长期记忆之间对信息进行短暂存储的过程。信息首先被存储在感觉记忆中，被注意选择的事件或信息将进入短时记忆。如果进入短时记忆的事件得到复述就可以进入长期记忆。

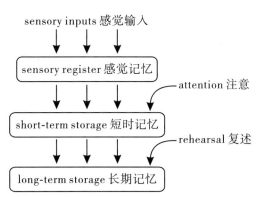

图 6-1　Atkinson 和 Shiffrin 的记忆模型（Gazzaniga et al.，2014）[385]

在此之后，人们对短时记忆进行了大量的研究，其中包括短时记忆存在的客观性（例如：Baddeley et al.，1988；Basso et al.，1982；Shallice et al.，1977）、容量（例如：Miller，1956；Cowan，2000）等。随着研究的深入，人们开始逐渐意识到短时记忆的概念无法准确地描述处在感觉记忆和长期记忆之间的这一信息处理阶段的特点，这主要表现在三个方面（Eysenck et al.，2010）。首先，短时记忆的概念过于简单化，没有对其中的具体构成成分进行进一步的区分。其次，短时记忆被视为是感觉记忆和长期记忆的中间环节，信息流动的方向是单向的，也就是说，只有经过短时记忆的信息才能进入到长期记忆。而实际上，短时记忆也需要从长期记忆中提取信息。第三，短时记忆的信息被认为是有意识的内容（Atkinson et al.，1968），这就意味着只有那些有意识地加工的信息才能被储存到短时记忆之中，然后再进入长期记忆。这就无法解释人们内隐学习的现实。除了上述三点之外，短时记忆的概念更加强调它的信息储存功能，它被更多地视为供感知信息流入并得以短暂储存的类似于杯子一样的容器（Buchsbaum，2015）。其实除储存的功能之外，短时记忆还具有信息处理的功能。

Baddeley 和 Hitch（1974）指出，单一的短时记忆并不足以解释在短时间内对信息的维持与加工，他们在模拟短时记忆实验的基础上提出了工作记忆的概念及其工作模型[1]，以体现该信息处理阶段的主动性和动态性。工作记忆是容量有限的、在短时间内保存信息，并对这些信息进行心理处理的过程，因此，工作记忆不仅可以被动地存储信息，而且可以主动地处理信息，这是一个对信息进行各种调控加工的"工作场所"。工作记忆的内容可以来自感觉记忆的感觉输入，也可以从长期记忆中提取。Klatzky（1980）把工作记忆比作一个木器店里的工作台，木头和其他的原材料都放置其上，并且要被加工成橱柜之类的新物件。所使用的工具和材料来自商店的库房（相当于长期记忆），也可以来自外面的市场（相当于感觉记忆），但是不论来源是哪里，它们都要被放置在工作台上，以方便加工。同样，工作记忆就是我们信息的工作台，在这里，来自感觉记忆的新信息和来自长期记忆的旧信息相结合而形成新的产品。

从短时记忆到工作记忆代表着认知心理学对于记忆研究的不断拓展与深化。尽管目前还有一些学者（例如，Cowan，2008）认为短时记忆和工作记忆是两个不同的记忆系统，但是人们还是更多地把两者结合起

---

[1] 最早使用工作记忆这一术语的是Pribram等（1960），但是含义不同，他们用这一术语指行为的计划。

来，笼统地以工作记忆指代介于感觉记忆和长期记忆之间信息的保持与加工过程，而且在很多情况下，两个概念是互换使用的。

二、工作记忆模型与工作原理

Baddeley 和 Hitch（1974）认为工作记忆包括中央执行系统（central executive system）、语音回路（phonological loop）和视觉空间模板（visuospatial sketchpad）（如图 6-2 所示）。

中央执行系统

语音回路　　　　视觉空间模板

图 6-2　工作记忆三成分模型示意图（Lieberman，2012）[329]

中央执行系统是一种注意控制机制，是工作记忆的核心，语音回路和视觉空间模板被认为是它的从属系统（slave system）。中央执行系统负责工作记忆中的控制性加工，包括工作记忆中各个子系统功能的协调、对编码和提取策略的控制、操控注意管理系统以及从长期记忆中提取信息（Baddeley，1992）。它可以将信息送入任意的从属系统，也可以从它们中提取信息，还可以将一个系统中的信息转化成另一个系统中的信息。中央执行系统一个重要作用就是把人的注意力导向相关联的信息上，同时抑制不相关的信息和不恰当的行为。当大脑在处理多个认知任务时，它负责协调不同的认知加工过程。

语音回路负责处理语言信息，包括语音存储装置（phonological store）和发音复述装置（articulatory rehearsal system），其中前者负责语音信息的存储。语音信息以记忆痕迹（memory trace）的形式短暂存储在语音存储装置之中，这些记忆痕迹如果得不到及时重复，就会很快衰退甚至消失。要想把记忆保持下来，就需要发音复述装置对其进行复述。语音信息可以直接进入语音存储装置，视觉的语言信息则需要通过发音复述装置转化为语音信息再进入语音存储装置。因此，发音复述装置的功能有两个，一是通过复述不断加强将要消退的记忆痕迹，二是将视觉语言信息转化为听觉语言信息，从而使其进入语音存储装置。对于发音复述装置的作用，一个典型的例子就是记电话号码，当一个人被告知一个电话号码时，他要一遍一遍地复述这个号码直到拨完电话为止。复述信息而使得它们在工作记忆中保持活跃的过程被称为保持性复述（maintenance rehearsal），它经常采用无声语言的形式（Baddeley，2001）。人们能够通过复述储存到工作记忆中的信息数量是有上限的，而这个上限反映了在其开始消退之前能够复述的信息量，词长效应就很好地反映了这一点。所谓词长效应是指人们能够同时记住的短词的数量要多于长词，这说明人能够复述的信息量是有限的。Baddeley（2001）把这种现象比作一个杂技演员必须同时转动多个盘子，他可以操控的盘子的数量不是无限的，他必须不断地接触每一个盘子而使其保持转动。与此相似，在工作记忆中，人们需要不断地复述学过的词以使之在记忆中保持活跃。在上述两种情况中，盘子和词的数量都是有上限的。

视觉空间模板负责视觉和空间信息的存储与处理，可以在工作记忆中形成视觉图像，也可以进行诸如旋转之类的处理活动。Ormrod（2012）用这样的实例来说明工作记忆中视觉空间的编码。如图6-3所示，先看物体A，然后再看物体B，如果要确定物体B与物体A是否相同，我们就需要对物体B进行心理旋转，只要将它旋转180度就会发现两者之间在三维结构上是相同的。同样，只要将物体C的右端向下旋转一点并朝向自己，就会发现C和A的三维结构是不一样的，C是A的翻转镜像。视觉空间模板包括视觉缓存和内部抄写器两个部分，视觉缓存的功能在于对视觉信息进行短暂的存储，而内部抄写器的功能在于保持空间运动序列，并在视觉信息的操作和复述中发挥作用（Logie，1999）。

物体 A　　　　　　　物体 B　　　　　　　物体 C

图 6-3　工作记忆中视觉空间编码示例（Ormrod，2012）[170]

虽然工作记忆更多是处理语音信息，但是人们对于视觉空间信息的记忆能力依然很强。在 Standing（1973）的研究中，研究者向被试一次性呈现一万幅图片，每个图片的呈现时间仅为 5 秒，在两天之后再次向被试呈现这些图片，并要求他们确定哪幅图片是曾经看到过的。结果表明，在 83% 的情况下被试都能做出正确的回答。这一结果充分说明了视觉空间模板的信息处理能力。

后来，Baddeley（2000）又对原来的三成分模型进行了修订，提出了四成分模型（如图 6-4 所示）。与三成分模型相比，四成分模型具有两个突出的特点。一个特点是它进一步强调了工作记忆和长期记忆之间的互动关系，一方面经过工作记忆处理的信息在得到复述的情况下就会进入长期记忆并与工作记忆中被激活的信息建立联系，另一方面长期记忆中的信息也可以进入工作记忆之中。例如，我们在阅读一篇文章的过程中，工作记忆只能保持最后读到的几个词或者句子。我们可以反复读几遍以复述的方式记住某个要点，或者考虑这些词或句子与文章或者段落主题之间的关系，此时就需要提取已经储存到长期记忆中的信息。四成分模型的另一个特点是在从属系统中增加了情景缓冲器（episodic buffer）这一成分。Baddeley（2000）发现，原来的工作记忆模型忽略了一个重要的问题，那就是哪一部分负责信息的整合，并对整合的结果进行短暂的存贮。而情景缓冲器能够提供一个将来自语音回路、视觉空间模板和长期记忆的信息进行整合的平台，这些信息在情景缓冲器中得到暂时的存储，并对它们进行整合从而形成对特定情境或片段的整体理解。情景缓冲器受中央执行系统的控制，而且可以通过意识从情景缓冲器中提取信息。Baddeley 又把工作记忆与长期记忆的互动关系综合考虑在内，把工作记忆分为三个层次：居于最高层的是中央执行系统，是最高级的控制过程；居于中间的是信息临时加工系统，包括语音回路（phonological loop）、情景缓冲器（episodic buffer）和视觉空间模板（visuospatial sketchpad）三个部分；最下面的是长期记忆（LTM），包括视觉记忆（visual semantics）、情景长期记忆（episodic LTM）和语言（language）。

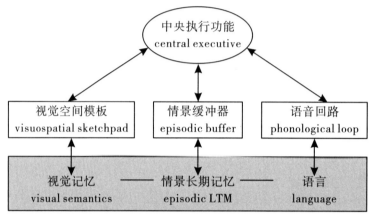

图 6-4　工作记忆四成分模型（Baddeley，2006）[24]

中央执行系统无疑是工作记忆中最高级的成分，它指挥工作记忆中的信息加工，也指挥信息在工作记忆中的转入和转出。与此同时，它也是工作记忆最为复杂的组成部分。Miyake 等人（2000）首次通过结构方程建模的方式提出，中央执行系统主要由转换（shifting）、抑制（inhibition）和刷新（updating）三个相互依赖而又相对独立的部分组成。转换是指在不同的认知任务和心理操作之间的转换。工作记忆是一个动态的过程，是连续流动的，由若干个短时记忆随着时间的顺序组合成的连续记忆系统。工作中，由于内容不断变化、更新，短时记忆也就随着时间的进展而不断地变化。复杂的认知活动往往需要同时进行多项任务，而且，在一个任务完成之后紧接着就要从事另一个任务，中央执行系统需要对人们的注意进行调节，从而顺利地从一个任务转向另一个任务。抑制就是控制那些与当前任务不相关或者关联性不强的信息，防止它们对正在进行的任务造成干扰。刷新功能与高级认知活动的关系最为密切（Friedman et al.，2006）。由于工作记忆的容量是有限的，中央执行功能需要根据新呈现的信息不断地更新其中的内容，因此，在工作记忆中存在着一个重要的刷新机制（updating mechanism），它的主要功能在于监控新输入的信息、区分与当前任务相关性较大的新信息和与当前任务关系不太大的旧信息，以不断对工作记忆中的内容进行修正（Kane et al., 2002）。Ecker 等（2010）指出，工作记忆的刷新机制由提取、转化和替换三个部分组成。提取就是把那些处于注意焦点之外的信息提取出来，转化就是对工作记忆中的信息表征进行修正，以确保工作记忆正常、高效地进行，而替换就是用与当前任务关联性更强的信息取代那些与当前任务关联不太强的信息。Kessler 和 Meiran（2006，2008）认为替换是一种选择的过程，人们并不是一次就把所有的信息都替换掉，而只是替换其中一部分，而大部分的信息都会得到保留。

三、工作记忆中信息的存储

工作记忆的两大功能之一是其对信息的存储功能，这一功能的特点主要体现在三个方面：一是持续时间的长短；二是所能存储信息的多少，也就是工作记忆的容量；三是存储的编码形式。

工作记忆持续的时间非常短暂，如果不迅速进行复述，其中的信息就会很快消失。Peterson 等（1959）所做的一项经典实验就很好地证明了这一点。他们给受试看一些由三个辅音字母组成的无意义的音节（如 khv），然后让受试在做完算术题之后再回忆这些无意义的音节。做算术题的目的在于防止受试复述无意义音节。由于数字不必存储，所以做算术题没有干扰无意义音节在工作记忆中的存储。结果表明，当回忆只延迟 3 秒时，被试回忆的准确率能达到 80%，而经过 18 秒之后，准确率只有 10%。由此可见，工作记忆中信息的持续时间是很短的，一些信息没有得到进一步的加工会逐渐消退，还有一些信息可能会因为中央执行系统的刷新功能而被新的信息所取代。

工作记忆的容量是有限的，只能存储很少的信息[1]。Miller（1956）最早提出工作记忆的容量为 7±2 个项目，也就是说人们在工作记忆中一次性能记住 5~9 个单元的信息量，而平均数为 7[2]。尽管工作记忆中的单

---

[1] 工作记忆容量有限并不见得是一件坏事，它可以迫使学习者去浓缩、组织和整合他们所接收到的信息，从长期的效果来说，这些过程对于学习是有益的。

[2] 对于工作记忆或短时记忆容量为7的说法，最早可以追溯到19世纪哲学家Hamilton爵士，据说他观察发现，"假如把一大把弹子扔在地板上，你至少立刻记住6到7个"（Miller, 1956）。

元数量是有限的，但是人们可以通过组块（chunking）的方式来增加单元内的信息量。所谓组块就是采用某种方式把信息组织起来，例如，电话号码 3285761 包含 7 个数字，如果去孤立地记住每个数字对大多数人来说比较困难，但是如果把这些数字分成两组，如 328-5761，记起来就容易多了，实际上我们大多数人也都是这样记忆的。Ormrod（2012）[168]以这样的类比来说明组块对于记忆容量的影响，"如果你仅持有 7 块硬币，那么比起 7 分钱，你持有 7 元钱或者 7 块金币，会富有得多"。

Miller（1956）的研究非常具有影响力，尤其是关于通过组块来扩大记忆容量的观点至今仍然被广泛接受。至于工作记忆容量的具体数字则有不同的看法。Simon（1974）发现，在测量他自己的工作记忆容量时，尽管他能记住 7 个单音节或者双音节的词，但是只能记住 6 个 3 音节的词、4 个双词短语以及更少的较长短语。Cowan（2010）的研究发现，年轻成年人在工作记忆阶段只能记住 3~5 个有意义的项目（如短句），他借用披头士的经典专辑名称，同时也照应 Miller（1956）对于数字 7 的称呼，将该容量称为神秘的数字 4。

其实，要想真正明确地确定工作记忆的容量几乎是不可能的，因为工作记忆所能处理的信息量的大小是由多种因素确定的。这些因素首先来自人与人之间的个体差异，不同人的工作记忆容量是不同的（Cowan，2010；Christopher et al.，2017），例如，低龄儿童要比大龄儿童的工作记忆容量小一些（Ben-Yehudah et al.，2007；Van Leijenhorst et al.，2007）。另一个因素与要记忆的信息特点有关。首先是项目中所包含信息的复杂程度，复杂程度越高，人们的工作记忆所能记住的项目就越少（Alvarez et al.，2004；Taylor et al.，2017）。除了其中所包含的信息量多少之外，这些信息之间关联的强弱程度也具有重要的影响，一般来说，关联程度越大，人们的工作记忆所能记住的项目也就越多（Alvarez et al.，2004；Baddeley，2001）。另外，确定工作记忆容量的困难还来自这一概念的定义本身。工作记忆同时具有信息储存和处理的功能，那么它的容量是指储存的容量还是工作记忆同时所能加工的信息量，或者是两种之间的结合，人们对这一点还不是特别的清楚（Craik et al.，1972）。

　　为了把外部刺激储存到记忆之中，我们需要对这些信息进行编码。工作记忆中的信息包含多种形式，包括视觉、空间知觉、触觉、听觉等，在各种信息编码之中，听觉编码是最为优先的，同时也是最多的。Conrad（1964）所做的一个经典研究很好地说明了听觉编码在工作记忆中的优先性。在这一研究中，Conrad 给成年受试者视觉呈现 6 个字母的序列，每次一个，中间间隔 750 毫秒。当每个序列最后一个字母出现时，受试者就迅速写下刚才所呈现的 6 个字母，想不起来的可以猜测。结果表明，当出现回忆错误时，受试者认为看过的字母与原字母在发音上更相似，而不是在形状上，例如，F 有 131 次被错误地回忆为与之发音类似的 S，而被回忆成与之形状相似的字母 P 的次数仅为 14 次。这说明人们在工作记忆中更倾向于对信息进行语音编码。对于语言信息的处理更是如此，如上文所述，人们所听到的语言材料会直接进入语音回路中的语音存储之中，而对于书面的文字材料，发音复述装置也会把这些文字材料转化为语音编码而转入语音存储之中。Ellis 和 Hennelly（1980）所进行的一项研究也进一步证实了语音编码在工作记忆中的重要性。他们选了一些既能讲英语又能讲威尔士语的人作为受试者，并使用这两种语言进行工作记忆容量的实验。所采用的英语词和威尔士语词的音节数量相同，但是由于威尔士语词中的元音发音时间要长于英语词，这就导致威尔士语词的发音时间要长于英语词。结果表明，受试者所能记住的威尔士语词的数量要明显少于英语词。

　　即使对于视觉、空间知觉和触觉信息来说，人们在进行有意识的复述时也倾向于把它们转化为语音编码。例如，Postma 和 De Haan（1996）的研究表明，人们在记忆物体的位置任务中就有言语成分的参与。还有一些早期的研究（Di Vesta et al.，1969；Underwood et al.，1960）表明，当项目可以被读出来时记忆起来更容易，例如，无意义音节 DNK 会比 BPX 更容易记忆，因为 DNK 的发音更容易。这也从一个方面说明工作记忆中语音编码的优先性。

四、从工作记忆到长期记忆

　　工作记忆是感觉记忆和长期记忆之间的中转站，但是工作记忆的容量有限，一次只能处理很少的信息，其结果就是许多信息在从工作记忆向长期记忆的转换过程中丢失了。因此，从学习的角度出发，人们更感兴趣的是，短时记忆的信息是如何进入长期记忆的，因为只有进入长期记忆之中，并且能够在长期记忆中得到很好的保持，学习才可以真正地发生。

（一）复述

如上文所述，复述在信息从工作记忆转向长期记忆的过程中起着关键性的作用。工作记忆的容量以及信息能够在工作记忆中保持的时间都是有限的，如果信息得不到复述，就会很容易从工作记忆中衰减甚至消失。Rundus（1971）所做的一项研究就很好地说明复述的重要性。他让受试者出声复述，发现受试者对一个项目复述得越多，就越有可能记住。Anderson（2009）指出，此类数据对工作记忆理论是非常重要的。因为它反映了工作记忆的基本特性与功能，它是信息到达长期记忆必经的中转站，信息必须要在工作记忆中保持一段时间，而且保持的时间越长，就越有可能被记住。一些早期的研究（例如：Nelson，1977；Rundus，1971）都证明对于经常复述的信息的记忆效果要比不经常复述的要好。

当然，靠单纯的复述并不一定确保工作记忆的信息能够顺利进入长期记忆之中。Glenberg 等人（1977）的研究表明简单的复述并不一定会带来更好的记忆效果。要想顺利实现信息从工作记忆向长期记忆的转移，还需要在复述过程中提高信息加工的深度和对信息进行精细化（elaboration）处理。

（二）加工深度

Craik 和 Lockhart（1972）指出，记忆的关键不在于复述时间的长短而在于信息加工的深度，根本没有被加工的东西只能留下一个粗略的印象，这就是所谓的加工深度理论。该理论认为人们对信息的加工存在深度的差异，对于信息的初级加工只是针对它们的物理或者感知特征，例如线条、角度、亮度、音高、音强、响度等，而对信息的深层加工则需要基于过去学习的知识（此时需要从长期记忆中提取相关的信息），进行模式识别（pattern recognition）[1]和意义的提取。而加工深度正是以对信息的语义和认知分析程度来衡量的，分析程度越高，加工深度也就越大。在一个刺激被识别之后，我们还可以做进一步深入的处理。例如，在一个词被识别出来之后，我们还可以基于过去的经验联想到与之相关的单词、图像或者故事。加工深度与记忆密切相关，只有用有深度和有意义的方式对刺激材料进行复述时，复述才能使工作记忆的内容迅速转入长期记忆之中。加工深度在记忆中所起的作用得到了许多研究的证实。例如，Kapur 等（1994）研究了深层加工和浅层加工对单词记忆的影响。在浅层加工中，只是要求受试者判断单词中是否包含一个特定的字母，而在深层加工中则要求受试者判断单词中是否描述了有生命的物体（其中包含语义的分析）。虽然学习时间相同，但是受试者只记住了57% 的浅层加工单词，而记住了 75% 深层加工的单词。Craik 和 Tulving（1975）也研究了加工深度对于记忆的影响。他们用三种方式来体现不同的加工深度，一是让受试者简单地判断单词中的字母是大写还是小写，这只需要受试者对词的视觉信息做浅层的处理；二是让受试者判断词的韵律，如回答 hat 和 mat 是否成韵，这一任务除需要对词的视觉信息进行处理之外，还需要对词的发音进行分析，因此，它的加工深度要高于上一种；三是让受试者根据词的意义做出判断，例如，meal 一词是否可以填充到"The man ate his _____."这个句子之中，这一任务的加工深度最高。研究者把采用三种方式处理的词的顺序打乱，让它们随机呈现给受试者，然后做辨认测验。结果表明，受试者对三种类型词汇正确辨认的比例分别为 17%、37% 和 65%，这充分说明加工的深度越高，人们的记忆效果就越好。Turnure 等人（1976）的研究则更加具体地说明了信息的不同加工水平是如何导致不同信息的回忆程度的。实验要求四五岁

---

[1] 模式识别是指信息处理系统在接收外部刺激之后，要知道该刺激代表什么意义，听到的是什么声音，看到的是什么东西等。这是信息处理的一个重要过程，目前对于模式识别的过程主要有两种理论解释，一种是模板匹配（template matching）理论，认为外部刺激直接与长期记忆中储存的各种模式进行比较。例如，在字母识别的过程中，一个字母的视觉信息与长期记忆中所储存的每个字母的模板进行比较，然后根据最佳匹配的结果确定所看到的是哪一个字母。另一种是特征分析（feature analysis）理论，该理论认为对于模式的识别是通过对刺激关键特征的判断来确定的。

的儿童记住一些常见物品的成对组合（如 soap 和 jacket），他们用以下五种方式中的一种来加工信息:（1）标签（labeling），只是重复物品的名称。（2）造句，造出同时包含成对物体名称的句子。（3）句子重复，重复研究人员所说的说明两个成对物体关系的句子，如 "The soap is hiding in the jacket."。（4）"是什么"问题，要求儿童回答成对物品关系的问题，如 "What is the soap doing in the jacket？"。（5）"为什么"问题，要求儿童回答为什么两个物体之间存在着特定的关系，如 "Why is the soap hiding in the jacket？"。上述五种方式代表着不同的加工层次，其中第一种方式的加工深度最低，而回答问题的方式则需要做更多的语义分析，因此它们的加工深度最高。结果表明，用回答问题方式来处理信息会带来最好的记忆效果，而前两种方式的记忆效果最差。

（三）精细化

精细化是与加工深度密切相关的一种对工作记忆中信息进行处理的方式。深度是指加工从感觉到语义分析不断深入的过程，而精细化是指我们不仅要考虑需处理的信息本身，还要考虑它与其他信息之间的关系。深度可以被视为一种纵向的特质，从浅到深，精细化则可以被视为一种横向的特质，从一个独立的信息连接到其他相关信息（Lieberman，2012）。Stein 和 Bransford（1979）的研究可以很好地说明精细化的概念以及它对记忆所产生的影响。他们给受试者呈现两种句子，然后让他们回忆句子中的形容词。一种句子中只是包含简单的意义，如 "The fat man read the sign."。另一种句子则通过给予与主题相关的额外信息以达到精细化的目的，如 "The fat man read the sign warning about thin ice."。结果表明，受试者对第一种句子中的形容词回忆正确的比例为 42%，而对第二种句子中形容词回忆正确的比例则达到了 74%。

精细化的方法有很多种，一种方法是在复述过程中将新的信息与已经存储在长期记忆中的旧信息联系起来。在关于工作记忆模式的讨论中我们谈到，工作记忆与长期记忆之间的信息是双向流动的，当新的信息能够联系到旧的信息时，就能更加顺利地将新信息储存于长期记忆之中。Bransford 和 Johnson（1972）[722] 的研究表明，原有知识对于新信息的理解和记忆具有重要的影响。他们使用了下面这段英语材料进行实验：

The procedure is actually quite simple. First you arrange things into different groups. Of course, one pile may be sufficient depending on how much there is to do. If you have to go somewhere else due to lack of facilities that is the next step, otherwise you are pretty well set. It is important not to overdo things. That is, it is better to do too few things at once than too many. In the short run this may not seem important, but complications can easily arise. A mistake can be expensive as well. At first the whole procedure will seem complicated. Soon, however, it will become just another facet of life. It is difficult to foresee any end to the necessity for this task in the immediate future, but then one never can tell. After the procedure is completed one arranges the materials into different groups again. Then they can be put into their appropriate places. Eventually they will be used once more and the whole cycle will then have to be repeated. However, that is part of life.

在其中的一个实验中，受试者被分为三组，第一组受试者只是听到上面的段落，不提供任何的额外信息，然后做理解和回忆的检测；第二组在听到上面的段落之后，再告诉受试者段落的主题是洗衣机的洗衣流程，然后再做理解和回忆的检测；第三组则是在听之前就被告知段落的主题，听完后做理解和回忆的检测。结果表明，第三组受试者不论是在理解还是在回忆方面都要明显好于其他两组，而且他们的回忆量是第一组受试者的两倍。

将新的信息与长期记忆中原有的信息相关联意味着要经常给新的信息赋予意义，因为有意义的材料更容易记忆。例如，MEANINGFULWORDS就要比 MAIGUWRSENNFLOD 记忆起来容易得多，尽管两者所包含的字母是完全一样的。Ebbinghaus（1913）最早发现了这一规律，他在一系列学习任务实验中发现作为其实验材料的单词会引发一定的联想而使他更容易地记住这些词。即使对于一些无意义的音节（如 JAD、MON）也会引发一定的联想，并使记忆变得更加容易（Hall，1971），例如，JAD很可能会使人联想到 jade，而 MON 则有可能使人联想到 money 或者Monday。Bower 和 Clark（1969）的研究也进一步说明对学习材料进行有意义的组织会给记忆带来益处。在这个实验中，受试者需要记忆一些互不相关的单词。第一组被试只是单纯地告诉他们记忆词汇，并不给予任何的指导，第二组则鼓励他们把这些不相关的词整合起来形成一些有意义的故事，例如，对于 policeman 和 cheese 两个词，他们可以构成这样的句子 "The policeman ate the cheese sandwich while..."。两组受试者所给的时间是一样的，在学习了 12 组词之后，就要求他们回忆出已经学习的单词。结果表明，第二组被试能够回忆起 93% 的词，第一组只能回忆起 13% 的单词。将工作记忆中的信息与长期记忆相关联，可以很好地发挥工作记忆与长期记忆之间的互动关系。一旦输入的项目和长期记忆中的某些信息相匹配，人们储存在长期记忆中的知识就会给新输入的项目以意义。

将新的信息与原有的信息相关联，这属于外部组织（external organization）的方式（Gagné，1985），我们也可以通过内部组织的方式来进行精细化。所谓内部组织就是把信息中的不同部分以某种方式相互关联起来（Ormrod，2012）。将接收的信息进行组织与整合是人的一种自然倾向。心理学关于记忆研究中有一种被称为自由回忆（free call）的实验方法，其中受试者可以按照任何一种他们所喜欢的方式来回忆学习任务中的项目。许多此类研究（例如：Bousfield，1953；Buschke，1977）都证明，人们一般不会按照学习任务中项目给出的顺序来回忆，他们的回忆顺序反映了受试者的某种组织图式。例如，Bousfield（1953）给大学生被试一张具有 60 个词的表单，这些词分别属于动物、人名、蔬菜和专业四大类，但是在呈现的词汇表中，它们并不是按照类别顺序来呈现的，而是随机的。尽管如此，受试者还是倾向于按照类别来回忆它们。Bower 等人（1969）研究了按照一定层级呈现单词对于记忆的影响。他们把词汇分为四个层级（如图 6-5 所示），第一个层级的词义最具概括性，代表着一种范畴类型（如矿物、植物等），其下三个层级的词则越来越具体。

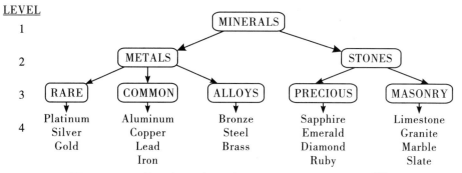

图 6-5 词的层级示意图（Bower et al., 1969）[324]

实验中，Bower 等人给受试者提供 4 个范畴类型的 112 个词，一些受试者的词是随机安排的，另一些受试者的词则是按照 4 个层级来安排的。在一个试次的学习之后，学习有组织词汇的受试者所能记住的单词数量是随机安排词汇的 3 倍，而在四个试次的学习之后，前者能够记住全部的 112 个词，而后者只能记住 70 个词。这一结果充分说明了内部组织对于记忆所产生的重要影响。

五、工作记忆的神经基础

对于工作记忆神经基础的研究主要包括两个方面：一是工作记忆与长期记忆是否是两个相对独立的记忆系统，也就是工作记忆存在的客观性；二是工作记忆的机制所依赖的神经基础。

（一）工作记忆存在的客观性

对于工作记忆存在的客观性研究主要基于脑损伤患者所表现出的短时记忆与长期记忆分离的现象。很多病例报告（例如：Shallice et al.，1969；Markowitsch et al.，1999）都证实了工作记忆与长期记忆分离的情况。Gazzaniga 等（2014）描述了一个发生在 20 世纪 50 年代的病例。患者在童年时期患上了一种难以治愈的癫痫，在各种药物治疗方案无效的情况下，他的病情不断恶化。到 20 岁时，患者的抽搐症状加剧致使他无法继续工作，于是决定接受手术治疗。当时的神经科学家认为癫痫性抽搐来源于大脑的内侧颞叶并从那里扩散至其他脑区，于是医生决定将其双侧内侧颞叶切除。这一颞叶切除手术有效地减少了癫痫的发作，但是带来了新的问题。患者无法记起刚刚发生过的事情，即使在几分钟之前他才和某人交谈过，而当这人离开房间后在很短的时间内回来，他已不记得。但是，他却仍然记得在手术几年之前所发生的事情，包括他的个人经历、在学校里学到的知识等。也就是说，该名患者的长期记忆完好无损，而他失去了形成新的长期记忆的能力。Milner（1966）也报道了一例癫痫患者的术后情况，但是他的表现与 Gazzaniga 等（2014）所描述的患者正好相反。该患者也患有严重的癫痫，手术切除了颞叶部分，包括海马在内。在手术之后，患者患上了深度遗忘症，几乎不能在长期记忆中存储任何新的信息。他的工作记忆仍然正常，能够回忆一系列刚刚呈现的数字，但是对这些信息保持的时间不长。脑损伤患者所表现出的工作记忆与长期记忆分离的现象为工作记忆存在的客观性提供了很好的证据。

（二）工作记忆神经基础的分布性

工作记忆机制神经基础的研究主要依靠脑损伤患者的记忆障碍、灵长类动物的电生理和大脑成像技术等相关研究。目前相关的研究非常之多，但是还没有形成统一的定论，一方面是因为大脑结构及其功能的复杂性，另一方面是因为工作记忆本身的复杂性。工作记忆需要处理各种类型的信息，除了听觉之外，还有视觉、触觉、嗅觉等，而这些信息的处理都与大脑的不同部位相关。因此，从其神经基础的角度来看，工作记忆在本质上是分布式的，大脑的很多部位都与工作记忆相关联。基于对大量相关文献的综述，Christophel 等（2017）指出，工作记忆的内容广泛分布于大脑的感知皮层、顶叶、颞叶和前额叶的大脑皮层之中。图 6-6 显示了通过大脑成像技术所得到的在工作记忆过程中不同的信息类型所激活的人脑右半球的区域。

由图 6-6 可以看出，额叶眼动区（FEF）与位置（location）、形状（shape）和触觉质感（图中所标 orientation 中的下半部分为 haptic texture）等信息的储存和处理有关，外侧前额叶皮层（LPFC）和声音（sound）、触觉质感、数值（numerosity analog）、自然图像（natural images，现实生活中物体和照片）、字符（script）和模拟性特征（analog properties，包括频率、强度、时长等）等信息的储存与处理有关，听觉皮层（AC）和声音有关，外侧枕叶复合皮层（LOC）和梭状回（FG）与形状和自然图像有关，早期视觉皮层（EVC）和触觉质感、颜色（color）、移动（motion）、位置、色彩模式（pattern，图中所示上半部分为色彩模式）、对比度（contrast）等信息有关，颞叶中上部皮层（hMT+）和移动与移动模式（pattern，图中所示的下半部分为移动模式）的信息有关，顶叶后部皮层（PPC）与形状、字符、触觉质感、数值、位置、颜色模式和运动模式的信息有关。我们可以从上面的描述对工作记忆神经基础的分布特点具有一个初步的认识。其实，Lashley（1929，1950）很早就提出了类似的观点，他长期致力于记忆痕迹（engram）的研究。他以大鼠为实验对象，在切除大面积脑皮层区之前和之后分别对大鼠进行迷宫训练。结果发现大面积皮层切除会明显地损伤大鼠的学习能力，但是这与切除脑皮层的部位无关，而与切除脑区的面积大小成正比。显然学习与记忆并非只是与单一的脑皮层区有关，而是弥散于整个大脑皮层。因此，Lashley 提出了整体活动（mass action）说，认为脑内各个皮层作为一个整体发挥作用，参与的脑皮层区越多、面积越大，学习与记忆的效果就越好。

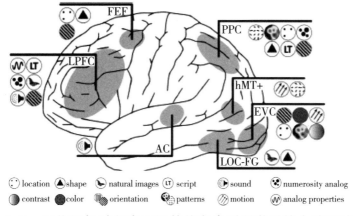

图 6-6　工作记忆过程中不同的信息类型所激活的大脑区域

（Christophel et al.，2017）[114]

注　FEF:frontal eye fields(额叶眼动区);LPFC:lateral prefrontal cortex(外侧前额叶皮层）;AC : auditory cortex（听觉皮层）; LOC : lateral occipital complex（外侧枕叶复合皮层）; FG : fusiform gyrus（梭状回）; EVC : early visual cortex（早期视觉皮层）; hMT+ : human analog to MT/MST（人类的颞叶中上部皮层）; PPC : posterior parietal cortex（顶叶后部皮层）。

（三）工作记忆功能的大脑定位

在很长的时间里，工作记忆中信息的存储与维持被认为和大脑的前额叶[1]密切相关。这一认识起源于 Jacobsen（1936）对大脑前额叶受到损伤的猴子在延迟反应任务（delayed response task，DRT）中的表现的研究。延迟反应任务是使用动物研究工作记忆时经常采用的方法，它的操作一般包括暗示期、延缓期和反应期三个阶段（蔡厚德，2010）。首先在猴子面前左边或者右边的小凹槽内放置食物，在确定猴子看见食物后，盖上盖子（暗示期）。然后，在猴子面前拉下帘子，持续几秒到几十秒，在这段时间内猴子必须记住食物的位置（延缓期）。最后拉开帘子让猴子寻找食物（反应期）。完成延迟反应任务的关键在于，猴子要在延缓期内记住食物所放的位置。延迟性反应任务有两个重要的特点（Lara et al.，2015）：第一，受试者在延缓期只需要记住呈现的刺激，也就是工作记忆储存的内容；第二，受试者只需要记住与当前任务相关的内容，而无关的信息则不会被编码，因此不会受到其他信息的干扰。所以，在很长的时间内，延迟反应任务都是研究工作记忆的标准范式。Jacobsen（1936）的研究结果表明，前额叶受到损伤的猴子不能很好地完成延迟反应任务，这说明前额叶与工作记忆的信息储存密切相关。在这一研究的影响下，研究者们继续对猴子的前额叶脑损伤与工作记忆的关系进行了更加深入的研究，后来又对由于脑损伤导致记忆障碍的人进行了研究，最后采用大脑成像技术以正常人为对象对前额叶与工作记忆之间的关系进行研究（Lara et al.，2015）。而随着研究的深入，人们逐渐开始意识到，工作记忆中信息的储存和维持并不单纯依靠大脑的前额叶区域，而是更多地与分布在大脑不同部位的感知皮层有关，不同类型的信息存储于不同的感知皮层之中。

左脑顶下区（BA40）的前部，也就是缘上回，参与言语工作记忆的存储过程（Paulesu et al.，1993；Church et al.，2011）。Church 等人（2011）的研究表明，随着语音处理复杂程度的提高，缘上回被激活的程度也会随之增强。而且，缘上回在言语工作记忆过程中与左脑前额叶区

---

[1] 前额叶是指位于运动区和前运动区（BA4和BA6）之前的额叶皮层。

（尤其是布洛卡氏区，BA44）密切相关（Margulies et al.，2013），左脑前额叶区被认为参与言语工作记忆的复述过程。因此，左脑的缘上回和前额叶区很可能构成了工作记忆中语音回路的神经基础。包括顶后下部（BA40）和枕前区（BA19）在内的顶叶和枕叶联合区域与视觉空间信息的存储密切相关，De Renzi 等人（1977）的研究结果表明，该大脑区域受损的患者在视觉空间信息的短暂存储方面的能力也严重下降。还有研究表明，右脑前运动皮层（BA67）和后顶上部（BA7）参与视觉空间信息的复述（蔡厚德，2010）。这说明上述大脑区域可能是视觉空间模板的神经基础。通过上述的内容我们也发现了左右半球的不对称现象，许多研究（Jonides et al.，1993；Smith et al.，1996）都发现，言语工作记忆和视觉空间工作记忆在左右半球激活了相互分离的脑系统。言语工作记忆主要激活脑左半球的一些区域，而视觉空间工作记忆则主要激活右半球的一些区域。这与大脑两个半球功能不对称的观点是一致的。

海马是位于大脑颞叶边缘皮层的一个特殊区域，它既不是工作记忆也不是长期记忆存储的位置，但是它在整个记忆系统中起着关键性的作用，因为它在信息从工作记忆转向长期记忆的过程中发挥了作用。其作用在于从感觉运动联合皮层以及其他区域接收有关现在所发生事情的信息，并处理这些信息，然后把它们分别转送到相应的长期记忆的位置（Carlson，2014），这似乎说明，海马很可能是情景缓冲器的神经基础。Milner 及其同事（Scoville et al.，1957；Milner et al.，1968；Milner，1965）对于脑损伤而引起记忆缺陷的患者的研究充分说明了这一点，而且对于正常人的大脑成像研究也支持这一结论。Smith 和 Squire（2009）向被试询问关于过去 30 年间所发生的新闻事件的相关问题，以唤起对不同年龄阶段记忆的提取。在提取近期的记忆时，海马激活的程度最高；提取最久远的记忆时，海马激活程度则最弱。而在额叶皮层，研究者发现了相反的效应。这些结果与记忆最初储存在海马并逐渐转移到其他皮层的观点是相符的。

工作记忆的中央执行功能的神经基础应该位于前额叶。在大脑的结构与功能一章中，我们曾经谈到额叶，尤其是前额叶是人类高级智能的主要神经基础，人类的复杂认知活动，包括决策、问题解决等，都是由额叶统一指挥与协调的。前额叶也在工作记忆的信息加工过程中起着控制与协调的作用。D'Esposito 等（1995）对受试者在双任务作业的功能性磁共振成像研究中发现，背外侧前额叶皮层和前扣带回皮层被明显激活。所谓双任务作业，就是言语任务与空间任务同时进行，这就需要在不同的信息类型的加工之间进行切换，这说明前额叶皮层参与了两种任务的协调过程。Carter 等（1998）的研究发现，背外侧前额叶皮层可能负责工作记忆信息的操作与维持，而前扣带回皮层则可能负责对新异刺激、克服定势反应等加工冲突的解决。还有很多研究（例如：Jacob et al., 2014；Roux et al., 2012）都证明了大脑前额叶在工作记忆过程中的监控与选择功能。另外，大脑的皮层下结构也保证前额叶的中央执行功能的实现，因为前额叶和几乎所有的感知皮层之间都有着直接的神经纤维联结（Pandya et al., 1987），这就为前额叶皮层和感知皮层之间的互动提供了很好的神经基础保障。

第二节　工作记忆与语言学习

在近二十年的时间内，工作记忆与语言学习之间的关系越来越受到研究者的关注，并且取得了大量的研究成果，从总体的理论倾向来看，这些研究可以分为两种类型。一类研究（例如：Baddeley et al., 1998；Gathercole et al., 1998）从经典的信息加工理论出发，认为工作记忆为人的认知过程提供基本的认知资源，其中当然也包括语言的学习。而对于二语和外语学习者来说，由于他们的词汇量以及语法知识都比较有限，语言处理的能力与效率也比较低，因此他们需要更多的认知资源，所以，工作记忆对于二语和外语的加工和学习的影响要大于母语。例如，Service 等（2002）指出，对于二语或者外语的加工要比母语占用更多的资源，因为母语是已经建立的完善的语言体系，而二语或外语则是更弱的语言系统，在使用内部语言帮助复述时，两种语言系统具有不同的激活阈值。他由此推论，随着学习者语言水平的提高，他们在处理二语或者外语时所需的认知资源也就相应地减少。另一类研究则主张利用联结主义、动态系统理论、涌现论等新兴的认知科学理论来解释二语和外语学习的过程。例如，Ellis（1996，2012a）以联结主义和构式语法为基础来研究二语习得，并且深入探讨了工作记忆对母语习得和二语习得的影响，进而认为工作记忆（尤其语音工作记忆）在整个语言学习过程中扮演着不可或缺的作用（温植胜 等，2015）。上述两类研究都说明，工作记忆，尤其是语音环以及中央执行系统，在外语学习中起着关键性的作用，因此有不少学者认为工作记忆对于言语信息的处理能力应该成为外语学能的重要组成部分（温植胜，2007）。Dörnyei（2005）指出，对于工作记忆的研究将会成为语言学能研究中最有潜力的方向，而且他还明确提出语音环是"第二语言习得中最为理想和适合的记忆要素"。Robinson（1995）以及 Skehan（1989）在对优秀语言学习者的特征进行了全面的综述之后得出结论，认为记忆能力对语言学习的成败具有关键性的作用，"特别成功的外语学习者都具有不同寻常的记忆能力，尤其是对言语材料的记忆能力"（Skehan，1989）。这些能力一方面与语言的处理有关，另一方面与语言的学习过程相关，也就是说，具有较强工作记忆能力的学习者能够更加迅速地记忆新的语言材料，而且也可以在语言使用过程中更高效地进行语言的加工与处理。

一、工作记忆与语音处理

工作记忆与语音处理是记忆研究中最早受到关注的问题，其中一个重要的结论就是语音处理的优先性，也就是说，对于语言信息来说，不论是听觉的还是视觉的信息，它们都要经过语音环的处理才能在工作记忆中得到保持并有可能被转移到长期记忆之中。Buchsbaum（2015）总结各个相关的工作记忆理论，绘制了语言信息在工作记忆中的处理模型（如图6-7所示）。

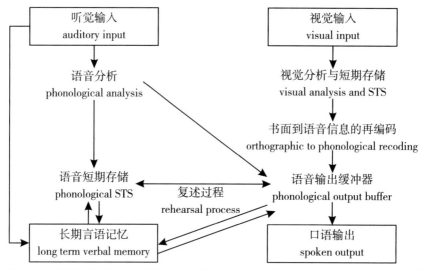

图6-7　语言信息在工作记忆中的加工模型（Buchsbaum，2015）[866]

由图6-7我们可以看出，不论是听觉还是视觉的语言信息，都要转化为语音信息才能被存储到长期记忆之中。这一转化过程主要是通过复述机制以一种默读的（subvocal）方式来完成的（Gathercole et al.，1993）。有关工作记忆中语音处理的各种现象往往作为验证语音环存在的客观证据。其中主要的现象包括语音相似效应（phonological similarity effect）、词长效应（word length effect）、发音抑制效应（articulatory suppression effect）和无关语音效应（irrelevant sound effect）（Repovs et al.，2006）。

　　语音相似效应是指读音相似的言语信息要比读音差异较大的言语信息在工作记忆中保持的难度要大。Conrad（1964）研究了受试者对于以视觉形式呈现的单个辅音的记忆情况，结果发现人们更容易在那些读音相似的辅音上出现记忆的错误，例如，/v/ 很容易与 /b/ 和 /f/ 相混淆。当要求受试者记忆一些辅音组合时，结果也是如此，他们在记忆读音相似的辅音组合（例如，/t/，/p/，/g/，/d/）时出错的概率要远远大于读音不相似的辅音组合（例如，/k/，/v/，/r/，/f/）（Conrad et al.，1964）。语音相似效应也同样存在于词汇的记忆中。Baddeley（1966b）的研究表明，对于像 man、cad、cap、mat、can 这样读音相似的单词组合来说，人们能准确记忆的概率只有 20%，而对于像 pit，day，cow，pen，sup 这样读音不相似的单词组合来说，人们准确记忆的概率能达到 80%。更为重要的是，这种效应只有在读音相似的情况下才会出现，如果一组词的意义比较接近（如 big、huge、large、wide、tall），则不会对记忆产生影响。这种效果产生的原因在于，词汇之间语音表征的相同之处较多，从而导致了词与词之间相互干扰。

　　词长效应是指词的长度对于言语信息在工作记忆中的存储具有重要的影响。这里所说的词长不是指一个单词中字母或者音节的多少，而是指一个单词发音所需时间的长短，一个单词发音所用的时间越长，它在工作记忆中保持的难度也就越大（Mueller et al.，2003）。也就是说，即使是对于具有相同的音节数量，甚至相同的字母数量的单词来说，发音时间的长短将直接影响一个单词在工作记忆中的存储。造成词长效应的原因在于，一个单词能够在工作记忆中保持的时间长度是非常短暂的，要想使它能够在工作记忆中保持，并且顺利地转移到长期记忆之中，必须依靠语音复述来实现。因此，对于发音时间长的词来说，它们的信息更容易在工作记忆中衰减并消失。

　　发音抑制是指在实验过程中通过让受试者不断地重复某个发音动作（如反复地说 hiya 的发音），从而造成工作记忆中的言语记忆难以保持并迅速衰退的效果。如图 6-7 所示，在工作记忆中有两个相互影响、相互作用的组成部分，一是语音存储，它负责对言语信息的短暂存储（大约为 2 秒），这是一个被动的缓冲机制；另一个是语音重复过程，它与语音存储相比是一个主动的机制，可以使得言语信息保持一种激活状态并使之能够保持在语音存储之中。而在存在发音抑制的情况下，人们就无法顺利地发挥语音重复过程的作用，从而使得言语信息难以在工作记忆中得到保持。

无关语音效应是指在记忆某些言语信息时如果同时伴随着一些无关听觉输入，那么记忆的效果就会大大降低（Macken et al.，1999；Tremblay et al.，2000）。这些无关的信息不一定就是人们已经掌握的语言的语音，即使是他们不熟悉的语音，只要是这些与要记忆的言语信息无关的声音刺激具有一定的变化，不是一些单调的、一成不变的声音，它们就会对人们的记忆产生影响。造成这一效果的原因在于，这些无关的声音刺激在语音存储中对要记忆的言语信息造成干扰，从而影响了人们的记忆效果。

以上这些效应的存在都可以通过工作记忆理论而得到合理的解释，这就很好地证实了这些理论的有效性，与此同时，它们也说明言语信息记忆过程中的语音处理的优先性。

二、工作记忆与言语理解

言语理解的过程包括语音听辨、句子理解和篇章的理解三个主要的阶段，每个阶段都与工作记忆密切相关。

（一）工作记忆与语音听辨

语音听辨就是把连续的语流识别成单个音素，进而把它们组合成一个个的单词。工作记忆中的语音环专门负责语音信息的处理，因此它对于语音听辨的影响是不言而喻的，人们更加关注的是中央执行功能在语音听辨中的作用。在这一方面，中央执行系统起着关键性的作用。在这一过程中，人们需要保持那些与此相关的信息，与此同时还要抑制其他与此无关的信息，这就需要中央执行系统很好地行使管理、协调与控制的功能，从而使得那些相关的信息处于激活的状态。人们所接受的语音信号包含着声音频率和振幅等声学特征以及重读、节奏、声调等韵律特征，但是由于工作记忆容量的限制，人们在语流切分和语音识别的过程中并不需要关注所有的这些特征，而是有选择性地把握那些关键性的特征。例如，在区分 /b/ 和 /p/ 两个清音和浊音时，声音成阻时间（voice onset time，VOT）起着关键性的作用。而在语流切分的过程中，听者要利用一系列切分策略，其中两个基本的策略是韵律切分策略（Cutler et al.，1992）和词汇限制策略（Norris et al.，1997）。所谓韵律切分策略就是听者会利用语言中特有的韵律分布特征来帮助自己进行语流的切分，例如，在英语中，实义词的第一个音节一般要重读，而功能词和实义词最后的音节一般要轻声。词汇限制策略是指听者更倾向于把语流切分成语言中的一个完整的单词，而不会使得某些部分孤立地存在。也就是说，人们长期记忆中所具有的词汇知识对于语流的切分也产生一定的作用，而要从长期记忆中提取词汇知识的信息也需要中央执行系统的操作。

（二）工作记忆与句子理解

心理语言学的相关研究表明，在我们进行了语音和单词的辨认之后，句子的理解还需要经历句法分析、题元角色（thematic role）的分配以及信息的整合等三个过程（Harley，2014），而上述过程都需要工作记忆提供基本的认知资源保证。Friederici（2002）把工作记忆和句子理解的过程相结合，建立了一个综合性的句子理解过程的模型（见图 6-8）。

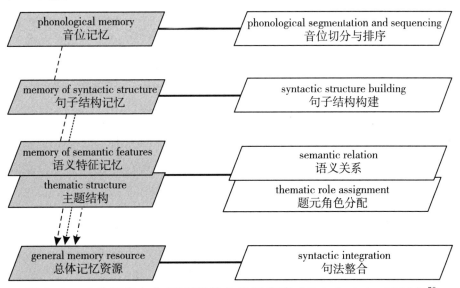

图 6-8 工作记忆与句子理解的关系示意图（Friederici，2002）[79]

如图 6-8 所示，句子的理解主要经历四个阶段，在第一个阶段，听者需要对听到的语流进行语音的切分与识别，进而辨认出各个单词，并以语音记忆的形式储存在工作记忆之中；在第二个阶段，人们要识别表层句子中的各种成分以及它们的语法范畴，并且建立起相应的句法结构；在第三个阶段，听者要根据句子成分的词法、句法以及语义信息进行题元角色的分配；在第四个阶段，听者则要对所有的信息进行整合，从而获得对于整个句子意义的理解。由此我们不难看出，工作记忆在句子理解过程中起着关键性的作用。

工作记忆对于句子理解的影响是近年来认知心理学和心理语言学研究的一个热点问题。概括起来讲，有关的研究可分为三种类型，一是在充分考虑工作记忆在句子加工中的作用的前提下，从认知的经济原则出发，在工作记忆容量和处理能力有限的情况下，人们会采用什么样的策略来进行句子的理解。例如，句法分析的最少附着项（minimal attachment）原则和迟关闭（late closure）原则（Frazier et al., 1978）。前者是指句法分析器倾向于建立含有最少节点的句子结构，不会产生任何潜在的、不必要的节点。例如，对于 "The child bought the toy for Kim." 这个句子来说，它可能有如下两个句法结构（见图 6-9）：

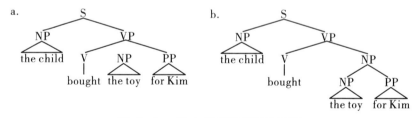

图 6-9 最少附着项原则示例

根据最少附着项原则，句法分析器更倾向于第一种句法结构，因为该结构的节点数量要少于第二种。迟关闭原则是指尽量把新的成分挂靠在正在处理加工的结构，即较低的节点上面。例如 "Sam said that Kim left yesterday." 可能有两种句法结构：（1）"Sam said <u>that Kim left yesterday</u>." 和（2）"Sam said <u>that Kim left</u> yesterday."（如图 6-10）。

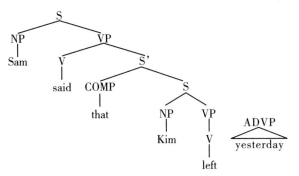

图 6-10 迟关闭原则示例

按照迟关闭原则，句法分析器更倾向于第一种结构，即把副词 yesterday 挂靠在动词 left 上面。Frazier（1987）认为这两个原则集中体现了人类认知的经济原则，即使用最少的认知资源取得最大的认知加工效果。同时他还指出，这两个原则是独立于不同的语言而存在的，无论是何种语言，都应该遵循这两个原则。

第二种类型的研究关注的一个重要问题是工作记忆的强弱是否对句子的理解产生影响，主要包括两个问题：一是工作记忆容量的大小是如何影响和制约语言理解过程中句子结构的处理的；二是工作记忆容量与句法复杂程度之间的关系。首先我们来看第一个问题，对于这一问题的研究多以歧义句作为实验材料。MacDonald 等（1992）提出了"工作记忆容量制约模式"（the working-memory capacity-constrained model），认为歧义语言结构的各种解释一开始是被激活的，但是一个人工作记忆容量的大小决定了能否将这些解释保留在工作记忆之中，并且加以利用。例如，在"The crowd annoyed the chauffeur of the actor who wanted to go home."这个句子中，关系从句既可以挂靠到 the chauffeur 上面，也可以挂靠到 the actor 上面，Mendelsohn 和 Pearlmutter（1999）的研究发现，工作记忆容量大的读者更倾向于把关系从句挂靠在第二个名词 the actor 上面，而工作记忆容量小的读者则偏好把关系从句挂靠在第一个名词上面。他们认为造成这种结果的原因在于，对于工作记忆容量小的读者来说，他们为了节省认知资源，会把注意力集中在主动词（annoyed）以及它的论元（其中包括第一个名词）上面，这样第一个名词的激活程度要高于第二个名词。而对于工作记忆容量大的读者来说，他们可以同时存储第一个和第二名词，因此两个名词具有同等的激活程度。上述研究表明，人们很可能会因为工作记忆容量大小的差异导致对同一句子的不同理解。陈宝国和徐慧卉（2010）采用眼动技术考察了中国的非熟练汉英双语者（大学一年级非英语专业本科学生）工作记忆容量对英语句法歧义句加工的影响，他们以句子不同区段的首次注视时间作为即时性加工的指标，以回扫次数和总的注视时间作为非即时性加工的指标。研究结果表明，对于外语学习者来说，工作记忆容量的大小既影响到他们对于英语句法歧义句的即时性加工，也影响到非即时性加工。

下面我们再来看工作记忆容量和与句法复杂程度之间的关系。Kuno（1974）应该是最早注意到这两者之间关系的学者，他认为工作记忆能力和关系句的复杂程度密切相关。由于工作记忆容量的限制，中心嵌入句（也就是用一个关系句阻断主句的形式）要比左右嵌入（也就是没有阻断形式）句难处理得多。例如，以下句子（1）的处理难度要高于句子（2）。

（1）The cheese that the rat that the cat chased ate was rotten.

（2）The cat chased the rat that ate the cheese that was rotten.（Kuno，1974）[119]

Kuno（1974）的观点陆续得到了很多研究的证实。例如，Just 和 Carpenter（1992）以及 King 和 Just（1991）发现，对于那些加工难度相对较大的嵌入主语从句来说，工作记忆容量小的受试者对主动词的反应时间要长于工作记忆容量大的受试者。这说明在处理复杂的句子结构时，工作记忆容量大的学习者更具优势。Izumi（2003）让那些把英语作为第二语言的不同母语（如阿拉伯语、汉语、法语、日语等）的学习者理解中心嵌入和右嵌入的句子。结果发现这些学习者理解中心嵌入要比理解右嵌入困难得多。戴运财（2014）对中国初二学生的研究也表明，工作记忆容量高、中等的受试者比工作记忆容量低的受试者在关系从句的加工方面占有显著的优势。

上面两种类型的研究都把关注点放在工作记忆的容量对句子理解的影响上面，第三种类型的研究则关注工作记忆的中央执行系统在句子理解中的作用。这些研究大都表明，中央执行系统的协调与控制功能在句子理解过程中起着重要的作用。Gernsbacher 和 Faust（1991）的研究发现，阅读能力低的人在理解句子时不太容易抑制句子中一些与句子意义不相关的多义词的意义。例如，在"He dug with the spade."这一句子中的 spade 一词作为名词有"铲、锹"的意义，同时也有"扑克牌中的黑桃"的意义。他们发现阅读能力强的人能够更快地拒绝那个不相关的第二种意义。许多学者（Gernsbacher et al., 1991；Gernsbacher et al., 1990；McNamara et al., 2004）都指出工作记忆中的中央处理系统对于不相关意义的抑制功能是一种重要的阅读技能。上述研究大多与本族语者的句子理解过程相关，对于二语或者外语学习者来说，中央执行系统的作用则显得更为重要，因为学习者已经具备了相对完整的母语或者一语的语言系统，在加工和处理二语或者外语时，他们需要在不同的语言之间进行协调。Linck 等（2014）指出，对于二语或者外语学习者来说，中央执行系统能够使得他们在使用二语或者外语的过程中有效地抑制来自母语的干扰。Gass 和 Lee（2011）考察了母语为英语的不同水平的西班牙语学习者的工作记忆和二语能力之间的关系，结果表明二语学习者对于母语的抑制能力和工作记忆密切相关，随着学习者二语水平的不断提高，其工作记忆对于两种语言的控制能力将逐渐趋同于单语者。另外，语言信息是极其丰富的，中央执行系统会对语言理解的过程进行控制，使得人们把有限的认知资源集中到最为关键的信息上，从而确保理解过程的高效进行（Astheimer et al., 2009）。

（三）工作记忆与篇章阅读

与句子的理解相比，篇章阅读是一项更加复杂的认知活动，因为读者要在理解单个句子的基础上把篇章中的不同部分衔接起来，从而形成对篇章的整体理解。在工作记忆和篇章理解研究领域，最为著名、最具影响力的研究当属 Daneman 和 Carpenter（1980）所做的研究。他们对工作记忆的存储和加工功能进行了区分，认为具有有限容量的工作记忆要同时行使这两项功能。因此，我们在认知活动中需要对这两者进行很好的协调与平衡。为了衡量一个人在上述两个方面的能力，他们提出了阅读广度（reading span）的概念，以此来测量人们的工作记忆容量。在阅读广度任务（reading span task，RST）中，首先以卡片的形式向受试者呈现一系列的句子，每张卡片有一个句子，让受试者阅读一些长度不断增加、彼此之间相互不相关的句子，例如，"When at last his eyes opened, there was no gleam of triumph, no shade of anger." "The taxi turned up Michigan Avenue where they had a clear view of the lake."等，要求受试者出声朗读每个句子并理解句子的意思（加工功能），同时记住每个句子的最后一个单词（存储功能）（在上面两个例子中分别为 anger 和 lake）。他们所能回忆起的单词的数量就是他们的阅读广度[1]。他们发现，阅读广度的大小与受试者的阅读能力呈现出正相关性，也就是说阅读广度大的受试者的阅读能力要高于阅读广度小的受试者。Daneman 和 Carpenter（1980）的研究的广泛影响包括两个方面，一方面是他们的研究发现引起了众多的后续研究，这些研究都进一步证实了工作记忆容量的大小对于阅读能力的高低具有很强的相关性。另一方面在于他们所涉及的阅读广度任务被后来的很多研究所借用。阅读广度反映了一个人整体的工作记忆能力，因为阅读广度任务包含了与工作记忆有关的多项认知加工过程，例如，言语信息的存储能力，同时执行多项任务的协调能力，对与任务无关信息的抑制能力，以及句法加工和语义整合能力等（McCabe et al., 2003）。尽管阅读广度任务本身也还存在着一定的问题（Leeser, 2007），但是它仍然是目前采用最广的工作记忆能力的测量工具，大部分关于工作记忆与句子和篇章理解关系的研究都是以此为基础去衡量受试者的工作记忆容量的大小。

工作记忆对于阅读的影响是多方面的。首先它反映在工作记忆容量大小的限制对于读者阅读策略的影响上，具有不同工作记忆容量的读者有可能会采用不同的阅读策略。Whitney 等（1991）让工作记忆容量不同的两组受试者朗读一篇难度较大的短文，并在朗读的过程进行有声思维，他们的关注点在于受试者是在什么时间做出推论（inference）的。推论是读者在阅读过程中利用自己的背景知识对字面之外的意义所做出的推理。他们发现，两组受试者的阅读都包含进行推论的过程，但是工作记忆容量大的读者倾向于在短文快要结束时进行推理，而工作记忆容

---

[1]　对于大学生来说，他们的阅读广度介于2至5之间。一般人的阅读广度处于3或者3.5 的水平（Just et al., 1992），一个人的阅读广度在4及以上，他就属于高阅读广度的人，而小于3的则属于低阅读广度的群组。

量小的读者则会在整个短文的阅读中不停地进行推理。另外，他们还发现，后一组受试者所做的推论一般都是比较具体的，而前一组受试者所做的推论一般都是比较笼统、开放性的。很明显，工作记忆容量的有限性对于容量小的读者的作用更为明显，因此他们只能做出具体的推论，而这些推论很多后来被证明是错误的。而对于工作记忆容量大的读者来说，他们就可以使得推论更具开放性，并把这些信息保持在工作记忆之中，而在此后信息明确时再做决定，这样他们的推论就更有可能是正确的。

　　工作记忆对于阅读的影响还可以反映在中央执行系统对于篇章阅读的影响上。在上文我们已经探讨中央执行系统的抑制与协调功能对于句子理解的影响，这种影响在篇章理解的过程中也起作用。但是篇章理解与单个的句子理解相比是大不相同的，因为读者要在理解单个句子的基础上把它们关联起来，进而形成对于整篇文章的整体认知。这就对读者的工作记忆提出了更高的要求。一方面读者要对某些主要的信息进行较长时间的存储，而更为重要的是需要中央执行系统对有关的信息进行甄选，确定哪些主要的信息一直在工作记忆中处于激活的状态，哪些信息要进入长期记忆，哪些信息可以忽略等，也就是要中央执行系统很好地完成转换、抑制与刷新的功能。而且对于篇章阅读来说，刷新的功能则显得更为重要，因为读者要随着阅读的进程而不断地调整自己对于整篇文章的认知（Oakhill et al.，2015）。令人遗憾的是，目前针对外语学习者的相关研究还比较少见。

　　在工作记忆与篇章理解相互关系的研究领域中，还有一个研究问题对于外语教学至关重要，那就是语音环在阅读理解中的作用。对于中国的外语学习者来说，他们所学的外语大都属于字母系统，与汉语的象形文字不同。而对于这类语言的阅读来说，读者会把刚刚读过的语言材料储存在语音环，而不是视觉空间模板之中，也就是说，"以这些语言为母语的读者在内心并不是看到，而是听到他们所读的内容"（Walter，2008）。如上文所述，工作记忆具有语音优先性的特点，人们更加倾向于把语言信息转化为语音信息，并经过语音环的储存和处理之后转入到长期记忆之中。

三、工作记忆与外语学习

与母语习得相比，工作记忆在外语学习中的作用更为突出，其主要原因在于以下几个方面。第一，外语学习主要是通过课堂教学来实现的，需要更多地依靠外显性的学习方式。在二语和外语学习过程中，学习者需要把注意力放在与所学语言的各个方面相关的语言要素上，与此同时忽略那些与此无关的干扰因素。因此，二语和外语学习更需要中央执行系统的高效工作。Roehr（2008）指出，工作记忆在外显性学习过程中起着更为重要的作用，因为学习者在进行语言的产出和理解的同时还要在工作记忆中保持一些元语言的信息。第二，外语学习者在外语知识的储备和语言处理的效率方面都难以达到母语的水平，在此情况下，语言使用的过程需要调用更多的认知资源，从而加重了工作记忆进行信息处理与加工的负担。因此，工作记忆对外语学习具有全面的影响，在此我们以词汇学习和语法学习两个方面来说明工作记忆与外语学习之间的关系。

（一）工作记忆与词汇学习

词汇的记忆与学习是外语学习的一个基本过程，要学会一个单词，学习者首先需要掌握它的语音形式。语音是词汇最基本的属性，不掌握单词的语音结构，学习者既不可能在听的过程中识别出这一单词，也不可能在自己讲话时把它顺利地说出来。语音环是与单词的读音直接相关的工作记忆成分，因此，人们也就自然地关注语音环在词汇学习过程中的作用。Baddeley 等（1998）指出，语音环是一个重要的语言学习机制。他们对正常成年人和儿童、神经心理障碍患者和发展障碍儿童的语言学习的相关研究进行了全面的综述，认为语音环的首要功能在于对新词进行语音编码以便于把它们储存在长期记忆之中。Gathercole 和 Thorn（1998）也认为，语音环对词汇学习过程中语音的学习具有关键的支持作用。Baddeley 等（1998）则明确指出，对于新词语音结构的长期记忆要依赖于语音环中是否具有足够的关于该语音范式的表征。

Service（1992）对芬兰的在学校把英语作为外语的儿童学习者进行了三年的跟踪研究，试图发现工作记忆的语音处理能力与外语词汇学习之间的关系。他把学生记忆英语发音的伪词（如 mindon、geplore、 landipation、subdegerent 等)的能力作为衡量他们工作记忆中语音处理能力的指标,结果表明学习者的词汇学习与他们工作记忆中对于不熟悉语音材料的处理能力直接相关。此后,Service 和 Kohonen(1995)的后续研究又进一步证明工作记忆的语音处理能力可以通过影响学习者的词汇学习进而影响他们整体的外语学习的效果。与此类似,许多研究(例如:Papagno,1996;Speciale et al.,2004;Williams et al.,2003)的结果也都说明,工作记忆的语音处理能力与外语学习者词汇量的大小密切相关。

当然,工作记忆的语音处理能力对于词汇学习的影响并不见得贯穿于外语学习的始终,它对于词汇学习的影响与学习者对于目标语的熟悉程度具有很强的关联。随着学习者的语言水平不断提高,他们对目标语越来越熟悉,工作记忆对于词汇学习的影响就有可能会逐渐减少。Gathercole 等人(1992)的研究发现,对于非词的重复能力与学习者词汇量大小的相关性只是存在于学习的早期阶段。Masoura 和 Gathercole(2005)的研究对象为母语是希腊语的英语学习者,他们已经学习了三年的英语。结果表明,尽管在非词重复能力和学习者现有词汇量之间具有很强的相关性,但是,这一能力并不能预测学习者目前学习新词的能力。与此类似,在一项对母语为法语的英语学习强化训练研究中,French 和 O'Brien(2008)发现,非词重复能力对于学生词汇量的提高具有很弱的解释能力。而在这项研究之前,这些学习者已经接受了 100 小时的英语训练。Gathercole(2006)认为,工作记忆的语音处理能力只是在外语学习的初期阶段对于词汇的学习产生影响。而随着学习者词汇量的扩大,他们就可以利用已经具备的词汇知识来学习新的单词。

(二)工作记忆与语法学习

从涌现论和联结主义的观点来看,语法学习和词汇学习是密不可分的。Ellis(1996,2012a,2012b)指出,语言学习就是对语言序列学习与分析的过程,学习者需要基于所接触到的语言材料获得词汇中的声音序列和短语中的单词序列,并以此为基础提炼出语言的语法规则。词汇结构的学习需要识别言语感知中的范畴单元、这些单元在词汇中的具体次序以及它们在语言中出现的频率,篇章结构的学习需要掌握词汇在短语和搭配中的次序以及这些次序在语言中出现的频率，而语法结构的学习需要掌握短语或句子中一个单词与其他词汇的次序关系。Myles 等（1999）也指出，学习者会对所接触的程式化语言（formulaic language）进行分析，从中提炼出语言的规则。所谓程式化语言是指由几个语素或者单词组成的语段，如"Good morning！""How are you？""With best wishes！""To whom it may concern."等，学习者可以把它们作为一个整体来学习。由此可见，语法学习是以词汇学习为基础的，一个学习者所掌握的词汇量越大，概括语法规则所能依据的材料也就越多，他所能掌握的语法规则也就有可能越多。而词汇学习要受到学习者工作记忆中语音处理能力的影响，那么语法学习很可能也不例外。Ellis 和 Sinclair（1996）的研究就证明了这种逻辑关系，他们的研究结果表明，当采用发音抑制的方法来干扰语音环的正常工作时，学习者的词汇学习和语法规则学习都会受到严重的影响。当然，这也并不意味着工作记忆会直接影响语法的学习。

Williams（2012）指出，证明工作记忆是否对语法学习产生直接影响的一种方法是在学习者已经具备充分的词汇知识的情况下检查其语法学习的情况。Robinson（1997）研究了中级英语学习者的语言学能的各个构成成分与语法规则学习之间的关系，结果表明，规则学习与记忆能力直接相关，但是这种相关性只是存在于正式教学的条件下以及有意识的显性规则学习活动之中，而在隐性规则学习和附带性规则学习的情况下，记忆能力不会产生直接的影响。这一发现对于外语学习具有重要的意义，因为在外语学习的过程中，学习者都是通过课堂教学，而且更多地采用显性的方式来学习语法。这说明，在外语学习中，工作记忆对于语法规则的学习具有直接的影响。Williams（1999）的一项研究也进一步证实了工作记忆能力与语法学习之间的关系。在该研究中，没有学过意大利语的受试者首先被要求学习将会在实验中用到的词汇项目，然后再要求他们记忆一些句子，这些句子中都包含了词汇的屈折变化和句子要素之间的一致关系。最后要求受试者就包含这些语法项目的一些句子是否合乎语法做出判断。其中，对于新词的学习以及句子的记忆反映了受试者的记忆能力，而句法判断任务则反映了他们的规则学习能力。结果表明，受试者学习单词的速度以及记忆句子的准确性都与规则的学习具有很强的相关性。Williams 和 Lovatt（2003）的研究又通过冠词与名词之间关系的学习情况证明了工作记忆中的语音处理能力与语法学习之间的关系。上述研究都是在实验状态下进行的，French 和 O'Brien（2008）的研究则是通过母语为法语的英语学习强化训练项目来完成的。该研究通过非词重复的方式来测量学生的工作记忆能力，结果表明，学生的工作记忆能力与最终的语法学习结果密切相关。

第三节 对外语教学的启示

在上文中，我们对工作记忆的工作机制、特点和神经基础以及工作记忆与外语学习之间的关系进行了全面的介绍与讨论，由此我们不难看出，工作记忆肩负着存储和处理两个方面的功能，对于外语学习者来说，这两大功能则对应着外语的学习和使用两大方面。从学习的角度而言，他们需要不断地吸收新的语言材料，对它们进行短暂的存储与加工，然后转移到长期记忆之中，进而形成语言能力。从使用的角度而言，在具备了一定的语言能力之后，他们还要通过工作记忆从长期记忆中提取有关的语言知识，并通过工作记忆的加工功能，进行语言的理解和产出。语言使用的过程中，由于外语学习者的外语语言系统还不够完善，所能使用的语言知识也比较有限，因此，对于外语的加工会对工作记忆产生较大的负担，从而影响他们语言使用的准确性和流利性。因此，与母语者相比，工作记忆的作用对于外语学习者显得更为突出。外语教学应该特别注意两个问题：一是工作记忆储存容量的限制，如何科学合理地组织学习材料，在其容量限制的范围之内最大限度地发挥工作记忆的作用是我们必须认真考虑的问题；二是工作记忆的信息处理机制具有自己内在的规律，外语教学只有遵循这些规律，才能提高学习的效率，确保我们的教学能够顺利实现预定的目标。鉴于以上两点，我们对外语教学提出如下的建议。

第一，利用工作记忆的组块效应，提高单词的记忆效率。组块是人类突破工作记忆容量限制，扩大其信息负载量的基本策略。单词都是由字母构成的，但是词的基本意义单位不是字母，而是词素。一个单词可以由一个或者多个词素构成，例如，boy、man、talk、left、on等包含一个词素，help+ful、sing+er、care+less等包含两个词素，care+less+ness、un+desir+able等则包含三个词素。另外，不同的单词之间相互搭配，可以形成诸如 generally speaking、by the way 的词汇块。这样，我们就形成了词素、单词和词汇块三种组块方式，以它们为单位记忆单词，其效果要远远好于以字母为单位、逐一拼写的记忆方式。利用工作记忆的组块效应，通过词汇教学使学生掌握这些语言板块对于提高学生的语言交际能力具有重要的意义。首先，它可以大大提高学生语言表达的流利性。Bolinger（1975）指出，语言运用并不总是创造性地临时按照语法规则把单个的词组合在一起，而是具有很大的重复性，许多话语都是储存在记忆中的预制语块。这些预制语块可以大大减轻工作记忆中信息处理的压力，提高语言表达的流利性。预制语块在口头交际中还可以在一定程度上避免因文化差异带来的语用失误，因此这些预制语块都是语境和语义的统一体，是经常使用而约定俗成的表达形式。例如，在听到别人的表扬或者赞美时，英语的习惯反应是"Thank you."，如果学生能够对这一个套语比较熟悉的话，就会自动地做出正确的反应，避免了因汉语的自谦而带来的交际失误。预制语块也有助于提高语篇的理解能力。在口语或者书面语中，作者或者讲话者的思路以及思路的变化通常是通过语篇标示词来连接的，这些标示词属于预制语块的范畴，它们一般都具有显著的特征。例如，需要开始一个话题，就使用"Let's start with..." "What I'd like to do is..."等一些预制语块。而当看到或者听到 to sum up、in a word、as a result、briefly speaking 等语块时，就知道要做出结论了。掌握这些预制语块，可以有效地提高学生的阅读理解能力和听力水平。关于这一点，我们在下一章还会讨论到。

　　与此相关的一个问题是关于电子词典的使用。现代技术为英语学习提供了诸多便利，其中最为普及的是电子词典。与传统的纸质词典相比，电子词典具有信息量大、便于携带、使用方便等优点。但是，从记忆单词的角度来看，使用电子词典的效果未必好于纸质词典，因为在使用电子词典时，学习者一般需要通过键盘逐一输入字母的方式查询，难以形成组块效应。而在查询纸质词典时，学习者则一般把单词整体储存在工作记忆之中，翻阅词典看起来似乎用的时间较长，但是，这保证了该单词在工作记忆中有较长的储存时间，从而顺利地转移到长期记忆之中。

　　第二，通过语言单位之间的联想，把各种语言形式关联起来。心理学上有很多记忆术（mnemonics），它们都是利用联想，而且多数的联想都是人为的（桂诗春，2003）。联想的一种方式是通过意义。虽然工作记忆的容量有限，但是如果我们能够使同时记忆的语言材料之间通过一定的意义关联起来，工作记忆的容量就会大大增加。例如，要记住 SREWOLFEERHT 这一串字母不容易，但是如果我们知道这是 three flowers 的倒写，那就很容易记住了。意义对于语言的记忆非常重要。即使是对非文字的材料来说，在理解其意义之后也更容易记忆。Bower 等人（1969）的研究要求受试者记忆一些不太有意义的线条式图片。控制组受试者只是单纯地看到图片，实验组受试者在看图片的同时还会听到对于图片的解释，在一周后让受试者回忆这些图片。结果表明，实验组受试者对于图片的记忆效果要明显好于控制组。我们还可以通过人为的方式把不同的词关联起来，这样也可以增强记忆的效果。联想的另外一种方式是通过语音。记忆术中的一种做法就是利用押韵的实义词来建立一个栓词（peg word）表以表示次序（Baddeley，1990）：one is a bun/two is a shoe/three is a tree/four is a door/five is a hive/six is sticks/seven is heaven/eight is a gate/nine is wine/ten is a hen。把不同语言单位之间的关联起来的方法是多种多样的，教师可以根据教学的实际情况采用具体的联想方法。有关此类的记忆方法，我们还会在下一章做详细的讨论。

第三，重视课堂教学的复述环节，提高加工深度，促进语言材料从工作记忆向长期记忆的转化。在本章的第一部分我们谈到，要实现工作记忆中的信息向长期记忆顺利转化，复述是一个关键的环节。在课堂教学中，我们要给学生留出一定的时间用于复述。因此，把握课堂教学的节奏很重要，匆忙地教给学生太多的信息很可能是没有效果的，因为如果学生没有时间用于复述，这些信息就有可能被后来的信息挤出工作记忆，而不会被顺利地转移到长期记忆之中。Slavin（2017）指出，在上课时，教师停顿片刻询问学生是否有疑问，这也是在给学生时间进行思考并在头脑中复述刚才学过内容的有效方式。这有助于学生在工作记忆中加工信息，进而把它们转移到长期记忆之中。当学生在学习新的、较难的材料时，这一点尤为重要。

但是单纯的复述并不一定会带来好的记忆效果，还需要在复述的过程中提高信息的加工深度和对信息进行精细化处理。因此，在外语学习的过程中，对于单词、词块等语言材料的记忆不能单纯靠多次的重复，而要用各种手段通过工作记忆的加工处理功能实现对它们的深层加工，另外还要对学习材料进行精细化的处理。在前面我们讨论的利用组块效应以及采用联想的方式等都属于精细化处理的方式，还有一些精细化处理的方式我们将在下一章结合长期记忆进行讨论，在此我们主要讨论加工深度的问题。

基于相关的研究以及外语教学的实际情况，我们可以把加工深度分为三个级别：浅层加工、中层加工和深度加工。浅层加工就是对语言形式（包括单词、词块、句子以及语法项目等）的识别和辨认，把它们与具体的意义和功能关联起来。对于单词的浅层加工就是知道它的拼写形式、词性和具体的意义，对于词块的浅层加工就是知道它由哪些单词构成、具体表达什么意义、有什么作用，而对于一个语法项目的浅层处理就是掌握其基本构成（例如，现在进行时是由 be 加动词的 ing 形式构成的）及其基本功能。中层加工就是对语言形式和功能进行分析，找出其中所包含的一些内在规律以及它与其他相关要素之间的关系。例如，在学习单词时我们可以分析它是由哪些词素构成的，它指的是有生命的还是无生命的，它和其他单词在拼写上（如是否有派生词）、读音上（如是否与某个单词押韵）、意义上（如是否有同义词及反义词等）的关联性。深层加工就是对语言形式的具体应用，例如，我们可以让学生使用某个单词或者词块来完成句子或段落，也可以要求学生用它们来造句等。通过上述由浅入深的方式，不断增加对语言形式的加工深度，不仅可以增强记忆的效果，而且可以提高人们对于这些语言形式的加工效率，提高学生的语言使用能力。

第四，注意语音优先的原则。在工作记忆之中，语言的语音、形式和意义三者在编码程序上，语音最为基础，也最为重要，因为在对言语信息处理的过程中，我们总是倾向于通过语音环的作用，对它们进行语音的处理。我们在外语学习的过程中，在遇到新词时，首先要掌握正确的发音，然后再记忆它的拼写和意义，这样记忆的效果应该更好。没有正确的发音，语言形式就失去了基本的物质依托，语言的学习也就成了空洞的东西。语音能力对外语学习至关重要，它们在听说活动中的作用自不必说，即使是在阅读的过程中，表面上来看我们接触到的是视觉信号，但是如上文所述，在工作记忆的加工和处理过程中，这些视觉的信号都会被转化为语音信号。许多有关阅读的实证研究（例如：Baddeley et al.，1981；Waters et al.，1987）都证明了语音环在阅读理解中的作用。在上文我们讨论了工作记忆与篇章阅读之间的关系，而且得出结论认为阅读广度与阅读水平直接相关，Roodenrys 和 Stokes（2001）指出阅读广度与阅读水平之间的关系在很大程度上来源于内在的语音处理能力。语音处理能力是区分不同水平的读者的阅读广度的重要依据，阅读水平低的读者往往具有很低的语音处理能力（McDougall et al.，2002）。具有不同阅读水平的读者在阅读广度上的差异似乎也只是局限于以语音为基础的言语材料，不同阅读广度的人在回忆视觉 – 空间材料时的表现往往是一样的。这些都说明语音处理能力在阅读理解中的重要性。许多研究（例如：Lundberg et al.，1989；Stanovich et al.，1994）表明，具有阅读障碍的儿童的真正问题并不在于视觉信号的处理，而是语音处理的能力。国外许多研究（例如：Ball et al.，1991；Hatcher et al.，1994；Lundberg，1994；Engen et al.，2002；Walter，2008）的结果也证明对学生进行语音训练对于提高学生的阅读水平具有明显的促进作用。国内的许进锋（2018）对大学一年级的新生进行了为期一个学期的语音训练，结果发现，与对照组相比，实验组学生阅读速度的提高要明显快于对照组。

在语言教学中，语音能力往往被称为语音意识（phonological awareness）。所谓语音意识是指学习者对于所学语言的语音结构进行分析、识别和操控的能力，它的培养可以在音节结构、首音—尾音（onset-rime）和音位三个层面上来进行。在音节结构层面，我们可以通过以下训练活动来进行：（1）音节的切分，许多单词都是由多个音节构成的，我们可以让学生辨认一个单词中的音节，并发现一个单词中所包含的音节的数量。（2）音节辨认，通过比较的方式让学生把握单词之间音节的异同，例如，compare 和 complete 两个单词之间哪两部分读音是相同的？（3）音节节删，也就是把一个单词中的一部分读音删除，然后再让学生读出剩下的部分，例如，老师首先读出 finish 的发音，然后要求学生读出后半部分 ish 的读音。首音—尾音意识也被称为韵脚意识，也就是让学生掌握单词的韵律特点。我们可以通过让学生判断两个单词是否押韵，从一组词中找出与其他单词不押韵的词，或者列出与某个单词押韵的单词等方式来训练学生的韵脚意识。音位意识是指学生对于音位的产出、识别和辨认的能力，我们通常进行的语音训练大都与此有关，不再赘述。

当然，在遵循语音编码优先原则的同时，视觉编码的作用也不可忽视，实际上两者相互弥补，相互促进，视觉信息可以在语音编码的帮助下被赋予意义，从而变得更加容易记忆。同样，语音信息也可以在视觉编码的帮助下得到更好的记忆效果。在记忆单词的任务中，存在着图片优越性效应（picture superiority effect）。如果向一组受试者呈现物体的图片，向另一组受试者呈现物体的名称，那么看到图片的受试者对于物体的记忆效果要好于只是看到名称的受试者（Defeyter et al., 2009）。产生这种效果的原因很可能在于图片更容易体现词的意义，而且容易把它与原有的知识联系起来。因此，在外语教学中，包括词汇教学和阅读教学中，要充分利用图片对于语音编码的辅助作用，在提供语言材料的同时，可以适当地提供一些能够很好体现语言意义的图片。

第五，关注学生在工作记忆方面的个体差异，根据学生的工作记忆能力，给予不同的学习任务和学习方法。工作记忆与外语学习密切相关，作为一个具有很强适应能力的有机体，学习者会根据自己工作记忆的特点而选择不同的学习策略。外语教学要充分考虑到学生工作记忆能力的差异，而要做到这一点，就要求我们教师能够懂得一些工作记忆的测量方法，并按照这些方法对自己学生的工作记忆情况具有大体的了解。

工作记忆的测量方法很多，除了我们在上文所介绍的阅读广度任务，还有其他一些方法。传统的言语工作记忆能力的测量一般通过让人们按照呈现的顺序立即重复不同数量的随机组合的数字、单词或者非词。一个人能够按照正确的顺序准确重复的数字的最大数量被称为数字广度（digit span）。与数字广度的测量方式相比，非词重复任务可以更为直接地测量人的言语工作记忆能力。在这种任务中，受试者被要求重复一些不同长度的无意义的非词（如 ballop、doppelate、empliforvent 等），一个人的语音记忆能力越强或者他的工作记忆中的语音存储量越大，他所能重复的非词的长度也就越大。在非词重复任务的基础上，研究者又提出了序列非词重复任务。在该任务中，研究者需要设计不同长度的辅音 + 元音 + 辅音的单音节的非词组合序列（如 mel、guk、vip），其后又跟着同样的非词组合或者把原来的两个相邻非词的顺序进行颠倒的非词组合序列（如 guk、mel、vip），然后要求受试者判断这两组序列是否相同（Williams，2012）。工作记忆能力的另外一种测量方式是采用序列顺序重构任务（Majerus et al.，2008）。该任务的操作方式与数字广度的测量基本相同，但是它不要求受试者立即重复所给出的数字，而是把这些数字印在相应的卡片上，然后要求他们把卡片进行正确的排序。

了解了学生工作记忆的差异，在教学过程中就要充分考虑他们工作记忆容量以及信息处理能力的局限性。在选择学习材料和安排学习进度时，一方面要充分发挥学生的潜能，提高学习效率；另一方面也不要给学生过多的压力，如果一次性给学生过多的信息或者呈现信息的速度过快，学生难以记住，教学效果也就无从谈起。

本章小结

　　工作记忆被视为人类高级认知活动的核心，是个体在执行认知任务过程中对信息的暂时保存与处理，它在人类智力、学习、推理、创造力等高级认知活动中起着重要的作用。外语学习的过程自然也与工作记忆具有千丝万缕的联系，工作记忆可以被视为一个瓶颈，外部信息要通过它而进入长期记忆。工作记忆容量的有限性以及它的工作原理对于外语教学具有重要的意义，我们要充分考虑工作记忆的特点，科学地安排教学内容和教学活动，以便取得最佳的教学效果。在本章中，我们对工作记忆以及它与外语学习之间的关系进行了比较全面的讨论，即便如此，在工作记忆和外语学习的关系方面还有很多内容没有涉及，其中一个重要的问题就是工作记忆的训练。传统的观点认为工作记忆的容量是有限的，对于某个个体而言，他的工作记忆容量以及工作记忆的能力在遗传和外部环境的作用下一旦确定下来就很难改变了。但是，近年来的一些研究（例如：Klingberg et al., 2002；Olesen et al., 2004；Owens et al., 2013）表明，工作记忆还是具有一定的可塑性的，通过训练可以有效地提高个体的工作记忆能力。在众多的训练方案中，其中很重要的一部分就是通过语言来进行的。我们不妨考虑把工作记忆训练与外语学习结合起来，通过设计各种语言训练活动，在掌握外语知识、提高语言运用能力的同时，提高学生的工作记忆能力，取得一举多得的效果。

第七章　　　　长期记忆与外语学习

　　在前面两章讨论了注意和工作记忆之后，从信息处理的角度来看，学习的最后一个环节就是长期记忆。在注意力的关注之下，我们所接触到的语言材料会经过工作记忆的加工和处理而进入我们的长期记忆之中。长期记忆是相对于工作记忆对信息的短暂存储而言的，它指信息在人脑中存储一分钟以上的记忆，是对短时记忆或工作记忆内容的复述和再编码，从而使得这些信息更加系统与深刻。长期记忆中所储存的信息是人们在过去所获得的经验和知识，这些经验和知识有很多是通过外语学习获得的，通过认知系统对它们的提取和使用，我们就可以形成语言的交际能力。它们在长期记忆中是以怎样的方式储存的，主要的类型有哪些，如何把那些有用的知识保持在长期记忆之中而不会被遗忘等，这些问题的回答都直接影响到我们对外语学习的认识，进而影响我们对教学方法的取舍。本章将围绕这些问题，就长期记忆和外语学习之间的关系展开讨论。

第一节 长期记忆

长期记忆（long-term memory）是我们的记忆系统中能够较长时间保持信息的部分，它存储着每个人通过各种途径所获得的各种各样的关于世界的知识。这些知识绝大多数来自对工作记忆中信息的精细性复述加工，也有一小部分是由于印象深刻而一次性存储的。长期记忆的容量非常庞大，Landauer（1986）曾经估算过一名35岁的成年人的记忆容量约为10亿比特。当然，这只是一个估算值。目前尚未发现有哪个人因为长期记忆容量的局限而难以维持信息的。

一、长期记忆的类型

长期记忆是一个有组织、系统化的知识与经验系统，它的组织性使得人们能够对新的信息进行有效的编码，以便能更好地识记与存储，也使人能够迅速有效地从记忆中提取有用的信息，以便于解决当前所面临的问题。长期记忆并不是一个单一的统一体，而是由不同的子系统构成，每个子系统都代表着长期记忆中的信息和经验的不同类型。我们可以从不同的角度对人的长期记忆划分类型，例如，我们可以根据记忆的内容来划分，也可以根据提取信息时有无意识来划分。综合各种分类方式以及它们的层级性，我们可以得到一个关于长期记忆中知识类型的分类框架（如图7-1所示）。根据提取记忆信息时有无意识，长期记忆可以被分为外显记忆（explicit memory）和内隐记忆（implicit memory）两种。

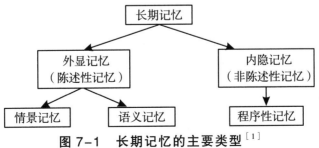

图7-1 长期记忆的主要类型[1]

---

[1] 在内隐记忆中，除程序性记忆之外，还有启动（priming）和条件反射（conditioning）两种类型。由于它们与外语学习的关系不是很大，在此不做讨论。

（一）外显记忆

外显记忆是指个体通过有意识的识记储存下来的信息，它是一种有意识的记忆加工，所储存的信息都可以用语言表述出来，因此也被称为陈述性记忆（declarative memory）或者意识记忆（conscious memory），主要指人们对于事实性信息的记忆。它适合存储经过加工处理后形成的任何具有意义关联的知识，例如人名、地名、名词解释、定理、公式等。陈述性记忆的特征在于它的灵活性，人们可以在需要的时候将所记得的事实用语言具体地陈述出来，并应用于新的信息和情景之中。根据记忆内容的性质，陈述性记忆又可进一步分为情景记忆（episodic memory）和语义记忆（semantic memory）两种类型。情景记忆是个体对自己所经历事情的记忆，它负责存储关于个体在特定时间内所经历的情景或事件，以及与这些事件相关联的时间与空间信息。因此，情景记忆中包含着具有个人体验性质的东西。例如，某个高中生参观了清华园，从进门到出门的经历都是一种个体体验的记忆。Tulving（1983）[362] 指出，情景记忆可以"使人们回到过去的时间，使自己清楚地意识到自己看到或者参与的、发生在过去的事件"。语义记忆是对各种有组织的知识的记忆，它涉及人们关于这个世界的知识，包括语言的、百科性的，但是不包括像情景记忆那样个人体验的内容。Tulving（1983）指出，语义记忆就是一个心理词库，是一个人掌握的有关字词或其他语言符号、其意义和指代物、它们之间的联系，以及有关规则、公式和操作这些符号、概念和关系的算法的有组织知识。因此，语义记忆与情景记忆不同，它所存储的信息不依赖于个人所处的特定时间或特定地点。例如，"语言是人类所特有的交际工具""形容词可以修饰名词"等，这类信息具有抽象性和概括性的特征。

人们对于情景记忆和语义记忆是否属于两种不同的记忆还存在一些争论，但是许多关于遗忘症（amnesia）患者的研究（例如：Vargha-Khadem et al., 1997；Spiers et al., 2001）都证明了两种记忆分离的现象。所谓遗忘症是指由于大脑损伤而导致的记忆的存储和提取功能受损的现象。Rosenbaum 等（2005）描述了一位名为 KC 的遗忘症患者。KC的大脑在一次交通事故中严重受损，导致他完全丧失了长期记忆中的情景记忆内容，无法记起任何一件个人经历的事情。例如，和他关系密切的哥哥在几年前已经去世，但是他不记得有人曾经告诉他哥哥去世的消息。但是，他的语义记忆却完好无损，在 Tulving（2002）对 KC 的描述中指出，KC 对于历史和地理的知识记忆非常正常，他甚至可以很好地解释钟乳石与石笋的区别。

语义记忆和情景记忆又是密切联系的，两者之间的关联性主要体现在以下三个方面（Goldstein，2008）。第一，一条语义记忆信息往往和一个甚至多个情景记忆相关，而在情景记忆消失之后，语义记忆仍然可以被保留下来。Goldstein（2008）[190]用一个实例来说明这一点：在六年级时，学生学习了关于美国政府如何运作的知识（属于语义记忆），到了七年级，学生还可以回忆起在学习这些知识时都发生了什么（属于情景记忆），但是在许多年后，学生可能只是记得美国政府如何运作的知识，而对于学习这个知识时课堂上到底发生了什么却想不起来了。这个例子说明，组成语义记忆的知识往往是通过情景记忆的个人经验获得的，但是对于这一经验的记忆会逐渐消退，最后只剩下语义记忆。第二，如果和情景记忆相结合，语义记忆就能够得到强化。语义记忆和情景记忆是相互依存的，人们对于某些信息的记忆往往两者并存。如果一个人回忆起某个夏日在青岛旅游的经历，这属于情景记忆的范畴，但是如果想到如何在那里选择物美价廉的海鲜店，如何在海滩上享受日光浴等，则要涉及语义记忆。相对那些对个人没有特殊意义的语义记忆来说，对个人具有特殊意义的语义记忆则更容易被记住。例如，如果一个人具有购买海鲜时被欺诈的经历，有关的情景记忆可以让他对于如何购买海鲜的语义记忆知识记得更加牢固。Westmacott 和 Moscovitch（2003）发现受试者对与自身经历相关的公众人物的名字回忆得更好。例如，如果一个人去过某个歌手的演唱会，那么相对于仅仅在杂志中见到过的歌手，他更有可能回忆起这个歌手的名字。第三，语义记忆可以通过影响注意来影响情景记忆。常言道，内行看门道，外行看热闹，一个人记忆中语义知识的多少将直接影响到他对某个事件或者个人经历的情景记忆。例如，尽管两个人同时观看一场体育比赛，但是由于他们对于该比赛项目所拥有知识多少的不同，他们对于比赛的记忆也大不相同。缺乏相关知识的人可能只是记得自己观看过一场体育比赛，而具有丰富的相关知识的人就有可能记住比赛的细节内容。

（二）内隐记忆

内隐记忆是指个体在没有记忆的意识或意图的情况下，加工和储存了一些信息，而且这些信息是难以用语言表述的。因此，内隐记忆也被称为非陈述性记忆（non-declarative memory）。虽然难以用语言表述，但是这些信息可以影响到个体的行为。认知心理学的相关研究表明，我们先前的经验可能会在我们没有意识的情况下影响到我们的行为，而且这种影响往往是持久的、难以消除的，其中两个典型的例子就是刻板印象（stereotype）与纯粹接触效应（mere exposure effect）。在日常生活中，我们长期接触某一个或者某类人或事物，就会在无意识的潜移默化之中形成对这个或者这类人或事物的看法，这在心理学上被称为刻板印象，而不准确甚至不正确的刻板印象往往会导致不良的后果。例如，在20世纪三四十年代，好莱坞电影经常把非洲裔美国人描述成懒惰、得过且过的形象，普通观众经常观看此类电影，就会使他们形成对非洲裔美国人的不正确的刻板印象，从而导致种族歧视现象的发生。Bargh等（1996）的研究就很好地说明这一点。在该项研究中，他们在电脑屏幕上向两组受试者分别呈现黑人和白人的面孔，为了确保在整个过程中受试者的无意识性，他们采用了阈下知觉[1]的方式，每个面孔呈现的时间大约在20毫秒，然后要求他们在电脑上做一些枯燥的工作。在这些工作结束之后，研究者告诉受试者，由于电脑故障，受试者所做的工作没有在电脑上存储下来，因此他们需要重新再做。结果表明，呈现黑人面孔的那一组要比另一组对重做的要求表现出更大的敌意。纯粹接触效应首先是由Zajonc（1968）提出来的。它的基本思想在于，对于某一外在刺激来说，它呈现的次数越多（个体能够接触到该刺激的机会越多），个体对该刺激就越喜欢。在该项研究中，Zajonc准备12张大学毕业生的大头照，然后随便抽出几个人的照片并让学生们看这些照片。开始实验时，他对学生说明这是一个关于视觉记忆的实验，目的是测定他们所看的大头照能够记忆到何种程度。而实验的真正目的在于了解观看大头照的次

---

[1] 作用于我们的感觉器官的各种刺激必须达到一定的阈值才能引起我们的感受。低于阈值的刺激，虽然我们感受不到，但是也有可能引起一定的反应。

数与好感度之间的关系。观看各大头照的次数为 0 次、1 次、2 次、5 次、10 次、25 次等 6 个条件，按条件各观看两张大头照。随机抽样，总计 86 次。实验结果表明，接触次数与好感度的关系成正比。也就是说，当观看大头照的次数增加时，不管照片的内容如何，好感度都会明显增加。Moreland 和 Beach（1992）的研究也证明了纯粹接触效应存在的客观性。他们安排四位女士去听关于人格心理学的课程。在课程开始之前，研究者把四位女士的照片展示给班级的学生，并让他们评价她们的吸引力，结果表明学生对这四位女士吸引力的评价是相等的。然后分别让这四位女士去听 0 次、5 次、10 次、15 次课，在课程结束时，再让学生对四位女士的吸引力做出评价。结果表明，上课次数最多的那位女士所得到的吸引力评价的得分是最高的。令人惊讶的是，这是一个具有 200 名学生的大班，而且这四位女士听课时只是静静地坐在教室里，并不特意去吸引学生的注意力。Zajonc（1998，2001）认为，造成纯粹接触效应的原因在于人们对于比较熟悉的刺激会感到安全与舒适。不管具体的原因是什么，我们可以肯定的是，对外部刺激的熟悉程度会让我们对它的好感度具有正面的影响。

非陈述性记忆主要由程序性记忆构成。程序性记忆（procedural memory）是指人们对具有先后次序的活动，也就是关于做事方法的记忆，例如骑车、书写、操作工具等，它是通过观察学习和实际操作练习而获得的行动性记忆。与陈述性记忆的灵活性相比，程序性记忆中所存储的技能与经验一般比较固定，依赖于学习者原有的练习状况，不容易被其他没有参与最初练习的反应系统所取代。

另外，程序性记忆也不像陈述性记忆那样随时可以提取，必须在执行相关操作时才能提取出来。它也不像陈述性记忆那样容易遗忘或混淆，一旦一个人熟练地掌握了某项技能，即使长时间不用，也能比较容易地提取出来。程序性记忆包括两种类型：与领域无关的程序性记忆和与领域有关的程序性记忆（邵志芳，2013）。与领域无关的程序性知识是指在人类的认知活动中普遍使用的程序性记忆，是个体顺利进行认知活动必须掌握的一般方法或途径。与领域相关的程序性知识是那些帮助个体在具体条件下有效解决具体问题的专门方法与途径。

获得程序性知识[1]的过程实际上就是技能自动化的过程。从认知的过程来看，信息的加工可以被分为控制加工（controlled processing）和自动加工（automatic processing）两种类型（Schneider et al., 1977；Shiffrin et al., 1977）。控制加工是在有意识的思考和努力状态下进行的信息处理过程，它要求学习者的大量注意，很可能会占用他们大量的，甚至全部的工作记忆资源，因此控制加工的过程往往较慢，效率较低。当我们对某项技能的操作还不够熟练时，一般都需要控制加工的过程。Ormrod（2012）[209]以自己学习开车的经历来说明控制加工的特点：他的爸爸试图教他驾驶一辆手动挡的汽车，那是非常困难的。在努力驾驶车辆往正确的方向行驶的同时，还要控制速度，协调好变速杆和离合器，这就消耗了他全部的注意力和工作记忆容量，甚至导致了工作记忆容量的超载，因为他一直忘记踩离合器，致使车子摇摆前进，几乎把他的爸爸甩了出去。而与控制加工相反，自动化加工则是指在完成一项活动或技能时不需要或者需要很少的认知资源，不用有意识地去思考的信息处理过程。在这一过程中，学习者不需要有意识的注意和努力，而且也不会占用太多的工作记忆容量。当我们对某项技能的操作能够熟练自如时，就能做到对信息的自动化处理。例如，一个熟练的驾驶员可以自如地驾驶汽车，他们可以一边开车一边谈话，也可以边开汽车边执行类似给收音机调换频道这样的次要任务，他们也常常会在高速路上行驶了很长一段路后却不记得在这期间具体做过什么事情。Bargh（1994）指出，认知过程的自动化具有以下四个特征：第一是意识性（awareness），人们可能意识不到正在发生的心理过程；第二是目的性（intentionality），人们可能不是有目的地开始一个自动化的认知过程；第三是效率，自动化的认知过程不需要占用很多的认知资源，因此是高效的；第四是可控制性（controllability），在一个自动化的认知过程开始之后，人们很难终止或者改变这一过程。

Hasher 和 Zacks（1979）把自动化加工分为两种，一种是通过遗传获得的，例如婴儿在出生时就能自动地完成一些活动；另一种是通过学

---

[1] 这里所说的知识不是狭义的知识，从广义上来讲，只要是在记忆中存储的内容都是知识，具体到程序性知识来说，它更多地体现为技能和程序。

习获得的，例如骑自行车、驾驶汽车、阅读、书写等。在这一类活动或技能的初期，完成这些动作需要较多的认知资源，而一旦技能自动化，它们对认知资源的要求也就随之降低。也就是说，这是一个从控制加工向自动化加工转化的过程，在这一过程中，练习和反复地操作具有关键性的作用，很多研究都证明了这一点。例如，Shiffrin 和 Schneider（1977）的研究采用视觉搜索的方法。他们以英文字母 B、C、D、F、G、H、J、K、L 为一组材料，以 Q、R、S、T、V、W、X、Y、Z 为另一组材料，当其中一组为记忆材料时，另一组则为测验材料中的干扰项目。他们通过快速呈现来测试受试者对测试材料感知的准确性。由于测试材料与用于做干扰项的材料都属于同一种类型，因此，受试者要采用控制加工的方式。在实验开始时，受试者对于测试材料感知的准确度只有55%，而在经过2100次练习之后，受试者对于测试材料感知的准确度就提高到了80%。这说明他们在经过反复的练习之后，成功把控制加工转化成为自动加工。Laberge 和 Samuels（1974）的研究也证明了练习在对字母自动化加工中的作用。他们指出，对字母的自动化加工是由于人们把字母视为一个单元，而不是关注它们的细节特征。同样，如果把单词作为一个单元，而不是具体字母的组合，就可以实现对单词的自动化处理，这样再认识一个单词所需的认知资源就大大减少了。

二、信息的编码

在上一章我们讨论过工作记忆中语音的优先性原则，也就是说工作记忆的主要编码方式是言语听觉编码，少量的是视觉和语义的编码。而在长期记忆中，信息的存储则主要有语义编码和表象编码两种方式。所谓语义编码是指通过词语来加工信息，通过语义、语法关系、系统分类等因素的作用将语言材料组织起来，并存储到长期记忆之中；而表象编码是指利用视觉、听觉、味觉、触觉等产生的形象作为表征形式而形成长期记忆（邵志芳，2013）。

在长期记忆中，两种编码方式同时并存、相互补充，但是占据主导地位的还是能够存储抽象知识的语义编码，早期的两项关于长期记忆的著名研究（Baddeley，1966a；Sachs，1967）就很好地证明了语义编码在长期记忆中的主导地位。在 Baddeley（1966a）的研究中，他向受试者呈现一系列发音相近的单词（如 mad、map、man）或发音不同的单词（如 pen、day、rig），向另一部分受试者呈现语义相近的单词（如 huge、big、great）或语义差别较大的单词（如 foul、old、deep）。在单词呈现完毕后，让受试者在 20 分钟之内做其他任务。这样做的目的在于阻止受试者进行复述，以确保受试者回忆时提取的信息来自长期记忆。最后让受试者回忆呈现的单词。结果发现，发音相近的单词出现的错误并不多，而语义比较接近的单词产生了较多的回忆错误。这一结果表明，从长期记忆提取信息时发生的错误往往不是因为语音的相似，而是因为语义的相似导致了记忆的混淆，这说明语义编码在长期记忆中的重要性。在另一项著名的研究中，Sachs（1967）使用录音机向受试者播放一篇首次使用望远镜的文章，并在播放过程中不时地停下来，检测受试者对其中某些句子的记忆情况，其中的一个句子是 "He sent a letter about it to Galileo, the great Italian scientist."，在受试者听完这一句子之后，再向他们呈现测试句子。在测试句子中包含一个与文章中的句子完全相同的句子，而其他句子则进行了一定的修改，例如："He sent Galileo, the great Italian scientist, a letter about it." "Galileo, the great Italian scientist, sent him a letter about it."，第一个句子的形式发生了改变，但是保留了原来的意义，第二个句子的形式和意义都发生了改变。实验结果表明，当受试者在听完目标句子之后马上进行检测，他们能够很好地回忆与原来句子完全相同的句子，并拒绝其他选项。随着时间间隔的加大，如果在受试者听了随后的多个句子之后再去检测他们对于目标句子的记忆情况，他们也会选择与原来的句子形式不同但是意义相同的句子，而不会选择意义不同的句子。这说明在听到目标句子的初期，受试者还能记住句子的形式特征，但是在经过一段时间之后，目标句子的形式特征会逐渐从长期记忆中消失，而只剩下目标句子的语义特征。这一研究也充分说明了长期记忆中语义编码的主导性地位。

在长期记忆中，语义编码居于主导的地位，但是这并不意味着长期记忆中仅仅存在语义编码。Frost（1972）的研究表明，人的长期记忆中也存在着视觉编码。他向受试者呈现 16 张图画，其中衣服、动物、汽车和家具各 4 张。这些图画不仅存在语义类别的差异，也存在视觉类别的差异。在 16 张图画中，有 4 张朝左，4 张朝右，4 张朝水平方向，还有 4 张朝垂直方向。图画以随机的顺序呈现，受试者被要求进行自由回忆。结果表明，语义类别和视觉类别都对受试者的反应顺序产生了影响，这说明他们同时使用视觉和语义信息进行了编码。Brady 等（2008）的研究表明，人们能够存储数千幅的图像。另外，Nelson 和 Rothbart（1972）的研究也说明长期记忆中有听觉编码的存在。

Paivio（1965，1975，1986，2006）所提出的双代码假说（dual-code hypothesis）认为，长期记忆包含两种编码系统，一种是言语性质的，它负责表征和存储抽象的语义信息，另一种则是表象性质的，它负责表征和存储事物的外表信息。表象是知觉经验的心理表征，邵志芳（2013）[130] 指出，"表象，用通俗的话说，就是'心灵之眼'看到的图像，是'心灵之耳'听到的声音，是'心灵之手'感受到的动作……它们分别是视觉表象、听觉表象和动作表象等"。言语类的信息以语义编码为主，而对于非言语类的信息来说，则是以表象编码为主。但是，在很多情况下，两种编码都会同时被采用。例如，当我们听到一个句子时，在形成语义编码的同时，也会产生关于这个句子所描述内容的表象。与此类似，当我们在看一幅图画时，在形成视觉编码的同时，也会形成用以描述这幅图画的语义编码。长期以来，Paivio 进行了大量的研究来验证自己的双代码假说。在较早的一项实验研究（Paivio，1965）中，受试者被分为两组，第一组学习 10 个具体的配对名词（如 fork-mountain），另一组学习 10 个抽象的配对名词（如 truth-distance）。在学习的过程中，配对词在屏幕上每隔几秒呈现一对。在回忆时，呈现每一对词中的第一个词，然后要求受试者回忆第二个词。结果表明，学习具体词的受试者回忆成绩总是好于学习抽象词的受试者回忆成绩。这一结果支持了双代码假说，因为具体的词可以同时在记忆中形成语义和表象两种编码，而抽象词则只能形成语义一种编码，因此抽象词记忆起来要比具体词困难。后来，Paivio（1975，1986，2006）的一系列研究都进一步证明了双代码假说的合理性，并且发现当语义编码和表象编码同时运用时，记忆的效果比单独使用其中一种编码要好。

三、信息的组织结构

由于长期记忆中的信息编码以语义编码为主，因此，关于其中信息组织结构的研究主要集中在语义记忆的组织结构上面，而语义的基本单位是概念，由此我们从概念开始来讨论长期记忆中信息的组织结构。

（一）概念与类别

从逻辑学上来讲，概念（concept）是反应事物本质属性的一种思维形式，而从心理学的角度来看，概念是分类在个体头脑中的表征，是人们理解世界的基本手段。一般来说，我们可以用一个词来表示概念，例如，"狗"是我们对这一类动物的抽象表征，可以指世界上的任何一只狗。每个概念又与其他概念相关联，例如与"狗"这一概念相关联的可能有"宠物""黑色""忠诚"等。

概念总是与类别相关联的，类别主要有自然类别（natural categories）和人造类别（artifact categories）两种（Kalénine et al., 2009）。自然类别是指世界上自然产生的分组形式，如动物、植物等；人造类别则是由人类通过设计和发明，自己制造出来的物品的分类，人造类别都有其特定的目的或功能，如文具、交通工具等。自然类别和人造类别都是相当稳定的，人们在分类标准上都存在基本的共识。但是，对于一个个体来说，他对于一个概念的认识往往要经历一定的过程。例如，对于儿童来说，热和温度两个概念往往没有很大的差别，但是随着儿童的相关知识的不断积累，到了一定的年龄，他们就会把这两个概念严格地区分开来。另外，有时候人们会因为某个特殊的情境或需求而临时创建一些类别。例如，"我们家的狗能吃的东西"，这种类别被称为特设类别（ad hoc categories）。特设类别一般要用短语来表示，这类概念的内容也会因情境的变化而不同。

概念的形成对我们感知世界、形成思维非常重要。对一个尚未具备把事物归属于概念类别的儿童来说，每次接触到一个外部的刺激，这对他来说都是独一无二的。例如，他碰到了一只狗，他不能够意识到这只狗与他原来碰到的狗有什么相似之处，他也就无法判断这只狗是友好的还是危险的。即使是与刚才碰到的同样一只狗，他也不能识别出来，因为这只狗的感觉特征与刚才又有所不同。因此，形成概念的能力能够使我们更好地认识世界，从纷繁复杂的外部刺激中形成稳定的知识，进而为今后的行为奠定基础。对于概念的形成目前主要有基于特征理论、原型理论和样例理论。

基于特征理论（feature-based theory）是关于概念形成最为经典的理论。该理论认为，一个概念都是由一系列的必要而且充分的特征组成，这些特征被称为定义性特征（defining features），也就是说，把这些特征组合在一起就可以定义一个概念或类别。例如，bachelor（单身汉）一词，除了必须是人，还需要具备男性、未婚和成人三个特征，而且缺一不可，其中的任何一个特征缺失，那么就不属于"单身汉"这一类别。基于特征理论的问题在于，在许多情况下，我们对于某些类别的特征并不是那么明确，例如，我们很难找出"游戏"这一类别所具备的全部特征。另外，在某些特征缺乏的情况下，我们仍然能够判断出类别（Sternberg et al.，2012）。

原型理论（prototype theory）最早由哲学家 Wittgenstein（1953）和心理学家 Rosch（1975a，1978）提出。Wittgenstein（1953）提出了自然概念和类别的家族相似性（family resemblance）问题，指出一个家族的成员之间彼此相似，是因为他们具有某些共同的特征。而家族的成员不必具有这一范畴或类别的所有特征，而是 AB、BC、CD、DE 式的家族相似关系，即一个成员与其他成员至少有一个或多个共同属性。范畴成员的特性不完全一样，他们是靠家族相似性来归属于同一范畴的。因此，家族相似性是指趋向于一个概念的程度，也就是在多大程度上属于这个家族。如果类别中的某个成员具有该类别更多的属性，他与其他成员相比就会具有更高的家族相似性，那么这个成员就更具典型性。以此为基础，Rosch（1975a，1978）提出了概念的原型理论。所谓原型就是指某个概念或类别中最为理想的样子，它是人们对曾经遇到过的所有对象进行平均抽象概括而形成的模型。也就是说，原型是某个范畴或者类别中最为理想的成员，它在现实世界中并不一定存在。例如，"鸟"的原型就是根据平常可见的各种鸟的形象平均得来的，而并非某一具体类别的鸟的形象。因此，原型不一定是类别中的真实存在，而是对一个类别的平均表征（见图 7-2）。

图 7-2　原型的形成示意图（Goldstein，2015）[249]

　　注　图中显示了三只真正的鸟，从左往右依次为麻雀、知更鸟、蓝松鸦，最右边为鸟的原型，是由"鸟"这个类别中的样本叠加平均而得到的。

　　原型理论认为，概念主要是以原型来表征的。当提及一个概念时，我们首先想到的往往是最能代表该概念的原型，而对于一个事物是否属于某个类别，主要是看它与原型的相似程度。例如，对于中国人来说，麻雀要比鸵鸟更像鸟，因为麻雀与我们心目中与鸟这一概念的原型具有更多的相似性。然而，并非所有的鸟都像麻雀，猫头鹰、企鹅等也属于鸟。原型理论用原型典型性（prototypicality）来表示，一个成员与其类别的原型的相似度越高，它的原型典型性就越强。Rosch（1975b）对此进行了定量研究。她向受试者呈现一个类别的名称，例如"鸟"或者"家具"，以及该类别之下的 50 个成员，然后要求受试者通过 7 点量表判断每个成员对其所在类别的代表性程度，1 表示是该类别的典型样例，7 则表示与该类别不相符或者不是该类别的成员。结果表明，麻雀的得分是 1.18，这说明该词具有较强的原型典型性，是鸟类的典型样例，而企鹅和蝙蝠的得分分别是 4.53 和 6.15，这说明它们的原型典型性很低，不是鸟类的典型样例。

　　众多研究（例如：Rosch et al.，1975；Armstrong et al.，1983；Kail et al.，1984）都证明了原型理论的合理性，但是，它也存在一些问题。对于许多的概念，尤其是一些抽象的概念，它们并不存在一个所谓的原型。另外，它也不能解释概念边界的问题。例如，波美拉尼亚狗（也称博美犬）和暹罗猫十分相似，而与丹麦种大犬却不太相似，但是人们还是将它归为狗，而不是猫（杨玉芳，2015）。针对原型理论存在的问题，研究者（Komatsu，1992）又提出了样例理论（exemplar theory）。该理论认为，人们在记忆中存储了不同概念的一部分或者全部的样例，概念是对其一系列独立样例的心理表征，我们对于一个物体是否属于某个类别的判断，主要是基于这个物体与样例的相似程度。样例理论与原型理论一样，也认为在概念的判断过程中需要判断事物与一个标准事物的相似性，但是原型理论中的标准事物是通过平均类别中的全部成员而得到，而样例理论中的标准事物则包含很多样例，它们都是类别的真实成员，是人们在现实世界中遇到的真实事物。但是原型理论和样例理论并不是不相兼容的，两种理论都会在概念的判断时起作用，而且代表着人们对于概念认识的不同阶段。在最初了解一个概念或者类别时，人们会将一些样例平均起来形成一个原型，但是随着经验的积累和不断学习，一些样例会变得越来越突出，而逐渐成为人们对概念进行判断的标准事物（Kéri et al., 2002；Malt, 1989）。

（二）语义网络

不论是基于特征的理论，还是原型理论或样例理论，它们都认为概念之中包含着一系列的特征，这些特征之间以及由此而形成的不同概念不是随意堆砌在长期记忆之中的，它们之间会通过各种类型的关系构成各种网络系统而存储在记忆之中。目前，关于网络的构成主要有层级语义网络和扩展激活网络两种。

层级语义网络（hierarchical semantic network）是由 Collins 和 Quillian（1969）提出的认知心理学中的第一个语义记忆模型（如图 7-3 所示）。在这一模型中，概念用单词来表示，是网络的基本单位，每一个概念代表着网络中的节点，其中包含着一系列的特征属性。例如，动物（animal）这一概念包含有皮、能活动、要吃食、要呼吸等特征。概念与概念之间相互联结构成一个网络系统。

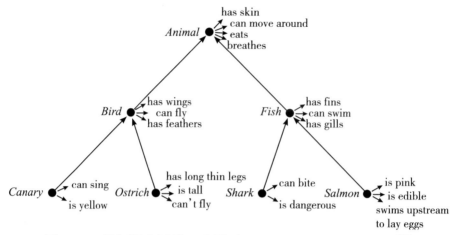

图 7-3 层级语义网络示意图（Sternberg et al.，2012）[333]

层级语义网络具有两个重要的特点。首先，网络中的不同节点之间通过不同的关联相互联结。具体来讲，主要有两种关联。第一种是类属关系，每一个概念都通过类属关系与一个上位的概念相联结，例如，金丝雀（canary）是一种鸟（bird），而鸟又是一种动物（animal）。类属关系有 3 种：上位关系、下位关系和并列关系。例如，动物是鸟的上位概念，金丝雀是鸟的下位概念，鱼（fish）是鸟的并列概念。另一种是属性关系，也就是一个概念所具有的具体特征属性，不同的概念会和不同的属性联结起来，例如金丝雀就与黄色相联结。层级语义网络的另一个重要特点就是它的层级性，整个网络是按照概念之间的上下级关系而组成的。Collins 和 Quillian（1969）认为，语义信息的存储空间是有限的，从认知的经济性原则出发，信息最好只存储在网络的一个位置上，即一个节点上，而其他节点可以通过关系网络来获得这一信息。针对这一点，他们假设信息只是存储在可能的最高节点上，也就是一个信息所能达到的最高层次。例如，所有的动物都包含有皮、能活动、要吃食、要呼吸这些特征，那么这些信息就只储存在动物这一节点上，它的下位概念"鸟"这一节点就不必再储存动物概念的特征了。同样，所有的鸟都包含有翅膀、能飞、有羽毛的特征，它的下位概念"金丝雀"这一节点也就不必存储这些特征了。这样我们就可以按照由下往上的顺序来进行语义网络的检索。例如，我们从金丝雀这个概念的节点开始，在这个节点上，我们可以获得金丝雀是黄色的和能够唱歌这两个属性信息。为了获得更多的关于金丝雀的信息，我们沿着连线向上一层次寻找，就会知道金丝雀是鸟，而鸟有翅膀、能飞，还有羽毛；继续向上到更高的层次寻找，我们还会知道金丝雀是动物，有皮、能活动，要吃食物，还需要呼吸。

层级语义网络理论具有结构清晰、简明的特点，也在一定程度上反映了语义系统表征的许多特征，但是也存在许多明显的问题，主要表现在两个方面（杨玉芳，2015）。第一，模型中涉及的概念间的联系过于简单，而概念之间除了纵向的上下位关系，还存在着很多横向的联系，但是层级语义网络并没有涉及这类联系。第二，从认知加工的角度来看，网络的层级性在节约了存储空间的同时很可能会增加提取信息所需的时间。

针对层级语义网络存在的问题，Collins 和 Loftus（1975）又提出了扩展激活网络（spreading activation network）理论。这一理论修正了原来理论中关于层级的思想，用语义联系取代了层级结构，更多地倾向于概念之间的横向联系。如图 7-4 所示，扩展激活网络没有严格的层次结构，各个概念节点之间在网络中具有平等的地位，概念之间的联结更多地要依赖个人的经验，同时出现的两个概念会自然地被关联起来，而两个概念之间共现（co-occurrence）的频率越高，它们之间的联结强度也就越大。在这个网络中，联结的强度用空间距离（也就是图中线的长短）来表示，两个概念之间的关系越密切，它们之间的连线就越短。例如，在图 7-4 中，汽车（vehicle）与轿车（car）、卡车（truck）、公交车（bus）之间的连线都很短，但是与消防车（fire engine）、救护车（ambulance）之间的连线则比较长。这也就意味着扩展激活网络是根据个人经验而建立起来的结构，不同的人会因为他们对于特定概念的知识经验的差异而在不同的概念之间形成不等的空间距离。除了个人的知识经验，还有很多因素有可能会影响到网络的结构，其中包括概念的结构特征，如分类关系，以及其他因素，如典型性、相关概念之间的联想程度等。

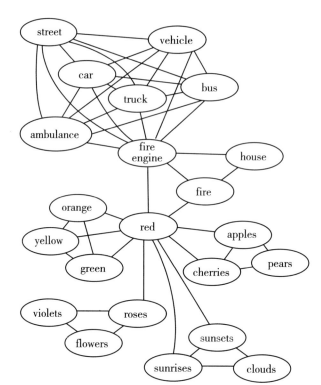

图 7-4　扩展激活网络示意图（Collins et al., 1975）[412]

扩展激活网络模型主张概念之间存在扩展激活，也就是说当某个概念的节点被激活时，这一兴奋会沿着概念间的联结向其他概念扩展，而且激活的强度会因概念之间距离的远近而变化，距离越近，激活的强度也就越大。另外，两个不直接联结的概念可能会因为两者都与同一个概念相关联而相互激活。例如，在图 7-4 中，红色（red）并不与花（flowers）和紫罗兰（violets）这两个概念直接相连，但是红色与玫瑰（roses）是直接相连的，而玫瑰又与紫罗兰和花具有直接的关联，那么当红色这一概念节点被激活时，这一激活会扩展到玫瑰，然后又通过玫瑰扩展至紫罗兰和花这两个概念。当然，随着激活传输距离的增加，激活的强度也会相应地变弱。与层级语义网络相比，扩展激活网络中概念之间的联系更全面，也更灵活，具有更强的解释力，较好地反映了人类长期记忆中的信息储存结构。

（三）图式

图式（schema）也是我们将记忆中的概念组织起来的一种方式，它通常是指比单个概念要大的东西。图式的概念最早是由德国哲学家康德提出来的，他把图式看作一种先验的认知形式，包括时间、空间等范畴。人们依靠这些先验的认识形式来组织自己得到的各种杂乱无章的材料，从而产生有条理的知识。后来，Piaget（1952，1962）把图式的概念应用于个体心理发展的研究，认为外界刺激与主体反应之间的关系不是直接的、简单的刺激反应，而是主体将外部刺激同化于已有的认知结构之后才做出反应。图式是不断变化的，儿童最初只具有遗传得来的动作图式，如吸吮、抓握等，以这些图式为起点，在儿童主体与客观世界的相互作用中，经过同化、顺应以及平衡的过程，原来的图式不断丰富，新的图式不断被建立起来。图式的不断发展使得认识结构越来越复杂，最后形成逻辑结构，儿童的认识能力也相应发展起来。

在认知心理学中，图式被视为用以组织知识、创建相关概念的意义结构的一种心理框架。图式与语义网络具有很多相似之处，只不过图式往往更面向任务，是用来组织知识的心理框架，它可以为互相联系的概念创建有意义的结构。例如，我们每个人都有一个关于教室的图式，它可以告诉我们教室里会有哪些东西，这些东西有什么功能，我们可以在哪里找到这些东西，等等。Sternberg 等（2012）总结了图式的四个主要特点。（1）一个图式中可以包含其他图式，例如，动物图式中包含奶牛的图式、狗的图式等。（2）图式包括典型的、一般性的事实，但是这些事实可以因具体实例而略有不同。例如，虽然哺乳动物的图式中包含"通常长有毛发"这个一般性的事实，但是也包含一些不具有这一特征的哺乳动物。（3）不同的图式可以有不同的抽象程度。例如，"正义"的图式就比"苹果"的图式抽象得多。（4）图式也可以包含关系方面的信息，这些关系主要包括：概念之间的关系，例如卡车和小汽车之间的关联；概念自身属性之间的关系，例如一头大象的身高与体重；相关概念属性之间的关系，例如樱桃的红与苹果的红；概念与特定情境之间的关系，例如鱼和海洋；具体概念和一般背景知识之间的关系，例如关于某位美国总统的具体概念与美国的政府和美国历史。

图式可以被视为原型与样例之间的结合，原型也可以被视为是一种类型的图式。图式的类型非常之多，其中人们关注较多的一种类型是脚本（script）。脚本是用来描述日常事件的图式，它描述的是事件发生的特定顺序，用来解释一些人们日常生活场景的知识。一般来说，一个脚本中要包含默认的人物、道具、场景设置以及预期发生的事件顺序等要素。例如，"餐馆"的脚本要包括以下要素（Sternberg et al., 2012）：（1）道具，如桌子、菜单、食物、账单和钱；（2）待扮演的角色，如顾客、服务员、厨师、出纳和店主；（3）脚本的启动条件，如顾客饿了、身上带着钱；（4）场景，如进入、点餐、用餐、结账、离店。

图式在知觉、学习和问题解决中都具有重要的作用。它是一种信息接收系统，环境中的信息只有与个体具有的图式发生联系时，才具有意义。适合图式的信息得到加工，而不适合图式的信息就被忽略掉。从这一点来讲，图式可以提高人们认知的效率，因为人类的记忆系统经常会遇到超出处理速度的信息，而图式提供了一种减少信息超负荷的方式，它们可以帮助我们把注意放到重要的信息上，而忽视一些不重要的信息。图式还提供从环境中提取信息的计划，也就是说，当某种图式被激活后，人们将预测环境中出现的刺激，并积极探索所需要的信息。当环境中的刺激与我们记忆中的图式不符合时，它将延缓或阻碍我们对外界信息的加工。另外，图式可以帮助人们把记忆片段组织起来，并指导记忆的检索，因此，图式在学习和问题解决中具有重要的作用。

（四）思维的适应性控制模型

从概念到语义网络，再到图式，这些内容更多地与陈述性知识相关，很少涉及程序性知识。目前众多的关于记忆的研究之中，更多的是围绕陈述性知识来进行的，一个比较突出的例外就是思维的适应性控制（adaptive control of thought, ACT）模型（Anderson, 1976, 1993; Anderson et al., 2004），该模型将陈述性知识与程序性知识结合在一起，形成了一个综合的信息加工理论。

ACT 模型经历了一系列演变的过程发展到今天的最新版本是 ACT-R（R 代表 rational，即 ACT 的理性版），如图 7-5 所示，该模型包括三个主要的部分：工作记忆（working memory）、陈述性记忆（declarative memory）和产出性记忆（production memory，也就是程序性记忆）。外部世界（outside world）的信息经过编码（encoding）暂时存储在工作记忆中，工作记忆负责将要长时保持的信息存储（storage）到陈述性记忆中。工作记忆还负责从陈述性记忆中提取信息（retrieval），并进行短暂的存储。匹配过程（match）就是把工作记忆中的材料与产生式的条件相对应，执行过程（execution）是把产生式匹配成功所引起的行动送到工作记忆中，进而形成各种行为表现（performance）。在执行前的全部产生式匹配活动也称为产生式应用（application），在应用中还可以学习到新的产生式。

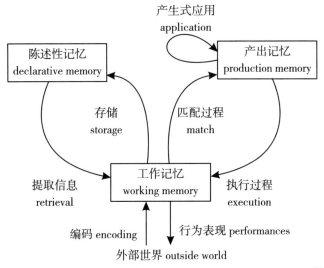

图 7-5　ACT-R 模型示意图（Sternberg et al.，2012）[346]

在 ACT 模型中，陈述性知识以命题网络的形式来表示。命题（proposition）是基本的意义单位，是直接表述事物情况的思维形态。他指的是概念之间某种特定关系背后的含义。Anderson（2015）[104] 指出："命题是可以作为独立断言的最小知识单位，也就是说，命题是能够从意义上判断出是真是假的最小单元。"同一个命题可以用不同的语句来表示。例如，"The table is above the cat." 和 "The cat is beneath the table." 两个句子都表达了同样的命题。同一个句子也可以表达几个命题。例如，"Lincoln，who was president of the United States during a bitter war，freed the slaves." 这个句子中包含以下三个命题：（1）Lincoln was president of the United States during a war.；（2）The war was bitter.；（3）Lincoln freed the slaves.。ACT 模型理论认为，长期记忆中的陈述性知识是以命题网络（propositional network）的形式进行组织的，上述句子中所包含的第一个命题可以用图7-6来表示：

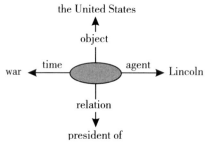

图7-6　单一命题表征示意图（Anderson，2009）[125]

如图7-6所示，椭圆形表示一个命题，它通过箭头与关系和各个论元（argument）[1]相联结，其中，关系和论元是网络的节点。具体来说，椭圆形由标记着关系（relation）的箭头线连接着关系，即"……的总统"（president of），由标记着施动者（agent）的箭头与林肯（Lincoln）相连，由标记对象（object）的箭头与美国（the United States）相连，另外，它还通过标记着时间（time）的箭头与战争（war）相连，这样，一个命题就形成了一个简单的网络系统。由于命题与命题之间往往具有相同的节点，例如，在上述3个命题中，1和2都有战争一项，1和3都有林肯一项，不同的命题就会通过这些重叠的节点相互联结构成一个更为复杂的网络（如图7-7所示）。和其他网络模型一样，ACT模型也主张扩展激活的基本原则，认为任何节点的激活会向相联结的节点扩展传播。

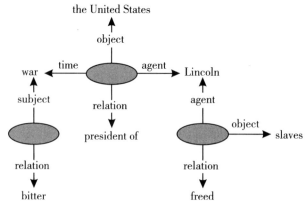

图7-7　多个命题的网络表征示意图（Anderson，2009）[125]

---

[1]　论元指命题的元素或变元，是谓词表述的对象。例如，"Lincoln freed the slaves."中freed是谓词，另外两个成分Lincoln和the slaves是论元。

产出性记忆基本上相当于程序性知识，但是它与此又略有不同，程序性知识更强调知识本身，而产出性记忆强调这些知识的应用，也就是产出的过程。ACT 模型中的产出系统以各种产出式规则（production rules）来表示。所谓产出式规则是指对于在什么条件下可以进行什么动作，以达到什么目标的描述。也就是说产出式规则规定了应该达到的目标、规则在应用时必须保证的一个或多个条件以及运用该规则所产生的一个或多个动作。例如，一个学生可能会运用这样的产出式规则：如果目标是积极专心地学习（目标），而宿舍里非常吵闹（条件），并且学校图书馆是开放的（条件），那么就收拾好学习资料（动作），并将它们带到图书馆（动作），然后在那里学习（动作）（Galotti，2008）。由此可见，产出式规则可以用"条件—行为"的形式表示，最为简单的表达就是"如果—那么"，其中的"如果"部分特指某种必须与第二部分相适应的条件，"那么"部分则是即将进行的动作。在应用一个产出式时，它的行为就会被置于工作记忆之中。

四、记忆的巩固与遗忘

对于学习来说，一个关键的任务就是把学习的内容长期保持在记忆之中，以防止遗忘。这其中主要涉及两个方面的问题，一方面是记忆的巩固，另一方面是遗忘。

（一）记忆的巩固与构建

所谓记忆的巩固是指把新的信息从脆弱状态转化为更持久的状态，以便使这些记忆不容易遭受破坏的过程（Frankland et al.，2005）。刚刚进入长期记忆的信息是非常脆弱的，很容易被新的信息所破坏，从而从记忆中消失。新记忆的潜在加工是脆弱的、非完全强化的。就像摄影一样，记忆似乎也需要一段时间才能"固定"，否则，它们将不能完全形成并会逐渐消失。因此，信息在进入长期记忆之后还需要一定的时间的巩固才能被顺利保存到长期记忆之中。在这一阶段记忆的保持和遗忘是此消彼长的过程，"新的记忆清新而脆弱，旧的记忆褪色而顽固"（Wixted，2004）。McGaugh（2000）指出，特殊药物可以选择性地阻碍从几秒钟到几个小时的短时记忆，另一些药物可以阻碍几小时到几个月的长时记忆，这说明记忆巩固过程的两个关键的时间节点。如图 7-8 所示，进入长期记忆的新记忆的巩固与时间相关。

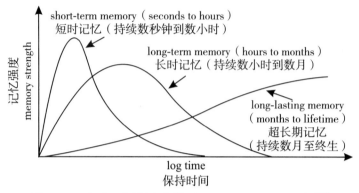

图 7-8　记忆巩固的阶段（McGaugh，2000）[248]

总体来说，记忆的巩固包括两个主要的过程：巩固（consolidation）和再巩固（reconsolidation）（邵志芳，2013）。记忆的巩固又可以被进一步分为两个阶段，第一个阶段发生在记忆产生后数小时，此时记忆最容易受到干扰。第二个阶段可以持续数日甚至多年。记忆的再巩固涉及记忆内容的更新，也就是用新的信息取代原有的过时的信息。例如，原定于周四下午开会，现在改成了周五上午，这就需要将原来关于周四下午开会的信息提取出来，更新为周五上午开会。在记忆内容的更新完成之后，记忆又会进入新的巩固阶段。记忆的巩固和再巩固的循环过程使得人类的记忆不是一成不变的，而是不断发展的，它无时不在与外部世界的交互作用中，随着新的学习经历和变化的情景而不断地更新。

在记忆巩固的过程之中，长期记忆并不是像照相机那样原封不动地把外部世界的信息保留在记忆之中，而是需要对这些信息进行进一步的加工，充分体现记忆的再建构特征。关于记忆再建构特征的一项经典研究是 Bartlett（1932）以一个印第安纳土著民间故事为材料，以他的朋友和学生为受试者所做的关于记忆的研究。通过研究，他认为现实世界中的记忆在很大程度上需要运用人们的社会知识和图式作为长期记忆的组织框架，并以此为框架对新获得的知识与信息进行加工与处理，在这一过程中，为了使新的信息从自身的角度看起来更加合理，也就是与原有的知识和图式更加吻合，人们会无意识地扭曲事实的真相。例如，在

Bartlett（1932）的研究中，受试者会按照自己的社会文化知识和图式对所阅读的印第安纳土著故事进行改造。在他们后来的回忆中经常会出现"错误的回忆"，把"四周雾气茫茫，一片寂静"的天气变成一个"漆黑的风雨之夜"，而这种改变与受试者对于天气是如何预示不祥之事的发生的认识更为一致。Bartlett（1932）因此反对把长时记忆视为一个仓库而将所接受的材料或信息原封不动地储存的观点。

　　长期记忆并不是一个被动的信息接受与储存的装置，而是一个主动的加工与处理机制。它有可能会影响到记忆的存储结构，而长期记忆中已有的知识也可能会影响到我们从记忆中实际回忆出什么样的内容（Davis et al., 2007；Sutton, 2003）。Goldstein（2015）[193] 指出，"记忆是有历史的。在一个事件或者学习发生之后的瞬间，我们可以清楚地回忆所发生的事件或者学习内容的细节，但是随着时间的推移以及更多的经历的累积，其中的一些记忆丢失了，有一些改变了特性，还有一些甚至与本来的面目发生了很大的改变"。记忆是基于事实本身再加上个人因素（如个体的知识、经验、期望等）构建而成的。记忆的建构性使得人类所获得的知识有时要比提供给他们的知识多，人们会创造出许多新的知识，因为人类知识的获得往往是长期记忆中知识体系不断重构的过程。也就是说，人们在学习或者体验的过程之中，获得各种各样的新的信息知识，但是人们并不是仅仅把这些知识叠加到长期记忆之中，而是要经过自己的理解与阐释，也就是在重新建构之后，与学习者长期记忆中已有的知识联系起来，并且会随着知识数量的不断增加，重新建构长期记忆中原有的知识体系。

（二）记忆的遗忘

　　在这一领域最为经典的当属 Ebbinghaus（1885）关于遗忘规律的研究。他发现，遗忘的进程并不是均匀的，最初遗忘的速度很快，以后逐渐缓慢。他认为"保持和遗忘是时间的函数"，并根据他的实验结果绘成描述遗忘进程的曲线，即著名的艾宾浩斯遗忘曲线（如图 7-9 所示）。

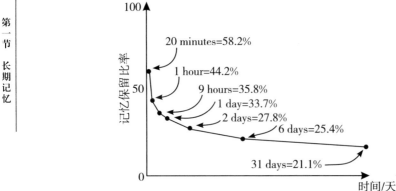

图 7-9　艾宾浩斯遗忘曲线

　　根据艾宾浩斯的遗忘曲线，保持记忆的最好方式就是不断地重复。Ebbinghaus（1885）的研究还发现，不同记忆材料所需的重复次数是不一样的。记住 12 个无意义的音节，平均需要重复 16.5 次；记住 36 个无意义音节，需重复 54 次；记忆 6 首诗中的 480 个音节，平均只需要重复 8 次。也就是说，人们对于已理解的知识，能记得更迅速、全面且牢固[1]。

　　遗忘并不意味着信息从长期记忆中完全消失了，其实，许多看似已经遗忘了的记忆仍然存储在人的长期记忆之中（Nelson，1977），其问题在于记忆会随着时间的推移而变得不容易提取。Anderson（2015）用记忆强度来衡量某个记忆的信息是否容易提取。他指出，有的记忆要比其他记忆更容易提取，而"决定这种记忆的内在可得性的量就是记忆强度"。也就是说，如果记忆中的信息长期得不到激活，它们的记忆强度就会逐渐减弱。而这一变化过程是非常有规律的，Wickelgren（1975）用保持函数来描述这一过程。在他的研究中，Wickelgren 向受试者呈现一系列学习的单词，并通过延迟测验来考察他们再认这些单词的概率，延迟的时间从 1 分钟到 14 天不等。图 7-10 显示了作为延迟时间的函数的再认绩效。Wickelgren 以 d'（读作 d-prime）作为单词再认的绩效量度，这是由再认概率导出的，也是对记忆强度的量度。由图 7-10 我们可以看出，d' 的数值会随着时间的推移而逐渐变小，但是这种变化的速度是逐渐递减

---

[1] 这也在一定程度上进一步说明长期记忆中语义编码的重要性。

的，也就是说，随着延迟时间的增加，变化率变得越来越小。这可以用对数函数来表示：$\log d' = A - b\log T$，在这里，A 代表延迟时间为 1 分钟时的函数值 $[\log(1)=0]$，b 是图 7-10（b）中函数的斜率。这个对数函数可以进一步转化为：$d' = cT^{-b}$，也就是说，再认绩效的度量值是延迟时间的幂函数。

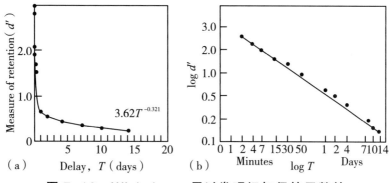

图 7-10　Wickelgren 用以发现记忆保持函数的
实验结果（Anderson，2015）[154]

注　①由 d' 度量的单词成功再认率是延迟时间 T 的函数；②用对数 - 对数的尺度将（a）的数据重新做图，坐标中标出的是取对数前的值。

Anderson（2015）[137] 指出，练习对于记忆强度（strength）具有直接的影响。我们每一次使用长期记忆中的信息，它的记忆强度就会增加一点，而记忆强度在一定程度上决定了记忆的激活程度以及由激活程度所决定的可提取性，因此，记忆的强度可以通过反复练习而得到不断的增强。Newell 和 Rosenbloom（1981）把记忆强度随着练习而提高的模式称为学习的幂定律（power law of learning）。Pirolli 和 Anderson（1985）的研究也进一步证明了这一基本的规律。他们让受试者学习一系列的内容，并反复练习 25 天，然后检测他们对于这些内容再认的速度。图 7-11 显示了该研究的主要结果，由此我们可以看出，受试者的再认时间会随着练习的增加而逐渐减少，从最初的 1.6 秒减少到了 0.7 秒，也就是说，记忆提取的时间缩短了 50% 以上。从该图我们还可以看出，再认速度的提高率会随着练习的增加而减少。Pirolli 和 Anderson（1985）用如下的幂函数来描述这一点：$T = 1.40P^{-0.24}$，其中，T 是再认的时间，P 为练习的天数，这一幂函数对练习量 P 进行了乘方运算。Anderson（2015）指出，记忆绩效与练习量之间的幂函数关系是学习中的独特现象。

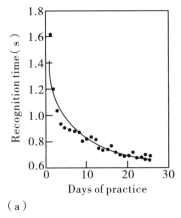 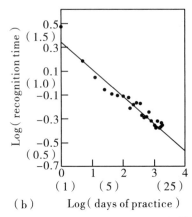

图7-11　练习对再认时间影响的研究结果（Anderson，2015）[137]

　　注　①句子的再认时间与练习天数之间的函数关系图；②为了揭示幂函数关系，将（a）中的数据进行对数 - 对数转换，数据点是每天的平均反应时间。

　　上述讨论都是围绕着时间因素对于记忆的影响，也就是说，长期不使用、不被激活的信息的记忆强度会逐渐减弱，这被称为遗忘的消退理论（decay theory）。除此之外，干扰也是导致记忆强度降低的重要原因。干扰理论（interference theory）认为，遗忘的原因在于对某些信息的回忆干扰了对其他信息的回忆。所谓干扰是指在信息提取过程一些信息会替换目标信息，从而导致目标信息无法顺利地提取，它包括前摄干扰（proactive interference）和倒摄干扰（retroactive interference）两种类型。前摄干扰是指以前学习过的材料对保持和提取以后学习材料的干扰作用，例如，当我们在学习英语单词时，以前学习过的汉语拼音有可能会对我们的记忆产生干扰作用。先学习的信息对后学习信息的干扰程度取决于两种信息的相似程度，它们之间越是相似，前摄干扰的程度也就越大。倒摄干扰与前摄干扰的情况正好相反，是指后面学习的材料对原来已经学习的材料的保持和提取产生的干扰作用。例如，我们在学习了英语之后，有可能会对原来所学的汉语拼音的记忆产生干扰作用。前摄干扰和倒摄干扰一般是在学习两种不同但又彼此类似的材料时产生的。但是，在学习同一种材料的过程中也会出现这两种干扰的现象。例如，识记一个较长的字表或一篇文章，一般总是材料的首尾容易记住，不易遗忘，而中间部分则常常识记较难，也容易遗忘。这是由于识记材料开始部分只受倒摄抑制的影响，识记终末部分只受前摄抑制的影响，在识记中间部分时则同时受这两种抑制的作用。

干扰的产生可能是由多种原因造成，其中一个是提取线索（retrieval cue）的问题。Anderson 和 Neely（1996）认为提取线索能够指向并引出一个目标信息的提取，但是，当这个提取线索与其他目标同时产生联系时，在提取记忆时第二个目标就会和第一个目标相竞争，因此产生干扰的作用。Anderson 和 Neely（1996）[237]举例说："请回忆一下你在当地购物中心将车停在什么地方，这个看似简单的任务其实并不简单。如果你以前从未来过这家购物中心，那么回忆起你的停车位置可能就很简单，但是如果你经常在那里停车，你有可能会混淆昨天和今天的停车地点。"他们认为，一个人在某个停车场停车的次数越多，与提取线索相联系的可能目标也就越多，找对其中一个特定目标的概率也就越小。当多种相关信息同时与一个线索发生联系，而且其中一个相关信息比其他信息都强时，目标信息的提取就会受到阻碍（blocking）。许多专家认为，提取一个目标信息的可能性依赖于提取线索和目标表征之间的联系记忆以及提取线索和其他表征之间联系的相对强度。在伴随提取过程发生的竞争中，与提取线索具有最强联系的表征会在竞争中胜出（Smith et al., 2007）。另一种解释是扇形效应（fan effect）（Anderson, 1974；Anderson et al., 1999）。这种观点认为，一个人对某一特定概念的知识学习越多，他用于提取有关这个概念的特定事实的时间也就相应地增加。在一项研究中，Anderson（1974）让受试者记住 26 个事实，这些事实都是"某人在某地"这样的格式。例如：1. "The doctor is in the bank."（1–1）；2. "The fireman is in the park."（1–2）；3. "The lawyer is in the church."（2–1）；4. "The lawyer is in the park."（2–2）等。有些人只和一个地点配对，其他人和两个地点配对，有些地点只和一个人配对，而其他地点和两个人配对。在上面例句后面括号中的数字就表示人与地点相关联的事实数量。例如，在第 3 个句子后面标注了 2–1，这说明句子中的人出现在 2 个句子中，地点只出现在 1 个句子中。在记住这些材料之后，向受试者呈现一些句子，要求他们判断它们是否是已经学过的句子。结果表明，再认时间随着所学习的句子中有关同一个人的事实数量和同一地点的事实数量的增加而增加。Anderson（2009）指出，关于记忆的扩展激活网络模型可以很好地解释扇形效应的存在。在接收到刺激时，激活就会从它扩展到相关联的所有对象，而一个刺激源能够扩散的量是有限的，因此，与一个源相关联的对象越多，能够扩散到其中任何一个特定的记忆结构的激活量也就越少。

五、长期记忆的神经基础

认知神经科学是近年来发展迅速的一个研究领域，研究者们采用脑成像技术（包括正电子发射层扫描、磁共振成像以及脑电图等）、脑电极技术（例如，以微量的电刺激激活记忆）、运用化学物品和药物以影响突触上的神经传递、研究各种病理条件下的特殊记忆缺陷等方法对记忆进行了大量研究，并在一定程度上对人类长期记忆的神经基础具有了一定的了解，其中主要包括长期记忆形成的过程、各种长期记忆类型的神经学证据以及与长期记忆相关的脑区和脑部位。

（一）长期记忆形成的过程

长期记忆形成的基本神经单位是神经元，而神经元之间的联结构成了记忆的细胞基础。人们在接收到外部信号之后，很快就被传递到大脑皮层。在脑皮层上，神经元之间会形成暂时的联系，这一过程的持续时间非常短暂。为了使印象变得持久，需要进一步重复相同的刺激，进而形成长时程增强（long-time potentiation，LTP）。总体来说，从神经科学的角度来看，长期记忆的形成要经历突触巩固（synaptic consolidation）和系统巩固（systems consolidation）两个主要的阶段（Nader et al., 2010；Sekeres et al., 2017）。

所谓突触巩固是指外部经验所导致的神经元之间突触的改变。突触是一个神经元的末端与另一个神经元的胞体之间的空隙，当一个神经元接收到信号之后，该信号会传递到它的末端，并通过神经递质的释放把信号传递给另一个神经元。Hebb（1949）最早提出了记忆的神经机制开始于突触的观点。他指出，学习和记忆之所以能够在大脑中表征，就是通过突触上的生理变化实现的。

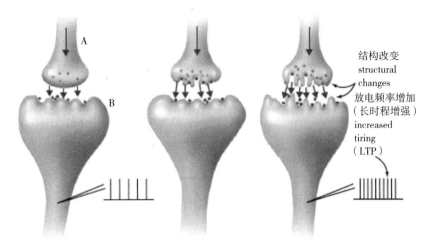

（a）首次呈现刺激　　　（b）持续呈现刺激　　　（c）随后，同样的刺激再次呈现
first presentation of stimulus　continued presentation of stimulus　later，same stimulus is presented again

图 7-12　外部刺激导致突触改变示意图（Goldstein，2015）[194]

如图 7-12（a）中所示，外部刺激导致神经冲动沿着神经元 A 向下传导，当到达突触时，神经元 A 就会释放神经递质，并传递给了神经元 B。Hebb（1949）认为，这种活动可以导致突触结构的改变进而强化突触，神经递质释放得越多，神经元的放电频率也越强（图中神经元 B 右侧部分表示轴突所记录到的放电频率）。如图 7-12（b）、（c）所示，随着刺激的多次重复，突触开始发生结构的变化。Hebb 的观点得到了后来研究（例如：Chklovskii et al.，2004；Kida et al.，2002）的证实，现代记忆生理学的研究表明，突触的活动会引起一系列的化学反应，导致新蛋白质的合成，从而造成突触结构的变化。

图 7-12（c）还显示了突触结构变化所导致的一个重要结果，那就是长时程增强作用（LTP）。长时程增强作用又称长期增益效应，是发生在两个神经元信号传输中的一种持久的增强现象。在重复的刺激之后，神经元的放电就会增强。LTP 被普遍视为构成学习与记忆基础的主要分子机制之一，记忆是由突触强度的改变来编码的，而重复的刺激不仅导致突触的结构变化，还会增强突触的反应。

神经元之间都是相互联结的，外部刺激并不单单激活一个神经元，而是会同时激活一组相互联结的神经元，两个神经元之间突触的结构变化会带来人脑中神经回路的重组与改变，进而实现记忆的系统巩固。如

图 7-13 所示，突触巩固是分子水平的，可以迅速地发生，大概只需几分钟的时间；而系统巩固则涉及神经回路的逐级重组，因此是缓慢的，可能需要几个月甚至几年的时间。

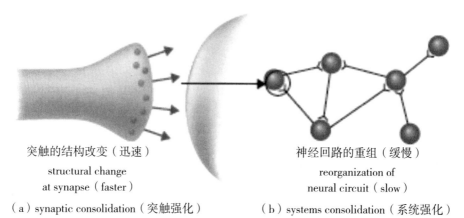

突触的结构改变（迅速）
structural change
at synapse（faster）

神经回路的重组（缓慢）
reorganization of
neural circuit（slow）

（a）synaptic consolidation（突触强化）　　（b）systems consolidation（系统强化）

图 7-13　突触巩固带来系统巩固示意图（Goldstein，2015）[193]

在系统巩固的过程中，海马起着关键的作用，它负责记忆形成之后的最初记忆，但是随着时间的推移，记忆逐渐从海马传送到大脑皮层，并最终储存在大脑皮层之中，这被称为记忆的标准巩固模型（standard model of consolidation）（Kitamura et al.，2017；Frankland et al.，2005），而从海马向大脑皮层转移的过程也正是系统巩固的过程。如图 7-14 所示，系统巩固的过程主要依靠再激活。在再激活的过程中，联结海马与大脑皮层的网络产生神经活动［如图 7-14（a）所示］，这个活动产生了大脑皮层区域间的联结［如图 7-14（b）所示］，当大脑皮层间的联结变得足够强从而使得皮层不同区域直接关联时，海马也就变得不必要了［如图 7-14（c）所示］。关于海马在系统巩固中的作用已经得到了许多采用大脑成像技术对正常人记忆的研究的证实。例如，Smith 和 Squire（2009）向受试者询问关于过去 30 年间所发生的新闻事件的相关问题，以唤起对不同年龄阶段记忆的提取。结果表明，在提取最新形成的长期记忆时海马的激活程度要超过大脑额上回皮层，但是在提取更久的记忆时，海马的激活更少，而皮层的激活更多。

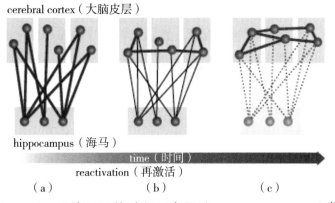

cerebral cortex（大脑皮层）

hippocampus（海马）

time（时间）

reactivation（再激活）

（a）　　　　　　（b）　　　　　　（c）

图 7-14　系统巩固的过程示意图（Goldstein，2015）[193]

由上述的讨论我们不难看出，长期记忆形成的过程实际上也就是神经网络的构建过程。这一构建过程从神经元突触结构的改变开始，再到神经回路的变化，小的神经回路相互结合进而影响到整个神经网络结构的变化。

（二）与长期记忆相关的脑区

寻找长期记忆的神经基础，并将其与特定的脑区相关联是长期以来认知神经科学研究者不懈努力的目标。早期最为经典的研究当属 Lashley（1929，1950）对于记忆痕迹（engram）的研究。为了验证哪些脑区在学习和记忆过程中起着更为重要的作用，他以大鼠为对象，在对它们大面积切除脑皮层之前和之后进行迷宫训练，结果表明，大面积脑皮层切除明显损伤大鼠的学习和记忆能力，而且训练的时间会明显延长。但是训练延长时间的长短与切除脑皮层的部位没有关系，而与切除脑皮层的面积成正比。由此可见，学习与记忆并非只与某个单一的脑区有关，而是弥散于整个大脑皮层。Lashley 因此提出了两个有关神经系统活动的规律：潜能等势说（equipotentiality）和整体活动说（mass action）。潜能等势说是指，在学习和记忆这种复杂的行为过程中，大脑皮层的所有区域具有同等的重要性，任何部位的脑皮层可以相互替代来执行学习和记忆功能。整体活动说认为，大脑的各个皮层作为一个整体发挥作用，参与的脑皮层越多，面积越大，学习与记忆的效果也就越好。

Lashley 的研究并不一定意味着要否认某些脑区与记忆具有特殊关系的观点。Kalat（2013）指出，对于 Lashley 的研究结果还可以有另外一种解释，迷宫学习是一种非常复杂的任务，大鼠在寻找食物的路径中会关注更多视觉和触觉的刺激线索。因此，学习的过程需要许多大脑皮层区域的参与，但是不同皮层的作用可能并不一定完全一样。历经长期的研究，研究者发现某些脑区与某些特殊类型的记忆还是具有一定的关联性。Pinel 和 Barnes（2018）在总结有关研究的基础上，列出了一些与记忆相关的脑区（如图 7-15 所示）。

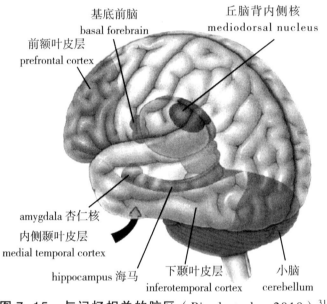

图 7-15　与记忆相关的脑区（Pinel et al., 2018）[316]

由图 7-15 我们可以看出，许多脑区都与记忆具有特殊的关联，其中前额叶皮层主要与工作记忆相关，其他脑区则都与长期记忆具有密切的关系，在长期记忆的存储中起着重要的作用。另外，我们还可以看出，在大脑的四个脑叶之中，颞叶在长期记忆中的作用尤为突出，除了图中所列的脑区之外，前外侧颞叶也在长期记忆中起着重要的作用，而且它们都与陈述性记忆的存储关系更为密切。

语义记忆似乎存储在大脑的新皮层，尤其是前外侧颞叶的新皮层中。Pobric 等（2007）发现，对大脑左前颞叶的经颅磁刺激可以扰乱这个区域的正常神经活动，产生了语义性痴呆的症状，受试者难以对物体进行图片命名，也不能理解单词的意义，但是他们在进行其他非语义任务（例如，说出六位数字和根据它们的近似大小与数字匹配）时则没有问题。

Murre 等（2001）对记忆障碍患者的研究也证明了外侧颞叶在语义记忆中的作用。患者 A. M. 患有外侧颞叶的进行性退行疾病，阻碍了他的语义记忆，并对他的日常生活产生了严重的影响，例如，他好像无法理解日常用品的功能，会在下暴雨时把一个没有撑开的伞水平地放到自己的头上。虽然他的语义记忆严重受损，但是情景记忆却出奇的好。Murre 等（2001）报告说，即使是在他的语义痴呆发展到很严重程度的情况下，在他妻子出门时，如果他接到了找他妻子的电话，他仍能记得把这事告诉她。

　　情景记忆的存储与内侧颞叶（包括杏仁核、海马、内嗅皮质、海马旁回皮质和围嗅皮质）的关系非常密切。内侧颞叶失忆症患者在情景记忆方面表现出明显的障碍（Pinel et al.，2018）。这些患者的语义记忆比较正常，对一般性信息的记忆都能很好地进行，但是他们很难记住生活中的一些特殊事件。Tulving（2002）描述了一位名为 K. C. 的病例。该患者在骑摩托车时出了车祸，造成包括内侧颞叶在内的弥散性脑损伤。K. C. 患有严重的情景记忆障碍，而其他认知功能却很正常，他的一般性智力和语言使用都没有问题，也能很好地记得有关自己原来生活中的很多事实，例如自己的生日、幼时在哪里生活等，但是对自己的个人经历表现出严重的记忆障碍，无法回忆任何自己曾经经历过的事件的情景。Vargha-Khadem 等（1997）跟踪了三位内侧颞叶失忆症患者的成长过程。这三位患者在他们的生活早期都曾经历过双侧内颞叶损伤，他们都不能记住任何日常生活中的经历，而且一直都未得到改善。

　　杏仁核很可能与情绪性事件的记忆有关。在 Cahill 等（1996）的一项研究中，受试者在不同的时间观看两个视频，每个视频包含 12 段内容，其中一半被判定为包含较多的情绪性内容，而另一半内容则相对来说与情绪无关。在受试者观看视频时，研究者用 PET 来记录大脑的活动。过了 3 个星期，受试者再次来到实验室，并回忆观看过的视频内容。结果表明，受试正在回忆情绪性较强的内容时，杏仁核受到激活，而在回忆非情绪性内容时，杏仁核则不会受到激活。另外，杏仁核对于记忆的巩固也起着重要的作用，尤其是在有情感体验参与的情况下（Cahill et al.，1998；Roozendaal et al.，2008）。

　　海马除了在记忆巩固中起着重要的作用外，它在空间记忆中也起着重要的作用。Luzzi 等（2000）报道了一个由于右侧旁海马皮层损伤而在新的环境中失去方向感的病例。他找到房间的唯一方式是通过数经过的房门数。对正常人脑功能成像的研究也表明，当一个人记忆或寻找路径时，右侧海马会被激活。例如，Maguire 等（1997）曾对伦敦的出租车司机进行测试。结果发现他们在描述从一个地点到另一个地点的路线时，右侧海马会被激活。伦敦的出租车司机都接受了关于如何在城市中有效驾驶的训练，这种培训需要两年左右的时间，其中很多内容都与空间地形有关，而这种学习很可能会导致大脑结构产生相应的变化。Maguire 等（2000）的研究发现，伦敦出租车司机的后海马区域的体积要大于一般人，而且他们从事出租车司机这个职业的时间越长，右侧后海马的体积就越大。海马在空间记忆中的作用得到了很多研究（例如：Iaria et al.，2003；Bohbot et al.，2007）结果的证实。

下颞叶皮层具有复杂的视觉功能（Lehky et al.，2016），Bussey 和 Saksida（2005）认为，该脑区与周围的嗅周皮层一起在存储视觉输入的记忆中具有重要的作用。Naya 等（2001）的研究结论也支持这一观点。他们在试验猴子学习配对的视觉图像的两者关系时，记录了下颞叶皮层和嗅周皮层中神经元的反应。在将一对视觉图像呈现给实验猴时，研究者先在下颞叶皮层神经元上记录到反应，然后才在嗅周神经元上记录到反应，但是在要求实验猴回忆那一对图像时，其嗅周神经元首先被记录到，而后才是下颞叶皮层神经元的反应。Naya 等（2001）认为这个逆转模式反映了视觉记忆从下颞叶皮层提取的过程。Naya 和 Suzuki（2011）的研究又进一步证实，嗅周皮层在情景记忆中起着重要的作用，它负责视觉信息与时间信息的整合。

Sternberg 等（2012）指出，从人类进化的角度来看，上述与陈述性记忆相关的结构是相对较晚的进化产物，陈述性记忆也可以被视为相对较晚的产物，而其他记忆结构可能负责非陈述性记忆。例如，基底神经节似乎是控制程序性记忆的主要结构（Shohamy et al.，2009），小脑在经典条件反射的记忆中似乎起着关键的作用，并广泛地帮助许多任务的执行（Thompson et al.，2009）。除此之外，小脑和纹状体也在非陈述性记忆中扮演着重要的角色。小脑可能通过各种神经可塑性机制参与学习过的感觉运动技能的记忆存储（Gao et al.，2012），而纹状体则可能参与基于刺激反应的习惯形成式的学习与记忆过程（Graybiel et al.，2015）。

在上述各个与程序性记忆相关的人脑结构中，基底神经节起着核心的作用。如图7-16所示，基底神经节包括纹状体和苍白球，纹状体又由尾状核和壳核两个部分组成，这三个核团围绕着丘脑。在功能上，丘脑底核和黑质同样被认为是基底神经节的一部分。

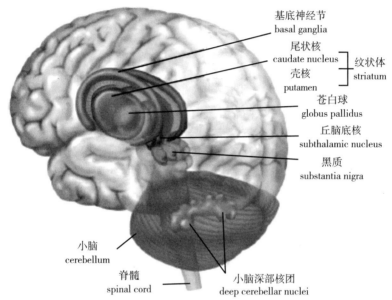

图7-16 基底神经节的位置与结构（Gazzaniga et al.，2014）[334]

简单来说，来自不同部位大脑皮层的信号会投射到基底神经节，再传输到丘脑，然后又返回到大脑皮层的各个区域，由此而构成一个循环。如图7-17所示，来自大脑皮层的传入纤维主要投射到纹状体。从这里开始，加工过程沿着直接通路（direct）和间接通路（indirect）两条通路进行，直接通路去往输出核团（包括苍白球内侧部分和黑质网状结构的一部分），间接通路要经过苍白球外侧部分和丘脑底核，然后再到输出核团。到达输出核团的信号再经过丘脑返回到大脑皮层。黑质致密部通过多巴胺[1]的分泌来调节纹状体的活动，并由此作用于直接通路和间接通路。

---

[1] 多巴胺是一种帮助细胞传导脉冲的神经传导物质。

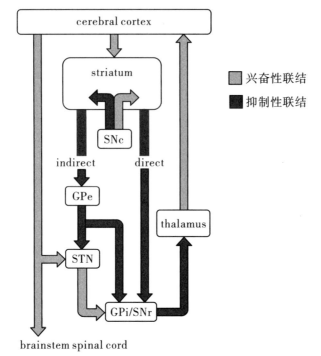

图 7-17　基底神经节与大脑皮层的联结回路示意图

（Gazzaniga et al., 2014）[356]

注　GPe：the external segment of the globus pallidus，苍白球外侧部分；STN：subthalamic nucleus，丘脑底核；GPi：the internal segment of the globus pallidus，苍白球内侧部分；SNr：reticularis of the substantia nigra，黑质网状结构；thalamus：丘脑；cerebral cortex：大脑皮层；striatum：纹状体；brainstem spinal cord：脑干脊髓。

有许多研究（例如，Fabbro，1999；Lieberman，2000；Ullman，2001）都表明，基底神经节不仅负责运动功能，还影响了语言使用。Fabbro（1999）指出，由于基底神经节损伤而导致的失语症患者一般都会表现出外国口音综合征（foreign accent syndrome）[1]、持续症（preservation）[2] 和语法缺失（agrammatism）[3] 等障碍，这些症状的产生都有可能是由于相关的程序性语言知识遭到破坏所造成的（Lee，2004）。对于此类患者的一个值得关注的现象是，如果患者能够说两种语言，他

---

［1］外国口音综合征是指语言障碍患者在说母语时带有其他语言口音的现象。
［2］持续症是指患者在说话时会不自主地重复一些音节、单词或者更大的语言单位。
［3］语法缺失指失语症患者语言中省略语法标志词的现象。

们往往会呈现出反常性失语症（paradoxical aphasia）的症状，他们二语或者外语受基底神经节损伤影响的程度要远远小于母语。Lee（2004）指出，造成这种现象的原因在于，二语或者外语的熟练程度一般都会低于母语，它们的程序化程度还没有达到母语的水平，因此，二语或者外语的使用更多地依靠陈述性知识，而基底神经节的损伤对陈述性知识的影响不大。

Lee（2004）指出基底神经节与二语或者外语学习过程中程序性知识的学习密切相关，直接通路和间接通路都有可能参与其中。通过大量的接触和反复使用语言材料，学习者就会慢慢在大脑皮层的相关神经元之间建立起强度更大的突触联结以及与基底神经节的关联。这些联结和关联就代表着语音或者所学语言的形态句法规则，随着学习进程的深入，他们最终会具备通过基底神经节的直接通路执行这些规则的能力。

第二节　长期记忆与外语学习

从根本上讲，外语学习的过程就是积累外语知识（包括陈述性知识和程序性知识）的过程，当一个外语学习者能够熟练使用外语进行听、说、读、写以及翻译的语言活动时，就说明他已经在长期记忆中积累了足够的语言知识，而且形成了一个相对完整的外语系统。而要顺利地完成这一过程，需要我们的学习机制通过记忆系统不断地吸收、存储并加工有关的语言信息。问题的关键在于，这一过程是如何进行的，换而言之，就是这些语言知识是如何积累的、这个语言系统是如何形成的。在本节我们将基于前面对于长期记忆的心理过程以及神经基础的讨论，并结合上一章所讨论的工作记忆的原理，就外语学习的过程进行讨论。

一、语言能力

语言学习的核心目标在于形成语言能力，对于语言能力的定义一直是母语习得、二语习得和外语学习研究领域的核心问题之一。Chomsky（1965）在其转换生成语法中通过和语言使用（performance）的对比提出了语言能力（competence）的概念，认为语言能力是一个人语言语法的内化知识，指人能够理解和生成句子，包括从未听到过的句子的能力。另外，语言能力也包括判断句子是否属于特定语言的知识。Hymes（1972）从语言使用的角度出发，充分考虑语言使用的社会文化环境，提出了交际能力（communicative competence）的概念。他认为Chomsky所说的语言能力只是交际能力的一个组成部分，人们不仅需要能够使用语法规则组成正确的句子，而且还需要知道在什么时间、什么地方、与什么人使用这些句子。交际能力包括：（1）语法能力（grammatical competence），即关于语法、词汇、语音和语义等方面的知识；（2）社会语言能力（sociolinguistic competence），即关于语言及其非语言环境之间关系的知识，例如，如何使用诸如请求、道歉、致谢、邀请等言语行为，并对它们做出适当的反应，在不同的场合下向不同的人使用什么样的称谓，等等；（3）语篇能力（discourse competence），例如，如何开始并结束谈话，在不同的言语活动中应该谈论什么话题等；（4）策略能力（strategic competence），即关于采用各种交际策略以弥补自己语言能力不足的知识（Richards et al., 2010）。Bachman（1990）从语言测试的角度指出，语言能力是由语言知识和认知过程两部分组成的，语言知识包括组织知识（organizational knowledge）和语用知识（pragmatic knowledge）两种类型，前者包括语法知识（grammatical knowledge）和语篇知识（textual knowledge），后者则包括词汇知识（lexical knowledge）、功能知识（functional knowledge）以及社会语言知识（sociolinguistic knowledge）。Bachman 强调语言知识与认知过程之间的互动关系，以及两者与语言使用环境之间的相互影响。

　　上述关于语言能力的定义都具有各自不同的角度，除此之外，我们还可以增加另外的一个角度，那就是以信息加工的角度，从语言使用的心理过程来看语言能力。关于语言使用的心理过程，目前最具影响的当属 Levelt（1989，1993）所提出的口语语言使用模型。该理论是针对母语者的语言处理过程而提出来的，但是就目前的状况来看，有关双语者语言处理的理论（例如：De Bot，1992；Green，1998；Kormos，2006 等）也都是在 Levelt 理论的基础上，结合双语者的实际情况修订改编而成，其核心的心理过程都没有变化。因此，我们在此就主要以该理论为基础来讨论语言使用的心理过程。

　　在图 7-18 中，陈述性知识用圆形来表示，程序性知识则用方形来表示。由此我们可以看出，语言产出的过程分别由概念处理器（conceptualizer）、言语组织器（formulator）和发音器（articulator）三个认知机制负责。概念处理器负责把交际意图（communicative intention）通过信息产生机制（message generation）转化为前言语化的信息（message），从而形成言语产出的第一个阶段。在这一阶段，概念处理器需要使用人们关于世界的陈述性知识[1]。由概念处理器所产

---

[1] 图中未标出，Dietrich（2002）因此对 Levelt 的模型略做修改，在陈述性知识中增加了概念（concept）一项，并把它与概念处理器相关联。另外，在这一阶段，概念处理器中的监控装置（monitoring）会对整个过程进行监控，以确保交际意图得以实现。

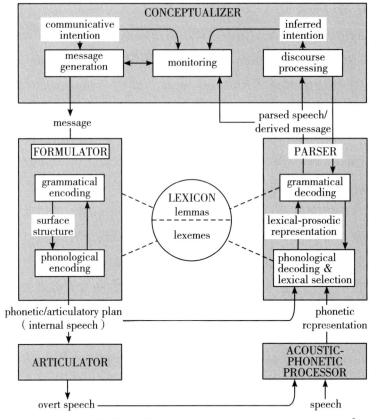

图 7-18　口语语言使用的心理过程（Levelt，1993）[2]

出的信息进入到言语组织器之中，其中的语法编码机制（grammatical encoding）会利用词库（lexicon）中词的语法和语义知识（lemmas）选择相应的词汇，建立相应的句法结构（surface structure），然后再利用词库中词的语音知识（lexemes）形成发音计划（phonetic/articulatory plan），这一计划是以内部言语（internal speech）形式存在的。这是言语产出的第二个阶段。第三个阶段则是通过发音器通过一定的肌肉运动程序，用外显的声音（overt speech）表达出来。言语的理解也要经过三个阶段。在第一个阶段，声学－语音处理器（acoustic-phonetic processor）把从外部接收到的语音转化为语音表征（phonetic representation）。在第二个阶段，言语分析器（parser）会对这些语音表征进行分析。其中包括两个步骤，第一个步骤是通过语音解码（phonological decoding）和词汇选择（lexical selection）机制利用词库中词的语音知识形成词汇－韵律表征（lexical-prosodic representation）。第二个步骤是通过语法解码机制（grammatical decoding）利用词的语义和语法知识把这些表征转化为分析后的言语（parsed speech）和初步的信息（derived message）。在第三个阶段，概念处理器会通过语篇处理机制（discourse processing）推论出说话人想要表达的意图（inferred intention）。语言使用过程中的各种处理机制都是由程序性知识构成的，而这些程序性知识都可以用"如果……那么"（if...then）的形式表达。Levelt（1989）列出了七种语言产出过程中生成句法结构所需的程序。

由上述描述我们可以看出，语言使用就是人们通过各种程序性的操作使用语言知识（主要是词库中关于词汇的语法、语义和语音知识）和非语言知识（主要是关于世界的知识）的过程，这些程序性的操作属于长期记忆中的程序性知识，这些语言知识和非语言知识则属于陈述性的知识。从语言使用的心理过程来看，语言能力包括两个方面，一是语言知识和非语言知识，二是用于程序性操作的程序性知识。而对于外语学习者来说，在概念处理器、言语组织器和发音器三个主要的语言处理机制中，构建起外语的言语组织和发音机制是最为关键的。外语学习者都是在母语能力已经形成的基础上再学习另外的一种语言，他们已经具备了一套完善、高效的用于概念处理、母语言语组织和母语发音的系统，其中的概念处理系统是可以共享的。关于双语者语言使用机制的研究表明，在双语系统之间存在着一个共同的内在概念基础（common underlying conceptual base，CUCB）（Kecskes et al.，2000），其中包含了对世界知识和概念的心理表征，除了一些与母语和外语的社会文化特殊相关的知识与概念之外，绝大多数的知识和概念都是共同的。

外语学习的核心目标在于形成使用外语进行交际的能力，基于上述对于语言能力的讨论，外语学习的任务主要有两个，一是获得包括语言知识和非语言知识在内的陈述性知识，二是形成由各种程序性知识所构成的对这些陈述性知识进行操作使用的能力。

二、陈述性知识的获得

语言长期记忆中的信息以网络的形式储存，尤其是陈述性知识，因此，从本质上来说，陈述性知识获得的过程实际上就是语言网络的构建过程。如上文所述，虽然外语学习者需要学习关于目标语的社会文化知识，以便能够在目标语环境下恰当地使用外语，但是，从外语学习的核心过程来看，更为重要的是语言知识的获得。大量的心理语言学研究表明，语言知识是以词为核心的，其中包含了词汇的语法、语义和语音信息。也就是说，语言知识网络构建的关键在于词汇网络的构建，每个词或者每个词的意义就是网络中的几个节点，不同的节点之间会通过各种不同的关系而构成相互的联结。其中关键的环节有两个：一是联结，也就是说词与词之间是通过什么样的关系而联结起来的；二是联结的强度，有些词之间的关系比较密切，它们之间的联结强度就比较大，而另外一些词之间的关系没那么密切，它们之间的联结强度就比较小。

首先，我们来看第一个问题。如上一节所述，语言信息在工作记忆中以语音编码为主，而在长期记忆中则以语义编码为主，因此，我们有理由认为词汇之间的语义关系应该在词汇网络的构建中起着更为重要的作用。大量的心理语言学关于心理词库研究的成果也可以证明这一点。在相关的研究中，人们最为关注的是词汇之间的启动效应（priming effect）。这些研究都表明，存在语义关系的词汇之间的启动效应是最为稳定、也是最强的，而读音、拼写等形式相似的词汇之间的启动效应却不太稳定，而且也比较弱（Harley，2014；Carroll，2008）。语义关系主要包括以下几种类型：（1）意义关系（sense relation），包括上下义关系、同义、反义关系等，尤其在上下义关系中，属于同一个上义词的具有共同类别属性的词汇之间的启动效应最为明显，例如，bread 和 cake 都属于食物，它们之间的启动就非常强；（2）属性关系（attributive relation），这类关系主要是形容词和名词、动词和副词之间的修饰与限定关系，例如 beautiful 和 girl 以及 handsome 和 boy；（3）功能关系（functional relation），主要是动词和名词之间的动宾关系，例如 kick 和 ball。关于失语症患者语言障碍研究的结果也进一步证明语义关系在词汇网络构建中的作用。命名障碍是失语症患者普遍存在的症状，他们往往会使用另外一个与目标词具有语义关系的词来代替目标词，从而产生语义错乱的问题（崔刚，2015）。Ahlsén（2006）指出，语义错乱中的目标词与错误词之间的语义关系主要包括：两种都属于同一范畴，如用 cat 代替 dog；上下义关系，如用 dog 代替 poodle 或者用 poodle 代替 dog；部分与整体的关系，如用 trunk 代替 elephant；特征关系，如用 yellow 代替 banana；空间关系，如用 head 代替 cap；功能性因果关系，如用 kick 代替 ball 等。

　　当然，词汇网络的构建并非单纯靠语义关系，词汇之间的其他关联也可以导致联结的产生，其中起着关键作用的是词汇之间的共现关系（co-occurrence）。人们学习的细胞基础是神经元的活动，"如果两个神经元或者两个神经元系统反复地同时被激活，那么它们就会被关联起来"（Hebb，1949）[70]。具体到语言学习来说，如果两个语言要素反复同时出现，大脑就会自动把它们联结起来。包括建构学习理论、联结主义学习理论等在内的各种认知学习理论基本上都持有类似的看法，它们都"强调语言符号是语音形式和概念意义或者交际意图的相互匹配"（Ellis，2003）。语言学习就是一个关联关系建立的过程，而关联关系的建立主要是以语言输入中的频率信息为基础的。例如，Rumelhart 和 McClelland（1986）所提出的第二语言学习的联结主义理论认为，语言知识就是由众多节点组成的网络系统，不同的语言单位相互联结形成不同层次的集合。语言学习的过程实际上是在外部刺激的作用下，在网络各个节点之间建立联结，并使其强度和权重发生变化的过程。

　　下面我们再来看第二个问题，就是联结的强度问题。很明显，联结强度就是语言输入材料中词汇频率的结果。也就是说，两个甚至多个单词多次同时出现，人们就会把它们关联起来，从而形成一定的词汇关联模式。如果继续反复出现，其中的联结强度就会不断得到加强，反之联结的强度就会变弱，直至消失。外语教学中经常提到的词块（lexical chunks）应该就是词汇之间的联结强度不断增强而产生的结果[1]。所谓词块是指经常在一起使用的词汇组合，从心理语言学的角度来看，词块是指以整体形式储存在记忆中的一串词，可整体或者稍做改动后作为预制语块供学习者提取和使用。Lewis（1993）认为，词块包括以下几种类

---

[1] 在外语教学中，程式化语言（formulaic language）也属于此类。

型：（1）短语（polywords）。它一般由二到三个单词构成，包括动词短语（如 put off、look up、look up to）、习语（如 of course、right away、at once）和一些由于搭配关系而形成的比较固定的用法（如 recorder player、taxi driver、the day after tomorrow）。（2）搭配（collocation）。搭配是语言中一个词与其他特定的词在选择限制（selection restriction）规律支配下的共现关系（co-occurrence）。词的搭配是词与词之间的一种组合关系，即词与词之间的习惯性同现。例如，ass 一词常与 silly、stupid、awful 等词一起使用，letter 常与 alphabet、graphic、postman 等词一起使用。共现的可能性一是取决于客观事物互相结合的可能性，如 dark night、fish swims 等；二是取决于习惯性，如 black coffee、white coffee、maiden flight（初次飞行）、capital letter 等。搭配是正确使用词汇的重要基础之一，例如，auspicious（吉祥的）可以与 occasion，event、sign 等共现，但是很少与 death、calamity（灾难）、funeral（葬礼）等共现。（3）惯用表达（institutionalized expressions）。指说话者可以用来整体存储和使用的语言块，主要包括以下几种类型：第一，难以语法化的简短话语，例如，"Not yet." "Certainly not." "Just a moment, please." 等；第二，句子的启示语或者句子框架词，例如，"Sorry to interrupt, but can I just say…" "That's all very well, but…" "I see what you mean, but I wonder if it wouldn't be better to…" 等；第三，名言、警句或者谚语等一些作为整体记忆和使用的句子，例如，"To be or not to be, that's a question." 等。

词块的形成对于语言的使用具有重要的意义，因为它们为语言处理的过程提供了大量的预制语块，从而提高语言处理的效率，进而降低了工作记忆语言加工的认知负担。语言处理是一个复杂的心理过程。以言语的理解为例，讲话人所说的话以声音的形式连续不断地传到听者的耳中，要理解所听到的话，至少需要以下步骤，即词的辨认，认知词的相关意义，确定词与词之间的语法关系，利用词、句法、语境和背景知识构建意义等，其中每一个步骤都包含着非常复杂的过程（崔刚，2007）。尽管语言处理的过程非常复杂，但是人们处理语言的速度却非常快。在一般的谈话过程中，正常人通常在一分钟之内要说出大约 150 个单词，而且各方之间的谈话进行得也非常连贯顺畅，在前一个讲话者结束半分钟之前，另一个人就要接过话轮开始说话，就在这短短的半分钟之内，听者需要理解前一个说话者所说的话，而且还要计划好自己要说什么，并开始讲话。Dabrowska（2004）指出，人们之所以能够如此高效地完成如此复杂的过程，其中一个重要的原因是在语言使用的过程中，充分利用了预制语块。避免进行复杂运算最简单的办法就是把结果记录下来，在需要的时候只要从记忆中提取出来即可。从语言处理的角度来看，就是储存大量的预制语块，包括句子和短语等。Bolinger（1975）也指出，语言运用并不总是创造性地临时按照语法规则把单个的词组合在一起，而是具有很大的重复性，许多话语都是储存在记忆中的预制语块。这些预制语块可以大大减轻信息处理的压力，提高语言处理的效率。大多数的预制语块属于句子的组成成分，因此人们需要把这些预制语块联合起来以构成完整的语句，并不需要进行深层次的内部结构的加工。例如，在构成"Why don't you stay at home tonight？"这个语句时，讲话者需要合成的预制语块只有两个 Why don't you、stay at home 和副词 tonight。越来越多的心理语言学研究结果表明，在日常生活中，语言理解的处理过程也是非常浅层的。也就是说，听者不需要详细分析句子的结构，只需要把握一些最为突出的词汇的意义、最容易感知的语法线索和语境信息即可。Fillenbaum（1974）在实验中要求学生对一些句子进行解释，结果发现学生很容易把一些不符合常规的句子意义正常化，例如，"Clean up the mess or I won't report you ."这个句子被大多数学生解释为"If you don't clean up the mess，I will report you."。这说明学生并没有对原来的句子进行仔细的句法分析，而是直接按照自己的常识对这个句子进行了解释。Ferreira（2003）的研究结果也进一步证实了这一点。他发现人们经常误解一些描述不可能发生的事件的被动句，例如在接触到"The dog was bitten by a man."这个句子之后，受试者被问到谁被咬了的时候，有20%的人回答是"人"。掌握足够的预制语块，从而具备浅层处理的能力，这是外语学习者流利使用外语所必须具备的。

三、程序性知识的形成

外语教学面临的一个普遍问题在于学习者在经历长时间的学习，并记住了大量的词汇和语法规则之后仍然不能熟练地使用外语进行交际，其核心问题在于程序性知识的形成上，也正是因为这一点，它成为语言教学研究所关注的核心问题。

（一）程序性知识形成的途径

所谓程序性知识是指在语言使用过程中利用各种陈述性知识进行各种语言编码和解码的能力，主要是语言规则的应用。对于这些能力的获得存在两种不同的观点：一种观点（Paradis，2004；Krashen，1985）认为陈述性知识与程序性知识具有不同的学习机制，两者是不能相互转化的，因此，程序性知识的获得只能通过大量的训练，以内隐学习（implicit learning）的方式进行。另一种观点（DeKeyser，1998；McLaughlin，1990a）则认为陈述性知识和程序性知识是可以相互转化的，也就是说，陈述性知识经过大量的训练也可以转化为程序性知识。笔者更加赞同后一种观点，不论是从学习的心理过程还是从学习的神经基础来看，我们都不能否认陈述性知识向程序性知识转化的可能性。

程序性知识既包括相对简单的动作，也包括非常复杂的技能。人们在学习身体程序时，主要是把它们作为实际的行为，通过练习、储存并逐渐提炼，进而形成程序性的知识（Féry et al.，2000；Van Merriënboer et al.，2008），也就是说，程序性知识的获得是直接通过训练而完成的。而对于复杂的技能，特别是包含心理成分的复杂程序来说，人们首先获得的是陈述性知识，通过练习而逐渐发展为程序性知识（Anderson，1982，1987；Beilock et al.，2004）。Willingham 和 Goedert-Eschmann（1999）指出，在学会一个新程序的过程中，人们同时学习其信息性和行为性两个方面，他们以显性的陈述性知识的形式很快地学会信息性部分，而以一种更加渐进、内隐的方式掌握适当的行为。而且信息性知识会对行为的实施起到辅助和指导作用，当行为仍然不完整时，人们可以利用陈述性知识来帮助自己明确需要做什么。Ormrod（2012）[199] 以打网球为例来说明陈述性知识对于行为养成的作用。学习打网球的新手可能会不断地提醒自己"胳膊要保持伸直""眼睛要盯着球"等，而随着学习者逐渐地调整以及掌握了程序的行为方面时，这种自我言语式的提醒也就没有必要了，此时学习者就把原来控制性加工变成了自动加工。由此可见，从心理过程来看，陈述性知识的参与是程序性知识形成所必需的。

虽然，持有第一种观点的学者们都不否认二语或者外语学习过程中陈述性知识的存在，但是他们大都贬低了它的作用，认为它只是起着一种监控的作用，只是负责对外语或者二语运用的审查和修正。在外语学习的情况下，单靠习得的方式是很难完成这一复杂的学习任务的。在本书的第四章中，我们对外语学习和母语习得进行了全面的比较，从中我们可以看出两者之间存在本质的差异。从神经可塑性来看，母语习得属于经验期待型的，外语学习则属于经验依赖型的。从人的发育状况来看，母语习得是伴随着脑与认知的发育同步进行的，而外语学习是在脑功能较完善、认知水平较高的情况下进行的。从语言和思维的关系来看，母语习得的结果是获得了一个符号系统和思维的中介，从而带来思维和认知能力的提高，而二语习得和外语学习的结果主要是掌握了一种交际的工具。另外，母语习得属于非正式的学习，而外语学习则属于正式的学习，两者在学习的层次、环境和条件等方面都具有很大的差别。这些差异都决定了外语学习不能像母语习得那样完全靠习得方式来进行。我们从两者之间学习效率的比较也发现，对于那些成功的外语学习者来说，外语学习的效率要比母语习得高得多，造成这种状况的主要原因有以下几个：（1）外语学习者具有了较高的认知思维能力，他们可以更高效率地利用逻辑推理进行语言材料的分析与判断，而且具备了更强的记忆能力。（2）他们已经具备了丰富的概念与世界知识，这在运用外语的过程中是可以共享的。（3）在正式的学习环境下对陈述性语言知识的掌握，并在此基础上进行大量的语言实践和强化训练活动。我国许多外语成功学习者的经验也都说明了这一点。外语教学与研究出版社在 2002 年出版了一本名为《英语的门槛有多高》的书，其中汇集了众多英语名家关于英语学习的经验与看法。通读全书，我们不难发现这些成功的经验中都包含着陈述性知识外加大量训练的规律。例如，陈琳先生就指出，"在没有语言环境的情况下，外语是不可能'习得'的（但作为一种教学手段，必须尽量创造习得环境），只能'学得'。必须下艰苦的功夫。我一向主张要'背'。不仅儿童，成人更加要背"。

学习与记忆的神经基础也为说明陈述性知识和程序性知识之间的转化提供了很好的物质条件。主张陈述性知识不能转化为程序性知识的最具影响的代表人物当属 Krashen。Krashen（1985）提出了学得（learning）与习得（acquisition）的区分，学习者通过学得所得到的都是陈述性知识，而只有通过习得才能形成程序性的知识，学得和习得是两个独立的学习系统，陈述性知识是无法转化为程序性知识的。然而从学习和记忆的神经基础来看，我们不能把它们截然分开，因为人脑的神经网络使得人脑成为一个完整的整体，大脑皮层的不同部位之间都通过神经纤维相互地联结起来。如上文所述，陈述性知识的获得以海马回为中心，把经过工作记忆加工的信息存储到大脑皮层，程序性知识的形成则以基底神经节为中心，而基底神经节又会通过直接和间接两个路径与大脑皮层相联结。如图 7-19 所示，海马回、基底神经节都与相同的大脑皮层相联结，而且两者之间也具有相互的联结，这就为陈述性知识和程序性知识之间的相互影响和转化提供了扎实的神经基础（Lee，2004）[68]。

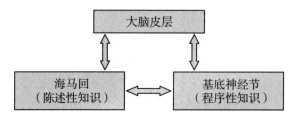

图 7-19 陈述性知识与程序性知识相互影响的神经基础示意图

Ullman（2015）指出，在二语或外语学习的过程中，陈述性知识和程序性知识是相通的，其原因在于三个方面：（1）在二语学习的过程中，两个记忆系统是互补的，它们都可以学习同样的包括语言序列和语言规则在内的语言知识。有多种因素都会影响到人们依赖哪一个记忆系统来学习语言知识：首先，两个记忆系统各具优势，陈述性记忆可以迅速地获得陈述性的知识，而程序性记忆则可以更加高效地获得类比性的知识（analogous knowledge），而且最终会得到迅速、自动化的处理。其次，学习环境也对此具有很大的影响，明示教学（explicit instruction）更可能导致学习者更多地依赖陈述性记忆系统，在缺乏明示教学的情况下，学习者更有可能依赖程序性记忆系统。（2）对动物和人类学习行为的研究表明，两个系统之间存在相互竞争的关系，从而导致跷跷板效应（seesaw effect）的产生。当一个系统产生障碍或者工作能力降低时，另一个系统就会更多地发挥作用。（3）一些证据表明，从陈述性记忆中提取信息的过程可以抑制或者阻碍从程序性记忆中提取信息的过程，反之亦然。

（二）程序性知识形成的心理过程

我们在肯定陈述性知识可以转化为程序性知识的同时，也不能否认程序性知识不经陈述性知识的转化而直接形成的可能性。因此，程序性知识的形成应该有直接和间接两个途径：一是通过内隐学习的方式直接获得程序性的知识。二是陈述性知识的转化，也就是首先通过外显学习（explicit learning）的方式获得陈述性知识，然后在使用这些知识的过程中经过一系列的程序化过程而转化为程序性知识。通过 Carroll（2001，2007）的自动归纳理论（autonomous induction theory），我们可以对直接途径的心理过程有所认识，而 Anderson（1976，1993，2009）所提出的思维的顺应性特征模型对于我们认识程序性知识形成的心理过程具有很强的启发意义。

自动归纳理论是在表征模块性理论（representational modularity）（Jackendoff，2000，2002）和归纳理论（induction theory）（Holland et al.，1986）的基础上提出来的。其基本思路在于，表征模块理论认为语言是一个在语音、形态句法和语义层面具有生成能力的系统，语音和语义具有三个层面的两端。在一端，语义层面与概念相关联，进而又通过概念与现实世界联系起来；而在另一端，语音层面则与具体的发音和语音的声学特征相关联。每一个层面都有自己的内部层级结构，层级与层级之间以及界面与界面之间都按照接口规则（interface rule）相互联结。每个层面都有整合（integration）和匹配（correspondence）两种信息处理机制，前者负责把小的语言表征整合为大的语言单位，而后者则负责把一个层面的表征转移到另一个层面（例如，从语音层面转移到形态句法层面）。每个层面以及各个层级都按照自己特有的形成规则（formation rule）处理自己负责的信息，它们都不能处理不合乎自己要求的信息形式。这样就构成了一个强大的对输入与输出的语言进行处理的系统，这个系统的一端连接着学习者所接收到的语言信号，另一端则连接着概念结构。

在每个层面上，语音、形态句法和语义三个方面的信息都是同时存在的，那么对于二语或者外语学习者来说，他们要同时面对一部分自己熟悉的或不熟悉的语音、一部分可以识别的语义以及一部分关于形态句法规则的推论，例如能够识别出来的名词、动词、介词、形容词等具有哪些限制等。学习者要在自己有限容量的工作记忆中通过归纳并对这些信息进行处理，这一归纳过程要在学习者已经具有的自主知识的指导下进行。这些知识一部分来自普通语法，还有一部分则来自学习者已经具有的母语知识。Carroll（2007）把这一过程称为归纳学习（induction learning，i-learning）。归纳学习与一般意义的归纳推理是不同的，归纳推理是概念结构层面的操作，是一种用推论的方法解决问题的方式，归纳学习则是对语言表征的影响，也就是对现有语言表征的调整或者形成新的语言表征的过程。"其根本属性在于它植根于学习者通过感知系统所能得到的刺激，配之以来自长期记忆的输入和正在进行的计算过程。归纳学习与对环境改变的机械性反应不同，其差异在于，归纳学习的结果要依赖于符号表征的内容"（Carroll，2001）[131]。归纳学习也是按照条件—动作（condition-action）的方式进行的，Carroll（2001）[141]指出，"归纳学习的基本形式就是条件—动作规则"，当有某个条件引起新的动作时，例如，学习者把一个表达方式放置于某个层面的表征，把它归属于某个形态句法特征，或者把它与另一个层面的表征相匹配时，学习就产生了。对于条件—动作的具体操作，我们在下面结合对间接途径的讨论做详细的介绍。

Anderson 的思维顺应性特征模型也被用于解释语言学习的过程，按照这一模型，陈述性知识要转化为程序性知识需要经历三个阶段（Anderson，2009）：（1）认知阶段（cognitive stage），学习陈述性知识。在这一阶段，学习者要通过自己的观察或者他人的传授等有意识的活动对技能进行陈述性编码，也就是要记住一系列与技能有关的事实。在认知阶段，学习者需要运用有意识的陈述性知识使用语言，例如，利用语法知识构成动词的第三人称单数形式等，在这一阶段，学习者经常会出现错误，讲话的速度慢，停顿也比较多。（2）关联阶段（associative stage），将陈述性知识付诸实施。这一阶段主要有两件事情，一是最初的错误理解会被逐渐发现和纠正，而成功操作所需的各种要素之间的联系被强化。在这一阶段，程序性知识还没有完全取代陈述性知识，两者处于一种并存的状态。具体到语言学习来说，学习者一方面要通过不同语言要素之间的关联对语言信息进行分类整理，另一方面要进行程序化的工作，也就是要把普遍的规则运用于具体的实例上面。（3）自主阶段（autonomous stage），陈述性知识转化为程序性知识。在这一阶段，关联阶段所形成的程序性知识变得自动化，技能的操作过程变得越来越自动化和迅速。在自主阶段，学习者开始像本族语的人士那样使用语言，他们不用再有意识地寻找所需的词汇和结构，语言基本不会有错误，表达的流利程度增强，理解也成为一个自动的过程。结合上述三个阶段，Anderson（都建颖，2013）对外语学习的过程做出了这样的描述：当我们在课堂上学习外语时，我们首先意识到的是语言规律，尤其是在上课时，老师刚刚讲授过的语言规律，此时我们掌握的都是陈述性知识。当我们用外语讲话时，会有意识地使用这些语言规律，而不是像母语那样脱口而出。学习和使用陈述性知识是一个漫长的过程，但是，如果幸运的话，我们就能够像母语者那样熟练地使用这些语言规律，从而完成陈述性知识向程序性知识的转化。

程序化过程的核心在于各种条件—动作序列的建立，这些序列的复杂程度各不相同。对于那些复杂程度较高的序列来说，外语学习者在学习的初期可能需要建立一个比较长的、步骤较多的条件—动作序列，如果他们能够使用这一序列成功地实现自己的交际意图，他们就会再次使用这一序列。随着使用次数的增加，有些步骤就会得到合并，整体的步骤数量就会逐渐减少。例如，"冠词 + 形容词 + 名词"构成一个名词短语，"动词 + 副词"构成一个动词短语，"名词短语 + 动词短语"构成一个句子，等等，这些形态句法规则得到反复的使用，其中所包含的条件—动作序列就会减少，程序化程度也就逐渐得到提高。Johnson（Towell，2013）详细地描述了二语或者外语学习过程中，程序化也就是条件—动作序列逐渐减少的过程。对于现在完成时的构成来说，最初的条件动作可以表述为两个：

P1：如果目标是构成一个动词的现在完成时，而且主语是第三人称单数，那么就要使用 have 的第三人称单数形式。

P2：如果目标是构成一个动词的现在完成时，而且已经使用了 have 的第三人称单数形式，那么就要使用动词的过去分词。

但是随着程序化程度的提高，上述两个步骤就会合并成一个步骤：

P3：如果目标是构成一个动词的现在完成时，而且主语是第三人称单数，那么就要使用 have 的第三人称单数形式，然后再使用动词的过去分词。

除了步骤的合并之外，程序化也包含着概括化的过程，例如，名词所属规则形成的过程可以这样表示：

P4：如果目标是表明"大衣（coat）是属于我的"，那么就说 my coat。

P5：如果目标是表明"球（ball）是属于我的"，那么就说 my ball。

P6：如果目标是表明"物体 X 是属于我的"，那么就说 my X。

四、外语学习的历程

从本质上讲，外语学习的过程就是神经网络的构建过程，而任何语言都是一个极其复杂的系统，其中包括大量的陈述性知识和复杂的程序性知识。学习者要获得足够的陈述性知识，形成自动化运作的程序性知识，从而建立一个高效的语言理解和语言产出机制。所以，外语学习不可能像学习一个简单的技能那样可以在短时间内完成，而是一个漫长的过程。这一过程涉及外语心理表征的建立，以及它与学习者母语之间的相互关系。

（一）外语学习的四个阶段

关于双语记忆表征的研究开始于 20 世纪 50 年代，Weinreih（1953）第一次区分了双语记忆的表征系统，提出了共存型（coexisting）、连接型（merged）和从属型（subordinate）三种记忆表征类型。共存型的双语者对母语和外语中具有相同意义的单词的词汇表征和概念表征都是分离的；连接型的双语者对母语和外语中具有相同意义的单词的词汇表征是分离的，概念表征是共享的；而对于从属型的双语者来说，外语单词的词汇表征不能直接通达概念表征，它需要首先经过母语单词的词汇表征，然后再通达到母语单词的概念表征。在二语或者外语学习的早期，学习者的双语记忆表征可能是从属型的，而随着学习时间的增加，外语或者二语水平的提高，从属型就会转变为共存型。Weinreich（1953）的理论为后来双语记忆表征研究奠定了基础，此后的学者又不断提出了各种假设来解释双语记忆表征的发展过程，其中包括 Ervin 和 Osgood（1954）的关于并列型（coordinate）和复合型（compound）的划分、Kolers（1963）的关于共享模型和分离模型的划分、Potter 等（1984）的关于词汇联结模型（word association model）和概念调节模型（concept mediation model）的划分等。在众多研究的基础上，Kroll 和 Stewart（1994）提出修正分级模型（revised hierarchical model）（如图 7-20 所示）。

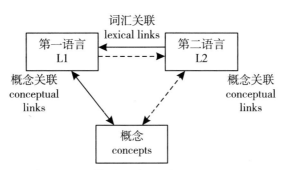

图 7-20　修正分级模型示意图（Kroll et al., 2005）[545]

修正分级模型认为，第一语言和第二语言在词汇水平上都有直接的联结，它们也都分别与概念表征之间存在直接的联结。但是这些联结是不均衡的，它们之间存在不同的联结强度，会随着学习者语言水平的变化而得到不断的调整与修正。从第二语言到第一语言的词汇表征之间的联结强度要高于从第一语言到第二语言的词汇表征之间的联结，第一语言的词汇表征和概念表征之间的联结强度要高于第二语言。在图 7-20 中用实线和虚线表示这种差异，实线所表示的联结是外语学习的初期就存在的，而虚线所表示的联结则随着语言水平的提高而不断增强。

综合目前所提出的各种关于双语表征模式的理论，我们把双语表征建立的过程分为三个阶段（如图 7-21 所示）：（1）依赖型阶段。在这一阶段，学习者开始逐步建立外语的表征，但是它与概念之间的联结强度还比较弱，还不足以使他们直接通过语言符号到概念表征这一通道来使用外语，此时的外语表征系统主要依赖母语而存在，外语必须通过母语的表征系统来与概念系统相联结，这一阶段外语的使用主要以母语为中介来实现。因此，从语言迁移的角度来说，语言的迁移主要表现在母语对外语的影响上，也就是说，在这一阶段学习者外语的使用更容易受到自己母语的影响。而从语言使用的角度来看，这一阶段的外语使用主要是一种从母语到外语的翻译过程。（2）共存型阶段。随着学习者学习进程的发展，外语语言表征会变得更为充实，已经形成一个相对完整的、独立的系统。另外，更多的外语训练使得外语表征和概念之间建立起直接的联结，尽管这一联结的强度还是小于母语表征和概念之间的联结。此时，外语学习者一方面可以由外语表征直接关联到概念系统，另一方面还需要经常借助母语表征而间接地关联到概念系统。这一阶段的学习者外语使用的自动化程度还不高，要更多地使用陈述性知识，通过受控的心理过程来使用外语。（3）交互型阶段。对于一个外语学习者来说，他们关于外语的语言知识可能很难达到母语者的水平，而对于外语的使用能力也很难与母语者相提并论，但是，由于外语表征与概念之间以及它与母语表征之间的联结强度得到不断的增强，已经足以使得学习者能在母语和外语之间、外语和概念系统之间形成一个良好的交互系统。达到这一阶段的学习者已经具备了较强的对外语的自动化处理能力，可以在不借助母语的条件下直接使用外语，也可以在母语和外语之间进行顺畅的互动。而从语言迁移的角度来看，除了母语对外语继续产生影响之外，外语对母语的使用也会产生一定的影响。

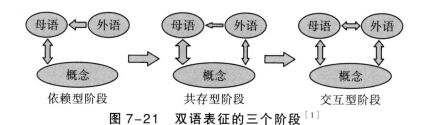

依赖型阶段　　　　　共存型阶段　　　　　交互型阶段

图 7-21　双语表征的三个阶段[1]

　　我们提出的双语表征建立的三个阶段与 Brown（2007）所描述的语言学习的四个阶段是基本一致的。第一个阶段是系统前或无规律语言错误阶段（pre-systematic/random-error stage），这一阶段对应着依赖型的双语表征形成之前的学习过程。由于学习者缺乏外语的系统知识，所犯的错误多是随意的、无规律可循的。对于这一阶段的学习者来说，出现"John cans sing.""John can to sing.""John can singing."这些不确定的错误都是可能的。第二阶段是突生阶段（emergent stage），此时学习者已经掌握了一定的外语规则，形成了一个初步的外语系统，但是这一系统还不够稳定。处于这一阶段的学习者的一个典型现象就是倒退（backsliding）现象，学习者可能会在掌握了外语的规则之后，又后退到上一个阶段。Gass和 Selinker（2008）把这种前进与倒退交替的现象称为 U 型学习。在学习者完成这一阶段之后就会形成共存型的双语表征。第三阶段是系统形成阶段（systematic stage），它对应着共存型双语表征向交互型双语表征过渡的过程。在这一阶段，学习者的语言输出逐渐接近目标语，而且在出现语言错误时可以及时纠正。如果学习者能够顺利完成这一阶段，建立起交互型的双语表征，他们就会进入第四阶段，即系统后或者稳定阶段（post-systematic stage/stabilization stage），学习者基本掌握了外语，能够使用外语进行各种交际活动，并不断向母语者的水平靠近。如果把双语表征的建立与 Brown（2007）所描述的语言学习过程相结合，我们就可以获得一个对外语学习过程的一个总体性描述（如图 7-22 所示）。

---

[1]　每个阶段中的连线粗度表示联结强度的差异，例如，第二阶段外语到母语的连线要比第一阶段细，说明外语对母语的依赖减弱。

图 7-22 外语学习的历程示意图

从认知心理学的角度来看,外语学习就是一个双语表征建立的过程。一般来说,形成一个依存型的网络应该是相对比较容易的,关键在于共存型和交互型双语表征的建立。也就是说,外语学习有两个关键的环节,一是从依赖型表征向共存型表征的过渡,二是从共存型向交互型表征的过渡。第一个关键的环节发生在外语学习的突生阶段,如果学生不能成功地建立起相对独立的外语表征,他们很可能就会出现学习的困难,整个外语学习的进程就有可能终止。在我国英语教学界,许多教师都关注到这一现象。在刚开始学习英语时,大家的表现相差无几,但是在经过一段时间的学习之后,就会出现明显的两极分化的现象。在 20 世纪 90 年代,我国的英语教学从初中开始,这种现象往往出现在初二年级,因此被称为"初二现象"(崔刚,2014)。现在的英语教学从小学开始,这种现象的出现也就提前了,因此,初二现象不是就仅仅局限于初中二年级,它可以指当英语初级阶段的学习发展到一定程度之后而产生的两极分化现象。这种现象的产生和语言的网络体系的构建有直接关系。

另一个关键的环节发生在系统形成阶段。季羡林(1987)在总结自己外语学习的经验教训时,他指出,"学习外语,在漫长的学习过程中,到了一定的时期,一定的程度,眼前就有一条界线,一个关口,一条鸿沟,一个龙门。……跳不跳过有什么差别呢?差别有如天渊。跳不过,你对这种语言就算是没有登堂入室。只要你稍一放松,就会前功尽弃,把以前学的全忘掉。你勉强使用这种语言,这个工具你也掌握不了,必然会出许多笑话,贻笑大方。总之你这一条鲤鱼终归还是一条鲤鱼,说不定还会退化,你决变不成龙。跳过了龙门呢?则你已经不再是一条鲤鱼,而是一条龙。……跳过了龙门,你对你的这一行就有了把握,有了根底。专就外语来说,到了此时,就不大容易忘记,这一门外语就会成为你得心应手的工具。"季羡林用一个非常形象的比喻描述了外语学习过程中第二关键的环节。形成交互型的双语表征,可以使得学习者能够比较好地使用外语进行各种交际活动，但是这并不意味着学习者的外语水平已经能够与母语者相当。要想做到这一点，他们还需要经历系统后阶段。对于绝大多数的外语学习者来说，他们外语学习的过程往往会进入一个高原期（learning plateau），所能够感受到的进步非常缓慢，许多人的外语学习也就止步于此。在此阶段经常发生语言的石化（fossilization）现象。

（二）石化现象

石化的概念是由 Selinker（1972）[215] 在《中介语》一文中首先提出来的。他认为，绝大多数的二语学习者最终不能达到母语者的水平，当他们的语言水平达到一定程度时就会停止发展，即中介语习得停滞，从而使得他们的过渡语不能达到其连续体的终点。他把这种现象称之为石化。他指出，"语言石化现象是指外语学习者的中介语中与目标语有关的那些语言项目、语法规则和语言分系统知识趋于定型的状态，它们不受年龄以及目标语学习量的影响"。在此之后，石化现象受到了研究者的广泛关注，并对其进行了大量的研究。尽管人们对于石化现象的定义还存在诸多的争议（文秋芳，2010），但是总体而言，石化就是指这样一种现象，二语或者外语学习者在目标语水平达到一定程度之后，就不再像学习的初级阶段那样有明显的提高，而是处于一种停滞不前的徘徊状态，他们的口头和书面表达中始终伴随着不正确的外语语言形式，而难以达到母语者水平这个理想的终点。石化现象可以发生在语言结构的任何一个层面，包括语音、词汇、句法以及语篇结构在内（朱青菊，2013）。其中，它在语音层面的反映最为明显，绝大多数的外语学习者即使在达到了很高的外语水平之后，说外语时仍然带有本族语的语音和语调的痕迹。在词汇方面，石化现象主要表现在对近义词的选择和使用上，外语学习者往往很难把握意义接近的词之间的细微区别。例如，small 和 little 都有"小"的意思，但是两个在具体使用上还有许多不同，因此经常出现误用的情况。在语法结构以及标点符号的使用方面，石化现象的例子也相当常见。例如，在高考和大学英语四、六级考试的作文中，在本该使用定语从句的地方，学生经常使用两个单句取而代之，许多学生使用汉语的句号，而不是用英语的句号。在语言使用方面，石化现象的主要表现为拘泥于生搬硬套，过于呆板。例如，对许多中国英语学习者来说，在回答"How are you？"这一问题时，大多数人的回答都是"Fine, thank you. And you？"，而英语母语者却很少这样回答。

学者们从不同的角度对石化现象产生的成因进行了解释。Selinker（1972，1992）从心理学的角度来解释石化现象产生的内在原因。他认为二语或者外语的学习与母语的习得具有不同的心理机制，而这种差异可能会导致不同的语言体系。石化的心理机制就是难以激活的潜在语言结构（latent language structure）。潜在语言结构首先是由 Lenneberg（1967）提出来的，其含义与普遍语法的概念基本相同，它是在大脑中预先形成的一种安排，儿童可以在成长过程中把这种安排转化为某种语言语法的现实结构（realized structure）。Selinker 认为，二语或者外语学习者在过了语言习得的关键期之后，无法像儿童那样激活这一潜在语言结构，而是依靠一般的认知结构，从一般思维（主要是母语思维）的角度来获取二语或者外语。石化现象是这一过程的必然结果。Selinker（1972）提出了造成石化现象的五个心理机制，包括母语迁移（language transfer）、训练迁移（transfer of training）、二语学习策略（strategies of second-language learning）、二语交际策略（strategies of second-language communication）和目标语过度概括（overgeneralization of TL material）。母语迁移是指学习者在早期对母语语言形式具有较强的依赖，在语音、语法、句法和用词等方面都有明显的母语迁移。Lamendella（1977）指出，在外语学习的初期，由于目标语知识的匮乏，目标语的次系统尚未形成，学习者只好借助已有的母语的次系统来构建外语的语言形式。而这种借用会产生一种介于母语和外语之间的中介语，从而导致石化现象的产生[1]。训练转移主要是指语言输入过程中缺少正确的语言形式，例如，教材在语言表达方面不够地道，教师的发音不够准确，课堂语言表达不够正确与恰当。另外，语言材料的难度也可能不合适，导致理解错误或语言使用错误等。这一点在我国的英语教学中比较明显。例如，在一些欠发达的地区，由于缺乏必要的教学设施、合格的英语教师以及良好的英语环境，学习者主要靠模仿那些发音不标准的教师的发音，

---

[1] 但是随着学习者外语水平的不断提高，他们对母语的依赖也会逐渐减少，甚至会出现逆向迁移的现象，外语的语法、词汇等会反过来影响母语。

久而久之，一些不正确的发音就会固定下来，从而形成语音的石化。二语学习策略是学习者在语言学习过程中遇到困难时所表现出的心理反应，以帮助记忆或克服困难。学习策略的使用有助于学习者对所接触到的外语输入进行深层次的认知加工，从而促成更加完备的学习效果（杨连瑞 等，2006）。但是，学习策略有成功的，也有失败的，而失败的学习策略很容易导致石化现象的产生。这在句子结构的使用上表现得更为明显，例如，外语学习者经常采用简化的学习策略，而回避一些复杂的句子结构。二语交际策略是学习者在使用外语进行交际时为了克服语言水平不足而带来的交际障碍所采取的手段，例如使用手势、近义词等。如果外语学习者在与母语者进行交际时意识到某些错误并不影响交际目的的实现，母语者只要求听懂其要表达的意义而不苛求语言表达的准确性，这样长此以往，许多不正确的语言表达方式就会固定下来，从而导致石化现象的发生。目标语过度概括经常发生在学习者对所学的语言有所了解而又不够精通时，想当然地把已经掌握的一些规则和用法错误地运用于其他情境之中，这也可能会产生石化现象。

上述五种原因都是有道理的，但是这些原因并没有涉及石化现象的本质内在过程。从外语学习的认知神经机制的角度来看，石化现象应该与外语知识表征系统的构建、语言使用的自动化以及由此而带来的大脑神经机制的改变有很大的关系。如上文所述，外语学习的过程就是一个外语知识体系不断构建、重组和优化的过程，在这一过程中，语言知识不断地被程序化，语言处理的自动化程度不断提高。这一过程具有双重的效果，一方面一些正确的语言规则和用法被程序化，从而使得学习者的外语水平得到提高；另一方面，由于母语迁移、训练迁移、二语学习策略、二语交际策略和目标语过度概括等原因而产生一些不正确的语言规则和用法也会被固定下来，从而会导致石化现象的发生。Wu（2000）指出，随着学习者二语或者外语水平的提高，目标语的语言知识会逐渐成为"一套用于计划和产出目标语的规则化的次程序"，在这一过程中，"（1）语言计划与产出过程中形成的信号联结起来形成连贯的序列；（2）学到的序列得到巩固而形成整体的单元；（3）这些整体单元会映射到它们发生的典型环境的神经表征"，这一程式化的过程会产生石化现象，而且这一现象正是二语或者外语学习过程中自动化过程的关键性证据。Wu（2000）认为，被石化的语言使用形式是长期反复重复的结果，它们难以改变，而且不受中枢执行功能的控制。他以 Levelt（1989）关于语言产生的理论为基础，提出了一个三阶段的语言产出模型。首先讲话人要形成讲话的目的并形成要表达的信息，然后构建话语，最后为具体的发音做准备。这三个阶段受中枢执行功能控制的程度依次降低，自动化程度则依次增加，石化现象发生的程度也就依次增加，因此，语音的石化在语言的各个层面都表现得十分突出。由此可见，程序化的过程在石化现象的产生过程中具有核心的作用，而程序化与人脑的基底神经节密切相关，因此，Lee（2004）认为，我们可以通过基底神经节的工作机制来更好地认识石化现象。

对于正在经历石化现象的外语学习者来说，他们都具有两个重要的特征（Harley et al., 1978；Selinker et al., 1972）。一是他们都具备了较高的外语水平，能够熟练地使用外语进行交流；二是他们的学习过程开始停滞，即使是在大量接触目标语的情况下，他们的语言使用也不会有明显的改善。Lee（2004）认为，基底神经节的功能以及语言知识的程序化过程可以很好地解释上述两个特征。他们能够熟练地使用外语，是因为这些学习者已经具备了足够的程序化语言知识，他们的外语使用达到了较高的自动化程度。经过长期、反复的语言使用，外语学习者可以通过基底神经节的神经回路形成关于目标语规则和使用的程序性记忆，这些记忆既有正确的，也有不正确的。而程序性记忆的形成也使得一些不正确的语言规则和使用固定下来，难以改变。与陈述性记忆相比，程序性记忆有两个突出的特点：一是它难以形成，需要长时间的反复训练；二是它一旦形成就难以改变，这就解释了石化现象的顽固性。

石化是二语或者外语学习的一个重要问题，对于这一问题能否解决，也就是当学习者进入石化状态之后能否顺利走出来并不断提高自己的目标语水平，学者们还存在着不同的观点。例如，Nemser（1971）就认为石化是"永久性的中间系统和子系统"，也就是说，石化现象的出现就意味着外语学习者语言水平的终止。我们认为，从理论上讲，石化状态是可以突破的，其基本原因在于以下两个方面：第一，从人类学习的认知心理机制来看，外语学习就是目标语网络体系的构建过程。语言知识都是以网络的形式存储的，在外语学习的过程中，学习者会不断地建立新的联结，并不断地调整联结之间的强度，从而引起外语知识网络的不断变化，学习者的语言能力会朝着母语者水平的方向不断变化，这体现了外语学习的渐进性。因此，外语学习总是处在一种动态的变化过程之中。变化有快有慢，但是不可能停止。从一般的规律来看，在外语水平较低的时候，学习者对于进步的感觉是比较明显的，但是随着语言水平的提高，学习者的感觉就越来越不明显，到了较高的语言水平阶段，就会感到语言水平停滞不前，也就是所谓的石化现象。这一现象的产生并不意味着外语知识网络的建构过程终止了，同样数量的学习内容对不同的知识网络所带来的影响是不一样的。在语言水平较低的时候，由于外语知识网络相对简单，一定数量的学习内容就会带来网络内容和结构的明显变化，从而给学习者带来进步明显的感觉；而在语言水平较高的时候，外语知识网络的内容非常丰富，它的结构也非常复杂，同样数量的学习内容对于外语知识网络的影响也就不那么明显，此时给学习者带来的感受就是停滞不前。我们可以用一个简单的计算来说明这一道理，对于数字 1 来说，增加一个数字 1，原来的数字就增加了 100%，如果原来的数字是 100，同样增加一个数字 1，原来的数字则只是增加了 1%。第二，从语言学习的神经基础来看，人脑是有可塑性的，人脑的结构和功能总是处于不断地调整和变化过程之中，更为重要的是，负责程序性记忆的基底神经节也可以在其他部位的影响下发生改变。Lee（2004）根据语言学习的神经基础提出了语言石化和解除石化（defossilization）的流程（如图 7-23 所示）。

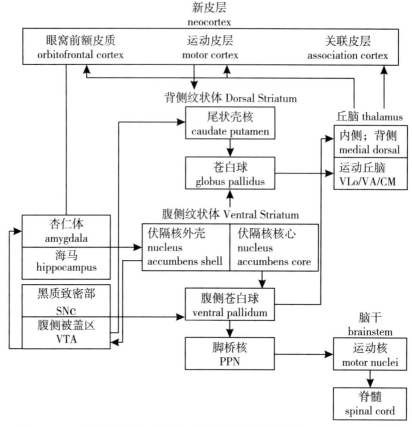

图 7-23　语言石化与解除石化的神经流程图（Lee，2004）[71]

Lee（2004）认为，把陈述性知识转化为程序性知识或者重构错误的程序性知识需要海马获取信号并进入负责程序性记忆的基底神经节的系统之中。这一过程始于负责陈述性记忆的海马和杏仁体。杏仁体又称杏仁核，附着在海马的末端，是人脑边缘系统的一部分，它负责情绪的产生、维持与调节，因此可以提供学习的动力。来自海马和杏仁体的信号进入背侧纹状体之中。背侧纹状体与人的奖励、满足感密切相关，在把内在的动机转化为运动行为的过程中起着重要的作用。它把信号传递给苍白球，并由苍白球传递给丘脑。背侧纹状体也把信号传递给腹侧苍白球，并由它经过脚桥核传递给脑干的运动核，最终到达脊髓。腹侧苍白球和苍白球都通过丘脑对大脑皮层产生影响。多巴胺在上述系统中起着重要的作用，它作为一种神经传导性物质与人的欲望、感觉密切相关，传递兴奋与开心的信息。它从腹侧被盖区和黑质致密部分布到杏仁体、腹侧纹状体、腹侧苍白球和背侧纹状体等部位。

从理论上讲，要解除石化现象是完全有可能的，但是对于大多数的外语学习者来说，他们的外语水平只是停留在中介语的阶段，难以挣脱语言石化的限制。Selinker（1972）指出，只有5%的二语或者外语学习者能够突破石化现象而达到母语者的语言水平。这一估计的数字不见得就完全准确，但是很好地反映了外语学习的一个现实状况。造成这一状况的原因是多方面的。概括起来讲，主要有以下几个方面：第一，解除石化现象本身的难度。要消除一个自动化的程序性知识或者改变一个已经形成的程序化习惯是非常困难和耗时的，它需要大量的训练。对于动物来说，它们是在与现实世界的接触中，基于自身的经验同时获得陈述性知识与程序性知识的，而且两种知识很难截然分开。而对于人类而言，他们能够使用语言这一符号系统，这就使得他们能够清晰地分别获得陈述性知识和程序性知识，而且它们之间的区分也非常明显，这一区分在外语学习中表现得尤为突出。外语学习主要以课堂教学为基础，需要把大量的陈述性知识转化为程序性知识，这是一个极其复杂的过程。Lee（2004）指出，从进化的角度来看，程序性技能稳定、难以改变也是人类生存所必需的一种特性。程序性技能的形成有助于人们能够迅速、自动地对外部刺激做出反应，从而有助于人类的生存。如果这些技能很容易就能改变，人类对于外部刺激的反应速度就会变慢，也就会面临更多的危险。具体到外语学习中，一旦学习者将一些不正确的语言结构或者使用方法形成了程序化的知识，变成了自动化的行为，要想改变它们就非常困难。第二，学习者的动机。要想改变错误的语言习惯非常困难，需要付出相当大的努力才能用正确的习惯来取代错误的习惯，如图7-23所示，新的语言习惯的形成是一个复杂的系统工程，除了需要来自前额叶皮层的信息进入海马成为陈述性知识，进而进入基底神经节转化为程序性知识之外，更重要的是，伴随这一过程的是来自杏仁体、伏隔核和多巴胺系统等情绪、感觉、奖励等调节信息的参与，这也就意味着石化现象的消除需要很强的动机基础。但是，对于达到一定水平的外语学习者来说，他们的动机往往是不够强的。一方面，他们目前的外语水平已经能够满足自身的学习、工作和生活中的交际需要，也就失去了外语学习的工具性动机；另一方面，在进入石化阶段之后，由于石化现象解除的难度较大，学习者在付出努力之后往往感受不到学习的进步，学习的积极性就会大受影响，学习的动机也就随之大大降低。第三，社会文化因素。Schumann（1978）提出了文化迁移模式。按照这一理论，学习者对于目标语文化的接受程度决定了外语学习是否成功以及最终所能达到的语言水平。如果学习者对目标语的文化认可度不高，对于目标语有较大的社会和心理距离，他们外语学习的动机就会大大减弱。这一解释是很有道理的，除此之外，石化现象难以解除的一个重要原因在于学习者缺少语言使用的社会文化环境。我们认为，当学习者的外语水平达到一定程度之后，他们更需要丰富的语言输入环境和语言使用环境，而大多数外语学习者没有这样的机会。换而言之，在外语学习的初级和中级阶段，学习者是可以通过课堂教学及陈述性知识向程序性知识的转化来获得语言使用的能力，而当他们进入石化状态之后，他们更需要一种"浸入式"语言环境，以获得丰富的语言输入和真实的使用需求，这样更有利于石化现象的消除。有一个基本的事实可以证明这一点，我国每年都有大量的本科毕业生到说英语的国家留学，经过在当地多年的学习和生活之后，很多人的英语水平都会得到质的飞跃，石化现象基本得到消除。

第三节　对外语教学的启示

　　长期记忆类似于一个巨大的百科知识库，其中既包含各种类型的知识，例如词汇及其使用规则，也包含我们过去的经历，例如关于童年的回忆。长期记忆为所有的心理活动提供必要的知识基础。具体到语言来说，长期记忆中储存的语音、词汇、语法、语篇以及文化等知识为听、说、读、写等技能提供基本的知识储备，在进行各种交际活动时，各种信息会被提取出来，回到工作记忆之中，从而进行各种语言的加工和处理活动。本章前部分围绕长期记忆的构成、工作机制以及它与外语学习之间的关系进行了详细的讨论，下面将具体谈谈它们对外语教学的启示。

　　1. 处理好语言知识和语言技能之间的关系

　　首先，任何一种语言都是一个完整的体系，这个体系包括语言知识（语音、词汇、语法、语篇等）和语言技能（听、说、读、写）两个部分，两者相互联系，相互影响，相互促进，密不可分。从长期记忆的主要类型来看，我们所说的语言知识更多地是指陈述性知识，而语言技能则更多地是指程序性知识。外语学习的最终目的就是要获得使用目标语进行交际的语言技能，也就是要获得语言使用的程序性知识，其中既包括简单的动作技能，例如单个音素以及单词的发音等，也包括包含复杂心理过程的复杂技能，例如语言的理解和产出。因此，语言知识和语言技能是一个整体，不能人为地把它们割裂开来。语言知识是发展语言技能的基础。不具备一定的语音知识，不掌握足够的词汇，不了解英语语法和语篇知识，就不可能发展任何语言技能。其次，语言技能的使用是获取知识十分重要的途径。学习一门外语的主要目的就是进行有效的交际，而语言使用对于外语学习者来说也是一个语言实践的过程。另外，语言知识和语言技能之间也具有内在的联系。对于语言知识来说，词汇是语音、拼写和语义的结合体，语法是关于语言使用的规则，它决定着词汇在句子中的组合方式，而语篇知识则可以使我们很好地组织句子，使它们构成一个完整的、有机结合的单位。语言系统的构建正是基于语言知识和语言技能之间的这些联系，将日常学习过程中获得的一些零散的内容有机地组合起来，构成一个完整的体系。

　　从 20 世纪 70 年代末恢复英语教学以来，我国的英语教学经历了重知识、轻技能的阶段，后来在交际教学法的影响下，又出现了重技能、轻知识的现象。在这样的背景下，处理好语言知识和语言技能之间的关系就显得尤为重要，而要做到这一点，需注意以下两个方面：

　　（1）从陈述性知识和程序性知识的关系来看，语言知识与语言技能要同时兼顾，不能厚此薄彼。语言知识和语言技能都是语言能力的组成部分，都是英语教学的基本目标。交际教学法是在批判传统的语法—翻译教学法的基础上建立起来的，其中一个主要的原因在于传统的教学方法过分强调语言知识（主要指语法）的传授，或者说只是把语言知识的教学停留在了陈述性知识的层面上，而没有把它们转化为程序性知识，从而形成语言技能。但是，当交际教学法在我国被广泛采用的时候，却出现了在课堂上不敢传授语言知识的现象。笔者曾经听过一线英语教师上课，发现授课的老师在课堂上不敢讲授语法等语言知识，害怕那样做就会被指责为没有采用交际教学法。这种把语言知识和语言技能对立起来的做法是错误的。当然，英语教学不能只停留在知识的传授和学习上，要把语言知识的学习与语言技能的培养有机地结合起来，也就是要通过大量的训练把语言知识有效地转化为程序性知识，从而形成知识与技能的良性互动。语言知识的教学要立足于语言实践活动，尤其是在基础英语教学阶段，主要通过听、说、读、写等实践活动来学习英语，因此，语言技能的训练是教授语言知识的基本途径。语言知识的教学可以采用提示、注意、观察、发现、分析、归纳、对比、总结等方式进行，要有意识地使学生参与到上述过程当中，使学生在学到语言知识的同时，还受到科学思维方法的训练。

　　（2）从外语语言表征的网络特性来看，要综合考虑听、说、读、写四项技能之间的协调发展，这样更有利于外语网络体系的构建，有效地提高学习的效率。对于英语初学者来说可以从听、说开始，但是读、写要很快跟上。在处理四项技能之间的关系时，我们应该注意防止两种错误的倾向。一方面不让学生接触书面材料的纯"听说法"是不可取的，也是不符合中国人学外语的国情的。因为中国人学外语最容易创造的还是阅读的输入环境。但另一方面也不要一味强调客观条件，片面夸大读写的重要性，容易导致"哑巴英语"和"聋子英语"。另外，在培养学生语言技能的过程中，要注意充分利用四项技能之间的关系。听、说、读、写四项技能之间存在着密切的关系。首先，听力和口语都属于口语体，而阅读和写作都属于书面语体；其次，听力和阅读都属于接受型的技能，而口语和写作都属于产出型的技能。在教学实践过程中，我们要注意充分利用各种技能之间的相互关系，做到听说结合、读写结合、听读结合、说写结合，开展丰富多彩的语言实践活动，达到培养学生综合语言运用能力的目标。

2. 外显学习和内隐学习相结合

长期记忆有外显性知识和内隐性知识的区分，与此相对应，外语学习也有外显学习（explicit learning）和内隐学习（implicit learning）两种形式。内隐学习是一种不知不觉的学习方式，是在获取知识的过程中自然发生的、简单的并且是无意识的操作（Ellis，1994）。这一概念首先是由美国心理学家 Reber（1967）提出来的。他在研究中要求规则发现组受试者寻找字母串的内在结构，而记忆组受试者则被要求记忆所呈现的字母串，结果表明，受试者在评价字母串是否符合语法时，规则发现组反而不如记忆组表现好。Reber 因此认为，记忆组对复杂材料进行了内隐学习，他们在无意识条件下也能习得材料中所蕴含的语法规则。从此，心理学界开始对内隐学习进行了大量的研究，并且取得了丰硕的研究成果。外显学习是一种有目的、受意识控制、需要付出意志努力并采取一定的策略来完成的学习过程。大量的研究表明，两种学习方式既有区别，同时又有着密切联系（郭秀艳，2004），因此，外语教学要正确认识两者之间的关系，发挥各自的优势，从而提高外语学习的效率。

（1）内隐学习和外显学习都是外语学习所需要的，都能促进语言能力的提高。语言技能的获得依赖于程序性知识系统的建立，而程序性知识的获取有两个途径：一是通过陈述性知识的转化，也就是先进行外显性学习，然后通过大量的训练把陈述性知识转化为程序性知识；二是通过接触语言材料，也就是通过内隐学习的方式来直接获取程序性知识。

内隐学习和外显学习与习得和学习的划分基本是一致的，在前面我们已经进行了充分的论述，不再赘述。

（2）内隐学习和外显学习各具优势，而与母语习得相比，外语学习需要更多的外显学习过程。内隐学习具有许多外显学习所没有的优势。首先，内隐学习是自动的，外显学习则需要意志的努力，这就使得内隐学习显得比较轻松。其次，内隐学习是稳定的，而外显学习是容易改变的。内隐学习带来的是以程序性知识为主的内隐知识，它们一旦形成就难以改变，而外显学习带来的陈述性知识具有易于变化、调整的特点，容易受到外部环境因素以及学习者个体差异因素的影响，而且容易被遗忘。另外，内隐学习是深层次的，它所获得的是刺激内部潜在的深层结构。而外显学习是浅层的，它所获得的是刺激或者刺激之间某些表面浅层的外部规则。具体到外语学习来说，语言中许多规则都是难以用明确的语言加以描述的，这类规则的获得只能用内隐学习的方式获得，我们平时所说的语感就属于此类。所谓语感就是对语言的一种直觉与判断，是一种不假思索的语言判断能力，语感越强，外语学习者的综合语言运用能力也就越高。而语感是一种微妙的、难以言喻的东西，人们可以意识到它的存在，但是不能用语言明确地表达出来。因此，语感的获得只能靠内隐学习，也就是说，人们获得语感的过程是自动的，只能在语言使用的过程中、在一种无意识的状态下，自然而然地获得。从知识的网络表征来看，获取语感就是一个语言知识网络不断构建的过程，内隐学习不断带来新的信息，它与存储在记忆中的知识一起自动地、无意识地激活与整合，从而导致记忆中累积的信息产生了内隐的一致性集结，这种集结达到一定阈限时，语言的直觉能力也就产生了。

内隐学习具有外显学习所不可取代的作用，与此同时，外显学习也具有诸多的优势。首先，外显学习具有效率高的特点。内隐学习的自动性、无意识特征使得知识的获得处于一种附带性学习的状态，缺乏目的性，是一种被动的过程，从而大大降低知识获取的效率。而外显学习具有明确的目的性，学习者可以经过努力在很短的时间内获得所需要的语言知识。其次，具体到外语学习而言，外显学习可以在语言输入较少的情况下进行，而内隐学习则需要丰富的语言刺激。母语习得主要靠内隐学习的方式来完成，需要儿童一出生就置身于母语的环境中，而外语学习则很难做到这一点，在此情况下，外显学习的作用也就自然地凸显出来。而且随着学习者年龄的增加，外显学习在外语学习中的优势会逐渐增强。许多学者（例如，DeKeyser，2000；DeKeyser et al.，2005）的研究表明，儿童和成年人对这两种方式的偏好和使用能力是有差异的，儿童具有更强的内隐学习能力，成年人则更加喜好和擅长使用外显学习的方式。从进化的角度来看，内隐学习是一种人类的本能，而外显学习反映了人类的高级智能，体现了人类主动获取知识和传承知识的能力。许多相关的研究也进一步证实了外显学习在外语学习中的优势（郭秀艳 等，2002）。

　　（3）内隐学习和外显学习是密切联系，难以分开的。在20世纪70年代，学者们普遍认为外显学习会妨碍内隐学习的过程。例如，Reber（1976）就认为，当鼓励受试者去寻找他们不能发现的规则时，外显学习会妨碍内隐学习。但是，随着研究的深入，研究者（例如，Reber et al.，1994）越来越多地发现外显学习也可以对内隐学习产生促进作用，尤其对于那些能够清晰表达的规则来说，深入而精当的外显学习不仅可以促进内隐学习，而且它发生得越早越有利于内隐学习。内隐学习也同样对外显学习具有促进作用。Mathews 等（1989）的研究结果表明，两种学习方式之间具有协同的效应，当学习者共同运用内隐学习和外显学习两种学习方式时，学习效果最好。内隐学习和外显学习的密切关系还体现在两者是难以分开的，郭秀艳（2004）指出，任何一个学习任务都是内隐与外显学习的结合物，是两者之间相互联系与结合的产物，她用一个双锥体的图形来表示两者之间的关系。如图7-24所示，对于任意一个具体的学习任务来说，它都处于连续体的一个点上，都包含内隐和外显学习的成分，要么外显学习的成分多一点，要么内隐学习的成分多一点，或者两者各占一半。图中趋近两端的地方用虚线表示，因为完全的内隐学习或者完全的外显学习几乎是不存在的。

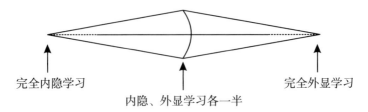

完全内隐学习　　　　　　　　　　完全外显学习

内隐、外显学习各一半

图 7-24　内隐、外显学习的连续体（郭秀艳，2004）[191]

　　由上述讨论我们可以看出，外显学习和内隐学习都是外语学习不可或缺的学习方式，两者各具优势，相互区分且相互促进。外语教学的根本之道在于内隐与外显学习的有机结合和协同运作。外显学习和内隐学习一直是我国外语教学界备受关注的核心问题之一。我国从20世纪70年代末、80年代初开始全面恢复外语教学，在很长的一段时间内都是采取显性教学的方式，也就是通过语言知识的教授来学习英语。这样导致的一个后果就是学生掌握了大量的语言知识，但是语言交际能力不强，尤其是"哑巴英语""聋子英语"更是受人诟病。从20世纪90年代末开始，在国外二语习得理论的影响下，人们开始关注隐性教学，主张让学生在大量接触和使用外语的过程中自然而然地习得语言。因此，体验式和任务型成为教学的主流意识。但是从实际的效果来看，教学效果也不够理想，主要表现在学生外语使用的准确性较差，而且在具备了一定的初步交流能力之后，外语能力很难得到进一步的提高。因此，单纯地强调外显学习或者单纯地强调内隐学习都是不正确的，在外语学习的过程中应该实现两种学习形式的结合。

　　外显学习比较适合那些可以明确表达的语言规则的学习，其中包括语言构成成分（词、短语、习语、搭配和句型）以及语法规则，通过显性的学习方式，可以让学生在较短的时间之内清楚地掌握这些规则，这对于学生语言使用的准确性是非常重要的。当然，外显学习并不意味着要采用灌输的方式，单纯靠教师的讲授来掌握语言规则，而是要辅之以足够的训练活动，而且还要把对语言形式的学习置于交际的环境之中，以便把外显学习所获得的显性知识转化为隐性知识，从而使学生具备真正的语言交际能力。

　　单靠外显学习是不够的，语言要素的意义及其使用有很多是难以用明确的语言来表述的。就单词的意义来说，可以分为概念意义、内涵意义、社会意义、情感意义、反映意义、搭配意义和主题意义等七种类型（Leech，1981）。除了概念意义外，其他意义都是不容易用明确的语言来描述的。语言的使用规则也是如此，世界上没有任何的一本语法书能够把所有的语言使用规则都包括在内。这些不能用语言明确表述的规则只能靠内隐学习来获得，只能靠学习者大量地接触和使用语言来获得语感。

3. 处理好外语与母语之间的关系

关于母语在外语课堂上的使用历来就是外语教学领域一个颇具争议的问题。最早的语法—翻译教学法主张在外语教学中要大量地使用母语，而在此之后出现的直接教学法则主张要在外语课堂完全排除母语的使用，外语教学要完全使用目标语。这一观点对后来的外语教学产生了深远的影响。直到今天，这种"全外语教学"的观点仍然被主流的外语教学方法视为一种理想和有效的做法。然而现实的状况是，外语教学课堂很难避免母语的使用。Macaro（2000）的一项调查发现，大多数的二语和外语教师都认为有必要在教学中使用一定量的母语，但是他们又对此感到不安和愧疚。这一问题在我们中国的外语教学中表现得更为突出，造成这种状况的根本原因在于人们对母语在外语学习中作用的认识存在问题。很多人认为母语在外语学习中没有任何作用，而这种观点的产生更多地来自人们把外语学习和母语习得等同起来的基本理念（Ellis，1986；Krashen，1981）。这种观点认为，人们在母语习得的过程中接触到的只是母语本身，那么在外语学习的过程中只要接触外语就足够了，而且在外语教学中使用母语不仅没有必要，而且会带来很多副作用，反而会影响外语学习的效果。从本章关于双语表征的讨论我们不难看出，母语在外语表征的建立过程中具有重要的作用，是外语学习的认知基础[1]。

对于外语学习者来说，双语表征的建立要经历依赖型、共存型和交互型等不同的阶段，而在每一个阶段，母语都是不可或缺的重要因素，尤其是在刚刚开始学习外语时，他们已经具备一个比较完整的母语表征系统。Butzkamm（2007）[71]明确指出，"母语是人们开始进行外语学习

---

[1] 在处理母语和外语之间的关系方面，除了下面我们要讨论的几点之外，还有两个重要的问题：第一，母语习得和外语学习具有本质的不同；第二，母语在人们的文化身份认同方面具有重要的作用。我们在本书的第四章已经进行了详细的讨论，不再赘述。

任务时所拥有的最为重要的财产",其中包括:(1)关于外部世界的概念系统以及语言的符号功能;(2)母语的交际能力;(3)对于自己声音的运用能力;(4)对于母语语法的直觉性理解以及对于语言使用细微之处的很好把握;(5)母语的读写能力。从这个意义上来讲,在外语教学中完全杜绝母语,实际上是剥夺了学生十分重要的认知资源,尤其是对概念系统以及语言符号功能的掌握。在外语学习的初级阶段,学习者还没有建立起与概念系统的直接联系,需要借助母语与概念系统的联系来理解外语。许多研究(例如:Swain et al.,2000;Watanabe,2008)表明,母语在外语学习中起到一种基本认知工具的作用。Skinner(1985)认为,母语的使用有助于学习者在外语和原有知识以及由母语所形成思想之间建立联系,Kern(1994)也发现,学习者使用母语可以有效地降低工作记忆的限制,避免失去对于意义的跟踪理解,巩固对于意义的长期记忆,把语言输入转化为更为熟悉的内容,明晰某些语言项目的句法作用等。

具体来讲,母语在外语学习中的认知工具作用可以体现在以下几个方面:(1)帮助学习者理解外语,增加语言输入的可理解性,从而更有利于把输入转化为摄入,提高外语学习的效率。(2)有助于学习者进行母语和外语之间的比较,强化他们内心两种语言的交互作用,促进双语表征的建立,同时也增强学生的元语言意识(metalinguistic awareness)。(3)有助于学习者进行深层次的思维,有利于交际活动的开展和思想的交流。对于学习者来说,他们的外语水平尚不足以让他们使用外语自由地表达自己的思想,如果不借助母语,他们的思想活动就会受到限制。Nunan(1999)曾经描述了这样的一个情况,在中国的一次英语课堂上,老师要求学生完全使用英语,不可以使用汉语,结果导致学生在课堂上保持一种沉默的状态,他们既不讲汉语,也讲不出英语。(4)有利于创造一种轻松的课堂氛围,让学生有一种安全感。如果完全排除母语,学生就很容易感到紧张,从而使学习的效果大打折扣。

除了认知工具的作用之外,母语使得外语学习过程中"以旧带新"的原则成为可能。从网络构建的角度来看,人类的所有知识与技能都是一个整体,新的知识要想被保存在长期记忆中,就必须和原有的知识相互关联起来。对新知识的学习和理解要依赖于学习者原有的知识,原有的知识为新知识的学习提供了基本的认知框架，也就是学习者认知新的语言知识与规则的基本图式。因此，有效的学习要依赖学习者原有知识的参与。具体到外语学习者来说，他们原有的知识包括两个方面，一是母语知识，二是母语知识之外的其他知识，其中包括影响学习者身份构建和认知功能形成的所有经历（Cummins，2007）[232]，而这些知识都是通过母语来表征的。因此，要把新学的外语知识与原有的知识结合起来，母语是不能排除在外的。Brooks-Lewis（2009）[228] 指出，意识到一个人原有的知识是认识一个人的另一种方式，这一点体现在外语教学中就是要把母语融入其中。

主张全外语教学的人的一个重要理由就是，使用母语会对外语学习造成干扰。这与我们常说的语言迁移有很大关系。迁移本来是一个心理学术语，指学习过程中学习者已有的知识或技能会对新知识或技能的获得产生影响。20 世纪 50 年代，语言教学研究吸纳了迁移理论，认为母语迁移会影响外语学习。在外语学习中，迁移指"利用原有的语言技能帮助理解和产出"的过程（O'Malley et al.，1990），是外语学习者经常采用的一种学习策略，在外语学习的初级阶段表现得更为明显。如果母语对于目标语的学习起到了负面的影响，则被称为负迁移，也就是干扰。关于这一点我们必须明确两个问题：

首先，母语并不总是带来负迁移，对外语学习产生干扰的作用。在很多情况下，它会产生正向迁移，从而为外语学习带来积极的促进作用。例如，汉语中的形容词都位于它所修饰的名词前面，而英语也同样如此，当学生学习了 beautiful 和 flower 两个单词之后，就会很自然地说出 a beautiful flower。英语和汉语句子结构的相似性也使得正迁移成为可能，英语和汉语中有五种基本的句型是相同的。

（1）S+V+predicative　　　e.g. He is a student. 他是个学生。

（2）S+V（+adverbial）　　 e.g. He works hard. 他工作努力。

（3）S+V+O　　　　　　　 e.g. He studies English. 他学英语。

（4）S+V+indirect O+direct O　e.g. I sent him a letter. 我寄给他一封信。

（5）S+V+O+C　　　　　　 e.g. He teaches us to study English.

他教我们学英语。

这些虽然都是简单句，但是几乎所有的复杂句都是建立在简单句的基础之上的，这就使得中国学生在学习英语时可以利用汉语知识，实现正迁移。

其次，语言迁移是一种正常的心理过程。对于外语学习者来说，语言迁移可以是有意识的，也可以是无意识。当他们在使用外语进行交际的过程中感觉到自己的外语水平不足时，就会采用借助母语的交际策略，这是有意识的迁移。而在更多的情况下，在学习者的外语表征系统还不够完善的情况下，他们会自动地借助母语，这是无意识的迁移（Benson，2002）。人类的学习是一个连续的过程，人们总是在原有知识和技能的基础上学习新的知识与技能，也就是说，迁移是人的本能，是在生物进化过程中形成一种有效提高自身生存能力的策略，是一种自动进行的、潜意识的心理过程，是不可人为终止的。在学习者已经具备完善的母语系统的情况下，母语会对外语学习产生影响。即使对于那些在小时候一段时间内接触过第一语言，但是因为外部环境改变而终止第一语言的习得，又接着习得第二语言并且已经不会使用第一语言的人，第一语言对第二语言的学习仍然产生影响。Pierce 等（2015）采用 fMRI 技术对三组受试者语言处理过程中大脑激活的部位进行了研究，第一组受试者为没有学过外语且母语为法语的单语者；第二组受试者为三岁之前被法语家庭收养的中国儿童，他们在被收养之前完全处于汉语的环境，而在被收养之后完全处于法语的环境，因此只会讲法语，不会讲汉语；第三组受试者为从小生活在汉语和法语的双语环境之中，既会讲汉语又会讲法语的双语者。结果表明，后面两组受试者在语言处理中大脑激活的部位是相同的，他们都与第一组受试者存在很大的差异。由此可见，母语对于外语的影响是一个自然的现象，即使是在外语课堂上不使用学习者的母语，语言迁移的过程仍然会发生。许多研究发现，即使是在明确要求学习者不要使用母语的情况下，他们仍然会禁不住使用母语（Behan et al.，1997）。Macaro（2005）也指出，并没有研究发现在禁用母语和外语学习效果改善之间存在任何的因果关系。

当然，我们主张不要忽视母语在外语学习中的支撑作用并不意味着要回到语法—翻译教学法的老路，完全依赖母语来教授外语。外语学习需要大量的语言输入，而对于外语学习者来说，他们接触和使用外语的机会主要来自课堂，因此，教师在能够使用外语的情况下要尽可能地使用外语。在对待母语和外语之间的关系方面，有两种极端的态度。一种是依靠母语来教授外语，这显然是不可取的。使用外语进行教学具有以下两个方面的益处：（1）创造外语的氛围。（2）增加外语的输入，减少母语的负向迁移。在外语课堂上使用母语要注意以下两点：（1）母语作为教学手段，使用方便，易于理解，但是不能过多使用。在解释某些意义抽象的单词或复杂的句子时，如果没有已经学过的词汇可以利用，可以使用母语进行解释，另外也可以对发音要领、语法等难以用外语解释的内容使用母语进行简要的说明。（2）利用外语和母语之间的比较，可以提高教学的预见性和针对性。对于两种语言相同的内容，学生学起来比较容易，教师只要稍加提示，学生就很容易掌握。如果某些内容为外语所特有的，学生学起来就比较困难，教师应该有针对性地将其作为教学的重点，适当增加练习量。对于两种语言中相似但是又不相同的内容，学生很容易受到母语的干扰，教师在教学过程中要多加注意。另外一种是完全摆脱母语，刻意地回避母语，这不仅难以做到，而且也是不可取的。采用全外语的课堂教学方式除了对学习者语言学习过程产生影响之外，它还会产生其他副作用。"首先，它会对非本族语的英语（外语）教师产生灾难性的影响。而且，把学习的目标假定为达到了母语者的水平，这会给学习者带来一个难以达到但又没有必要追求的理想。另外，只是英语（外语）的单语教学也阻碍了学习者的双语和双文化身份与技能的发展，而双语和双文化身份与技能的发展又都是大部分学习者在英语（外语）国家或者世界其他地方所迫切需要的"（Hall et al.，2012）[273]。

4. 充分认识翻译的重要性

翻译是母语和外语两种语言之间的转化活动，它与母语在外语学习中的使用直接相关。因此，翻译技能的培养以及翻译活动在外语教学中的作用也伴随着人们对于母语在外语教学中的作用的态度的变化而起伏。在很长的一段时间内，翻译被排除到外语教学的课堂之外。然而，从 20 世纪 80 年代末、90 年代初开始，外语教学界开始反思翻译在外语教学中的地位与作用（例如：Duff，1989；Cook，2010；Tsagari et al.，

2014），Cook（2010）就明确指出，翻译应该是语言学习的重要目标和手段，也是衡量学习成功的主要因素……这一主张是与传统的一次大决裂。基于前人的相关研究以及本书相关内容的讨论，我们提出以下几点建议：

（1）翻译是外语学习者必备的一项技能。在外语教学中，我们长期把听、说、读、写视为四项基本的技能，除此之外，我们还应该强调翻译的技能。对于外语学习者来说，具备翻译能力是一项基本学习目标，这是外语和二语学习者的基本差异之一。对于二语学习者来说，他们使用二语的环境主要是在目标语国家，学习二语就是为了在目标语国家生活与工作，不会面对很多的翻译任务。而对于外语学习者来说，他们使用外语的环境还是在自己的国家，他们会面临很多的翻译任务，包括口头的与书面的。翻译并不局限于专门从事这一职业的口译或者笔译人员，它是一种日常的语言使用形式，对于大多数的外语学习者来说，他们需要做的翻译工作恐怕还要多于听、说之类的工作。这一点对于目前中国的外语教学具有特殊的意义。长期以来，我国的英语教学在语言技能的培养方面严重忽视了学生使用外语介绍中国文化、宣传社会主义核心价值观的能力，这对于中国文化软实力的提高是非常不利的。文化软实力集中体现了一个国家基于文化而具有的凝聚力和生命力，以及由此产生的吸引力和影响力。要增强中国文化的影响力和软实力，首先要让外国人了解中国文化，而外语教学，尤其是英语教学，在这一方面起着独特的作用。英语是目前世界上使用范围最广泛的语言，使用英语向外国人介绍中国的文化与国情、宣传社会主义核心价值观，可以有效地提高中国的文化软实力。如果每一个英语学习者都能够做到这一点，就会大大增强中国文化软实力的提高速度。另一方面，随着中国经济实力的不断增强，西方人对中国文化的兴趣也在不断增强。面对当今世界所存在的纷繁复杂的困扰，许多西方学者也主张从中国传统文化中寻找答案。与此同时，也有许多西方人士对中国的文化存在许多误解。担任过我国驻澳大利亚使馆商务参赞的郑伟章（2006）曾经写道："墨尔本一所大学的老师告诉我，一个学生听他的朋友讲，到中国做生意，光学中国话还不行，还必须要了解中国文化，就是送礼。因而，送礼就是中国文化，留长辫子就是中国文化，裹小脚就是中国文化。"对于文化的误解很容易导致不同文化之间的冲突，现在世界上流行的"中国威胁论"与此就有很大的关系。要满足西方人对中国文化的求知欲，消除他们的误解，除了专门机构的宣传与介绍之外，更要依靠大家在与西方人的交往中，以一种润物细无声的方式向他们介绍中国的文化。在这一方面，我们的外语教学还存在很大的改进空间。由于我们在英语教学中只重视英语国家文化知识的传授，而不够重视中国文化的传播，绝大多数的学生在大学通过了英语四级、六级甚至英语专业八级考试之后，都不知道像《红楼梦》《水浒传》《三国演义》《聊斋志异》等中国古典文学名著的名字该怎样翻译成英文。

（2）翻译是外语学习者的一种基本心理过程。从双语语言表征建立的过程来看，在外语使用的过程中，母语和外语一直相互影响和相互作用，两种语言之间的相互转化是一种基本的心理过程。在外语学习的初期，由于外语和概念系统之间还没有建立直接的联系，学习者需要借助母语与概念系统之间的直接关联来表达自己的思想，也就是要通过从母语到外语的翻译过程。随着外语水平的不断提高，翻译的速度会逐渐加快，慢慢地从一种有意识的过程转变成无意识的过程，只有当学习者完全达到母语者的水平时，这种翻译的过程才会逐渐消失。然而，对于绝大多数的外语学习者来说，他们的外语水平一直保持在一种中介语的状态，这也就意味着，翻译是外语学习者的一个基本心理过程。因此，翻译可以有效地降低学习者的认知负担。许多研究（例如：Alegría et al., 2009；Centeno-Cortés et al., 2004；Antón et al., 1999）表明，外语学习者在进行各种语言学习的任务时都会使用自己的母语进行思维并采用心理翻译（mental translation）的策略，而且这一策略的采用可以有效地帮助他们顺利完成自己的学习任务。Kern（1994）的一项研究发现，在外语阅读的过程中使用心理翻译可以帮助学习者进行意义的构建。O'Malley 和 Chamot（1990）指出，翻译是外语学习者使用最多的学习策略。Hummel（2010）也发现翻译对于外语学习者来说是一个重要的认知策略。

（3）在外语教学中采用翻译活动可以有效地提高学生的语言表达能力。第一，翻译活动可以让学生增强对母语和外语两种语言差异的认识。

他们会意识到，在两者之间并不存在一一对应的关系，从而有意识地注意避免一些外语使用中常出现的典型错误，减少母语对外语学习产生的干扰，与此同时也可以使他们意识到隐藏在语言差异背后的文化差异，从而增强他们的文化意识。第二，在翻译过程中学习者需要不断地寻找外语中合适的词汇、短语、句型以及篇章结构来表达自己的思想。这可以有效地增强学习者对于这些语言知识的认知深度，提高记忆的效果。Nation（2003）在总结大量研究的基础上得出结论认为，翻译是词汇学习更有效的手段。另外，许多翻译训练活动都要求学习者做到母语和外语之间在意义、功能和语用等方面的对等，这可以有效地增强学习者语言表达的准确性，从而更好地满足交际的需要，减少误解的产生。第三，翻译还可以强化学习者的学习动机。在翻译过程中，学习者会充分认识到自己语言知识的不足，从而使得外语学习更具有目的性和针对性，对于一些翻译问题的解决，可以让学生直观感受到自己的进步，从而进一步增强外语学习的动机。许多国外的相关研究（例如：Sewell，2004；Cook，2010）也都证明了翻译活动在学生动机增强方面的作用。

翻译既是一项重要的语言技能，也是一种有效的教学活动，因此，它既是目的，也是手段。目前，翻译技能的重要性以及它在外语教学中的作用已经得到了越来越多人的认可（Laviosa，2014）。但是，如何在外语教学中使用好这一手段，是目前外语教学界亟须考虑的问题，其中的一个基本原则就是根据学生的具体情况以及具体的教学目标选择适当的翻译活动。正如Cook（2010）[132]所指出的那样，"翻译活动的类型、数量以及功能都必须根据学习者已经到达的学习阶段以及他们的年龄、喜好、学习风格和经历而进行调整"。另外，在不同的学习阶段，对学生的要求也要有所不同，"要让初学者的注意力主要集中在语义对等上面……在中级阶段，要逐渐增加对于功能和篇章的对等关注，而在高级阶段，这将成为学习者的主要关注点"（Cook，2010）[73]。

5. 自然的网络构建与强化的网络构建相结合

前面我们谈到语言知识和语言技能以及外显学习和内隐学习之间的关系，两组关系是密切相关的，外显学习更多地与语言知识相关，而内隐学习更多地与语言技能相关。另外，从网络构建的角度来看，外语学习中还有一个重要的问题，那就是自然网络构建和强化网络构建。所谓自然的网络构建也就是采用习得的方式，通过内隐学习在无意识之中自然而然地完成外语知识网络的构建过程。而强化的网络构建就是根据语言网络的建构规律，对需要学习的语言项目进行归纳整理，对学习者进行高强度的语言输入和训练活动，以便使得外语知识的网络构建在相对较短的时间之内完成。从前面几章和本章的讨论我们不难看出，外语学习应该采用自然的网络构建与强化的网络构建相结合的方式，而且更加强调强化的网络构建的作用。

强化的网络构建可以通过外显学习的方式来完成。我们可以首先让学习者集中学习某个语言项目，例如一组单词、一组语音项目或者某个语法规则，然后再通过大量的训练使得学生内化这些项目，把陈述性知识转化为程序性知识，进而形成语言技能。它也可以通过内隐学习的方式来进行，例如，我们可以通过对语言输入材料（包括听和读）进行认真的选取和整理，让某个语言项目集中地呈现在输入材料之中，这样学习者就更有可能把这些语言要素关联起来，从而促进语言网络的构建。我们在第六章所谈到的强化型语言输入就是属于此类情况。在长期的外语教学中，已经形成了一些行之有效的教学传统，重视语言基本功，强调外语实践是其中一项核心的特点（张绍杰，2015）。而在这一传统之中就包含许多为了进行强化型网络构建而采取的做法，主要包括两个方面。一个方面是强化型的语言训练。群力（1964）认为，外语学习的基本功是指"为了获得基础知识和基本言语熟巧而规定得比较机械的、最基本的训练内容"，而且在不同的阶段有不同的具体内容，例如发音、变格、变位、拼法、书写、标点符号等（李赋宁，1962）。刘润清（2003）在回忆自己的英语学习经历时指出，当时老师要求学生对着小镜子训练发音的舌位和口形，有时一练就是几个小时，甚至练到嗓子哑。另一个方面是通过大量的阅读、朗读、背诵、抄写等形式，进行强化型的语言输入。我国学者历来强调阅读简易读物在外语学习中的作用，例如，胡文仲（2002）[17]指出，"对于初中级英语学习者我特别推荐英语简易读物，读的材料要浅易、故事性要强，读的速度尽可能快一些，读得越多越好。这是学好英语屡试不爽的一个好办法"。英语简易读物集中呈现了英语中使用频率最高的词汇，通过集中地、大量地阅读这些读物，可以短时间内在学习者的心里形成基本的英语知识表征。朗读与背诵也是一种有效的强化型输入的方式，熊德锐（2002）[8]指出，"要从阅读中学到好的、地道的英语，我们不妨读细一点，甚至对好的句子、段落加以背诵"。实践表明，选择一些语言优美、易于上口的文章进行背诵对于提高自己的整体英语水平是非常有帮助的。其实，背诵的作用远不止如此，能够背诵名篇名段也是一个人文化修养的重要标志，外语界的前辈们给我们树立了很好的榜样。刘润清（2003）[11]在谈到他的老师们时讲了这样的故事："许老（许国璋）能够背诵莎士比亚剧中的一些对话，王佐良先生可以一首接一首地背诵英语诗。当我们对此表示惊奇时，许老说，'这算什么？我们在英国上学时，老师们没有一个是念稿子的。引到什么剧本，第几场、第几幕都是背出来的。'他还告诉我们，钱钟（锺）书等几位著名学者聚会时，几个人围着桌子坐下，一个人喊道，'好了，现在开始背 *The Merchant of Venice* 中的 The Trial 一场，从你开始'。于是，大家就开始背，主持人点到谁，谁就接着往下背。没有人讨价还价，也没有人忘词，背错了就受罚。"

上面提到的这些人都是外语界的名家，都具有很高的外语造诣，他们外语学习成功的经历对于我们现在的外语教学和学习都是很有启发的。他们当时学习外语的外部环境与学习条件应该不算是好的。反观今天的外语学习条件，学习材料不可谓不丰富，听的、看的、读的、多媒体的等，应有尽有；学习的手段越来越高级，各种现代化的技术都被应用于外语教学和学习之中；教学方法也不断翻新，但是学习的效果却不见有多少改善。究其原因，其中一个重要的因素就在于我们目前的环境过于浮躁，急于求成的心态严重，人们不愿意静下心来做出艰苦的努力。外语学习是一个漫长的过程，需要学习者付出艰苦的努力，有一些强化型的训练是难以避免的。

6.语义记忆与情景记忆相结合

陈述性记忆是形成程序性记忆的基础，对于外语学习来说，首要的任务是形成语言的陈述性记忆，而陈述性记忆包括语义记忆和情景记忆两种类型，两者相互结合，相辅相成。具体的做法可以有以下几种：

（1）把孤立的语言项目（如单词、短语等）的学习置于语境之中，使它们与更多的已知语言信息和知识相结合，形成更多的情景记忆，从而增强记忆的效果。Craik 和 Tulving（1975）的研究发现，将单词置于复杂的句子中，记忆的效果会更好。例如，学生学习 chicken 这一单词时，他们把它分别放在下面两个句子中：① She cooked the chicken. ② The great bird swooped down and carried off the struggling chicken.。结果表明，把该词放入第二个句子中的记忆效果会更好。他们认为，复杂的句子可以在要记忆的单词和其他事物之间建立更多的联系。研究结果的重点不在于句子是否复杂，而在于给出哪一个句子更能使得要学习的单词与更多的信息和知识相关联。Goldstein（2008）指出，可能对于大部分人来说，第二个句子更有助于单词 chicken 的记忆，但是这也要考虑学生的具体情况。她的一个学生的妈妈经常煮鸡肉给她吃，她看到第一个句子就会想到她的妈妈，因此，对于这个学生来说，相比于第二个句子中猛扑的大鸟，她妈妈做饭的样子跟她已有知识联结更强。

（2）形成视觉图像。Bower 和 Winzenz（1970）的研究证明，通过视觉图像（也就是把大脑中已经储存起来的词汇联系起来，并形成脑内图像）可以很好地创建联结，并增强词汇在记忆中的保持。在这一研究中，他们采用了词汇联想学习的方法，也就是让一组词语配对出现，先呈现每对词语中的一个，然后要求受试者说出这个词与哪个词配对。他们向受试者呈现了 15 对名词（如 boat-tree），每对名词呈现 5 秒的时间，然后要求一组受试者无声地重复呈现的词，另一组受试者则被要求在脑中想象两个物体互动的图像。结果表明，当要求受试者看第一个词回忆配对词时，被要求想象图像组的受试者所能记起的词是另一组的两倍以上。

（3）把要学习的语言项目和学习者自身相联系。记忆中的一个有趣现象是自我参照效应（self-reference effect），也就是说，如果所学习的语言项目能够和自己联系起来，那么记忆的效果就会得到增强。Rogers 等（1977）的研究很好地验证了自我参照效应的存在。他们先向受试者呈现一个问题，问题呈现 3 秒的时间，短暂停留之后再呈现一个单词。受试者的任务是在单词出现之后回答 Yes 或 No。所提的问题包括四种类型。第一种类型针对词的物理特性，例如，问题：是用小写字母书写的吗？单词：happy。第二种类型针对词的韵律特征，例如，问题：是否与 happy 押韵？单词：snappy。第三种类型针对词的意义，例如，问题：是否与 happy 的意义相同？单词：upbeat。第四种类型则属于自我参照，例如，问题：能否用来描述你自己？单词：happy。结果表明，受试者更容易记住和自己有关的词。Goldstein（2008）指出，产生这种结果的一种原因在于单词和他们非常熟悉的东西联系在了一起。如果一段描述会让人脑中浮现更加丰富的表象，那么记忆的效果就会更好。

（4）生成信息。有关记忆的另一种现象被称为生成效应（generation effect），是指在学习的过程中不是被动地接受信息，而是自己主动地生成信息，这对于记忆效果的提高大有裨益。这一效应首先是由 Slameka 和 Graf 发现的。在 Slameka 和 Graf（1978）的研究中，他们把受试者分为两组，并要求他们用两种不同的方式学习配对词语。一组受试者是阅读组，他们要通过阅读有关的词对来记忆单词，例如 king—crown、horse—saddle、lamp—shade 等。另一组受试者是生成组，他们要通过在空格上填写与第一个单词相关的单词的方式来记忆单词，例如 king—cr_____；horse—sa_____；lamp—sh_____等。在受试者阅读或生成一系列的配对单词之后，要求他们在看到每对配对单词中的第一个单词时回答出与之配对的另一个单词。结果表明，生成组所能回忆起的单词数量要比阅读组多 28%。造成这种结果差异的原因就在于加工深度的不同，生成信息要比简单的阅读信息包含更多的认知过程，因此，它会带来更深的加工效果，从而可以有效地提高记忆的效率。

7. 遵循遗忘规律，增强记忆效果

长期记忆中的信息是以网络的形式存储的，要充分利用网络的关联性特征，设法把不同的语言要素相互联结起来，以帮助学生外语知识网络的构建，还需要教师很好地组织学习的材料，合理安排教学的顺序，有效避免学习材料之间的相互干扰。学习者长时间对一种学习材料进行学习，会因为前摄干扰和倒摄干扰的影响而导致学习效率的下降。如果我们在一定的时间之后及时地切换到另一种材料的学习，学习的效率就会提高。

根据艾宾浩斯的遗忘曲线，保持记忆的最好方式就是要不断地重复。

心理学家围绕重复的方式，进行了大量的研究，Mace（1932）首先提出了"间隔重复"（spaced repetition）的概念，即根据遗忘曲线的规律，不断重复要记忆的内容，而重复的时间间隔会随着重复次数的增加而逐渐延长。在此之后，许多学者（例如，Spitzer，1939；Melton，1970；Landauer et al.，1978）都对具体的时间间隔进行了研究，并且证明间隔重复是一种有效防止遗忘、保持记忆的方法。Pimsleur（1967）还提出了语言学习的记忆时间安排，其时间间隔依次为：5 秒—25 秒—2 分钟—10 分钟—1 个小时—5 个小时—1 天—5 天—25 天—4 个月—2 年。以 Wozniak 为首的 SumperMemo 记忆研究人员（例如：Wozniak et al.，1992；Wozniak et al.，1994）围绕间隔记忆进行了大量的研究，并且提出了自己的遗忘曲线（如图 7-25 所示）。

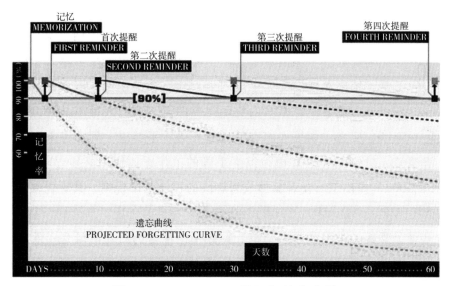

图 7-25　Wozniak 的记忆遗忘曲线

由图 7-25 我们可以看出，通过有效的间隔重复可以把记忆的内容保持在 90% 以上，时间的间隔分别大约是 1 至 2 天—10 天—30 天—60 天。心理学关于遗忘的研究成果为我们很好地记忆词汇或者其他语言项目提供了有效的理论基础。目前一种普遍的做法是要求学生将某篇课文的生词或者重点词汇抄写数遍，但是对于这些词汇后续的重复则不再考虑。这样做很可能会产生两种不良的后果：第一，学生在初次学习生词时抄写次数过多，很可能会导致时间的浪费；第二，缺乏后续的单词复现与重复，很可能会导致许多单词的遗忘。词汇教学和训练内容的安排应该考虑新学词汇和复习词汇的结合，有意识地按照一定的时间间隔复习与巩固已经学习的单词。时间间隔的安排应该满足两个条件：第一，在所学的单词被遗忘之前就及时地进行复习与重复；第二，重复的间隔不能太短，否则就会使得重复过于频繁，不仅会降低学习的效率，还有可能会因为过多的重复而降低学生学习兴趣。在重复时间间隔的安排方面，国外的研究成果值得我们借鉴，但不一定适合我国的英语学习者，这还需要教师在教学中通过大量的教学实践不断地摸索。

8. 关于石化现象

在上一节我们从外语学习的心理机制和神经基础的角度对石化现象进行了讨论，由此我们不难看出，石化是外语学习发展到一定阶段自然出现的现象，或者说是外语发展的一个必然阶段。学习者是否需要突破这一阶段，这要取决于他们对于自己学习目标的设定以及实际的学习和工作的需要。如果在他们的人生规划中，学习和工作对外语水平的要求不是很高，只要能够满足基本的交际需要即可，他们大可不必费力去突破这一阶段。反之，如果他们有很高的外语水平要求，例如将来要从事外语教学、口笔译等以外语为谋生手段的工作，他们则必须寻求突破。Lee（2004）提出了石化现象形成与解决的神经基础模型，其中包含两个关键的因素：一是动机，二是陈述性知识。

（1）要具备很强的学习动机。突破外语学习的石化阶段是一件非常困难的事情，需要学习者具备很强的学习动机。对于进入石化状态的学习者来说，他们的外语水平已经达到了较高的阶段，企图再像初级阶段那样用轻松、愉快的方式使得自己取得明显的进步并解决石化现象是不可能的，他们必须付出艰辛的努力。关于学习者学习动机的提高与保持，外语教学和二语习得领域都有诸多的研究，相信读者都能从中找到一些好的解决办法，不再赘述。我们只是要强调两点：第一，要让学习者意识到任务的艰巨性，并做好充分的心理准备。否则在经过短期的努力之后，他们感受不到明显的进步，就会感到失望，从而中途放弃。第二，要对学习者的状况进行具体的分析，找出目前存在的具体问题，制订逐一解决的方案，从而做到短期目标与长期目标相结合，让学习者能够更加清晰地感受到自己的进步。

（2）加强课堂教学中外显学习的成分，强化语言知识的学习，并加强相关知识的训练，有效地把陈述性知识转化为程序性知识。程序性知识的获得有两个途径：一是通过对语言输入的接触，通过内隐学习的方式直接形成程序性知识；二是先获得陈述性知识，然后通过语言训练活动，把陈述性知识转化为程序性知识。在不同的学习阶段，两种途径的作用是不一样的。在外语学习的初级阶段，学习者可以通过第一种途径来获得语言水平的提升，但是随着语言水平的提高，第二种途径的作用就越来越大，尤其是到了石化阶段，要想通过内隐学习的方式对已经程序化的不正确的语言习惯进行纠正是几乎不可能的事情，而必须通过外显学习的方式强化语言训练的环节，才能对原有的网络系统进行重构，从而达到纠正不良语言使用习惯的效果。在这一方面，我们有如下建议：

首先，明确问题所在。语言水平提高的过程就是学习者语言使用习惯固化的过程，有一些是正确的习惯，还有一些是不正确的习惯，而石化问题的解决就是要针对那些不正确的语言使用习惯。因此，我们要对学习者的外语使用情况进行全面的分析，找出他们的具体问题之所在，从而做到有的放矢。对于进入石化状态的外语学习者来说，泛泛地进行各种语言学习活动很可能会使原来的问题更加严重。例如，许多研究表明，我国的高级英语学习者在关系从句的使用方面普遍存在问题，那么这一阶段的英语教学就要开展有针对性的教学活动。在这一方面，语料库的建设与使用为我们提供了很大的便利，通过对学习者语料的分析，我们既可以发现某一阶段学习者存在的普遍问题，也可以找到个体学习者的具体困难。

其次，发挥正式课堂教学的作用，强化外显性的语言形式教学。如果学习者已经达到足以交流的语言水平，他们就不会掌握更难的语言规则（例如倒装和动词后置等）。正规的注重形式的语言教学可以使他们意识到某些语法特征虽然没有交际重要性，但却是构成目标语规则不可缺少的一部分。换而言之，正式教学可以防止石化的产生（文秋芳，2010）[94]。这一观点与我们所主张的加强外显学习的成分、重视语言知识教学的观点是一致的。对于进入石化状态的语言学习者来说，语言知识的核心就是语法，语法中包含语言使用的规则，它在石化现象的解决方面具有特殊的意义，没有语法教学就会产生石化（文秋芳，2010）。我们明确学生的具体问题之所在之后，就要进行外显性的语法教学，让学生明白具体的语言使用规则，然后通过大量的训练让他们学会使用这些规则，从而建立新的语言使用习惯，改变原有的不正确的语言使用习惯。

本章小结

　　记忆系统是人类学习的基本心理机制，外部刺激经过感觉记忆和工作记忆而最终进入长期记忆之中。长期记忆中储存着包括语言知识在内的各种各样的知识，这些知识构成了人类智慧和生命活动的基础。正是因为长期记忆的存在，人们可以学到各种技能，从而更好地生存在这个世界上，也正是因为有长期记忆的存在，人们能够记得住过去，并在此基础上预测未来。语言知识都是储存在长期记忆之中的，因此，长期记忆中的知识类型有哪些，它们是如何存储的，长期记忆的工作机制是什么，它们的神经基础是什么，对于这些问题的回答有助于我们认识外语学习的心理过程，从而为外语教学和学习提供直接的启发。在本章中，我们尝试围绕上述问题进行了比较详细的讨论，并以此为基础，从心理和神经基础的角度对外语教学领域一些热点问题进行了思考。由此可以看出，外语学习是一项艰巨、复杂的任务，绝非一朝一夕所能完成的，需要长时间、大量的训练才能实现使用外语进行交际的目标，没有捷径可言。但是，外语学习又是有规律可循的，只有按照人类学习机制的基本原理安排教学和训练活动，才有可能取得最佳效果。

第八章　　结　论

　　从生态学的角度来看，外语学习以学习者为中心构成一个生态系统。Piechurska-Kuciel 和 Szyszka（2015）指出，这一系统包括内在和外在两个部分，内在系统又可以进一步分为认知和情感两个子系统，外在系统则是指外语学习所处的社会文化环境，其中认知系统可以被视为最为核心的部分，其他两个部分都是通过影响认知系统而在外语学习过程中发挥作用的。在前面几章中，我们正是围绕认知系统这一核心，参照认知心理学和认知神经科学的研究成果，一方面讨论注意、工作记忆和长期记忆的工作原理，另一方面讨论它们的神经基础，进而从心理和神经基础的角度探讨外语学习的实质以及外语教学的一些基本原则。作为本书的最后一章，我们将对全书的内容做出简要的总结，突出强调一些核心的观点，并以此为基础提出一种外语教学的基本模式。

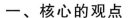

一、核心的观点

基于本书对外语学习的心理与神经基础的讨论，我们对外语学习形成如下基本的认识。

（1）外语学习是一种特殊的语言学习类型。首先，外语学习和母语习得具有本质的不同。从神经可塑性来看，母语习得属于经验期待型的，体现了人的生物属性。一个正常的儿童只要处在正常的语言环境之中就会自然地习得一种语言，如同一粒种子只要在适当的温度、湿度、阳光等条件之下就会发芽一样。而外语学习属于经验依赖型的，体现了人的社会属性，属于人类教育的组成部分，是人类为了更好地满足学习与工作的需要而努力掌握的一种技能。从大脑与认知的发展来看，母语习得与幼儿大脑发育和认知发展的过程是同步进行的，两者之间相互影响，相互促进。外语学习是在大脑与认知发展相对成熟的条件下进行的，因此，外语学习者大脑发育的程度以及认知发展的水平要高于母语习得者。从语言和思维的关系来看，母语习得的结果是获得了一个符号系统和思维的中介，外语学习的结果则主要是掌握了一种交际的工具，对于大多数的外语学习者来说，外语很难取代母语而成为首要的思维工具。另外，外语学习也与二语习得具有很大的差异。从学习的目的来看，二语习得是为了融入目标语国家的社会和文化，为了在目标语国家学习、生活与工作而进行的语言学习活动，而外语学习的目的首先是服务于祖国建设与发展的需要，为了在自己的国家以目标语作为工具与他人交流而进行的语言学习活动。从学习条件和学习环境来看，二语习得具有丰富的语言学习资源和语言使用环境，而外语学习主要通过课堂教学的形式来完成，其在师资条件、学习资源、学习的时间和语言使用等各个方面都无法与二语习得相比。因此，外语教学理论的构建以及外语教学的实践都要充分考虑外语学习的特殊性，不能把外语学习和母语习得等同起来，也不能全盘照搬二语习得理论。

（2）从神经基础来看，外语学习就是一个神经网络的构建过程。人脑中的神经元之间通过突触的联合构成一个极其复杂的网络系统，这一网络系统为人类的学习提供了神经基础。与此同时，人类的学习又会带来神经网络系统的变化，也就是神经可塑性。神经可塑性首先体现在神经之间联结的调整上，一方面是新的联结的建立，也就是通过两个神经元之间的同时放电活动而把两个神经元联结起来，另一方面是联结强度的调整，反复地同时激活两个神经元，它们之间的联结强度就会不断增加，反之，就会逐渐减弱，直至联结消失。神经元之间联结的变化会带来神经元群结构的变化，这种变化又会进一步带来神经回路的变化，进而影响到整个神经网络。具体到外语学习来说，外语学习的过程就是不同的语言要素相互关联，进而形成一个语言网络体系的过程。网络体系的构建有两种基本的形式：一是自然的网络构建，二是强化的网络构建。自然的网络构建就是让学习者大量地接触自然的语言材料，他们会自动通过语言要素之间的共现关系而建立起语言的网络，因为人类具有自动把同时出现的事物联系起来，并依次归纳出规则的能力。强化的网络构建就是基于语言学研究的成果，把语言的内在规律集中呈现给外语学习者，从而加快网络构建的速度。强化型网络构建也有两种方式：一种是通过内隐的方式，也就是对语言输入材料进行加工，把相互关联的语言要素或者语言的规则比较集中地融入语言输入材料之中。另一种是通过外显的方式直接让学习者学习和理解这些规则，然后通过集中的强化训练以增强网络构建的效果。考虑到外语学习的时间、师资、资源、使用条件等因素，外语学习要采用两种网络构建形式相结合，而且要更加强调强化型网络构建的方式。对于外语学习过程的认识可以使我们明确外语教学的核心内容和核心任务。

（3）外语学习的过程中一直贯穿着母语和外语的互动。外语网络的构建是以母语网络为基础的，母语为外语学习提供基本的认知基础和语言图式，学习者对于外语的认识都与母语具有密切的关系。从双语表征的建立过程来看，外语学习要经历依赖型、共存型和互动型三个阶段，学习者能够成功地从一个阶段过渡到另一个阶段是外语学习成败的关键，从而也就构成外语学习的几个关键环节。另外，在不同的阶段，母语和外语之间的互动模式也是不一样的，在外语学习的初期，学习者还没有建立起外语与概念系统的直接关联，此时，他们主要依靠母语来理解外语。在这一阶段，母语和外语之间的互动在更大程度上是单向的，主要表现为母语对于外语的影响。随着外语表征系统的不断发展，学习者逐渐建立起外语与概念系统的直接联系，外语对于母语的依赖程度会逐渐减少，两者之间互动的双向性也会随之不断增强。在外语教学中完全回避母语不仅是不可能的，也会给外语教学带来一些不良的效果，这会使得学习者不能很好地利用母语策略，更为重要的是，它会影响到学习者对自身社会文化身份的认知，从而会反过来降低外语学习者的学习动机，最终导致学习效率的下降。因此，在外语教学中处理好母语和外语的关系非常重要。

（4）外语能力在本质上就是在中央执行功能的控制下对外语陈述性知识的程序性操作。外语能力的心理基础是长期记忆中所储存的有关语言知识，语言知识包括陈述性知识和程序性知识，而语言的使用就是在中央执行功能的控制下使用各种陈述性知识进行程序性操作的过程。这一过程是一个从控制性加工向自动化加工不断过渡的过程，一开始的语言使用活动都是在学习者有意识的状态下进行的，需要占用大量的工作记忆资源，此时学习者对外语的使用会经常出错。而随着学习者语言水平的提高，语言使用的自动化程度不断增强，直至达到完全自动化的程度，此时学习者也就具备了熟练使用外语进行交际的能力。陈述性知识主要包括储存在心理词库中的语音、语义和句法知识以及与概念系统相关的、关于世界的百科知识，语言的产出要经过概念处理器、语言组织器和发音处理器等一系列程序性的操作过程，而语言的理解则要经过声学—语音处理器、言语分析器和概念处理等程序性操作。由此可见，外语学习一方面要获得足够的陈述性知识，另一方面要具备对这些知识进行程序性操作的能力。总体来说，陈述性知识的获得相对比较容易，而程序性知识的获得要困难得多。程序性知识可以通过大量接触外语并以一种内隐性的方式来获得，但是对于外语学习来说，它更多地需要陈述性知识的转化。也就是说，先让学生获得关于如何使用语言的陈述性知识，然后通过强化训练，逐渐增加这些知识使用的自动化程度，进而形成程序性的知识。这就要求我们在外语教学中不要人为地割裂语言知识和语言技能、外显学习和内隐学习之间的关系，应把它们有机地融入外语教学中，充分发挥各自的优势，从而取得最佳的教学和学习效果。

（5）外语学习与母语习得的根本性差异决定了外语学习不能像母语习得那样依靠先天的习得机制，而是要依靠不断发展的普遍认知与学习机制。该机制就是一个信息处理系统，其中包括感觉记忆、工作记忆和长期记忆三个部分。因此，外语学习的过程包括三个关键性的环节：第一，要有外部语言材料的输入，包括视觉和听觉两种形式。但是所输入的语言材料并不一定转化为语言的摄入，真正为学习者所吸收，其前提条件在于学习者要注意到有关的语言现象。因此，外语教学中的语言输入要更多地采用强化输入的方式，并采取各种方法引起学生对有关语言现象的注意。第二，要经过工作记忆的存储与加工。所摄入的语言材料进入工作记忆之中，并以语音编码的形式进行短暂的存储，而要想进入到长期记忆并得到长期的储存，则必须经过复述和精细化的加工。因此，外语教学要采取各种语言训练活动帮助学生顺利实现语言知识从工作记忆向长期记忆的转移。第三，长期记忆中信息的保持。语言知识在进入长期记忆之后并不意味着它们就一定会长期保留在长期记忆中，而长期记忆中的信息会因为概念之间的相互关联而形成一个网络系统，而且原有的知识会不断形成各种各样的图式，这些图式会对新知识的理解与吸收产生重要的影响。因此，要使知识在长期记忆中保持，一方面需要新的知识与原有的知识相结合，使得新学的语言知识充分融入原有的语言知识网络体系之中，外语教学的一个基本原则就是以旧带新。另一方面需要不断地进行语言知识记忆的巩固，外语教学要按照人类遗忘的规律及时地复习与巩固所学的语言知识，同时要加强语言的使用，通过听、说、读、写、译等语言实践活动实现语言知识网络的不断调整与巩固。

二、基本的哲学

《中庸》有言，"君子尊德性，而道问学，致广大，而尽精微，极高明，而道中庸"。要探究外语学习的基本规律以及外语教学的方法，不能把眼光仅仅盯在外语教学本身上面，而是要站在更高的位置，从更广的视野去观察、思考与研究，这也正是本书所力求实现的目标。从外语学习的认知过程及其神经基础的角度出发，可以使我们获得一种更为独特、深入的视角，从而获得对外语学习和教学规律更为精确的认识。另外，从上述核心观点的描述我们可以看出，外语学习是一项极其复杂的任务，这项艰巨的任务中包含众多要素，涉及多方面的矛盾。要处理好这些要素之间的关系，解决好有关的矛盾，一个基本原则就是要符合中庸之道。中庸的思想是儒家思想的精髓，也是笔者长期坚持的问学之道。

（一）中庸之道的思想内涵

儒家的中庸思想是我国道德智慧的精髓，中庸之道既是哲学意义上的认识论和方法论，也是道德伦理的行为准则，已经成为中华民族传统文化的主要思维方式，并形成了自己独有的特色（徐儒宗，2004）。"中庸"作为一个完整的概念首先见于《论语》，但是"中庸"的观念却在此之前已有很长的历史。早在甲骨文、金文中就已经有"中"字，而"中"作为一种哲学范畴，最早出现在《尚书》，书中多次出现诸如"中德""中正""中行"等概念。在先秦的典籍中，对"中"字的使用都具有褒举之意，从而反映了先秦时期较为普遍的"尚中"思想，说明这是中华民族自古就有的传统（杜道明，1998）。在《尚书》等典籍中也有"庸"字。孔子在继承和发扬殷周时期"尚中"思想的基础上，把"中"和"庸"结合起来，并上升到哲学的高度，正式提出了"中庸"的概念，作为"至德"的伦理范畴，从而成为孔子整个思想体系中"一以贯之"的哲学基本精神，并且成为整个儒家思想的基础和灵魂（杜道明，1998）。孔子指出："中庸之为德也，其至矣乎！民鲜久矣。"（《论语·雍也》）在《论语》中与"中庸"这一概念相一致的还有"中行"："不得中行而与之，必也狂狷乎！狂者进取，狷者有所不为也。"（《论语·子路》）朱熹在《论语集注》中把"狂"解释为"志极高而行不掩"，即积极进取但是行为不合流俗，把"狷"解释为"知未及而守有余"，即过于拘谨。《论语·先进》中还提到"过犹不及"的概念，"子贡问：'师与商也孰贤？'子曰：'师也过，商也不及。'曰：'然则师愈与？'子曰：'过犹不及。'"孔子认为，"过"和"不及"一样不合中道。

中庸的思想为孟子所继承，并且发展为"执中而权"的思想，"权"是灵活变通之意，有了"权"才不拘泥于一点，做到中庸。《中庸》将中庸思想进一步阐述为"过犹不及"，提出"君子而时中"，认为君子应灵活地使自己随时处"中"。"中"不是一成不变的，君子应该不断地认识"中"的具体位置，灵活调整自身。《中庸》还以"致中和"来解释"中庸"，把中庸的原则上升到了宇宙本体的高度，"中也者，天下之大本也；和也者，天下之大道也。致中和，天地位焉，万物育焉"。汉代儒家继承了中庸思想并进行了进一步的探讨，其中成就最大者当属董仲舒。他首先提出了"天人合一"的观点，并以此来论述"中庸"。魏晋南北朝时期，老庄思想居于支配的地位，中庸思想未能得到进一步的发展。直到唐代的韩愈和李翱，在他们的性情论中又进一步拓展了中庸思想的范畴。两宋时期，儒学家非常重视对中庸的研究，其中对中庸定义最为明确的是二程和朱熹。二程指出，"不偏之谓中，不易之谓庸。中者，天下之正道，庸者，天下之定理"。朱熹在《中庸章句集注》中解释中庸为"中庸者，不偏不倚、无过不及，而平常之理，乃天命所当然，精微之极致也"。他在注释《论语》时指出："中者，无过不及之名也。庸者，平常也。"在《四书章句集注·中庸章句序》中，朱熹把中庸看作是尧、舜、禹、文、武、周公、孔子、孟子、子思一脉相承的道统，从而使中庸思想发展到顶峰。元朝皇庆二年，恢复科举考试，并且规定必须在四书的范围内出题，答题时则要求以朱熹的《四书章句集注》为依据。明清也继承了这一传统。中庸思想由此向世人传播，对于中华民族的思维方式、价值观念、生活方式等社会的各个方面产生了深远的影响（陈广西 等，2000）。

中庸之道既是一种崇高的道德理想，同时也包含了丰富的方法论内涵。它主张观察和处理问题要把握适当的界限，维护事物的质的稳定性和事物发展的平衡性，避免走极端路线。长期以来，许多人对中庸思想具有许多的误解，错误地认为中庸就是"和稀泥""无原则地调和"，甚至把社会存在的许多问题归咎于中庸。笔者并不赞成这种看法，认为中庸思想是一种积极的态度，是不断地在各种选项中寻求平衡的过程。我们在许多方面之所以存在问题恰恰是因为没有遵循真正的中庸之道。遵循中庸思想的原则，我国英语教学所面临的许多问题都可以迎刃而解，找到真正切实可行的解决方案。这也是笔者在本书的写作过程中一以贯之的基本思路。在本书的各个章节我们都讨论了外语教学的具体问题，例如，语言知识与语言技能、汉语与外语、显性教学与隐性教学等，其中都包含中庸之道的基本思想。

（二）如何对待不同的学习理论

在本书的引言部分，我们探讨了外语学习与外语教学的立体性问题，并以盲人摸象的故事来说明考察这一问题的多种视角。在第三章我们又讨论了不同的语言学习理论。由此我们不难看出，语言作为人类区别于其他动物的主要特征之一，它具有多方面的属性，是生物属性、认知属性和社会属性的结合体，每一种属性之中又包含众多的层次与方面，每一个层次和方面都可以形成我们考察外语学习的一个视角，而从不同的视角出发就会形成不同的理论，这些理论都不能完全反映外语学习的整体，但是又从某个角度揭示了外语学习的内在规律。中庸之道为如何处理与对待这些不同的理论提供了基本的方法论，那就是持有开放的心态，以整体论为出发点，对不同的观点兼容并蓄。中庸之道承认在统一前提下不同的观点之间具有彼此互补的合理因素，因此主张"执两用中"的两点论，"执其两端，用中于民"（《中庸》）。朱熹认为，"两端，谓众论不同之极致。盖凡物皆有两端，如大小厚薄之类，于善之中又执其两端，而量度以取中，然后用之，则其择之审而行之至矣"。因此，"中庸"的意思是对客观事物对立双方，只有将认识事物的着眼点放在兼顾二者、不偏不倚的中间位置上才能使我们对该事物有一个准确的把握和认识，兼听则明。反对一味强调事物的排他性，攻其一点，不及其余，"攻乎异端，斯害也已"（《论语·为政》）。"异端"，并非异端邪说，而是指"两端"，即事物的两个极端。中庸之道主张不同观点之间的互补，"多闻，择其善者而从之，多见而识之"（《论语·述而》）。面对各种不同的观点，在众说纷纭的情况下，采取开放的态度，善于倾听各种不同的意见，不偏不倚，对各种片面观点包容并取，将分散的片段，甚至相互矛盾的观点在广阔的视野中整合为统一、全面的认识。"子绝四：毋意，毋必，毋固，毋我。"（《论语·子罕》）

对待不同理论的态度还涉及两个问题，一是对于外国理论的借鉴与吸收，二是如何对待我国的外语教育传统的问题。中庸之道方法论的重要特征之一就是强调适度原则，反对从一个极端走向另一个极端，认为"欲速则不达""过犹不及"(《论语·先进》)。中庸之道还强调权变与"时中"。儒家思想认为,"中"的正确合理原则是处理矛盾的普遍标准,但是由于"中"具有概括性和抽象性,所以在具体情况下必须有具体的标准。中庸思想既强调"中"因时而变,又强调因时用"中",这对于处理上述两个问题具有重要的指导意义。

国外在外语教学的研究方面已经走在了我们的前面,出现了许多教学流派,例如语法翻译教学法、直接教学法、视听教学法、交际教学法等。这些流派都具有扎实的理论基础,形成了完整的教学思路和教学程序,并进行了长期的教学实践。另外,如本书的第三章所述,国外也出现了许多关于语言学习的理论。这些理论对于我国的英语教学都具有十分重要的借鉴意义。在对待国外理论的态度上,我们应该防止两个极端的现象,一是盲目引进国外的教学理论与教学方法,而不注意与中国具体情况相结合。国外的英语教学理论并非完全适合中国的英语教学,这主要表现在以下两个方面:(1)国外的一些理论以母语习得为出发点,忽视了外语学习与母语习得之间的本质差异,另外,这些教学理论都以第二语言的学习者为对象,而中国的英语学习属于外语学习,两者在学习条件和学习环境上具有很大的差异;(2)中国的英语学习者具有不同的特点,文化心理、外语教育政策、社会的期望、汉语的语言特点、接受教育的方式、学习习惯、动因等都使得他们与其他民族的英语学习者有所不同,而国外的英语教学理论大都是以其他国家的学习者为基础提出来的。因此,我们借鉴这些理论必须与中国的实际情况相结合。同时,也要防止另外的一个极端,就是狭隘的民族主义排他性,闭门造车,根本不注意借鉴国外的英语教学理论与方法。世界各国的语言教学具有许多共通的普遍规律,借鉴国外的教学理论和研究方法,可以使我们的研究更有成效。

在借鉴和吸收外国理论方面,蔡元培的做法值得我们思考。对蔡元培影响最大的传统思想观念就是儒家的中庸之道。作为一位学贯中西的学者,面对近代扑面而来的西学东渐、反传统的强烈呼声和文化保守主义的坚定操守等浪潮,蔡元培"兼容并包"地回应了来自各方面的挑战:既不感情冲动地片面主张"全盘西化",又不一厢情愿地固守文化本位主义,而是试图走出一条"调和"中西的文化之路,这本身就是中庸之道的具体运用（汤广全，2007）。

　　本书的第七章在讨论长期记忆与外语教学的关系时，曾经引用了一些中国传统外语教学的成功做法，其目的在于说明这些成功的做法都是与我们所讨论的关于外语学习的心理与神经理论相契合的。中国的英语教学正式开始于1862年创建的京师同文馆。后来，上海广方言馆（1863）、广州同文馆（1864）、台湾西学堂（1887）、湖北自强学堂（1893）、京师译学馆（1902）等类似的英语教学机构也随之诞生。当时的英语教学呈现出非常明显的中国特色，具体包括以下四个方面的特点（付克，1986）：（1）在学习外语的同时，强调汉语的重要性。京师同文馆对于汉语教学非常重视，经常强调汉语的重要性，并规定"洋文功课完时，即习汉文。每月月底将学生汉文功课，由汉教习呈由帮提调察核，尚有学生不往学汉文者，即由帮提调将该生惩办"。而且，当暑假或星期日外语教师休假时，"各学生均令在馆学习汉文，照常画到"。"本衙门设立同文馆原为学习洋文，然必通晓汉文者，方能于洋文得力。"（2）重视学生综合知识能力的培养。在京师同文馆的八年学制中，前几个学年注重外国史地知识教学，后几年则兼习自然科学。上海广方言馆的学生则以外国语文为主，兼习史地与自然科学。（3）重视语言实践活动。京师同文馆除了正常的课堂教学，还组织学生参加各种语言实践活动，其中较多的是翻译实践，八年内均有翻译练习，从便条、公义入手，逐步过渡到书籍的翻译。这些翻译实践使学生直接或间接地参加外交事务活动，到了后期，学生还直接参加政府的外交谈判。（4）重视学生的德育教育。湖北自强学堂以"资性颖悟，身家清白，先通华文，后通儒书，义理明通，志趣端正"者为合格。译学馆还开设有专门的人伦道德课，主要讲授宋、元、明各朝的儒家学说，以便"勉人为善，以理学诸儒之言论行实，宗法孔孟之道，避免为外人行为道德所惑"。这些特点对我们今天的外语教学也是很有启发的。中庸之道的适度原则也同样适用于中国外语教育传统的继承与发展。在过去一百多年的外语教学中，我们培养了一大批学贯中西的语言人才，积累了丰富的教学经验，也在一定程度上形成了自己的英语教学传统。这是我国英语教育界的宝贵财富，值得我们去认真地挖掘和总结。目前普遍存在的一种倾向是对过去的问题批评较多，而对过去的经验总结重视不足。这种倾向的存在往往会使得英语教学缺乏必要的延续性，很容易导致"刮风"的现象。今天推广一种教学方法，过不了多长时间又要推倒重来，再换成另一种教学方法，搞得一线英语教师无所适从（崔刚，2003）。当然，我们也要注意另外的一种倾向，防止外语教学中的保守主义，认为过去的东西一切都好。当今社会对于人才英语能力的需求、社会环境对英语教学的影响、现代科技在英语教学中的应用以及在现代社会环境下英语学习者所具有的心理状况等各种与英语教学相关的因素都发生了很大变化。这就要求我们采取与时俱进的态度，在继承优秀传统的同时又要根据新的情况不断创新。继承与发展不是对立的，而是辩证统一的。继承是发展的基础，是发展的原动力，只有在继承的基础上，发展才能有一个正确的方向，才能保证具有良好的发展结果。

（三）关于以学习者为中心的理念

以学习者为中心已经成为教育的基本法则。许多人认为以学生为中心的教学理念来自西方，其实儒家的中庸之道在两千多年前就强调这一点，而且身体力行，在教学实践中努力贯彻这一基本原则。中庸思想的基本内涵之一是"时中"。所谓"时中"，就是根据实际情况灵活多变地"执中""用中"，根据具体的时间、地点、事情和对象，选择最为适宜的处理方法，而不能一成不变、死板僵化。因材施教是中庸思想在教育中的具体体现之一。这要求根据学生的具体情况采取适当的教学方法，针对不同情况，因人、因时、因事、因地而施教，让每个学生都能得到最佳的教育与发展。在本书的第四章，我们对外语学习的本质进行了详细的讨论。由此我们意识到，外语学习是一种特殊的语言学习类型，它与母语习得有本质的不同，母语习得不会受到个体差异的影响，只要是一个正常的儿童，将其置于一定的语言环境中就会自然地习得母语。外语学习则不同，它要受到学习者个体差异的影响，处于同一个班级中，在同一个老师的教育下，使用同样的教材，采用同样的教学方法，进行同样的语言训练活动，而不同的学生在学习态度、学习方法和学习成绩方面都表现出非常大的差异。因此，在外语教学中要贯彻以学习者为中心的理念，首先要考虑学生的个体差异，而这些差异的根本原因则在于人脑的差异。

在本书中，我们全面讨论了外语学习的心理过程及其神经基础，由此我们可以看出，人脑是人类认知活动的物质基础，而不同人的大脑是有差别的，这些差异会对我们的语言学习产生重要的影响。造成人与人之间大脑差异的原因包括先天和后天两种因素。先天的因素首先来自基因的差别。从遗传的角度来看，一个儿童从他的父亲和母亲那里各获得一半的基因，但是这些基因的组合对于每个孩子来说都是不一样的，大体来说，兄弟姐妹之间在基因上只有 50% 的相似度（Dunn et al., 1990）。双胞胎之间的情况比较特殊，单卵双胞胎之间的基因基本是相同的，但是异卵双胞胎之间和普通的兄弟姐妹没有什么差别。基因的差别也会对人的智商产生影响，而且在此基础上人们之间智商的差异会进一步增加。研究表明（例如：Hamer et al., 1998；Segal, 1999），单卵双胞胎之间智商的相关性约为 0.86，异卵双胞胎之间智商的相关性约为 0.60，而一般的兄弟姐妹之间智商的相关性则仅约为 0.48。另外一种先天因素是出生之前胎儿发育的过程，又被称为发育选择（developmental selection）。所谓发育选择是指胎儿在基因和环境的共同作用之下而产生具体的大脑细胞结构。Edelman（1987，1989，1992）指出，人类的基因并不指向具体的大脑神经细胞，而是控制黏附分子的表达，从而使得神经细胞相互结合并且按照一定的轨迹移动。这一过程在很大程度上是随机的，主要依赖于胚胎内具体的物理化学环境。一个神经细胞最终的位置及其与其他细胞的联结是黏附分子的活动和化学因素影响的共同结果，而这一过程最终所产生的结果就是人们大脑的总体结构都非常相似，但是在微观结构（即在神经细胞、树突和轴突之间所形成的神经回路）上却差别很大。也就是说，大脑的总体结构是由基因所决定的，但是在突触层次上神经元之间的联结以及它们组合在一起构成功能性神经组织的过程是由胎儿发育过程中的具体环境所决定的。这就导致了人类个体在神经回路上的巨大差异，就像人的指纹一样，没有两个人具有完全相同的突触结构。

后天因素是指幼儿在出生之后环境因素对于大脑发育所产生的影响。其中最为重要的是经验选择（experiential selection）（Edelman, 1987，

1989，1992）。所谓经验选择是指在发育选择的基础上，人类大脑的突触结构在外部环境的作用下不断得到调整的过程，这一过程贯穿于人的一生。在出生之后，由发育选择所形成的神经细胞组合和它们之间的联结，以及由此而产生的神经回路会在幼儿与环境的互动中而得到不断的调整，那些与环境输入相匹配的神经回路中的突触就会得到加强。由于每个幼儿的生活环境都有所不同，经验选择会使得原本由发育选择所导致的幼儿大脑微观结构差异变得更加不同。除此之外，在幼儿出生之后，包括神经元的树突、轴突以及它们之间的联结等神经结构会不断地生长，这是先天机制与后天环境相互作用的结果，也进一步增大了个体之间大脑结构的差异（Quartz et al.，1997）。与经验选择密切相关的一个因素是幼儿个体好恶的形成。每个幼儿都有一些与生俱来的偏向，自我平衡取向（homeostatic value）就是这种偏向之一（Edelman，1989），它负责调节饥饿、口渴、心率、血压等，以维持身体系统的稳定性。社会平衡取向（sociostatic value）和语言的习得具有直接的关系，是指人与生俱来的对于面部表情、声音以及与其他人互动方式的关注（Locke，1995；Schumann，1997）。自我平衡取向和社会平衡取向共同构成躯体取向（somatic value）（Edelman，1987，1992；Schumann，1997），从而为人一生的价值系统的形成奠定了基础。价值系统，又称刺激评估系统，要对内部与环境刺激进行评估，进而形成自己的偏好与反感。评估的标准主要包括五个方面：新奇性（是否已经碰到过这样的刺激或者刺激环境）、愉悦性（刺激能否给幼儿带来愉悦感）、目标意义（刺激是有助于还是妨碍幼儿达成自己的目标）、自我与社会形象（刺激是否与幼儿自己的理想状况或者他所重视的其他人的标准相吻合）和复制力（幼儿是否能够操控刺激的情景）（Leventhal et al.，1987；Schumann，1997）。该评估系统决定了人们对于外部刺激的处理方式，它不是先天的，而是从幼儿出生并与外部世界产生接触时开始形成，并随着人生经验的丰富不断发展起来的，而每个人的生活经验都各不相同，因此人们之间的评估系统的差异也是很大的。由上述的讨论可以看出，各种先天与后天的因素交织在一起，造成了不同人之间大脑的差异。正如 Schumann（2004）所言："每个人的大脑都是不一样的，就如同我们每个人都长有不同的面孔一样。"

　　人脑的差异会反映在人的能力、心理特点以及相关的行为上。不同的学生所具有的智力水平有高有低，学习兴趣有强有弱，学习动机、认知方式和性格特点也各不相同。这就要求我们在英语教学中要充分考虑这些因素，针对学生的具体情况，采用适当的教学方法，选择适当的教学内容，提出不同的要求。"中人以上，可以语上也；中人以下，不可以语上也。"（《论语·雍也》）另外，学生在学习风格、认知策略和性格方面也有差异，教师要经常对自己的学生做调查研究，把握学生的个性特点，了解他们的长处与短处。《论语》中有多处论及孔门弟子的性格特点。例如，"由也果""赐也达""求也艺"（《论语·雍也》），"柴也愚，参也鲁，师也辟，由也喭"（《论语·先进》）等。只有对学习者个体差异具有充分的了解，在教学过程中才能灵活应对，因材施教，取得最佳的教学效果。在《论语》中，有不少生动的事例说明，对于同一个问题，孔子对不同的学生采取了不同的教法。例如《论语·颜渊》篇中记载，樊迟、司马牛、仲弓和颜渊均曾向孔子问仁，孔子做出了四种深浅不同的回答。这些回答是孔子根据学生的不同特点所做出的，既切合每个学生的思想实际，容易为学生所接受，又都符合仁的基本概念。

　　从本书的讨论我们也可以看出，任何语言都是一个极其庞大的系统，其中包含大量的陈述性知识，也包含极其复杂的程序性知识，要掌握足够的陈述性知识，并且形成对这些知识进行使用的操作性能力，从而顺利地构建起外语的网络系统。这是一项极其艰巨的任务，绝非一朝一夕所能完成的，需要学习者付出极大的努力，并花费大量的时间，任何幻想速成、寻求捷径的想法都是不可取的。因此，强烈的学习动机和浓厚的学习兴趣是英语学习成功的两个关键因素。中庸之道主张尊重学生的主体性，引发学生的内驱力（毕经文，1999）。孔子说，"知之者不如好之者，好知者不如乐知者"（《论语·雍也》）。也就是说，教师要激发学生求知的兴趣，注意调动学生学习的积极性和主动性。学生有了学习的兴趣，才能产生学习的动力，其中包含以下几个方面的内容：（1）立志。孔子非常强调立志的重要性，说自己"十有五而志于学"（《论语·为政》），认为"三军可夺帅也，匹夫不可夺志也"（《论语·子罕》），强调君子要"志于道，据于德，依于仁，游于艺"（《论语·述而》）。他还经常通过与学生讨论个人志向来指导学生。（2）有毅力。中庸之道强调毅力的重要性，认为如果在学习上缺乏毅力和恒心，将一事无成。（3）内省。孔子认为要"见不贤而内自省也"。后来曾子的"吾日三省吾身"，也是从孔子的"内省"方法学来的。强调自省，强调检查自己、克制自己，以锻炼自己的意志，这是学习的一个重要方法。内省对于英语学习来说是至关重要的，这与当今外语教学界所主张的反思性教学以及学习策略之中的元认知策略是一致的。通过不断的总结与反思，及时解决学习中存在的问题，可以极大地提高英语学习的效率，维持学习的兴趣。

以学生为中心的理念的贯彻与实施关键不在于外在的形式，例如，课堂上教师讲了多少，学生练了多少等，其关键在于尊重学生的主体性，具体到外语教学来说，就是要尊重学生的智力，把学习者作为具有很强认知能力的人来看待。人类是经过千万年长期的生物进化的产物，在进化过程中人类形成了不同于其他动物的发达的大脑，并在此基础上具备了独特的符号思维和认知能力。从人脑的结构来看，人与动物大脑的主要区别在于额叶上，而额叶负责计划、分析、推理、判断等高级智能，这是人类所具有的独特优势。母语习得是一种被动的、自然的生长过程，这从本质上来说是出于动物的本能，其学习的形式和层次都是低级的。外语学习则是人们为了更好地满足生存的需要而进行的一种主动的、目的明确的学习，它从本质上体现了人类高级智力属性。它要利用一些与动物所共有的低级学习形式，更为重要的是，它要更多地利用人类的符号思维和高级认知能力，属于高层次的学习形式。因此，那些把外语学习和母语习得等同起来，片面强调所谓的在真实语言环境中让学生自然而然习得外语的观点实际上就是忽视了外语学习的认知属性，忽视了学习者所具有的高级认知能力，这也从根本上否定了以学习者为中心的理念。

三、PEPA教学模式

目前，外语教学界普遍采用PPP的教学模式，这三个字母代表了外语教学的三个阶段：呈现（presentation）、训练（practice）和产出（production）。典型的 PPP 教学模式以老师介绍新的语言教学项目为开始，通过有目的的练习（如发音练习、重复、读对话等），使学生掌握所学知识。之后学生通过更有意义的方式将知识扩展，例如排演话剧或做模拟采访（王蔷，2000）。基于本书对于外语学习的心理与神经理论的探讨，在 PPP 教学模式的基础上，我们尝试设计了一个 PEPA 的教学模式。PEPA 分别是 presentation、exploration、practice、application 四个英文单词的首字母，分别代表外语学习的呈现、探究、训练和应用等四个阶段。在具体的教学开始之前，教师首先要确定教学目标，教学目标可以是一个或者几个简单的相互关联的语言项目，例如，某个语法项目或者语法项目的一部分、一组单词（如描述身体部位的单词）、某个功能意念（如描述人的相貌）等。教学目标必须明确、具体，而且要切实可行。另外，在包含两个以上项目时必须分清主次，要给予主要项目以核心的地位。根据 PEPA 的教学模式，在选定要学习的语言项目之后，教学活动可以按照以下四个步骤来进行。

1. 呈现。所谓呈现就是让学生接触围绕某个语法规则而选定的语言材料，进行听和读的训练，这属于语言输入的部分，其目的在于促进学生隐性学习的发生，形成关于目标语言形式的隐性知识。这一部分可以根据要学习的语言项目和所选择的语言材料的特点来确定语言输入的形式和数量。对于那些学生难以理解和掌握的语言项目，就需要采取听读并用的方式，甚至还可以加上一些视频材料，并适当增加语言输入的量。对于那些相对简单的语言项目来说，语言输入的量可以适当减少，而且可以仅仅采用听或者读的形式来进行。这些环节的关键在于输入材料的选择以及输入强化策略的采用两个方面。

作为某个语言项目学习的起始阶段，在给学生选择语言输入材料时要注意以下几点：（1）目标性。所选的材料具有明确的针对性，能够涵盖所有的目标语言项目，并能很好地体现这些项目的意义、功能以及具体的使用情况。另外，要尽可能增加这些语言项目出现的次数，出现的次数越多，学生形成关于这些语言项目隐性知识的可能性也就越大。（2）真实性。所选的材料要来自真实的语言交际场景（包括口头与书面的），能够构成一个完整的语篇，这样可以让学生更好地体验语言的真实使用。在很多情况下，为了确保输入材料的目标性，我们需要对所选的材料进行适当的改编，此时尤其要注意改编对原文所产生的影响，基本的要求是不产生语言使用的错误，并在此基础上确保材料的真实性。（3）适应性。语言材料的难度要适合学生目前的外语水平，其基本原则就是要符合 Krashen（1982，1985）所提出的"i+1"或者 Vygotsky（1962，1978）的最近发展区理论，也就是要略高于学生现有的水平。

呈现阶段的另一个关键之处在于要引起学生的注意，也就是要确保学生关注到所要学习的语言项目，从而真正形成对于目标语言项目的隐性知识。在本书的第五章中，我们专门讨论了注意与外语学习之间的关系，其中的内容对于这一阶段任务的完成至关重要，在此我们不做过多的赘述，只是强调以下几点：（1）要确保语言输入材料的信息性。所选材料的内容应该是新的、学生所不知道的知识，这样可以让学生产生对语言材料的兴趣，满足他们的求知欲与好奇心，从而能更好地引起他们的注意。只有学生首先对输入语言材料的内容感兴趣，他们才有可能关注其中的语言现象。（2）培养学生的语言意识。要让学生养成良好的学习习惯，让他们在理解意义的基础上还要同时关注这些意义是如何表达的，也就是语言输入的材料中包含了哪些语言项目，例如词汇、搭配、句型、语法等，这些语言项目是如何使用而表达出这些意义的。在学生语言意识的培养方面，目前的外语教学还存在一些误区。很多人把现实生活中的听和阅读活动与教学中的听和阅读训练等同起来，想当然地认为现实生活中人们阅读或者听就是为了获取意义，因此教学中也就是能够让学生理解意义就可以了，没有必要关注语言形式。这种说法似乎很有道理，但是我们如果能够把现实中的听和阅读活动与教学中听和阅读训练区分开了，结论可能就不一样了。让学生具备在现实生活听与读的能力是外语教学的目标，教学中听与阅读的训练则是手段，要实现这一目标，不仅要让学生理解意义，更为重要的是要让学生学习表达这些意义的语言手段。[1]（3）通过各种手段凸显要学习的语言项目。对于阅读的材料来说，要做到这一点比较容易，可以通过用加粗、斜体等形式以达到凸显的效果。对于视频材料来说，也可以考虑通过增加字幕，并凸显字幕中的相关语言项目来达到凸显效果。而对于单纯的听力来说，可以考虑利用多媒体的教学设备同步显示字幕，也可以通过提供材料文本的方式来实现凸显相关语言项目的效果。（4）在语言输入开始之前或者之后设计一些提高学生对于目标语言项目意识的活动。上面所说的提高语言意识指的是提高学生的整体语言意识，除此之外，还要让学生清楚他们需要特别关注哪些语言项目。

总之，呈现环节属于语言输入的过程，其目的在于进行听力和阅读训练，并以此提高听和读的能力，同时注意到目标语言项目，从而使得它们由输入转为摄入，然后通过反复的接触，把要学习的语言项目经过工作记忆的加工与存储，转移到长期记忆之中，进而形成隐性的语言知识。

2. 探究。探究的目的在于充分发挥外语学习者的认知优势，在语言输入的基础上，采取各种训练活动让学生围绕要学习的目标语言项目进行深入的思考与讨论。这一方面可以有效地提高学习的认知深度，从而强化上一阶段在长期记忆中所形成的隐性知识，使得新学习的语言项目与原有语言知识进行充分的融合；另一方面可以使得学习者对其中所隐含的语言形式和使用规则明晰化。

这一阶段的最大特点是具体操作的灵活性，主要表现在以下几个方面：（1）思考和讨论的内容。对于不同的目标语言项目，学生的关注点是不一样的。如果要学的语言项目是语法，那么学生的关注点应该放在语法形式的构成、使用以及功能上面。如果要学的语言项目是一组词汇，那么学生的关注点应该放在词的构成、意义、用法上面。在具体的教学过程中，教师要根据不同的教学目标以及学生的具体情况来确定具体的关注点。（2）活动量。教师应该根据目标语言项目的难易以及学生的实

---

[1] 目的和手段的关系是一个基本的哲学问题，对于这一问题的处理正确与否将全面影响我国英语教学的各个方面。把目标和手段混淆，会导致很多问题。例如，在高考应考中，很多老师热衷于搞"题海战术"，用模拟考试替代必要的教学过程，就是因为目标和手段没有分清楚。

际情况来确定该环节的活动量和时间。总的原则就是活动效率，要让学生在最短的时间内达到预期的效果。（3）明示程度。该环节要充分实现隐性与显性的结合，教师可以把语言输入中那些集中体现目标项目使用规则的句子单独挑出来，集中地呈现给学生，在这一过程中，教师可以根据目标项目的具体情况采用明示程度不同的教学方式。比较理想的做法是让学生自己或者通过同学之间的讨论互助发现内在的规则，然后教师在此基础上对学生的发现做出评价，而对于那些难度较大的语言项目，教师也可以先告诉学生其中的规则，然后让学生结合语言的实例去体会、理解这些规则。（4）次序。在某些情况下，探究阶段可以和呈现阶段的次序交换，也就是先让学生学习有关的语言项目，然后再进行语言的输入，让学生去体会这些语言项目的实际使用。

3. 实践。通过各种训练活动让学生强化、巩固、掌握目标语言项目。这一阶段所使用的语言材料应该不同于呈现阶段，教师要重新选择新的语言材料，并设计相应的练习活动，而且要遵循以下原则：第一，由机械到灵活，这一阶段实践活动一开始要采用一些诸如填空、改写等比较机械的练习形式，这样可以比较集中、迅速地达到强化巩固的效果。此后可以采取一些比较灵活的、具有开放性答案的练习形式。第二，由句子到语篇。实践活动所用的语言材料要先从句子开始，让学生掌握目标项目在单个句子中的使用，然后逐渐增加材料的长度，一直到一个完整的段落或者语篇。第三，在实践环节开始之前，教师要确保学生已经理解并掌握了目标语言项目，否则实践活动的效果就会大打折扣。

4. 应用。该阶段的目的在于让学生能够在真正的语言交际活动中使用目标项目，活动以说和写的输出活动为主，也可以采用翻译的方式，同时也不排除听和读的活动。在这一阶段设计活动时，要充分考虑学生的实际需要，把有关的训练活动与学生的实际生活结合起来，让学生在应用过程中获得满足感和成就感，从而进一步增强外语学习的动力。

应用阶段的一个重要目的是通过把语言输入和输出有机地结合起来，一方面保证了学生对输入的充分吸收，另一方面又发挥了输出在外语学习中的作用。Swain（1985）指出语言输出具有三个功能：（1）注意／激发功能（the noticing/triggering function）。在学习者力图使用目标语表达自己的思想时，他们可能会意识到不知道如何准确地表达自己所要表达的思想。这会促使学习者解决这些语言问题，从而激发二语学习的认知过程，强化现有的语言知识，或者形成新的语言知识（Swain et al.，2000）。(2)检验假设功能。学习者在语言学习过程中对目标语做出假设，根据所得到的反馈不断调整自己的语言输出。Loewen（2002）也认为只有当学习者调整后的输出正确而且符合目标语的要求时，语言知识才能真正地被学习者所吸收。（3）元语言反思功能。学习者会通过语言输出来思考自己和他人的语言使用情况，分析语言的形式、结构和系统，对语言学习起着中介的作用。当学习者反思自己目标语的用法时，他们会使用已经掌握的语言知识，这有助于他们加深对语言形式、功能和意义之间联系的理解，从而促进学习者对语言知识的控制和内化。应用阶段的活动要有助于上述三个功能的实现。

参考文献

ABRAMS R A, CHRIST S E, 2003. Motion onset captures attention [J]. Psychological science, 14 (5): 427-432.

ACKERMAN F, MALOUF R, 2016. Beyond caricatures : commentary on Evans 2014 [J]. Language, 92 (1): 189-194.

AHLSÉN E, 2006. Introduction to neurolinguistics [M]. Amsterdam and Philadelphia : John Benjamins.

ALEGRÍA A, GARCÍA D P, 2009. Oral interaction in task-based EFL learning : the use of the L1 as a cognitive tool [J]. International review of applied linguistics in language teaching (IRAL), 47 (3): 325-345.

ALLPORT A, 1989. Visual attention [M]//POSNER M I. Foundations of cognitive science. Cambridge, MA : MIT Press : 631-682.

ALVAREZ G A, CAVANAGH P, 2004. The capacity of visual short-term memory is set both by visual information load and by number of objects [J]. Psychological science, 15 (2): 106-111.

ANDERSON J R, 1974. Retrieval of propositional information from long-term memory [J]. Cognitive psychology, 6 (4): 451-474.

ANDERSON J R, 1976. Language, memory, and thought [M]. Hillsdale, NJ : Lawrence Erlbaum Associates.

ANDERSON J R, 1982. Acquisition of cognitive skill [J]. Psychological review, 89 (4): 369-406.

ANDERSON J R, 1984. Spreading activation [M]//ANDERSON J R, KOSSLYN S M. Tutorials in learning and memory : essays in honor of Gordon Bower. San Francisco : Freeman : 61-90.

ANDERSON J R, 1987. Skill acquisition : compilation of weakmethod problem solutions [J]. Psychological review, 94（2）: 192–210.

ANDERSON J R, 1989. A rational analysis of human memory [M]//ROEDIGER H L I, CRAIK F I M. Varieties of memory and consciousness: essays in honour of Endel Tulving. Hillsdale, NJ: Lawrence Erlbaum Associates: 195–210.

ANDERSON J R, 1993. Rules of the mind [M]. Hillsdale, NJ: Lawrence Erlbaum Associates.

ANDERSON J R, 2009. Cognitive psychology and its implications [M]. 7th ed. New York: Worth Publishers.

ANDERSON J R, 2015. Cognitive psychology and its implications [M]. 8th ed. New York: Worth Publishers.

ANDERSON J R, BOTHELL D, BYRNE M D, et al., 2004. An integrated theory of the mind [J]. Psychological review, 111（4）: 1036–1060.

ANDERSON J R, REDER L M, 1999. The fan effect: new results and new theories [J]. Journal of experimental psychology general, 128（2）: 186–197.

ANDERSON M C, NEELY J II, 1996. Interference and inhibition in memory retrieval [M]// BJORK E L, BJORK R A. Memory. San Diego: Academic Press: 237–311.

ANTÓN M, DICAMILLA F J, 1999. Socio-cognitive functions of L1 collaborative interaction in the L2 classroom [J]. The modern language journal, 83（2）: 233–247.

ARBIB M A, 1989. The metaphorical brain 2: neural networks and beyond [M]. New York: John Wiley & Sons: 52.

ARMSTRONG S, GLEITMAN L R, GLEITMAN H, 1983. What some concepts might not be [J]. Cognition, 13（3）: 263–308.

ASTHEIMER L B, SANDERS L D, 2009. Listeners modulate temporally selective attention during natural speech processing [J].

Biological psychology, 80（1）: 23-34.

ATKINSON R C, SHIFFRIN R M, 1968. Human memory: a proposed system and its control processes［M］//SPENCE K W, SPENCE J T. The psychology of learning and motivation（Vol. 2）: advances in research and theory. New York: Academic Press: 89-195.

AUBERT-BROCHE B, FONOV V S, GARCIA-LORENZO D, et al., 2013. A new method for structural volume analysis of longitudinal brain MRI data and its application in studying the growth trajectories of anatomical brain structures in childhood［J］. Neuroimage, 82: 393-402.

BAARS B J, GAGE N M, 2010. Cognition, brain and consciousness: an introduction to cognitive neuroscience［M］. London: Churchill Livingstone Elsevier.

BACHMAN L F, 1990. Fundamental considerations in language testing［M］. Oxford: Oxford University Press.

BADDELEY A D, 1966a. The influence of acoustic and semantic similarity on long-term memory for word sequences［J］. Quarterly journal of experimental psychology, 18（4）: 302-309.

BADDELEY A D, 1966b. Short-term memory for word sequences as a function of acoustic, semantic and formal similarity［J］. Quarterly journal of experimental psychology, 18（4）: 362-365.

BADDELEY A D, 1986. Working memory［M］. New York: Oxford University Press: 34.

BADDELEY A D, 1992. Working memory［J］. Science, 255（5044）: 556-559.

BADDELEY A D, 2000. The episodic buffer: a new component of working memory?［J］. Trends in cognitive sciences, 4（11）: 417-423.

BADDELEY A D, 2001. Is working memory still working?［J］. American psychologist, 56（11）: 851-864.

BADDELEY A D, 2002. Is working memory still working?［J］.

European psychologist, 7（2）: 85-97.

BADDELEY A D, 2006. Working memory : an overview ［M］// PICKERING S J. Working memory and education. New York : Academic Press : 1-31.

BADDELEY A D, HITCH G J, 1974. Working memory ［M］// BOWER G H. The psychology of learning and motivation（Vol. 8）. New York : Academic Press : 47-89.

BADDELEY A, ELDRIDGE M, LEWIS V, 1981. The role of subvocalisation in reading ［J］. Quarterly journal of experimental psychology, 33A（4）: 439-454.

BADDELEY A D, GATHERCOLE S E, PAPAGNO C, 1998. The phonological loop as a language learning device ［J］. Psychological review, 105（1）: 158-173.

BADDELEY A, PAPAGNO C, VALLAR G, 1988. When long-term learning depends on short-term storage ［J］. Journal of memory and language, 27（5）: 586-595.

BAHRICK L E, GOGATE L J, RUIZ I, 2002. Attention and memory for faces and actions in infancy : the salience of actions over faces in dynamic events ［J］. Child development, 73（6）: 1629-1643.

BAILLARGEON R, 2004. Infants' physical world ［J］. Current directions in psychological science, 13（3）: 89-94.

BALL E W, BLACHMAN B A, 1991. Does phoneme awareness training in kindergarten make a difference in early word recognition and developmental spelling?［J］. Reading research quarterly, 26（1）: 49-66.

BANDURA A, 1969. Principles of behavior modification ［M］. New York : Holt, Rinehart and Winston.

BANDURA A, 1971. Psychological modelling ［M］. New York : Lieber-Antherton.

BANDURA A, 1982. Self-efficacy mechanism in human agency [J]. American psychologist, 37 (2): 122-147.

BANDURA A, 1986. Social foundations of thought and action : a social cognitive theory [M]. Englewood Cliffs, NJ : Prentice Hall.

BANDURA A, 1997. Self-efficacy : the exercise of control [M]. New York : Freeman.

BANDURA A, 2001. Social cognitive theory : an agentic perspective [J]. Annual review of psychology, 52 (1), 1-26.

BANDURA A, 2004. Observational learning [M]//BYRNE J H. Learning and memory. 2nd ed. New York : Macmillan : 482-484.

BANICH M T, COMPTON R J, 2011. Cognitive neuroscience [M]. 3rd ed. Belmont, CA : Wadsworth.

BARCROFT J, WONG W, 2013. Input, input processing and focus on form [M]//HERSCHENSOHN J, YOUNG-SCHOLTER M. Cambridge handbook of second language acquisition. New York : Cambridge University Press : 627-647.

BARGH J A, 1994. The four horsemen of automaticity : awareness, intention, efficiency, and control in social cognition [M]//WYER R S, SRULL T K. Handbook of social cognition (Vol. 1). 2nd ed. Hillsdale, NJ : Lawrence Erlbaum Associates : 43-84.

BARGH J A, CHEN M, BURROWS L, 1996. Automaticity of social behavior : direct effects of trait construct and stereotype activation on action [J]. Journal of personality and social psychology, 71 (2): 230-244.

BARTLETT F C, 1932. Remembering : a study in experimental and social psychology [M]. Cambridge : Cambridge University Press.

BASSETT D S, MATTAR M G, 2017. A network neuroscience of human learning : potential to inform quantitative theories of brain and behavior [J]. Trends in cognitive sciences, 21 (4): 250-264.

BASSO A, SPINNLER H, VALLAR G, et al., 1982. Left hemisphere damage and selective impairment of auditory verbal short-term memory : a case study [J] . Neuropsychologia, 20 (3) : 263-274.

BAUER P J, DEBOER T, LUKOWSKI A F, 2007. In the language of multiple memory systems : defining and describing developments in long-term declarative memory [M] //OAKES L M, BAUER P J. Short- and long-term memory in infancy and early childhood : taking the first steps toward remembering. Oxford : Oxford University Press : 240-270.

BEHAN L, TURNBULL M, SPEK J, 1997. The proficiency gap in late French immersion : language use in collaborative tasks [J] . Le journal de l'immersion, 20 (2) : 41-44.

BEILOCK S L, CARR T H, 2004. From novice to expert performance : memory, attention, and the control of complex sensorimotor skills [M] //WILLIAMS A M, HODGES N J, SCOTT M A, et al., Skill acquisition in sport : research, theory, and practice. New York : Routledge : 309-328.

BENES F M, TURTLE M, KHAN Y, et al., 1994. Myelination of a key relay zone in the hippocampal formation occurs in the human brain during childhood, adolescence, and adulthood [J] . Archives of general psychiatry, 51 (6) : 477-484.

BENSON C, 2002. Transfer/Cross-linguistic influence [J] . ELT journal, 56 (1) : 68-70.

BEN-YEHUDAH G, FIEZ J A, 2007. Development of verbal working memory [M] // COCH D, FISCHER K W, DAWSON G. Human behavior, learning, and the developing brain : typical development. New York : Guilford Press : 301-328.

BERENT I, 2016. Evans's (2014) modularity myths : a mental architecture digest [J] . Language, 92 (1) : 195-197.

BERK L E, 1994. Why children talk to themselves [J]. Scientific American, 271 (5): 78-83.

BIALYSTOK E, HAKUTA K, 1994. In other words: the science and psychology of second-language acquisition [M]. New York: Basic Books.

BIRDSONG D, 2005. Interpreting age effects in second language acquisition [M] // KROLL J F, DE GROOT A M B. Handbook of bilingualism: psycholinguistic approaches. Oxford: Oxford University Press: 109-127.

BIRDSONG D, MOLIS M, 2001. On the evidence for maturational constraints in second-language acquisition [J]. Journal of memory and language, 44 (2): 235-249.

BIVENS J A, BERK L E, 1990. A longitudinal study of the development of elementary school children's private speech [J]. Merrill-Palmer quarterly, 36 (4): 443-463.

BLAKE P, GARDNER H, 2007. A first course in mind, brain, and education [J]. Mind, brain and education, 1 (2): 61-65.

BLAKEMORE S J, FRITH U, 2005. The learning brain: lessons for education [M]. Malden, M A: Blackwell.

BLEY-VROMAN R, 1989. What is the logical problem of foreign language learning? [M] //GASS S M, SCHACHTER J. Linguistic perspectives on second language acquisition. Cambridge, MA: Cambridge University Press: 41-68.

BLEY-VROMAN R, 1990. The logical problem of foreign language learning [J]. Linguistic analysis, 20 (1-2): 3-49.

BOHBOT V D, LERCH J, THORNDYCRAFT B, et al., 2007. Gray matter differences correlate with spontaneous strategies in a human virtual navigation task [J]. The journal of neuroscience, 27 (38): 10078-10083.

BOLINGER D, 1975. Aspects of language [M]. New York:

Harcourt Brace Jovanivich.

BOLINGER D, SEARS D A, 1981. Aspects of language [M] . 3rd ed. New York : Harcourt Brace Jovanovich : 135.

BORDAG D, PECHMANN T, 2007. Factors influencing L2 gender processing [J] . Bilingualism : language and cognition, 10 (3) : 299–314.

BOSCH L, COSTA A, SEBASTIÁN-GALLÉS, N, 2000. First and second language vowel perception in early bilinguals [J] . European journal of cognitive psychology, 12 (2) : 189–221.

BOUSFIELD W A, 1953. The occurrence of clustering in the recall of randomly arranged associates [J] . The journal of general psychology, 49 : 229–240.

BOWER G H, CLARK M C, 1969. Narrative stories as mediators for serial learning [J] . Psychonomic science, 14 (4) : 181–182.

BOWER G H, WINZENZ D, 1970. Comparison of associative learning strategies [J] . Psychonomic science, 20 (2) : 119–120.

BOWER G H, CLARK M C, LESGOLD A M, et al., 1969. Hierarchical retrieval schemes in recall of categorized word lists [J] . Journal of verbal learning and verbal behavior, 8 (3) : 323–343.

BRADY T F, KONKLE T, ALVAREZ G A, et al., 2008. Visual long-term memory has a massive storage capacity for object details [J] . Proceedings of the national academy of sciences of the United States of America, 105 (38) : 14325–14329.

BRANSFORD J D, BROWN A L, COCKING R R, 2000. How people learn : brain, mind, experience and school [M] . Washington : National Academy Press : 116.

BRANSFORD J D, JOHNSON M K, 1972. Contextual prerequisites for understanding : some investigations of comprehension and recall [J] . Journal of verbal learning and verbal behavior, 11 (6) : 717–726.

BROADBENT D E, 1958. Perception and communication [M]. London : Pergamon.

BROCA P, 1865. Remarques sur la siège de la faculté du langage articulé [J]. Bulletin del la Société d'Anthropologie de Paris (6): 330-357.

BROOKS-LEWIS K, 2009. Adult learners' perceptions of the incorporation of their L1 in foreign language teaching and learning [J]. Applied linguistics, 30 (2): 216-235.

BROWN H D, 2007. Principles of language learning and teaching [M]. 5th ed. New York : Pearson.

BROWN M C, MCNEIL N M, GLENBERG A M, 2009. Using concreteness in education : real problems, potential solutions [J]. Child development perspectives, 3 (3): 160-164.

BRUER J T, 1999. The myth of the first three years : a new understanding of early brain development and lifelong learning [M]. New York : The Free Press.

BUCHSBAUM B R, 2015. Working memory and language [M] // HICKOK G, SMALL S L. Neurobiology of language. London & San Diego : Academic Press : 863-875.

BULLMORE E, SPORNS O, 2012. The economy of brain network organization [J]. Nature reviews neuroscience, 13 (5): 336-349.

BUSCHKE H, 1977. Two-dimensional recall : immediate identification of clusters in episodic and semantic memory [J]. Journal of verbal learning and verbal behavior, 16 (2): 201-215.

BUSSEY T J, SAKSIDA L M, 2005. Object memory and perception in the medial temporal lobe : an alternative approach [J]. Current opinion in neurobiology, 15 (6): 730-737.

BUTZKAMM W, 2007. Native language skills as a foundation for foreign language learning [M] //KINDERMANN W. Transcending boundaries : essays in honour of Gisela Hermann-Brennecke. Berlin :

Lit Verlag : 71-85.

BYRNES J P, 2001. Minds, brains, and learning : understanding the psychological and educational relevance of neuroscientific research [M]. New York : Guilford Press.

CAHILL L, HAIER R J, FALLON J, et al. , 1996. Amygdala activity at encoding correlated with long-term, free recall of emotional information [J]. Proceedings of the National Academy of Sciences of the United States of America, 93 (15): 8016-8021.

CAHILL L, MCGAUGH J L, 1998. Mechanisms of emotional arousal and lasting declarative memory [J]. Trends in neurosciences, 21 (7): 294-299.

CANALE M, SWAIN M, 1980. Theoretical bases of communicative approaches to second language teaching and testing [J]. Applied linguistics, 1 (1): 1-47.

CARLSON N R, 2014. Foundations of behavioral neuroscience [M]. 9th ed. Boston : Pearson.

CARROLL D W, 2008. Psychology of language [M]. 5th ed. Belmont, CA : Thomson Wadsworth.

CARROLL S E, 2001. Input and evidence : the raw material of second language acquisition [M]. Amsterdam : John Benjamins.

CARROLL S, 2007. Autonomous induction theory [M] // VANPATTEN B, WILLIAMS J. Theories in second language acquisition : an introduction. Mahwah, NJ : Lawrence Erlbaum Associates : 155-174.

CARTER C S, BRAVER T S, BARCH D M, et al. , 1998. Anterior cingulate cortex, error detection, and the online monitoring of performance [J]. Science, 280 (5364): 747-749.

CENTENO-CORTÉS B, JIMÉNEZ A, 2004. Problem-solving tasks in a foreign language : the importance of the L1 in private verbal thinking [J]. International journal of applied linguistics, 14 (1): 7-35.

CHALL J S, MIRSKY A F, 1978. Education and the brain [M]. Chicago : University of Chicago Press : 378.

CHAUDRON C, 1985. Intake : on models and methods for discovering learners processing of input [J]. Studies in Second Language Acquisition, 7（1）: 1-14.

CHERRY E C, 1953. Some experiments on the recognition of speech, with one and with two ears [J]. Journal of the acoustical society of America, 25（5）: 975-979.

CHI M T H, GLASER R, 1985. Problem-solving ability [M] // STERNBERG R J. Human abilities : an information-processing approach. New York : Freeman : 227-250.

CHKLOVSKII D B, MEL B W, SVOBODA K, 2004. Cortical rewiring and information storage [J]. Nature, 431（7010）: 782-788.

CHOMSKY N, 1957. Syntactic structures [M]. The Hague : Mouton.

CHOMSKY N, 1959. A review of B. F. Skinner's "verbal behavior" [J]. Language, 35（1）: 26-58.

CHOMSKY N, 1965. Aspects of the theory of syntax [M]. Cambridge, MA : MIT Press.

CHOMSKY N, 2006. Language and mind [M]. 3rd ed. Cambridge, MA : Cambridge University Press.

CHRISTIANSEN M H, CHATER N, 2001. Connectionist psycholinguistics in perspective [M]. Westport, CT : Ablex.

CHRISTOPHEL T B, KLINK P C, SPITZER B, et al., 2017. The distributed nature of working memory [J]. Trends in cognitive sciences, 21（2）: 111-124.

CHRISTOPHER E A, SHELTON J T, 2017. Individual differences in working memory predict the effect of music on student performance [J]. Journal of applied research in memory and cognition, 6（2）: 167-173.

CHURCH J A, BALOTA D A, PETERSEN S E, et al., 2011. Manipulation of length and lexicality localizes the functional neuroanatomy of phonological processing in adult readers [J] . Journal of cognitive neuroscience, 23 (6) : 1475–1493.

CLAHSEN H, MUYSKEN P, 1986. The availability of universal grammar to adult and child learners : a study of the acquisition of German word order [J] . Second language research, 2 (2) : 93–119.

CLEARY A M, LANGLEY M M, 2007. Retention of the structure underlying sentences [J] . Language and cognitive processes, 22 (4) : 614–628.

COLE M, HATANO G, 2007. Cultural-historical activity theory : integrating phylogeny, cultural history, and ontogenesis in cultural psychology [M] //KITAYAMA S, COHEN D. Handbook of cultural psychology. New York : Guilford Press : 109–135.

COLLINS A, 1977. Processes in acquiring knowledge [M] // ANDERSON R C, SPIRO R J, MONTAGUE W E. Schooling and the acquisition of knowledge. Hillsdale, NJ : Lawrence Erlbaum Associates : 339–363.

COLLINS A M, LOFTUS E F, 1975. A spreading-activation theory of semantic processing [J] . Psychological review, 82 (6) : 407–428.

COLLINS A M, QUILLIAN M R, 1969. Retrieval time from semantic memory [J] . Journal of verbal learning and verbal behavior, 8 (2) : 240–247.

COLLINS A, STEVENS A L, 1983. A cognitive theory of inquiry teaching [M] //REIGELUTH C M. Instructional design theories and models : an overview of their current status. Hillsdale, NJ : Lawrence Erlbaum Associates : 247–278.

CONRAD R, 1964. Acoustic confusions in immediate memory [J] . British journal of psychology, 55 (1) : 75–84.

CONRAD R, HULL A J, 1964. Information, acoustic confusion and memory span [J]. British journal of psychology, 55（4）: 429-432.

COOK G, 2010. Translation in language teaching : an argument for reassessment [M]. Oxford : Oxford University Press.

CORDER S P, 1967. The significance of learners'errors [J]. International review of applied linguistics in language teaching, 5（4）: 161-170.

COURCHESNE E, TOWNSEND J, AKSHOOMOFF N A, et al. , 1994. Impairment in shifting attention in autistic and cerebellar patients [J]. Behavioral neuroscience, 108（5）: 848-865.

COWAN N, 2000. The magical number 4 in short-term memory : a reconsideration of mental storage capacity [J]. Behavioral and brain sciences, 24（1）: 87-185.

COWAN N, 2007. What infants can tell us about working memory development ? [M]//OAKES L M, BAUER P J. Short- and long-term memory in infancy and early childhood : taking the first steps toward remembering. New York : Oxford University Press : 126-150.

COWAN N, 2008. What are the differences between long-term, short-term, and working memory? [J]. Progress in brain research, 169（1）: 323-338.

COWAN N, 2010. The magical mystery four : how is working memory capacity limited, and why? [J]. Current directions in psychological science, 19（1）: 51-57.

CRAIK F I M, 2006. Distinctiveness and memory : comments and a point of view [M]//HUNT R R, WORTHEN J B. Distinctiveness and memory. Oxford : Oxford University Press : 425-442.

CRAIK F I M, LOCKHART R S, 1972. Levels of processing : a framework for memory research [J]. Journal of verbal learning and verbal behavior, 11（6）: 671-684.

CRAIK F I M, TULVING E, 1975. Depth of processing and the retention of words in episodic memory [J]. Journal of experimental psychology : general, 104 (3): 268-294.

CUMMINS J, 2007. Rethinking monolingual instructional strategies in multilingual classrooms [J]. Canadian journal of applied linguistics, 10 (2): 221-240.

CURTISS S, 1977. Genie : a psycholinguistic study of a modern-day "wild child" [M]. New York : Academic Press.

CUTLER A, BUTTERFIELD S, 1992. Rhythmic cues to speech segmentation : evidence from juncture misperception [J]. Journal of memory and language, 31 (2): 218-236.

DABROWSKA E, 2004. Language, mind and brain [M]. Edinburgh : Edinburgh University Press.

DANEMAN M, CARPENTER P A, 1980. Individual differences in working memory and reading [J]. Journal of verbal learning and verbal behavior, 19 (4): 450-466.

DAVIS D, LOFTUS E F, 2007. Internal and external sources of misinformation in adult witness memory [M]//TOGLIA M P, READ J D, ROSS D F, et al. Handbook of eyewitness psychology (Vol.1). Mahwah, NJ : Lawrence Erlbaum Associates : 195-237.

DE BOT K, 1992. A bilingual production model: levelt's 'speaking' model adapted [J]. Applied linguistics, 13 (1): 1-24.

DE CASPER A J, SPENCE M J, 1986. Prenatal maternal speech influences newborns' perception of speech sounds [J]. Infant behavior and development, 9 (2): 133-150.

DEEN K U, 2016. Myths, magic, and poorly drawn battle lines : commentary on Evans 2014 [J]. Language, 92 (1): 197-200.

DEFEYTER M A, RUSSO R, MCPARTLIN P L, 2009. The picture superiority effect in recognition memory : a developmental study using the response signal procedure [J]. Cognitive development, 24 (3): 265-273.

DE JONG T, VAN GOG T, JENKS K, et al. , 2009. Explorations

in learning and the brain [M] . Belmont : Springer.

DEKEYSE R, 1998. Beyond focus on form : cognitive perspectives on learning and practicing second language grammar[M]//DOUGHTY C, WILLIAMS J, Focus on form in classroom second language acquisition. Cambridge, MA : Cambridge University Press.

DEKEYSER R, 2000. The robustness of critical period effects in second language acquisition [J] . Studies in second language acquisition, 22 (4) : 499-533.

DEKEYSER R, 2003. Implicit and explicit learning [M] // DOUGHTY C, LONG M. Handbook of second language learning. Oxford : Blackwell : 313-348.

DEKEYSER R,2007. Skill acquisition theory[M]//VANPATTEN B, WILLIAMS J. Theories in second language acquisition. Mahwah, NJ : Lawrence Erlbaum Associates : 97-113.

DEKEYSER R, LARSOR-HALL J, 2005. What does the critical period really mean ? [M] //KROLL J F, DE GROOT A M B. Handbook of bilingualism : psycholinguistic approaches. New York : Oxford University Press : 88-108.

DE RENZI E, FAGLIONI P, PREVIDI P, 1977. Spatial memory and hemispheric locus of lesion [J] . Cortex, 13 (4) : 424-433.

D'ESPOSITO M, DETRE J A, ALSOP D C, et al., 1995. The neural basis of the central executive system of working memory [J] . Nature, 378 (6554) : 279-281.

DEUTSCH J A, DEUTSCH D, 1963. Attention : some theoretical considerations [J] . Psychological review, 70 (1) : 80-90.

DIETRICH R, 2002. Psycholinguistik [M] . Stuttgart : Metzler Verlag.

DIVESTA F J, INGERSOLL G M, 1969. Influence of pronounceability, articulation, and test mode on paired-associate learning by the study-recall procedure [J] . Journal of experimental psychology, 79（1）: 104–108.

DÖRNYEI Z, 2005. The psychology of the language learner : individual differences in second language acquisition［M］. Mahwah, NJ : Lawrence Erlbaum Associates : 55.

DOSENBACH N U F, NARDOS B, COHEN A L, et al., 2010. Prediction of individual brain maturity using fMRI［J］. Science, 329（5997）: 1358–1361.

DOUGHTY C, 1991. Second language instruction does make a difference : evidence from an empirical study on SL relativization［J］. Studies in second language acquisition, 13（4）: 431–469.

DOUGHTY C, WILLIAMS J, 1998. Pedagogical choices in focus on form［M］//DOUGHTY C, WILLIAMS J. Focus on form in classroom second language acquisition. New York : Cambridge University Press : 197–262.

DUDAI Y, 1989. The neurobiology of memory : concepts, findings, trends［M］. Oxford : Oxford University Press.

DUFF A, 1989. Translation［M］. Oxford : Oxford University Press.

DULAY H, BURT N, 1977. Remarks on creativity in language acquisition［M］//BURT M, DULAY H, FINNOCHIARO M. Viewpoints on English as a second language. New York : Regents : 95–126.

DUNN J, PLOMIN R, 1990. Separate lives : why siblings are so different［M］. New York : Basic Books.

EBBINGHAUS H, 1885. Über das Gedchtnis : untersuchungen zur experimentellen psychologie［M］. Leipzig : Duncker & Humblot.

EBBINGHAUS H, 1913. Memory : a contribution to experimental psychology［M］. New York : Teachers College Press.

ECKER U K H, LEWANDOWSKY S, OBERAUER K, et al., 2010. The components of working memory updating : an experimental decomposition and individual differences［J］. Journal of experimental psychology : learning, memory, and cognition, 36（1）: 170-189.

EDELMAN G M, 1987. Neural Darwinism : the theory of neuronal group selection [M]. New York : Basic Books.

EDELMAN G M, 1989. The remembered present : a biological theory of consciousness [M]. New York : Basic Books.

EDELMAN G M, 1992. Bright air, brilliant fire : on the matter of mind [M]. New York : Basic Books.

EDELMAN G M, 1993. Neural Darwinism : selection and reentrant signaling in higher brain function [J]. Neuron, 10（2）: 115-125.

EDELMAN G M, 2004. Wider than the sky : the phenomenal gift of consciousness [M]. New Haven, CA : Yale University Press : 15-16.

EDELMAN G M, TONONI G, 2000. A universe of consciousness : how matter becomes imagination [M]. New York : Basic Books : 85.

ELLIS N C, 1993. Rules and instances in foreign language learning : interactions of explicit and implicit knowledge [J]. European Journal of cognitive psychology, 5（3）: 289-318.

ELLIS N C, 1996. Sequencing in SLA : phonological memory, chunking, and points of order [J]. Studies in second language acquisition, 18（1）: 91-126.

ELLIS N C, 2003. Constructions, chunking, and connectionism : the emergence of second language structure[M]//DOUGHTY C, LONG M. Handbook of second language acquisition. Oxford : Blackwell : 63-103.

ELLIS N C, 2012a. Frequency-based accounts of second language acquisition [M]//GASS S M, MACKEY A. The Routledge handbook of second language acquisition. London : Routledge : 193-210.

ELLIS N C, 2012b. Formulaic language and second language acquisition : zipf and the phrasal teddy bear [J]. Annual review of applied linguistics, 32（1）: 17-44.

ELLIS N C, HENNELLY R A, 1980. A bilingual word-length

effect : implications for intelligence testing and the relative ease of mental calculation in Welsh and English [J] . British journal of psychology, 71 (1) : 43–51.

ELLIS N C, SINCLAIR S G, 1996. Working memory in the acquisition of vocabulary and syntax : putting language in good order [J]. Quarterly journal of experimental psychology, 49 (1) : 234–250.

ELLIS R, 1986. Understanding second language acquisition [M] . Oxford : Oxford University Press.

ELLIS R, 1993. A theory of instructed second language acquisition [M] //ELLIS N C. Implicit and explicit learning of languages. London : Academic Press : 79–114.

ELLIS R, 1994. The study of second language acquisition [M] . Oxford : Oxford University Press.

ELLIS R, BASTURKMEN H, LOEWEN S, 2001. Preemptive focus on form in the ESL classroom [J] . TESOL Quarterly, 35 (3) : 407–432.

ELLIS R, BASTURKMEN H, LOEWEN S, 2002. Doing focus-on-form. System, 30 (4) : 419–432.

ENGEN L, HØIEN T, 2002. Phonological skills and reading comprehension [J] . Reading and writing : an interdisciplinary journal, 15 (7–8) : 613–631.

ERVIN S, OSGOOD C, 1954. Psycholinguistics : a survey of theory and research problems [M] //OSGOOD C E, SEBOEK T A. Psycholinguistics. Baltimore, MA : Waverly Press : 139–146.

EVANS V, 2014. The language myths : why language is not an instinct [M] . Cambridge, MA : Cambridge University Press.

EYSENCK M W, KEANE M T, 2010. Cognitive psychology [M] . 6th ed. New York : Psychology Press.

FABBRO F, 1999. The neurolinguistics of bilingualism : an introduction [M] . Hove, UK : Psychology Press.

FERREIRA F, 2003. The misinterpretation of noncanonical sentences [J]. Cognitive psychology, 47 (2): 164-203.

FÉRY Y A, MORIZOT P, 2000. Kinesthetic and visual image in modeling closed motor skills : the example of the tennis serve [J]. Perceptual and motor skills, 90 (1): 707-722.

FEUILLET L, DUFOUR H, PELLETIER J, 2007. Brain of a white-collar worker [J]. Lancet, 370 (9538): 262.

FILLENBAUM S, 1974. Pragmatic normalization : further results for some conjunctive and disjunctive sentences [J]. Journal of experimental psychology, 102 (4): 574-578.

FISCHER K W, 2004. Myths and promises of the learning brain [J]. The magazine of the Harvard Graduate School of education, 48 (1): 28-29.

FISCHER K W, DANIEL D B, IMMORDINO-YANG M H, et al., 2007. Why mind, brain, and education? Why now? [J]. Mind, brain, and education, 1 (1): 1-2.

FOX R, 2001. Constructivism examined [J]. Oxford review of education, 27 (1): 23-35.

FRANCESCHINA F, 2005. Fossilized second language grammars : the acquisition of grammatical gender [M]. Amsterdam and Philadelphia : J. Benjamins.

FRANKLAND P W, BONTEMPI B, 2005. The organization of recent and remote memories [J]. Nature reviews neuroscience, 6 (2): 119-130.

FRAZIER L, 1987. Sentence processing : a tutorial review [M] //COLTHEART M. Attention and performance XII : the psychology of reading. Hove, UK : Lawrence Erlbaum Associates.

FRAZIER L, FODOR J D, 1978. The sausage machine : a new two-stage parsing model [J]. Cognition, 6 (4): 1-34.

FRENCH L M, O'BRIEN, 2008. Phonological memory and

children's second language grammar learning [J] . Applied psycholinguistics, 29 (3): 463–487.

FRIEDERICI A D, 2002. Towards a neural basis of auditory sentence processing [J] . Trends in cognitive sciences, 6 (2): 78–84.

FRIEDMAN N P, MIYAKE A, CORLEY R P, et al., 2006. Not all executive functions are related to intelligence [J] . Psychological science, 17 (2): 172–179.

FRIEDMAN S L, KLIVINGTON K A, PETERSON R W, 1986. The brain, cognition, and education [M] . Orlando, FL : Academic Press.

FROST N,1972. Encoding and retrieval in visual memory tasks [J]. Journal of experimental psychology, 95 (2): 317–326.

FUHRMANN D, KNOLL L J, BLAKEMORE S J, 2015. Adolescence as a sensitive period of brain development [J] . Trends in cognitive sciences, 19 (10): 558–566.

GAGNÉ R M, 1965. The conditions of learning [M] . New York : Holt, Rinehart and Winston.

GAGNÉ R M, 1977. The conditions of learning [M] . 3rd ed. New York : Holt, Rinehart and Winston.

GAGNÉ R M, 1985. The conditions of learning and theory of instruction [M] . 4th ed. New York : Holt, Rinehart and Winston.

GALOTTI K M, 2008. Cognitive psychology : in and out of the laboratory [M] . 4th ed. Belmont, CA : Wadsworth.

GAO Z, VAN BEUGEN B J, DE ZEEUW C I, 2012. Distributed synergistic plasticity and cerebellar learning [J] . Nature reviews neuroscience, 13 (9): 619–635.

GARDNER R C, 1960. Motivational variables in second language acquisition [D] . Montreal : McGill University.

GARDNER R C, MASGORET A M, TREMBLAY P F, 1999. Home background characteristics and second language learning [J] . Journal of language and social psychology, 18 (4) : 419-437.

GASS S, 1997. Input, interaction, and the second language learner [M] . Mahawh, NJ : Lawrence Erlbaum Associates.

GASS S, LEE J, 2011. Working memory capacity, stroop interference, and proficiency in a second language [M] //SCHMID M, LOWIE W. From structure to chaos : twenty years of modeling bilingualism. Amsterdam : John Benjamins : 59-84.

GASS S, SELINKER L, 2008. Second language acquisition : an introductory course [M] . 3rd ed. New York : Routledge.

GASS S, SVETICS I, LEMELIN S, 2003. Differential effects of attention [J] . Language learning, 53 (3) : 497-545.

GATHERCOLE S E, 2006. Nonword repetition and word learning : the nature of the relationship [J] . Applied psycholinguistics, 27 (4): 513-543.

GATHERCOLE S E, BADDELEY A D, 1993. Language and working memory [M] . Hove, UK : Lawrence Erlbaum Associates.

GATHERCOLE S E, THORN A S C, 1998. Phonological short-term memory and foreign language learning [M] //HEALY A F, BOURNE L E, Foreign language learning : psycholinguistic studies on training and retention. Mahwah : Lawrence Erlbaum Associates.

GATHERCOLE S E, WILLIS C, EMSLIE H, et al. , 1992. Phonological memory and vocabulary development during the early school years : a longitudinal study [J] . Developmental psychology, 28 (5) : 887-898.

GAZZANIGA M S, IVRY R B, MANGUN G R, 2014. Cognitive neuroscience : the biology of the mind [M] . 4th ed. New York : W. W. Norton.

GEARY D, 2012. Evolutionary educational psychology [M] // HARRIS K, GRAHAM S, URDAN T. APA educational psychology handbook (Vol.1) . Washington, D. C. : American Psychological

Association : 597-621.

GERNSBACHER M A, FAUST M E, 1991. The mechanism of suppression : a component of general comprehension skill [J] . Journal of experimental psychology:learning, memory, and cognition, 17 (2): 245-262.

GERNSBACHER M A, VARNER K R, FAUST M E, 1990. Investigating differences in general comprehension skill [J] . Journal of experimental psychology:learning, memory, and cognition, 16 (3): 430-445.

GHASHGHAEI H T, LAI C, ANTON E S, 2007. Neuronal migration in the adult brain : are we there yet? [J] . Nature reviews neuroscience, 8 (2): 141-151.

GILMOUR D, KNAUT H, MAISCHEIN H M, et al., 2004. Towing of sensory axons by their migrating target cells in vivo [J] . Nature neuroscience, 7 (5): 491-492.

GLENBERG A M, SMITH S M, GREEN C, 1977. Type I rehearsal : maintenance and more [J] . Journal of verbal learning and verbal behavior, 16 (3): 339-352.

GOLDBERG A E, 2016. Another look at the universal grammar hypothesis : commentary on Evans 2014 [J] . Language, 92 (1): 200-203.

GOLDSTEIN E B, 2008. Cognitive psychology : connecting mind, research, and everyday experience [M] . 2nd ed. Belmont : Wadsworth : 190.

GOLDSTEIN E B, 2015. Cognitive psychology : connecting mind, research, and everyday experience [M] . 4th ed. Belmont : Wadsworth.

GRAYBIEL A M, GRAFTON S T, 2015. The striatum : where skills and habits meet [J] . Cold Spring Harbor perspectives in biology, 7 (8): a021691.

GREEN D W, 1998. Mental control of the bilingual lexico-semantic system [J]. Bilingualism : language and cognition, 1 (2): 67–81.

GUILLERY R W, FEIG S L, LOZSÁDI D A, 1998. Paying attention to the thalamic reticular nucleus [J]. Trends in neurosciences, 21 (1): 28–32.

GULLBERG M, INDEFREY P, 2006. The cognitive neuroscience of second language acquisition [M]. Oxford : Blackwell.

HALL G, COOK G, 2012. Own-language use in language teaching and learning [J]. Language teaching, 45 (3): 271–308.

HALL J F, 1971. Verbal learning and retention [M]. Philadelphia : Lippincott.

HAMER D, COPELAND P, 1998. Living with our genes [M]. New York : Anchor Books.

HARDY I, JONEN A, MÖLLER K, et al., 2006. Effects of instructional support within constructivist learning environments for elementary school students' understanding of "floating and sinking"[J]. Journal of educational psychology, 98 (2): 307–326.

HARLEY B, SWAIN M, 1978. An analysis of the verb system by young learners of French [J]. Interlanguage studies bulletin, 3 (1): 35–79.

HARLEY T A, 2014. The psychology of language : from data to theory [M]. 4th ed. London : Psychology Press.

HART L A, 1983. Human brain and human learning [M]. New York : Longman.

HASHER L, ZACKS R T, 1979. Automatic and effortful processes in memory [J]. Journal of experimental psychology : general, 108 (3): 356–388.

HATCH E, 1978. Discourse analysis and second language acquisition [M] //HATCH E. Second language acquisition : a book of readings. Rowley, MA : Newbury House : 401–435.

HATCHER P, HULME C, ELLIS A, 1994. Ameliorating early

reading failure by integrating the teaching of reading and phonological skills : the phonological linkage hypothesis [J] . Child development, 65 (1) : 41-57.

HEBB D O, 1949. The organization of behavior [M] . New York : Wiley & Sons.

HINZEN W, 2016. Is our mental grammar just a set of constructions? Commentary on Evans 2014 [J] . Language, 92 (1) : 203-207.

HOFER M, 2010. Adolescents' development of individual interests : a product of multiple goal regulation?[J] . Educational psychologist, 45 (3) : 149-166.

HOLLAND J H, HOLYOAK K J, NISBETT R E, et al. , 1986. Induction : processes of inference, learning and discovery [M] . Cambridge, MA : MIT Press.

HORWITZ E K, 1999. Cultural and situational influences on foreign language learners' beliefs about language learning : a review of BALLI studies [J] . System, 27 (4) : 557-576.

HOWARD J H , HOWARD D V, 1997. Age differences in implicit learning of higher-order dependencies in serial patterns [J] . Psychology and aging, 12 (4) : 634-656.

HUMMEL K, 2010. Translation and short-term L2 vocabulary retention : hindrance or help? [J] . Language teaching research, 14 (1) : 61-74.

HUNT E, LOVE T, 1972. How good can memory be ? [M] // MELTON A W, MARTIN E. Coding processes in human memory. Washington, DC : Winston : 237-260.

HYMES D, 1972. On communicative competence [M] //PRIDE J B, HOLMES J. Sociolinguistics : selected readings. Harmondsworth : Penguin : 269-285.

HYSLOP-MARGISON E J, STROBEL J, 2008. Constructivism and

education : misunderstandings and pedagogical implications [J] . The teacher educator, 43 (1), 72–86.

IARIA G, PETRIDES M, DAGHER A, et al. , 2003. Cognitive strategies dependent on the hippocampus and caudate nucleus in human navigation : variability and change with practice [J] . Journal of neuroscience, 23 (13) : 5945–5952.

IZUMI S, 2003. Processing difficulty in comprehension and production of relative clauses by learners of English as a second language [J] . Language learning, 53 (2) : 285–323.

JACKENDOFF R, 2000. Fodorian modularity and representational modularity [M] //GRODZINSKY Y, SHAPIRO L, SWINNEY D. Language and the brain. New York : Academic Press : 4–30.

JACKENDOFF R , 2002. Foundations of language : brain, meaning, grammar, evolution [M] . New York : Oxford University Press.

JACOB S N, NIEDER A, 2014. Complementary roles for primate frontal and parietal cortex in guarding working memory from distractor stimuli [J] . Neuron, 83 (1) : 226–237.

JACOBSEN C F, 1936. Studies of cerebral function in primates : I. The functions of the frontal association areas in monkeys [J] . Comparative psychology Monographs, 13 (3) : 1–60.

JAMES W, 1890. The principles of psychology [M] . New York : Holt.

JIA G, 1998. Beyond brain maturation : the critical period hypothesis in second language acquisition revisited [D] . New York : New York University.

JOHN H, SCHUMANN J H, CROWELL S E, et al. , 2004. The neurobiology of learning : perspectives from second language acquisition [M] . London : Lawrence Erlbaum Associates.

JOHNSON J S, NEWPORT E L, 1989. Critical period effects in

second language learning : the influence of maturational state on the acquisition of English as a second language [J] . Cognitive psychology, 21 (1) : 60–99.

JOHNSON M H, 1998. The neural basis of cognitive development [M] //KUHN D, SIEGLER R S. Handbook of child psychology : cognition, perception and language. New York : Wiley : 1–49.

JOHNSTON W A, HEINZ S P, 1978. Flexibility and capacity demands of attention [J] . Journal of experimental psychology : general, 107 (4) : 420–435.

JOLLES J, DE GROOT R, VAN BENTHEM, et al. , 2006. Brain lessons : a contribution to the international debate on brain, learning and education [M] . Maastricht : Neuropsych.

JONIDES J, SMITH E E, KOEPPE R A, et al. , 1993. Spatial working memory in humans as revealed by PET [J] . Nature, 363 (6430) : 623–625.

JOZEFOWIEZ J, 2012. Associative learning [M] //SEEL N M. Encyclopedia of the sciences of learning. Springer : Central Book Services : 330–334.

JUST M A, CARPENTER P A, 1992. A capacity theory of comprehension : individual differences in working memory [J] . Psychological review, 99 (1) : 122–148.

KAHNEMAN D, 1973. Attention and effort [M] . Englewood Cliffs, NJ : Prentice-Hall.

KAIL R, NIPPOLD M A, 1984. Unconstrained retrieval from semantic memory [J] . Child development, 55 (3) : 944–951.

KALAT J W, 2009. Biological psychology [M] . 10th ed. Belmont, CA : Wadsworth.

KALAT J W, 2013. Biological psychology [M] . 11th ed. Belmont, CA : Wadsworth.

KALÉNINE S, PEYRIN C, PICHAT C, et al. , 2009. The sensory-motor specificity of taxonomic and thematic conceptual relations : a behavioral and fMRI study [J] . NeuroImage, 44 (3) : 1152-1162.

KANDEL E R, SCHWARTZ J H, JESSELL T M, 1991. Principles of neural science [M] . 4th ed. New York : McGraw-Hill.

KANDEL E R, SCHWARTZ J H, JESSELL T M, et al., 2013. Principles of neural science [M] . 5th ed. New York : McGraw-Hill : 28.

KANE M J, ENGLE R W, 2002. The role of prefrontal cortex in working-memory capacity, executive attention, and general fluid intelligence : an individual difference perspective [J] . Psychonomic bulletin and Review, 9 (4) : 637-671.

KAPLAN S, BERMAN M G, 2010. Directed attention as a common resource for executive functioning and self-regulation [J] . Perspectives on psychological science, 5 (1) : 43-57.

KAPUR S, CRAIK F I M, TULVING E, et al. , 1994. Neuroanatomical correlates of encoding in episodic memory : levels of processing effect [J] . Proceedings of national academy of sciences,91 (6): 2008-2011.

KECSKES I, RAPP T, 2000. Foreign language and mother tongue [M] . Mahwah, NJ : Lawrence Erlbaum Associates.

KEMMERER D, 2015. Cognitive neuroscience of language [M] . New York and London : Psychology Press : 5.

KÉRI S, JANKA Z, BENEDEK G, et al. , 2002. Categories, prototypes and memory systems in Alzheimer's disease [J] . Trends in cognitive sciences, 6 (3) : 132-136.

KERN R G, 1994. The role of mental translation in second language reading [J] . Studies in second language acquisition, 16 (4): 441-461.

KESSLER Y, MEIRAN N, 2006. All updateable objects in working memory are updated whenever any of them are modified : evidence from the memory updating paradigm [J]. Journal of experimental psychology: learning, memory, and cognition, 32 (2): 570-585.

KESSLER Y, MEIRAN N, 2008. Two dissociable updating processes in working memory [J]. Journal of experimental psychology: learning, memory, and cognition, 34 (6): 1339-1348.

KIDA S, JOSSELYN S A, ORTIZ S P D, et al., 2002. Creb required for the stability of new and reactivated fear memories [J]. Nature neuroscience, 5 (4): 348-355.

KING J, JUST M A, 1991. Individual differences in syntactic processing: the role of working memory [J]. Journal of memory and language, 30 (5): 580-602.

KIRK, U. 1983. Neuropsychology of language, reading and spelling [M]. New York: Academic Press.

KISILEVSKY B S, HAINS S M J, LEE K, et al., 2003. Effects of experience on fetal voice recognition [J]. Psychological science, 14 (3): 220-224.

KITAMURA T, OGAWA S K, ROY D S, et al., 2017. Engrams and circuits crucial for systems consolidation of a memory [J]. Science, 356 (6333): 73-78.

KLATZKY R B, 1980. Human memory: structures and processes [M]. San Francisco: W. H. Freeman.

KLINGBERG T, FORSSBERG H, WESTERBERG H, 2002. Training of working memory in children with ADHD [J]. Journal of clinical and experimental neuropsychology, 24 (6): 781-791.

KLIVINGTON K A, 1986. Building bridges among neuroscience, cognitive psychology, and education [M]//FRIEDMAN S L, KLIVINGTON K A, PETERSON R W. The brain, cognition, and education. Orlando: Academic Press: 3-18.

KNUDSEN E I, 2007. Fundamental components of attention [J]. Annual review of neuroscience, 30 (1): 57-78.

KÖHLER W, 1925. The mentality of apes [M]. New York: Harcourt Brace Jovanovich.

KOIZUMI H, 2004. The concept of "developing the brain": a new natural science for learning and education [J]. Brain and Development, 26 (7): 434-441.

KOLB B, GIBB R, 2014. Searching for the principles of brain plasticity and behavior [J]. Cortex, 58 (1): 251-260.

KOLERS P A, 1963. Interlingual word associations [J]. Journal of verbal learning and verbal behavior, 2 (4): 291-300.

KOLODKIN A L, TESSIER-LAVIGNE M, 2011. Mechanisms and molecules of neuronal wiring: a primer [J]. Cold spring harbor perspectives in biology, 3 (6): 895-910.

KOMATSU L K, 1992. Recent views of conceptual structure [J]. Psychological bulletin, 112 (3): 500-526.

KOMURA Y, TAMURA R, UWANO T, et al., 2001. Retrospective and prospective coding for predicted reward in the sensory thalamus [J]. Nature, 412 (4): 546-549.

KORMOS J, 2006. Speech production and second language acquisition [M]. Mahwah, NJ: Lawrence Erlbaum Associates.

KRASHEN S D, 1981. Second language acquisition and second language learning [M]. Oxford: Pergamon.

KRASHEN S D, 1982. Principles and practice in second language acquisition [M]. Oxford: Pergamon.

KRASHEN S D, 1985. The input hypothesis: issues and implications [M]. London: Longman.

KROLL J F, STEWART E, 1994. Category interference in translation and picture naming: evidence for asymmetric connections between bilingual memory representations [J]. Journal of memory and language, 33 (2): 149-174.

KROLL J F, TOKOWICZ N, 2005. Models of bilingual

representation and processing : looking back and to the future [M] //KROLL J F, DE GROOT A M B. Handbook of bilingualism : psycholinguistic approaches. Oxford : Oxford University Press : 531–553.

KUNO S, 1974. The position of relative clauses and conjunctions [J] . Linguistic inquiry, 5 (1) : 117–136.

LABERGE D, SAMUELS S J, 1974. Toward a theory of automatic processing in reading [J] . Cognitive psychology, 6 (2) : 293–323.

LAKOFF R, 1991. You are what you say [M] //JONES E A, OLSON G A. The gender reader. Boston : Allyn & Bacon : 292–298.

LAMENDELLA J, 1977. General principles of neuro-functional organization and their manifestations in primary and non-primary acquisition [J] . Language learning, 27 (1) : 155–196.

LANDAUER T K, 1986. How much do people remember? Some estimates of the quantity of learned information in long-term memory [J] . Cognitive science, 10 (4) : 477–493.

LANDAUER T K, BJORK R A, 1978. Optimum rehearsal patterns and name learning [M] //GRUNEBERG M, MORRIS P E, SYKES R N. Practical aspects of memory. London : Academic Press : 625–632.

LARA A H, WALLS J D, 2015. The role of prefrontal cortex in working memory : a mini review [J] . Frontiers in systems neuroscience, 9 : 1–7.

LARRAURI J A, SCHMAJUK N A, 2008. Attentional, associative, and configural mechanisms in extinction [J] . Psychological review, 115 (3) : 640–676.

LASHLEY K S, 1929. Brain mechanisms and intelligence [M] . Chicago : University of Chicago Press.

LASHLEY K S, 1950. In search of the engram [J] . Symposia of the society for experimental biology, 4 : 454–482.

LAVIOSA S, 2014. Translation and language education : pedagogic approaches explored [M] . New York : Routledge.

LEE J, VANPATTEN B, 2003. Making communicative language teaching happen [M] . New York : McGraw Hill.

LEE N, 2004. The neurobiology of procedural memory [M] // SCHUMANN J H, CROWELL S E, JONES N E, et al. The neurobiology of learning : perspectives from second language acquisition. Mahwah, NJ : Lawrence Erlbaum Associates.

LEECH G N, 1981. Semantics [M] . Harmondsworth, UK : Penguin Books.

LEESER M J, 2007. Learner-based factors in l2 reading comprehension and processing grammatical form : topic familiarity and working memory [J] . Language learning, 57 (2): 229–270.

LEHKY S R, TANAKA K, 2016. Neural representation for object recognition in inferotemporal cortex [J] . Current opinion in neurobiology, 37 : 23–35.

LENNEBERG E H, 1967. Biological foundations of language [M] . New York : John Wiley.

LENROOT R K, GIEDD J N, 2007. The structural development of the human brain as measured longitudinally with magnetic resonance imaging [M] //COCH D, FISCHER K W, DAWSON G. Human behavior, learning, and the developing brain : typical development. New York : Guilford Press : 50–73.

LEUNG J, WILLIAMS J N, 2011. The implicit learning of mappings between forms and contextually derived meanings [J] . Studies in second language acquisition, 33 (1): 33–55.

LEVELT W, 1989. Speaking : from intention to articulation [M] . Cambridge, MA : MIT Press.

LEVELT W J M, 1993. Language use in normal speakers and its disorders [M] //BLANKEN G, DITTMANN J, GRIMM H, et al. Linguistic disorders and pathologies : an international handbook.

Berlin : Walter de Gruyter : 1-15.

LEVENTHAL H, SCHERER K, 1987. The relationship of emotion to cognition : a functional approach to a semantic controversy [J] . Cognition and emotion, 1 (1), 3-28.

LEWIS M, 1993. The lexical approach [M] . Hove, UK : Language Teaching Publications.

LEW-WILLIAMS C, 2009. Real-time processing of gender-marked articles by native and non-native Spanish-speaking children and adults [D] . Stanford : Stanford University.

LIEBERMAN D A, 2012. Human learning and memory [M] . Cambridge, MA : Cambridge University Press.

LIEBERMAN P, 2000. Human language and our reptilian brain [M] . Cambridge, MA : Harvard University Press.

LIGHTFOOT D, 1999. The development of language : acquisition, change, and evolution [M] . Malden, MA : Blackwell.

LINCK J A, OSTHUS P, KOETH J T, BUNTING M F, 2014. Working memory and second language comprehension and production : a meta-analysis [J] . Psychonomic bulletin and review, 21 (4): 861-883.

LOCKE J L, 1995. Development of the capacity for spoken language [M] //FLETCHER P F, MACWHINNEY B. The handbook of child language. Oxford : Blackwell : 278-302.

LOEWEN S, 2002. The occurrence and effectiveness of incidental focus on form in meaning-focused ESL lessons [D] . Auckland : University of Auckland.

LOGIE R H, 1999. State of the art : working memory [J] . The psychologist, 12 : 174-178.

LÖWEL S, SINGER W, 1992. Selection of intrinsic horizontal connections in the visual cortex by correlated neuronal activity [J] . Science, 255 (5041): 209-212.

LUNA B, SWEENEY J A, 2004. The emergence of collaborative brain function : fMRI studies of the development of response inhibition [J]. Annals of the New York academy of sciences, 1021 (1): 296-309.

LUNDBERG I, 1994. Reading difficulties can be predicted and prevented : a scandinavian perspective on phonological awareness and reading [M]//HULME C, SNOWLING M. Reading development and dyslexia. London : Whurr Publishers.

LUNDBERG I, HØIEN T, 1989. Phonemic deficits;a core symptom of developmental dyslexia? [J]. Irish journal of psychology, 10 (4): 579-592.

LURIA A R,1966. Higher cortical functions in man [M]. HAIGH B, Trans. London : Tavistock.

LUZZI S, PUCCI E, DI BELLA P, et al. , 2000. Topographical disorientation consequent to amnesia of spatial location in a patient with right parahippocampal damage [J]. Cortex, 36 (3): 427-434.

MACARO E,2000. Issues in target language teaching [M]//FIELD K. Issues in modern foreign language teaching. London : Routledge : 171-189.

MACARO E, 2005. Codeswitching in the L2 classroom : a communication and learning strategy [M]//LLURDA E. Non-native language teachers : perceptions, challenges and contributions to the profession. New York : Springer : 63-84.

MACDONALD M C, JUST M A, CARPENTER P A, 1992. Working memory constraints on the processing of syntactic ambiguity [J]. Cognitive psychology, 24 (1): 56-98.

MACE C A, 1932. Psychology of study [M]. London : Methuen & Co. Lt.

MACKEN W J, MOSDELL N, JONES D M, 1999. Explaining the irrelevant-sound effect;temporal distinctiveness or changing state? [J].

Journal of experimental psychology : learning, memory, and cognition, 25（3）: 810-814.

MAGUIRE E A, FRACKOWIAK R S J, FRITH C D, 1997. Recalling routes around London : activation of the right hippocampus in taxi drivers［J］. Journal of neuroscience, 17（18）: 7103-7110.

MAGUIRE E A, GADIAN D G, JOHNSRUDE I S, et al. , 2000. Navigation-related structural change in the hippocampi of taxi drivers ［J］. Proceedings of the National Academy of Sciences, USA, 97（8）: 4398-4403.

MAJERUS S, PONCELET M, VAN DER LINDEN M, et al. , 2008. Lexical learning in bilingual adults : the relative importance of short-term memory for serial order and phonological knowledge［J］. Cognition, 107（2）: 395-419.

MALT B C, 1989. An on-line investigation of prototype and exemplar strategies in classification［J］. Journal of experimental psychology : learning, memory, and cognition, 15（4）: 539-555.

MANCAS M, FERRERA V P, RICHE N, 2016. Why do computers need attention?［M］//MANCAS M, FERRERA V P, RICHE N, et al. From human attention to computational attention : a multidisciplinary approach. New York : Springer : 1-6.

MANDLER J M, 2012. On the spatial foundations of the conceptual systems and its enrichment［J］. Cognitive science, 36（3）: 421-451.

MANGELS J A, PICTON T W, CRAIK F I M, 2001. Attention and successful episodic encoding : an event-related potential study［J］. Cognitive brain research, 11（1）: 77-95.

MARGULIES D S, PETRIDES M, 2013. Distinct parietal and temporal connectivity profiles of ventrolateral frontal areas involved in language production［J］. Journal of neuroscience, 33（42）: 16846-16852.

MARINOFF L, 2003. The big questions : how philosophy can change your life [M]. New York : Bloomsbury.

MARKOWITSCH H J, KALBE E, KESSLER J, et al., 1999. Short-term memory deficit after focal parietal damage [J]. Journal of clinical and experimental neuropsychology, 21 (6): 784-797.

MASOURA E V, GATHERCOLE S E, 2005. Contrasting contributions of phonological short-term memory and long-term knowledge to vocabulary learning in a foreign language [J]. Memory, 13 (3-4): 422-429.

MATHEWS R C, BUSS R R, STANLEY W B, et al., 1989. Role of implicit and explicit processes in learning from examples : a synergistic effect [J]. Journal of experimental psychology learning memory and cognition, 15 (6): 1083-1100.

MCCABE J, HARTMAN M, 2003. Examining the locus of age effects on complex span tasks [J]. Psychology and aging, 18 (3): 562-572.

MCCALL R B, PLEMONS B W, 2001. The concept of critical periods and their implications for early childhood services [M] // BAILEY D B, BRUER J T, SYMONS F J, et al. Critical thinking about critical periods. Baltimore : Paul H. Brookes : 267-287.

MCDOUGALL S J P, DONOHOE R, 2002. Reading ability and memory span : long-term memory contributions to span for good and poor readers [J]. Reading and writing, 15 : 359-387.

MCDOWD J M, 2007. An overview of attention : behavior and brain [J]. Journal of neurologic physical therapy, 31 (3): 98-103.

MCGAUGH J L, 2000. Memory : a century of consolidation [J]. Sciences, 287 (5451): 248-251.

MCLAUGHLIN B, 1987. Theories of second language learning [J]. london : Edward Arnold.

MCLAUGHLIN B, 1990a. "Conscious" versus "unconscious"

learning [J] . TESOL quarterly, 24 (4): 617–634.

MCLAUGHLIN B, 1990b. Restructuring [J] . Applied linguistics, 11 (2): 113–128.

MCLAUGHLIN B, ROSSMAN T, MCLEOD B, 1983. Second language learning : an information-processing perspective [J] . Language learning, 33 (2): 135–158.

MCLEOD B, MCLAUGHLIN B, 1986. Restructuring or automaticity? reading in a second language [J] . Language learning, 36 (2): 109–123.

MCNAMARA D S, MCDANIEL M A, 2004. Suppressing irrelevant information : knowledge activation or inhibition? [J] . Journal of experimental psychology : learning, memory, and cognition, 30 (2): 465–482.

MELTON A W, 1970. The situation with respect to the spacing of repetitions and memory [J] . Journal of verbal learning and verbal behavior, 9 (5): 596–606.

MENDELSOHN A, PEARLMUTTER N J, 1999. Individual differences in relative clause attachment ambiguities. Poster presented in at the 12th Annual CUNY Conference on Human Sentence Processing [C] . New York : City University of New York.

MERZENICH M M, 2001. Cortical plasticity contributing to child development [M] //MCCLELLAND J L, SIEGLER R S. Mechanisms of cognitive development : behavioral and neural perspectives. Mahwah, NJ : Lawrence Erlbaum Associates : 67–95.

MESULAM M M, 1995. Cholinergic pathways and the ascending reticular activating system of the human brain [J] . Annals of the New York Academy of Sciences, 757 (1): 169–179.

MICHAEL-TITUS A, REVEST P, SHORTLAND P, 2011. The nervous system : basic science and clinical conditions [M] . 2nd ed. Churchill Livingstone : Elsevier.

MILLER G A, 1956. The magical number seven plus or minus two : some limits on our capacity for processing information [J]. Psychological review, 63 (2): 81-97.

MILLER W, 1964. The acquisition of formal features of language [J]. American journal of orthopsychiatry, 34 (5): 862-867.

MILNER B, 1965. Memory disturbances after bilateral hippocampal lesions [M]//MILNER P, GLICKMAN S. Cognitive processes and the brain. Princeton, NJ : D. Van Nostrand : 104-105.

MILNER B, 1966. Amnesia following operation on the temporal lobes [M]//WHITTY C, ZANGWILL O. Amnesia. London : Butterworth : 109-133.

MILNER B, CORKIN S, TEUBER H L, 1968. Further analysis of the hippocampal amnesic syndrome : 14-year follow-up study of H. M [J]. Neuropsychologia, 6 (3): 317-338.

MIYAKE A, FRIEDMAN N P, EMERSON M J, et al. , 2000. The unity and diversity of executive functions and their contributions to complex "frontal lobe" tasks : a latent variable analysis [J]. Cognitive psychology, 41 (1): 49-100.

MORELAND R L, BEACH S R, 1992. Exposure effects in the classroom : the development of affinity among students [J]. Journal of experimental social psychology, 28 (3): 255-276.

MORENO R, 2010. Educational psychology [M]. Hoboken, NJ : John Wiley & Sons : 197.

MUELLER S T, SEYMOUR T L, KIERAS D E, et al. , 2003. Theoretical implications of articulatory duration, phonological similarity, and phonological complexity in verbal working memory [J]. Journal of experimental psychology : learning, memory, and cognition, 29 (6): 1353-1380.

MURPHY P K, MASON L, 2006. Changing knowledge and beliefs [M]//ALEXANDER P A, WINNE P H. Handbook of educational psychology. 2nd ed. Mahwah, NJ : Lawrence Erlbaum Associates : 305–324.

MURRE J M J, GRAHAM K S, HODGES J R, 2001. Semantic dementia : relevance to connectionist models of long-term memory [J] . Brain, 124（4）: 647–675.

MYLES F, HOOPER J, MITCHELL R, 1999. Interrogative chunks in L2 French [J] . Studies in second language acquisition, 21（1）: 49–80.

NADER K, EINARSSON E O, 2010. Memory reconsolidation : an update [J] . Annals of the New York academy of sciences, 1191（1）: 27–41.

NATION P, 2003. The role of the first language in foreign language learning [J] . Asian EFL journal（1）: 35–39.

NAYA Y, SUZUKI W A, 2011. Integrating what and when across the primate medial temporal lobe [J] . Science, 333（6043）: 773–775.

NAYA Y, YOSHIDA M, MIYASHITA Y, 2001. Backward spreading of memory-retrieval signal in the primate temporal cortex [J] . Science, 291（5504）: 661–664.

NELSON C A, THOMAS K M, DE HAAN M, 2006. Neural bases of cognitive development [M] //KUHN D, SIEGLER R. Handbook of child psychology（Vol. 2）: cognition, perception, and language. 6th ed. New York : Wiley : 3–57.

NELSON T O, 1977. Repetition and depth of processing [J] . Journal of verbal learning and verbal behavior, 16（2）: 151–171.

NELSON T O, ROTHBART R, 1972. Acoustic savings for items forgotten from long-term memory [J] . Journal of experimental psychology, 93（2）: 357–360.

NEMSER W, 1971. Approximative systems of foreign language learners [J] . IRAL-international review of applied linguistics in language teaching, 9（2）：115-124.

NEVILLE H J, BRUER J T, 2001. Language processing : how experience affects brain organization ［M］//BAILEY D B, BRUER J T, SYMONS F J, et al. Critical thinking about critical periods. Baltimore : Paul H. Brookes : 151-172.

NEWELL A, ROSENBLOOM P S, 1981. Mechanisms of skill acquisition and the law of practice ［M］//ANDERSON J R. Cognitive skills and their acquisition. Hillsdale, NJ : Lawrence Erlbaum Associates : 1-55.

NEWPORT E L, BAVELIER D, NEVILLE H J, 2001. Critical thinking about critical periods : perspectives on a critical period for language acquisition ［M］//EMMANUEL E D. Language, brain, and cognitive development : essays in honor of Jacques Mehler. Cambridge, MA : MIT Press : 481-502.

NIE J, GUO L, LI K, et al. , 2012. Axonal fiber terminations concentrate on gyri ［J］. Cerebral cortex, 22（2）：2831-2839.

NIELSEN M, 2006. Copying actions and copying outcomes : social learning through the second year ［J］. Developmental psychology, 42（3）：555-565.

NORRIS D, MCQUEEN J M, CUTLER A, et al. , 1997. The possible-word constraint in the segmentation of continuous speech ［J］. Cognitive psychology, 34（3）：191-243.

NORRIS J M, ORTEGA L, 2000. Effectiveness of L2 instruction : a research synthesis and quantitative meta-analysis ［J］. Language learning, 50（3）：417-528.

NORTON B, 2001. Non-participation, imagined communities, and the language classroom ［M］//BREEN M. Learner contributions to language learning : new directions in research. London : Longman : 159-171.

NUNAN D, 1999. Second language teaching and learning ［M］.

boston : Heinle & Heinle Publishers.

OAKHILL J, BERENHAUS M, CAIN K, 2015. Children's reading comprehension and comprehension difficulties [M] //POLLATSEK A, TREIMAN R. Oxford handbook of reading. New York : Oxford University Press : 344–360.

OECD. 2002. Understanding the brain : towards a new learning sience [M] . Paris : Organization for Economic Co-operation and Development.

OECD, 2007. Understanding the brain : the birth of a learning science [M] . [S. l.] : OECD Publishing.

OHATA K, 2005. Potential sources of anxiety for Japanese learners of English : preliminary case of interviews with five Japanese college students in the US [J] . TESL-EJ, 9 (3) : 2–23.

OLESEN P J, WESTERBERG H, KLINGBERG T, 2004. Increased prefrontal and parietal brain activity after training of working memory [J] . Nature neuroscience, 7 (1) : 75–79.

O'MALLEY J M, CHAMOT A U, 1990. Learning strategies in second language acquisition [M] . New York : Cambridge University Press.

O'RAHILLY R, MÜLLER F, 1994. The embryonic human brain : an atlas of developmental stages [M] . New York : Wiley-Liss.

ORMROD J E, 2012. Human learning [M] . 6th ed. Upper Saddle River, NJ : Pearson.

ØSTBY Y, TAMNES C K, FJELL A M, et al. , 2011. Morphometry and connectivity of the fronto-parietal verbal working memory network in development [J] . Neuropsychologia, 49 (14) : 3854–3862.

OWENS M, KOSTER E H, DERAKSHAN N, 2013. Improving attention control in dysphoria through cognitive training : transfer effects on working memory capacity and filtering efficiency [J] . Psychophysiology, 50 (3) : 297–307.

PAIVIO A, 1965. Abstractness, imagery, and meaningfulness in paired-associate learning [J]. Journal of verbal learning and verbal behavior, 4 (1): 32-38.

PAIVIO A, 1975. Coding distinctions and repetition effects in memory [M] //BOWER G H. The psychology of learning and motivation (Vol. 9). New York : Academic Press : 179-214.

PAIVIO A, 1986. Mental representations : a dual coding approach [M]. Oxford : Oxford University Press.

PAIVIO A, 2006. Mind and its evolution : a dual coding theoretical approach [M]. Hillsdale, NJ : Laurence Erlbaum Associates.

PALLIER C, BOSCH L, SEBASTIAN-GALLÉS N, 1997. A limit on behavioral plasticity in speech perception [J]. Cognition, 64 (3): B9-17.

PANDYA D N, BARNES C L, 1987. Architecture and connections of the frontal lobe [M] //PERECMAN E. The frontal lobes revisited. New York : The IRBN Press : 41-72.

PAPAGNO C, 1996. Contribution of the phonological loop to phonological learning of new vocabulary [J]. Perceptual and motor skills, 82 (3): 769-770.

PARADIS M, 2004. A neurolinguistic theory of bilingualism [M]. Amsterdam : John Benjamins.

PAULESU E, FRITH C D, FRACKOWIAK R S J, 1993. The neural correlates of the verbal component of working memory [J]. Nature, 362 (6418): 342-345.

PAVLOV I P, 1927. Conditioned reflexes [M]. ANREP G V, Trans. London : Oxford University Press.

PENFIELD W, ROBERTS L, 1959. Speech and brain mechanisms [M]. Princeton : Princeton University Press.

PETERSON L R, PETERSON M J, 1959. Short-term retention of individual items [J]. Journal of experimental psychology, 58 (3):

193-198.

PFEFFERBAUM A, ROHLFING T, ROSENBLOOM M J, et al. , 2013. Variation in longitudinal trajectories of regional brain volumes of healthy men and women (ages 10 to 85 years) measured with atlas-based parcellation of MRI [J] . Neuroimage, 65 : 176-193.

PIAGET J, 1952. The origins of intelligence in children [M] . New York : International Universities Press.

PIAGET J, 1962. Play, dreams and imitation in childhood [M] . New York : Norton.

PIAGET J, 1970. Piaget's theory [M] //MUSSEN P H. Carmichael's manual of child psychology (Vol. 1) . New York : Wiley : 703-732.

PIECHURSKA-KUCIEL E, SZYSZKA M, 2015. The ecosystem of the foreign language learner : selected issues [M] . Cham : Springer.

PIERCE L J, CHEN J K, DELCENSERIE A, et al. , 2015. Past experience shapes ongoing neural patterns for language. Nature Communications, 6 (10073) : 1-11.

PIMSLEUR P, 1967. A memory schedule [J] . The modern language journal, 51 (2) : 73-75.

PINEL J J, BARNES S J, 2018. Biopsychology [M] . 10th ed. Harlow : Pearson.

PINKER S, 1994. The language instinct : how the mind creates language [M] . New York : William Morrow and company : 294.

PINKER S, 2007. The stuff of thought : language as a window into human nature [M] . New York : Viking.

PIROLLI P L, ANDERSON J R, 1985. The role of practice in fact retrieval [J] . Journal of experimental psychology learning memory and cognition, 11 (1) : 136-153.

POBRIC G, JEFFERIES E, LAMBON RALPH M A, 2007. Anterior temporal lobes mediate semantic representation : mimicking semantic dementia by using rTMS in normal participants [J] . Proceedings of the National Academy of Sciences, USA, 104 (50): 20137-20141.

POLIO C, 2007. A history of input enhancement : defining an evolving concept [M] //GASCOIGNE C. Assessing the impact of input enhancement in second language education. Stillwater, OK : New Forums Press : 1-17.

POSNER M I, PETERSEN S E, 1990. The attention system of the human brain [J] . Annual review of neuroscience, 13 (1): 25-42.

POSNER M I, ROTHBART M K, 2007. Research on attention networks as a model for the integration of psychological science [J] . Annual review of psychology, 58 (1): 1-23.

POSNER M I, STEPHEN J B, 1971. Components of attention [J] . Psychological review, 78 (5): 391-408.

POSTMA A, DE HAAN, 1996. What was where ? Memory for object locations [J] . Quarterly journal of experimental psychology : human experimental psychology, 49A (1): 178-199.

POTTER M C, SO K, VON ECKARDT B, et al. , 1984. Lexical and conceptual representation in beginning and proficient bilinguals[J]. Journal of verbal learning and verbal behavior, 23 (1): 23-38.

PREMACK D,1962. Reversibility of the reinforcement relation[J]. Science, 136 (3512): 255-257.

PREMACK D, 1971. Catching up with common sense or two sides of a generalization : reinforcement and punishment [M] //GLASER R. The nature of reinforcement. New York : Academic Press : 121-150.

PRIBRAM K H, MILLER G A, GALANTER E, 1960. Plans and the structure of behavior [M] . New York : Holt, Rinehart and Winston.

QUARTZ S R, SEJNOWSKI T J, 1997. The neural basis of cognitive development : a constructivist manifesto [J] . Behavioral and brain sciences, 20 (4): 537-596.

RATNER N B, GLEASON, J. B. 1997. Psycholinguistics [M]. London : Wadsworth Publishing.

RAZRAN G, 1971. Mind in evolution : an East-west synthesis of learned behavior and cognition [M]. Boston, MA : Houghton Mifflin.

REBER A S, 1967. Implicit learning of artificial grammars [J]. Journal of verbal learning and verbal behavior, 5 (4): 855-863.

REBER A S, 1976. Implicit learning of synthetic languages : the role of instructional set [J]. Journal of experimental psychology : human learning and memory, 2 (1): 88-94.

REBER P J, SQUIRE L R, 1994. Parallel brain systems for learning with and without awareness [J]. Learning and memory, 1 (4): 217-229.

REBUSCHAT P, 2008. Implicit learning of natural language syntax [D]. Cambridge, UK : University of Cambridge.

REBUSCHAT P, WILLIAMS J N, 2006. Dissociating implicit and explicit learning of natural language syntax [M] //SUN R, MIYAKE N. Proceedings of the 28th Annual Conference of the Cognitive Science Society. Mahwah, NJ : Lawrence Erlbaum Associates : 2594.

REID M J, 1987. The learning style preferences of ESL students [J]. TESOL Quarterly, 21 (1): 87-111.

REPOVS G, BADDELEY A, 2006. The multi-component model of working memory:explorations in experimental cognitive psychology[J]. Neuroscience, 139 (1): 5-21.

RESCORLA R A, WAGNER A R, 1972. A theory of Pavlovian conditioning : variations in the effectiveness of reinforcement and nonreinforcement [M] //BLACK A H, PROKASY W F. Classical conditioning II : current research and theory. New York : Appleton Century Crofts : 64-99.

RICHARDS J C, SCHMIDT J, 2010. Longman dictionary of language teaching and applied linguistics [M]. 4th ed. Harlow :

Pearson.

ROBERT J S, 2001. Cognitive psychology [M]. 3rd ed. Harlow: Pearson.

ROBINSON P, 1995. Attention, memory, and the "noticing" hypothesis [J]. Language learning, 45 (2): 283-331.

ROBINSON P, 1997. Individual differences and the fundamental similarity of implicit and explicit adult second language learning [J]. Language learning, 47 (1): 45-99.

ROBINSON P, MACKEY A, SUSAN M, et al. , 2012. Attention and awareness in second language acquisition [M] //GASS S M, MACKEY A. The routledge handbook of second language acquisition. London and New York: Routledge: 247-281.

ROEHR K, 2008. Linguistic and metalinguistic categories in second language learning [J]. Cognitive linguistics, 19 (1): 67-106.

ROGERS T B, KUIPER N A, KIRKER W S, 1977. Self-reference and the encoding of personal information. Journal of personality and social psychology, 35 (9): 677-688.

ROODENRYS S, STOKES J, 2001 Serial recall and nonword repetition in reading disabled children [J]. Reading and writing: 14 (5-6), 379-394.

ROOZENDAAL B, SCHELLING G, MCGAUGH J L, 2008. Corticotropin-releasing factor in the basolateral amygdala enhances memory consolidation via an interaction with the beta-adrenoceptor-camp pathway: dependence on glucocorticoid receptor activation [J]. Journal of neuroscience, 28 (26): 6642-6651.

ROSCH E, 1975a. Cognitive representations of semantic categories [J]. Journal of experimental psychology: general, 104 (3): 192-233.

ROSCH E, 1975b. The nature of mental codes for color categories [J]. Journal of experimental psychology human perception and performance, 1（4）: 303-322.

ROSCH E, 1978. Principles of categorization [M]//ROSCH E, LLOYD B B. Cognition and categorization. Hillsdale, NJ: Lawrence Erlbaum Associates: 27-48.

ROSCH E, MERVIS C B, 1975. Family resemblances: studies in the internal structure of categories [J]. Cognitive psychology, 7（4）: 573-605.

ROSENBAUM R S, KÖHLER S, SCHACTER D L, et al., 2005. The case of K.C.: contributions of a memory-impaired person to memory theory [J]. Neuropsychologia, 43（7）: 989-1021.

ROUX F, WIBRAL M, MOHR H M, et al., 2012. Gamma-band activity in human prefrontal cortex codes for the number of relevant items maintained in working memory [J]. Journal of neuroscience, 32（36）: 12411-12420.

RUMELHART D E, MCCLELLAND J L, 1986. Parallel distributed processing: explorations in the microstructure of cognition: foundations of research（Vol. 1）[M]. Cambridge, MA: MIT Press.

RUNDUS D, 1971. Analysis of rehearsal processes in free recall [J]. Journal of experimental psychology, 89（1）: 63-77.

SACHS J S, 1967. Recognition memory for syntactic and semantic aspects of connected discourse [J]. Perception and psychophysics, 2（9）: 437-442.

SAMPSON G, 2005. The "language instinct" debate [M]. Rev. ed. London: Continuum.

SASAKI M A, 2004. Multiple-data analysis of the 3. 5-year development of EFL student writers [J]. Language learning, 54（3）: 525-582.

SCHIFFMAN H F, 1996. Linguistic culture and language policy [M]. London & New York: Routledge.

SCHIMMOELLER M A, 1998. Influence of private speech on the

writing behaviors of young children : four case studies [R]. Paper presented at the annual meeting of the American Educational Research Association, San Diego, CA.

SCHMIDT R, 1990. The role of consciousness in second language learning [J]. Applied linguistics, 11 (2): 129-158.

SCHMIDT R, 1995. Consciousness and foreign language learning : a tutorial on the role of attention and awareness in learning [M] // SCHMIDT R. Attention and awareness in foreign language learning and teaching. Honolulu, HI : University of Hawaii Press : 1-64.

SCHMITHORST V J, WILKE, M, DARDZINSKI B J, et al., 2005. Cognitive functions correlate with white matter architecture in a normal pediatric population : a diffusion tensor MRI study [J]. Human brain mapping, 26 (2): 139-147.

SCHNEIDER W, SHIFFRIN R M, 1977. Controlled and automatic human information processing : detection, search, and attention [J]. Psychological review, 84 (2): 1-66.

SCHUMANN J, 1997. The view from elsewhere : why there can be no best method for teaching a second language [J]. The clarion : magazine of the european second language acquisition, 3 (1): 23-24.

SCHUMANN J H, 1978. The acculturation model for second-language acquisition [M] //GRINGAS R. Second language acquisition and foreign language teaching. Washington, DC : Center for Applied Linguistics : 27-50.

SCHUMANN J H,1997. The neurobiology of affect in language[M]. Maiden, MA : Blackwell.

SCHUMANN J H, 2004. The neurobiology of aptitude [M] // SCHUMANN J H, CROWELL S E, JONES N E, et al. The neurobiology of learning : perspectives from second language acquisition. Mahwah, NJ : Lawrence Erlbaum Associates : 7-22.

SCHUNK D H, 1987. Peer models and children's behavioral change

［J］. Review of educational research, 57（2）: 149–174.

SCHUNK D H, 1991. Self-efficacy and academic motivation［J］. Educational psychologist, 26（3–4）: 207–231.

SCHUNK D H, 2001. Social cognitive theory and self-regulated learning［M］//ZIMMERMAN B J, SCHUNK D H. Self-regulated learning and academic achievement: theoretical perspectives. 2nd ed. Mahwah, NJ: Lawrence Erlbaum Associates: 125–151.

SCHUNK D H, 2010. Learning theories: an educational perspective［M］. 5th ed. Boston: Pearson: 93.

SCHUNK D H, 2012. Learning theories: an educational perspective［M］. 6th ed. Boston: Pearson.

SCHUNK D H, HANSON A R, COX P D, 1987. Peermodel attributes and children's achievement behaviors［J］. Journal of educational psychology, 79（1）: 54–61.

SCHUNK D H, PAJARES F, 2009. Self-efficacy theory［M］// WENTZEL K R, WIGFIELD A. Handbook of motivation at school. New York: Routledge: 35–53.

SCOVILLE W B, MILNER B, 1957. Loss of recent memory after bilateral hippocampal lesions［J］. Journal of neurology, neurosurgery and psychiatry, 20（1）: 11–21.

SEGAL N L, 1999. Entwined lives: twins and what they tell us about human behavior［M］. New York: Dutton.

SEKERES M J, MOSCOVITCH M, WINOCUR G, 2017. Mechanisms of memory consolidation and transformation［M］// AXMACHER N, RASCH B. Cognitive neuroscience of memory consolidation. Switzerland: Springer.

SELINKER L, 1972. Interlanguage. International review of applied linguistics, 10（1–4）: 209–230.

SELINKER L, 1992. Rediscovering interlanguage［M］. London: Longman.

SELINKER L, SELINKER P, 1972. An annotated bibliography of V. S. Ph. D. dissertations in contrastive linguistics [M] . Washington, DC : Center for Applied Linguistics.

SERESS L, 2001. Morphological changes of the human hippocampal formation from midgestation to early childhood [M] //NELSON C A, LUCIANA M. Handbook of developmental cognitive neuroscience. Cambridge, MA : MIT Press : 45–58.

SERVICE E, 1992. Phonology, working memory, and foreign-language learning [J] . Quarterly journal of experimental psychology, 45 (1): 21–50.

SERVICE E, KOHONEN V, 1995. Is the relation between phonological memory and foreign-language learning accounted for by vocabulary acquisition ? [J] . Applied psycholinguistics, 16 (2): 155–172.

SERVICE E, SIMOLA M, METSANHEIMO O, et al., 2002. Bilingual working memory span is affected by language skill [J] . European journal of cognitive psychology, 14 (3): 383–408.

SEWELL P, 2004. Students buzz round the translation class like bees round the honey pot-why ? [M] //MALMKJAR K. Translation in undergraduate degree programmes. Amsterdam and Philadelphia, PA : John Benjamins : 151–162.

SHALLICE T, WARRINGTON E, 1969. Independent functioning of verbal memory stores : a neuropsychological study [J] . Quarterly journal of experimental psychology, 22 (2): 261–273.

SHALLICE T, WARRINGTON E K, 1977. Auditory-verbal short-term memory impairment and conduction aphasia [J] . Brain and language, 4 (4): 479–491.

SHARWOOD-SMITH M, 1981. Consciousness-raising and the second language learner [J] . Applied linguistics (2): 159–168.

SHARWOOD-SMITH M, 1991. Speaking to many minds : on the

relevance of different types of language information for the L2 learner [J]. Second language research, 7 : 118-132.

SHEOREY R, 1999. An examination of language learning strategy use in the setting of an indigenized variety of English [J]. System, 27 (2): 173-190.

SHERMAN J, BISANZ J, 2009. Equivalence in symbolic and nonsymbolic contexts : benefits of solving problems with manipulatives [J]. Journal of educational psychology, 101 (1): 88-100.

SHIFFRIN R M, SCHNEIDER W, 1977. Controlled and automatic human information processing : perceptual learning, automatic attending, and a general theory [J]. Psychological review, 84 (2): 127-190.

SHIFFRIN R M, SCHNEIDER W, 1984. Automatic and controlled processing revisited [J]. Psychological review, 91 (2): 269-276.

SHOHAMY D, MYERS C E, KALANITHI J, et al. , 2009. Basal ganglia and dopamine contributions to probabilistic category learning [J]. Neuroscience and biobehavioral reviews, 32 (2): 219-236.

SIMON H A,1974. How big is a chunk ? [J]. Science,183(4124): 482-488.

SIMPSON T L, 2002. Dare I oppose constructivist theory? [J] The educational forum, 66 (4): 347-354.

SKEHAN P, 1989. Individual differences in second-language learning [M]. London : Edward Arnold : 233.

SKINNER B F, 1938. The behavior of organisms : an experimental analysis [M]. New York : Appleton-Century-Crofts.

SKINNER B F, 1953. Science and human behavior [M]. New York : The Free Press : 65.

SKINNER D, 1985. Access to meaning : the anatomy of the language learning connection [J]. Journal of mutilingual and multicultural development, 6 (2): 369-389.

SLAMEKA N J, GRAF P, 1978. The generation effect : delineation of a phenomenon [J]. Journal of experimental psychology : human learning and memory, 4 (6): 592-604.

SLATER A, MATTOCK A, BROWN E, 1990. Size constancy at birth : newborn infants' responses to retinal and real size [J]. Journal of experimental child psychology, 49 (2): 314-322.

SLAVIN R E, 2017. Educational psychology : theory and practice [M]. 12th ed. Boston : Pearson.

SMITH A, 2002. The brain's behind it : new knowledge about brain and learning [M]. Stafford : Network Educational Press.

SMITH C N, SQUIRE L R, 2009. Medial temporal lobe activity during retrieval of semantic memory is related to the age of the memory [J]. Journal of neuroscience, 29 (4): 930-938.

SMITH E E, JONIDES J, KOEPPE R A, 1996. Dissociating verbal and spatial working memory using PET [J]. Cerebral cortex, 6 (1): 11-20.

SMITH E E, KOSSLYN S M, 2007. Cognitive psychology : mind and brain [M]. Upper Saddle River, NJ : Prentice Hall.

SMITH E R, CONREY F R, 2009. The social context of cognition [M]//ROBBINS P, AYDEDE M. The Cambridge handbook of situated cognition. Cambridge, MA : Cambridge University Press : 454-466.

SNYDER K A, 2007. Neural mechanisms of attention and memory in preferential looking tasks [M]//OAKES L M, BAUER P J. Short and long-term memory in infancy and early childhood : taking the first steps toward remembering. New York : Oxford University Press : 179-208.

SOUSA D A, 2010. Mind, brain and education : neuroscience implications for the classroom [M]. Bloomington, IN : Solution Tree Press.

SOWELL E R, JERNIGAN T L, 1998. Further MRI evidence of late brain maturation : limbic volume increases and changing asymmetries during childhood and adolescence [J]. Developmental neuropsychology, 14 (4): 599-617.

SPECIALE G, ELLIS N C, BYWATER T, 2004. Phonological sequence learning and short-term store capacity determine second language vocabulary acquisition[J]. Applied psycholinguistics, 25(2): 293-320.

SPELKE E S, 2000. Core knowledge [J]. American psychologist, 55: 1233-1243.

SPERLING G, 1960. The information available in brief visual presentations [J]. Psychological monographs, 74 (11): 1-29.

SPIERS H J, MAGUIRE E A, BURGESS N, 2001. Hippocampal amnesia [J]. Neurocase, 7 (5): 357-382.

SPITZER H F, 1939. Studies in retention [J]. Journal of educational psychology, 30 (97): 641-657.

SQUEGLIA L M, JACOBUS J, SORG S F, et al., 2013. Early adolescent cortical thinning is related to better neuropsychological performance [J]. Journal of the international neuropsychological society, 19 (9): 962-970.

STANDING L, 1973. Learning 10,000 pictures [J]. Quarterly journal of experimental psychology, 25 (2): 207-222.

STANOVICH K, SIEGEL L, 1994. The phenotypic performance profile of reading-disabled children: a regression-based test of the phonological-core variable-difference model [J]. Journal of educational psychology 86 (1): 1-30.

STEIN B S, BRANSFORD J D, 1979. Constraints on effective elaboration: effects of precision and subject generation [J]. Journal of verbal learning and verbal behavior, 18 (6): 769-777.

STEINBERG D D, SCIARINI N V, 2006. An introduction to psycholinguistics [M]. 2nd ed. Harlow: Pearson.

STEINBERG L, 2009. Should the science of adolescent brain

development inform public policy? [J]. American psychologist, 64(8): 739-750.

STERN H H, 1983. Fundamental concepts of language teaching [M]. Oxford : Oxford University Press.

STERNBERG R J, STERNBERG K, 2012. Cognitive psychology [M]. 6th ed. Belmont : Wadsworth.

STILES J, 2008. The fundamentals of brain development : integrating nature and nurture [M]. Cambridge, MA : Harvard University Press.

STREETER L A, 1976. Language perception of two-month-old infants shows effects of both innate mechanisms and experience [J]. Nature, 259 (5538): 39-41.

SUTTON J, 2003. Memory, philosophical issues about [M] // NADEL L. Encyclopedia of cognitive science. London : Nature Publishing Group : Vol. 2, 1109-1113.

SWAIN M, 1985. Communicative competence : some roles of comprehensive input and comprehensible output in its development [M] // GASS S, MADDEN C. Input in second language acquisition. Rowley, MA : Newbury House : 235-253.

SWAIN M, LAPKIN S, 1995. Problems in output and the cognitive processes they generate : a step towards second language learning [J]. Applied linguistics, 16 (3): 371-391.

SWAIN M, LAPKIN S, 2000. Task-based second language learning : the uses of the first language [J]. Language teaching research, 4 (3): 251-274.

TALMY L, 2008. Aspects of attention in language [M] // ROBINSON R, ELLIS N C. Handbook of cognitive linguistics and second language acquisition. New York : Routledge : 27-38.

TAMNES C K, ØSTBY Y, FJELL A M, et al. , 2010. Brain maturation in adolescence and young adulthood : regional age-related changes in cortical thickness and white matter volume and microstructure [J]. Cerebral cortex, 20 (3): 534-548.

TAMNES C K, WALHOVD K B, DALE A M, et al., 2013. Brain development and aging: overlapping and unique patterns of change [J]. Neuroimage, 68: 63-74.

TARONE E, SWAIN M, 1995. A sociolinguistic perspective on second language use in immersion classrooms [J]. Modern language journal, 79 (2) 166-178.

TAYLOR R, THOMSON H, SUTTON D, et al., 2017. Does working memory have a single capacity limit? [J]. Journal of memory and language, 93: 67-81.

THELEN M H, FRY R A, FEHRENBACH P A, et al., 1979. Therapeutic videotape and film modeling: a review [J]. Psychological bulletin, 86 (4): 701-720.

THOMPSON R F, STEINMETZ J E, 2009. The role of the cerebellum in classical conditioning of discrete behavioral responses [J]. Neuroscience, 16 (23): 732-755.

THORNDIKE E L, 1911. Animal intelligence: experimental studies [M]. New York: Macmillan.

THORNDIKE E L, 1913a. Educational psychology: the original nature of man (Vol. 1) [M]. New York: Teachers College Press.

THORNDIKE E L, 1913b. Educational psychology: the psychology of learning (Vol. 2) [M]. New York: Teachers College Press: 4.

THORNDIKE E L, 1931. Human learning [M]. New York: The Century Company.

TOLMAN E C, 1932. Purposive behavior in animals and men [M]. New York: The Century Company.

TOLMAN E C, 1938. The determiners of behavior at a choice point [J]. Psychological review, 45 (1): 1-41.

TOLMAN E C, 1942. Drives toward war [M]. London: Appleton-

Century.

TOLMAN E C, 1959. Principles of purposive behavior [M] //KOCH S. Psychology: a study of a science (Vol. 2). New York: McGraw-Hill: 92-157.

TOLMAN E C, HONZIK C H, 1930. Introduction and removal of reward, and maze performance in rats [J]. University of California publications in psychology, 4: 257-275.

TOPPING K, EHLY S, 1998. Introduction to peer-assisted learning [M] //TOPPING K, EHLY S. Peer-assisted Learning. London: Routledge: 1-24.

TOWELL R, 2013. Learning mechanisms and automatization [M] //HERSCHENSOHN J, YOUNG-SCHOLTEN M. The Cambridge handbook of second language acquisition. Cambridge: Cambridge University Press: 114-136.

TREISMAN A M, 1964. Verbal cues, language and meaning in selective attention [J]. American journal of psychology, 77 (2): 215-216.

TREISMAN A M, GEFFEN G, 1967. Selective attention: perception or response? [J]. Quarterly journal of experimental psychology, 19 (1): 1-17.

TREMAINE R V, 1975. Syntax and Piagetian operational thought [M]. Washington, D. C.: Georgetown University Press.

TREMBLAY S, NICHOLLS A P, ALFORD D, et al., 2000. The irrelevant sound effect: does speech play a special role? [J]. Journal of experimental psychology: learning, memory, and cognition, 26 (6), 1750-1754.

TRIANDIS H C, SUH E M, 2002. Cultural influences on personality [J]. Annual review of psychology, 53 (1): 133-160.

TROFIMOVICH P, TURUŠEVA L, 2015. Ethnic identity and second language learning [J]. Annual review of applied linguistics,

35 : 234-252.

TSAGARI D, GEORGIOS G, 2014. Translation in language teaching and assessment [M] . Newcastle : Cambridge Scholars Publishing.

TULVING E, 1983. Elements of episodic memory [M] . New York : Oxford University Press.

TULVING E, 2002. Episodic memory : from mind to brain [J] . Annual review of psychology, 53 (1) : 1-25.

TUOVINEN J E, SWELLER J, 1999. A comparison of cognitive load associated with discovery learning and worked examples [J] . Journal of educational psychology, 91 (2) : 334-341.

TURNURE J, BUIUM N, THURLOW M, 1976. The effectiveness of interrogatives for promoting verbal elaboration productivity in young children [J] . Child development, 47 (3) : 851-855.

ULLMAN M, 2001. The neural basis of lexicon and grammar in first and second language : the declarative/procedural model [J] . Bilingualism : language and cognition, 4 (1) : 105-122.

ULLMAN M T, 2015. The declarative/procedural model : a neurobiologically motivated theory of first and second language [M] //VANPATTEN B, WILLIAMS J. Theories in second language acquisition : an introduction. 2nd ed. New York : Rouledge : 135-158.

UNDERWOOD B J, SCHULZ R W, 1960. Meaningfulness and verbal learning [M] . Philadelphia : J. B. Lippincott.

VAN LEIJENHORST L, CRONE E A, VAN DER MOLEN, et al. , 2007. Developmental trends for object and spatial working memory : a psychophysiological analysis. Child development, 78 (3) : 987-1000.

VAN MERRIËNBOER J J G, KESTER L, 2008. Whole-task models in education [M] //SPECTOR J M, MERRILL M D, VAN MERRIËNBOER J, et al. Handbook of research on educational communications and technology. 3rd ed. New York : Lawrence Erlbaum

Associates : 441-456.

VANPATTEN B, 1996. Input processing and grammar instruction : theory and research [M]. Norwood, NJ : Ablex : 14.

VANPATTEN B, 2004. Processing instruction : theory, research, and commentary [M]. Mahwah, NJ : Lawrence Erlbaum Associates.

VANPATTEN B, 2007. Input processing in adult second language acquisition [M]//VANPATTEN B, WILLIAMS J. Theories in second language acquisition. Mahwah, NJ : Lawrence Erlbaum Associates : 115-135.

VANPATTEN B, 2009. Processing matters in input enhancement [M]//PISKE T, YOUNG-SCHOLTEN M. Input matters in SLA. Bristol, Buffalo & Toronto : Multilingual Matters.

VANPATTEN B, 2012. Input processing [M]//GASS S M, MACKEY A. The Routledge handbook of second language acquisition. London and New York : Routledge : 247-281.

VARGHA-KHADEM F, GADIAN D G, WATKINS K E, et al., 1997. Differential effects of early hippocampal pathology on episodic and semantic memory [J]. Science, 277 (5329) : 376-380.

VOULOUMANOS A, WERKER J F, 2004. Tuned to the signal : the privileged status of speech for young infants [J]. Developmental science, 7 (3) : 270-276.

VYGOTSKY L S, 1962. Thought and language [M]. Cambridge, MA : MIT Press.

VYGOTSKY L S, 1978. Mind in society : the development of higher psychological processes [M]. Cambridge, MA : Harvard University Press.

VYGOTSKY L S, 1987. The collected works of L. S. Vygotsky (Vol. 1) : problems of general psychology [M]. New York : Plenum.

WALKER E F, 2002. Adolescent neurodevelopment and psychopathology [J]. Current directions in psychological science, 11 (1) : 24-28.

WALTER C, 2008. Phonology in second language reading : not an optional extra [J]. TESOL quarterly, 42 (3): 455-474.

WATANABE Y, 2008. Peer-peer interaction between L2 learners of different proficiency levels : their interactions and reflections [J]. The Canadian modern language review, 64 (4): 605-635.

WATERS G S, CAPLAN D, HILDEBRANDT N, 1987. Working memory and written sentence comprehension [M] //COLTHEART M. Attention and performance (Vol. 12): the psychology of reading. Hove, UK : Lawrence Erlbaum Associates, 531-555.

WEINREICH U, 1953. Languages in contact [M]. New York : the linguistics circle of New York.

WERKER J F, PEGG J E, 1992. Infant speech perception and phonological acquisition [M] //FERGUSON C A, MENN L, STOEL-GAMMON C. Phonological development : models, research, and implications. Timonium, MD : York : 285-311.

WERKER J F, TEES R C, 1984. Cross-language speech perception : evidence for perceptual reorganization during the first year of life [J]. Infant behavior and development, 7 (1): 49-63.

WERTHEIMER M, 1912. Experimentelle Studien über das Sehen von Bewegung [J]. Zeitschrift für Psychologie, 61 : 161-265.

WESTMACOTT R, MOSCOVITCH M, 2003. The contribution of autobiographical significance to semantic memory [J]. Memory and cognition, 31 (5): 761-774.

WHITNEY P, RITCHIE B G, CLARK M B, 1991. Working-memory capacity and the use of elaborative inferences in text comprehension [J]. Discourse processes, 14 (2): 133-145.

WICKELGREN W A, 1975. Alcoholic intoxication and memory storage dynamics [J]. Memory and cognition, 3 (4): 385-389.

WICKENS C D, 1984. Processing resources in attention [M] // PARASURAMAN R, DAVIES D R. Varieties of attention. Orlando,

FL : Academic Press : 63-102.

WIJNEN F, 2016. Not compelling: commentary on Evans 2014 [J] . Language, 92 (1): 207-209.

WILLIAMS J N, 1999. Memory, attention, and inductive learning [J] . Studies in second language acquisition, 21 (1): 1-48.

WILLIAMS J N, 2005. Learning without awareness [J] . Studies in second language acquisition, 27 (2): 269-304.

WILLIAMS J N, 2012. Working memory and SLA [M] //GASS S M, MACKEY A. The Routledge handbook of second language acquisition. London and New York : Routledge : 427-441.

WILLIAMS M, BURDEN R L, 1997. Psychology for language teachers : a social constructivist approach [M] . Cambridge, MA : Cambridge University Press : 22.

WILLIAMS J N, LOVATT P, 2003. Phonological memory and rule learning [J] . Language learning, 53 (1): 67-121.

WILLINGHAM D B, GOEDERT-ESCHMANN K, 1999. The relation between implicit and explicit learning : evidence for parallel development. Psychological science, 10 (6): 531-534.

WINSLER A, NAGLIERI J, 2003. Overt and covert verbal problem-solving strategies : developmental trends in use, awareness, and relations with task performance in children aged 5 to 17 [J] . Child development, 74 (3): 659-678.

WITTGENSTEIN L, 1953. Philosophical investigations [M] . Oxford : Blackwell.

WIXTED J T, 2004. The psychology and neuroscience of forgetting [J] . Annual review of psychology, 55 (1): 235-269.

WOLDORFF M G, GALLEN C C, HAMPSON S A, et al. , 1993. Modulation of early sensory processing in human auditory cortex during auditory selective attention [J] . Proceedings of the National Academy of Sciences, USA, 90 (8): 8722-8726.

WONG W, 2005. Input enhancement : from theory and research to the classroom [M]. New York : McGraw-Hill.

WOZNIAK P A, BIEDALAK K, 1992. The SuperMemo method— optimization of learning [J]. Informatyka, 10 : 1-9.

WOZNIAK P A, GORZELANCZYK E J, 1994. Optimization of repetition spacing in the practice of learning [J]. Acta Neurobiologiae Experimentalis, 54 (1): 59-62.

WRIGHT R D, WARD L M, 2008. Orienting of attention [M]. Oxford : Oxford University Press.

WU Y, 2000. The neurobiology of language acquisition [D]. Los Angeles : University of California, Los Angeles.

ZAJONC R B, 1968. Attitudinal effects of mere exposure [J]. Journal of personality and social psychology, 9 (2): 1-27.

ZAJONC R B, 1998. Emotions [M] //GILBERT D T, FISKE S T, LINDZEY G. Handbook of social psychology (Vol. 1). 4th ed. New York : McGraw-Hill : 591-632.

ZAJONC R B, 2001. Mere exposure : a gateway to the subliminal [J]. Current directions in psychological science, 10 (6): 224-228.

ZATORRE R J, MONDOR T A, EVANS A C, 1999. Auditory attention to space and frequency activates similar cerebral systems [J]. Neuroimage, 10 (5): 544-554.

ZHENG Y, 2008. Anxiety and second/foreign language learning revisited [J]. Canadian journal for new scholars in education, 1 (1): 1-12.

ZIAD M H, CLARK J J, 2002. Microsaccades as an overt measure of covert attention shifts [J]. Vision Research, 42 (22): 2533-2545.

毕经文, 1999. 浅论孔子教育思想的现实意义 [J]. 山东教育科研 (9): 32-33.

蔡厚德, 2010. 生物心理学：认知神经科学视角 [M]. 上海：上海教育出版社.

陈宝国，徐慧卉，2010. 工作记忆容量的差异对第二语言句法歧义句加工的影响［J］. 心理学报，42（2）：185-192.

陈广西，王延涛，2000. 简论中庸思想的发展［J］. 开封教育学院学报，20（3）：13-15.

陈玲，吕佩源，2006. 学习记忆的突触模型：长时程增强效应的研究进展［J］. 疑难病杂志，5（4）：313-314.

陈乃林，林孔懿，1997. 终身学习论略［J］. 江苏高教（6）：5-11.

陈小异，王洲林，2015. 学习心理学［M］. 重庆：西南师范大学出版社.

崔刚，2003. 我国英语教学中的偏激化现象［N］. 光明日报，2003-02-27.

崔刚，2007. 从语言处理的复杂性和高效性看联结主义［J］. 外语与外语教学（5）：1-4.

崔刚，2014. 中国环境下的英语教学研究［M］. 北京：清华大学出版社.

崔刚，2015. 神经语言学［M］. 北京：清华大学出版社.

崔刚，顾巍，2003. 合作式教学在多媒体教学中的运用［J］. 清华大学教育研究，24（1）：104-108.

崔刚，柳鑫淼，2013. 语言学习者个体差异研究的新阶段［J］. 中国外语，10（4）：61-68.

崔刚，柳鑫淼，杨莉，2016. 动态系统理论视角下的英语学习者个体差异研究［M］. 北京：清华大学出版社.

崔刚，张岳，2002. 儿童语言障碍的语言学研究［J］. 外语与外语教学（11）：9-12.

戴炜华，2007. 新编英汉语言学词典［M］. 上海：上海外语教育出版社.

戴运财，2014. 工作记忆、外语学能与句法加工的关系研究［J］. 外语与外语教学（4）：32-37.

杜道明，1998. 有关"中庸"的几个问题［J］. 中国文化研究（1）：10-16.

都建颖，2013. 第二语言习得理论入门［M］. 武汉：华中科技大学出版社.

冯忠良, 伍新春, 姚梅林, 等, 2010. 教育心理学 [M]. 2 版. 北京: 人民教育出版社.

付克, 1986. 中国外语教育史 [M]. 上海: 上海外语教育出版社.

高海英, 戴曼纯, 2004. 中国学生英语关系从句外置结构的习得: 显性教学与隐性教学实证研究 [J]. 外语教学与研究, 36 (6): 444–450.

桂诗春, 2003. 记忆和英语学习 [J]. 外语界 (3): 2–8.

桂诗春, 2004. 认知和语言 [M] // 束定芳. 语言的认知研究: 认知语言学论文精选. 上海: 上海外语教育出版社: 14–26.

郭秀艳, 2004. 内隐学习和外显学习关系评述 [J]. 心理科学进展, 12 (2): 185–192.

郭秀艳, 杨治良, 2002. 内隐学习的研究历程 [J]. 心理发展与教育 (3): 85–90.

何莲珍, 王敏, 2004. 交际课堂中的形式教学: 国外近期研究综述 [J]. 外语与外语教学 (1): 23–27.

胡文仲, 2002. 学习英语无捷径 [M] // 《英语学习》编辑部. 英语的门槛有多高. 北京: 外语教学与研究出版社: 16–17.

季羡林, 1987. 我和外国语言 [J]. 外国语 (1): 1–9.

加涅, 韦杰, 戈勒斯, 等, 2007. 教学设计原理: 第五版 [M]. 王小明, 庞维国, 陈保华, 等译. 上海: 华东师范大学出版社.

江进林, 2010. 显性学习与隐性学习之争 [J]. 北京第二外国语学院学报 (2): 29–36.

焦尔当, 2015. 学习的本质 [M]. 杭零, 译. 上海: 华东师范大学出版社.

李赋宁, 1962. 争取外语 "过关" [J]. 外语教学与研究 (1): 6–8.

林崇德, 2009. 发展心理学 [M]. 2 版. 北京: 人民教育出版社.

刘儒德, 2010. 学习心理学 [M]. 北京: 高等教育出版社.

刘润清, 2003. 漫长的学习道路 [J]. 外国语 (4): 7–14.

吕爱红, 戴卫平, 2011. 现实·认知·语言 [J]. 现代语文 (6): 9–11.

群力，1964. 有关外语教学原则的一些意见［J］. 外语教学与研究（1）：53−56.

邵志芳，2013. 认知心理学：理论、实验与应用［M］. 2版. 上海：上海教育出版社.

索尔索. 2010. 认知心理学［M］. 何华，译. 6版. 南京：江苏教育出版社.

汤广全，2007. 论蔡元培的中庸观［J］. 云南师范大学学报（哲学社会科学版），39（2）：7−11.

田丽丽，2011. 形式教学对二语接受型词汇成绩的影响［J］. 外语与外语教学（2）：52−56.

王伯恭，2000. 中国百科大辞典［M］. 北京：中国大百科全书出版社.

王初明，1990. 应用心理语言学［M］. 长沙：湖南教育出版社.

王道俊，郭文安，2016. 教育学［M］. 7版. 北京：人民教育出版社.

王蔷，2000. 英语教学法教程［M］. 北京：高等教育出版社.

王彦芳，2015. 记忆的神经心理学机制［M］// 徐金梁，王彦芳，闫欣. 神经心理学原理. 北京：人民军医出版社：49.

汪云九，崔嚣，1995. 神经达尔文主义：神经元群选择理论［J］. 科学，47（6）：7−10.

维果茨基，1994. 思维与言语［M］// 维果茨基. 维果茨基教育论著选. 余震球，译. 北京：人民教育出版社：1−376.

温植胜，2007. 外语学能研究的新视角：工作记忆效应［J］. 现代外语，30（1）：87−95.

温植胜，易保树，2015. 工作记忆与二语习得研究的新进展［J］. 现代外语，38（4）：565−574.

文秋芳，2010. 二语习得重点问题研究［M］. 北京：外语教学与研究出版社.

肖燕，2003. 第二语言习得中语言思维的作用和外语思维的形成［J］. 山东外语教学（3）：44−46.

肖燕，文旭，2016. 语言认知与民族身份构建［J］. 外语研究（4）：7−11.

熊德锐，2002. Read for pleasure［M］//《英语学习》编辑部．英语的门槛有多高．北京：外语教学与研究出版社：7-9.

许进峰，2018. 语音训练对大学新生英语阅读理解的影响研究［D］.北京：清华大学.

徐儒宗，2005. 中庸之道的现代思考［M］//儒学与当代文明：纪念孔子诞生 2555 周年国际学术研讨会论文集．北京：九州出版社：954-962.

燕浩，杨跃，王勇慧，2013. 二语习得新视角：双语者认知神经语言学研究［J］.山西大学学报（哲学社会科学版），36（1）：88-92.

杨彩梅，宁春岩，2002. 人类语言的生物遗传属性［J］.现代外语，25（1）：103-110.

杨连瑞，刘汝山，2006. 第二语言习得石化现象的发生学研究［J］.中国外语，3（3）：39-44.

杨玉芳，2015. 心理语言学［M］.北京：科学出版社.

张春兴，1994. 现代心理学：现代人研究自身问题的科学［M］.上海：上海人民出版社.

张绍杰，2015. 中国外语教育传统历时调查研究：传统梳理与现实反思［M］.北京：高等教育出版社.

郑伟章，2006. 伟大的中国文化［J］.商业文化（3）：56-58.

周加仙，2008."神经神话"的成因分析［J］.华东师范大学学报（教育科学版），26（3）：60-64.

周加仙，2009. 教育神经科学引论［M］.上海：华东师范大学出版社.

朱青菊，2013. 中介语石化概述［J］.语文学刊：外语教育教学（6）：3-4.

左璜，黄甫全，2008. 试论同样互助学习的涵义及研究的主要课题［J］.课程·教材·教法，28（9）：16-19.

后　记

　　写作到此，应该暂时休息一下了。回想自己这四年多写作本书所做的工作，应该说它满足了我多年来的一个心愿，那就是从外语学习的认知过程和神经基础的角度，对外语教学进行了一次全面审视与思考，由此可以对外语学习的本质、过程及规律有一个更为全面的认识，并对外语教学实践产生一定的启发。更为重要的是，这些内容可以引起大家对相关问题的思考，并在此基础上进行更加具体、深入的研究。当然，也有许多遗憾之处，其中一个重要的遗憾就是还有一些原本计划写作的内容未能包括在内，例如关于学习者个体差异的问题，这些内容也只能留待以后做进一步的补充与完善了。

　　作为一个全新的研究领域，尚有许多事情要做。而要把这些事情做好，需要遵循实事求是、理论与实践相结合的原则，也就是要从中国的国情、教情和学情出发，来研究在中国环境下外语教学的基本规律和基本方法。通过本书中对母语习得、二语习得以及外语学习的比较可以看出，三者之间存在着本质的差异，这也就决定了不能简单地照搬国外二语习得的理论来指导我们的外语教学。外语教学研究要解决以往普遍存在的盲目跟从国外的所谓先进理论、为了研究而研究的弊端，要着力于解决我国外语教学实践中存在的具体问题。外语教学的研究人员要深入教学的第一线，与广大的一线教师和外语学习者进行广泛的交流，了解他们的真实想法，从中找到研究的问题。许多人对于中国外语教学中存在的实际问题不管不间，而对于追随西方的研究则更感兴趣。更有甚者闭门造车，关在书斋里搞研究，脱离外语教学的实践，对于中国的国情、教情和学情缺乏基本的了解，仅仅满足于发表几篇论文，沉溺于所谓的与国际接轨，这对于中国外语教学事业的发展是非常不利的。

本书的写作一共经历了近五年的时间，其中的甘苦也只有笔者自己能深刻体会，又加之中间经历丧母之痛，后两年写作的大部分时间都是在对母亲音容笑貌的回忆下完成的。我的母亲是一位农村妇女，一生命运多舛。为了自己的三个儿子和一个女儿，她一生受尽了人世间的苦难。丧母之痛也加剧了我多年来对外祖父的怀念与歉疚之情。从我的出生到成人，都是在他老人家的关心、支持和资助之下完成的。每次想到他从微薄的务农收入之中，把自己省吃俭用所留出来的一点钱拿来资助我的学业时，我都忍不住热泪盈眶。可惜的是，他没有来得及享受到我的半点孝心就离开了人世。我能够从一个山村的穷苦农家子弟成长为一名清华大学的教授，都是仰仗了前辈的恩泽，愿以此书献给母亲和外祖父的在天之灵。

本书的完成还得益于许多人的支持与帮助。在此，我要感谢我的恩师北京外国语大学的刘润清教授，他一直强调外语学习的心理与神经理论的重要性，是他长期的鼓励与指导才使我坚持并完成本书的写作，尽管其中还有许多不尽如人意之处，但是由于我能力与精力的局限，也只能怀着忐忑的心情以此向恩师提交这份作业了。我要感谢我的学生们，是他们强烈的求知欲激励着我，促使我不断地学习与思考，书中的许多想法也都是在与学生们的讨论中形成的。我要感谢尊敬的刘道义老师，是她的器重与信任使我有机会能够参与到这套丛书的写作队伍之中。在本书的初稿完成之后，刘道义老师仔细阅读了全书，在给予充分肯定的同时也提出了许多宝贵的意见，有些意见已经被融入了本书的内容之中。但是，由于我目前客观条件的局限，还有些建议需要做进一步的思考，只好留待以后的再版修订来解决了。我要感谢我的挚友李永大先生，多年来，他对我的学术研究有诸多的鼓励与支持，每次见面都要问到本书的写作进展，他的督促使我尽可能地在短时间内完成本书的写作。我要感谢广西教育出版社的编辑老师们，是他们的辛勤工作才使得本书能以一个良好的面貌及时地呈现在读者面前。最后，我要感谢本书的读者们，对于许多从事外语教学的老师来说，由于学科背景的差异与局限，心理、神经之类的术语往往让人感到头痛，如果您能仔细地通读完本书，相信也不会过于轻松，但这是对我最大的鼓励与奖赏。如果本书的内容能够给大家带来一点启发，那也是我最感欣慰的事情了。